정보시스템 보안론

남길현 · 원동호 저

도서출판 그린

PREFACE

반세기 동안 이루어진 컴퓨터와 정보통신의 발전은 과거 수 백년, 수 천년 동안에 이루어진 인류사회의 진화를 뛰어 넘는 혁신적인 개혁과 발전의 중추적 역할을 담당하고 있다. 21세기 지식정보사회에서는 정보기술(IT) 인프라의 구축과 활용이 선진국가로서의 경쟁력과 국민의 행복한 삶을 추구하는 지렛대로서의 역할을 수행 할 것으로 예측되고 있다.

우리나라는 인터넷 인구의 증가와 국가적인 초고속전산망을 기반으로 국민생활의 질적 향상은 물론 컴퓨터와 네트워크를 융합시킨 정보기술 산업분야에서 세계 선진국들을 선도하는 일류 국가로 발전할 수 있는 계기를 마련하고 있다. 그러나 정보화의 발전은 항상 순기능적 역할뿐만 아니라 정보화 역기능적 폐해가 심각한 수준으로 독버섯처럼 자라나고 있음을 간과하여서는 안 된다.

최근 이슈화되고 있는 정보화 역기능 현상은 중요정보의 누출 및 오남용, 개인의 프라이버시 침해, 해킹과 바이러스, 사이버테러뿐만 아니라 각종 컴퓨터 범죄 등 갈수록 심각한 수준으로 확산되고 있다. 만약 이와 같은 정보화 역기능에 대한 적절한 대응책을 강구하지 못한다면 선진 강국으로 발전하기 위한 국가적 노력은 사상누각과 같이 일순간에 물거품으로 사라질 수도 있다. 이러한 역기능을 최소화 하고 진정한 IT 강국으로 발돋움하기 위해서는 무엇보다도 교육을 통한 전문인력 양성과 정보보호에 대한 범국민적 의식이 함양되어야 할 것이다.

본 교재는 대학의 학부 또는 대학원 과정에서 정보보호를 전공으로하는 학생뿐만 아니라 비 전공학생들에게도 기초과목 또는 교양수준의 과목으로 교육시킬 수 있도록 집필하였다. 정보보호에 대한 기본 개념부터 상당수준의 깊이 있는 부분까지 다루었으므로 교육 대상 학생들의 관심과 수준에 따라 다양한 목적과 유형의 교육에 활용될 수 있을 것으로 판단된다. 교양 수준의 교육을 위해서는 한 학기 과정으로 일주일에 한 장 정도의 분량을 교육하고, 심도 있는 교육을 위해서는 참고자료를 추가하여 두 학기 정도의 과정으로 확대하거나 필요한 부분만을 선택하여 집중적으로 강의할 수 있을 것이다.

본 교재는 저자들의 20여 년간의 교육경험을 바탕으로 비교적 쉽게 기술하도록 노력하였으나 부족한 부분은 지속적으로 보완할 수 있도록 지도편달을 바란다.

마지막으로 본 교재의 초기 원고를 다듬어 준 국방대학교 이수진 교수와 정보보호연구실의 석사과정 졸업생들, 그리고 성균관대학교 정보통신보호연구실 학생들의 헌신적인 지원에 깊은 감사의 뜻을 전하고 싶다.

2010년 10월

남길현, 원동호

CONTENTS

1. 정보보호의 개요

1.1. 정보사회의 특성과 정보화 역기능

1.2. 정보보호의 정의

1.3. 정보보호의 필요성

1.4. 정보보호의 목표

1.5. 정보보호 관리와 정보보호 대책

1. 정보보호의 개요

정보보호는 정보사회의 급속한 발전과 함께 병행해서 발생한 정보화 역기능의 문제를 해결하기 위해 대두되었다. 이 장에서는 정보사회의 특성과 그에 따른 역기능과 정보보호의 정의와 필요성 그리고 목표, 끝으로 정보보호 관리 및 역기능 대책에 대해서 알아본다.

1.1. 정보사회의 특성과 정보화 역기능

1.1.1. 정보사회의 특성

20세기 산업사회의 원동력이 되었던 자동차·선박·비행기와 같은 교통수단의 발달로 인류의 활동영역이 확대되었고 제트비행기의 출현은 세계를 1일 생활권으로 묶어 주었으며, 이제 세계는 초고속 정보통신 기반구조를 바탕으로 인터넷의 확산과 전자상거래를 통하여 시·분·초를 다투는 단일 생활권으로 압축되고 있다. 이와 같이 밀려오고 있는 제 3의 물결(정보화의 물결)을 아무도 부정하지는 못할 것이다.

정보사회로의 진전에 따라 사회모습은 변화하고 있으며 또한 다양한 특성을 가지게 될 것이다. 인터넷을 통한 전자메일을 이용하여 신속하게 정보교환이 이루어짐으로 인하여 이미 재택근무가 증가하고 있으며 여행·출장 중에도 평상시와 똑같이 문서결재와 의사결정 등 자신의 임무를 수행 할 수 있게 되었다. 전자상거래시스템을 통하여 실제상점에 가지 않고 집이나 직장에서 여러 가지 상품을 비교 분석하여 마음에 드는 물건을 사고 팔 수 있으며 홈뱅킹이나 사이버주식 거래는 직접 은행이나 증권회사를 방문할 필요 없이 자금이체나 주식매매를 할 수 있다. 사이버 주식 거래는 주가의 변화뿐만 아니라, 상장된 회사들의 재무정보나 특종뉴스 등을 빠르게 종합 분석할 수 있도록 함으로써 지금까지의 거래형태를 변화시키고 있다.

사이버 교육, 사이버 상점 등 사이버 공간상에서 이루어지는 여러 가지 기업형태 및 문화 활동은 기존의 개념을 아주 다른 방향으로 변모시키고 있다. 뿐만 아니라 미래전쟁

양상으로 떠오르는 정보전쟁은 육·해·공군을 주축으로 하는 기존의 전쟁개념을 자동화된 지휘통제시스템과 해커·바이러스를 이용하는 사이버 전쟁개념이 복합된 새로운 모습으로 바뀌어 가고 있다.

1.1.2. 정보화 역기능

정보사회는 편리하고 풍요한 삶을 보장해주는 순기능적인 역할 뿐만 아니라 그 반대로 나쁜 영향을 주는 역기능적인 문제점 또한 갈수록 심각해져 사회문제는 물론 국가안위까지도 위협할 수 있다. 역기능적인 문제점으로는 개인의 프라이버시 침해, 해커와 바이러스의 기승, 불법적인 위·변조를 통한 각종 컴퓨터 범죄 행위, 도청·도난 및 정보의 오·남용, 정보시스템 파괴에 의한 사회마비 등 이루 헤아릴 수 없을 정도의 문제점들을 많은 분야에서 찾아볼 수 있다. 이러한 역기능적인 문제점에 대한 충분한 해결책이 강구되지 않고서는 미래의 정보사회는 결코 장미빛 희망의 사회가 아니라 오히려 불안과 정보범죄가 기승을 부리는 어둠의 사회로 전락하고 말 것이다.

지난 2003년 1월 25일에 발생한 1.25 인터넷 대란 사건은 웜바이러스에 의하여 국가초고속전산망이 4-6 시간 불통된 사건으로서 인터넷 강국이라는 국가 이미지에 심각한 손상을 주었다. 이 사건은 그때까지 대부분의 공격이 서버컴퓨터나 PC를 대상으로 이루어졌으나 이번에는 네트워크를 목표로 하였으며, 가입자들이 피해자이면서 동시에 가해자의 입장이 되었다는 새로운 트랜드의 전환을 알리는 계기가 되었다. 또한 2009년 7월 7일부터 3회에 걸쳐 발생한 DDoS(Distributed Denial of Service: 분산 서비스 거부) 공격은 주요 정부 및 공공기관 20여개를 목표로 지정하여 좀비컴퓨터를 동원하여 공격한 사례로서 아직까지도 명확한 공격의도와 실체를 규명하지 못하고 있는 실정이다. 이와 같은 사건사례는 정보화 역기능 문제가 개인과 기업을 넘어서 국가안보와 사회의 기반시설을 위협하는 심각한 문제임을 보여준다고 할 수 있다.

최근 내 손안의 컴퓨터로 불리면서 폭발적인 인기를 독점하고 있는 스마트폰의 열기는 모바일 업무행정시스템과 연계하여 새로운 생활방식과 문화를 창조하는 기폭제 역할을 할 것으로 예상된다. 이제는 시간과 공간에 구애 받지 않고 언제 어디서나 업무를 수행할 수 있으며 소셜 네트워크를 통한 다양한 취미활동과 정보교환이 일상생활의 보편화된 모습이 될 것이다. 그러나 모바일 환경에서의 정보보호는 중요정보의 노출과 프라이버시 침해 등 다양한 분야에서의 역기능에 대비할 수 있는 방책을 강구하지 않으면 장차 수습하기 어려운 국가적 손실뿐만 아니라 개인과 사회적 혼란을 일으킬 것으로 판단된다.

최근의 경찰청 사이버테러와 연관된 컴퓨터 범죄사건 통계자료를 보면 2000년대 잊거의 매년 범죄건수가 20-30%씩 증가하고 있음을 알 수 있다.

정보사회가 되면서 모든 정보가 데이터베이스에 저장되고 유통됨에 따라 개인의 사생활과 연관된 정보까지도 부당하게 유출되어 허가되지 않은 사람들이 자신들의 이익이나 범죄 목적으로 사용할 수 있는 것이다. 우리는 이미 전혀 모르는 사람이나 회사들로부터 편지나 광고우편물을 받고 있으며, 가족 구성원의 신상이나 재산정도 등 상당한 양의 정보가 노출되어 납치범의 범행대상이 되었다는 점은 이미 널리 알려진 사실이다.

외출하지 않고 가정에서 편리하게 할 수 있는 홈뱅킹, 홈쇼핑 또한 범죄의 대상이 되는 것은 마찬가지이다. 정보가 흘러가는 전화선이나 무선통신을 도청하여 통장이나 신용카드번호와 함께 비밀번호를 알아내어 불법적으로 자금을 인출하거나 자금이체를 하는 수법은 수차례 발각되어 고객들을 불안하게 만들고 있으며, 실제 일어나고 있는 범죄에 비해서 발각되지 않거나 외부로 공표하지 않은 사례가 훨씬 많다는 점을 고려하면 그 손실이 막대하리라는 것을 예측할 수 있다.

해커와 바이러스에 의한 피해도 아주 심각하게 우려되는 것 중에 속한다. 해커란 통신망을 통하여 외부에서 허가 받지 않은 자가 남의 정보 시스템에 무단으로 침입하여 흔적을 남기지 않고 시스템 기능을 손상시키거나 저장되어 있는 정보를 변조 또는 파괴시키는 행위를 하는 사람으로서 초기에는 호기심이나 과시욕에서 해킹을 하였으나, 이제는 악의적인 목적을 가지고 해킹을 하고 있는 것이 대부분이다. 만일 악의적인 목적을 가진 테러조직이나 특정 국가가 상대국 주요 기반시설의 정보시스템을 공격하는 사이버전을 수행할 경우 그 파급효과는 엄청날 것이다. 즉, 사회기반구조를 이루는 전력, 교통, 금융, 통신, 의료, 행정, 나아가 군사 시스템상의 정보체계를 무력화 또는 마비시킴으로서 피해 국가는 심한 경우에는 핵무기로 공격을 받은 충격보다도 더 큰 피해를 입을 수도 있을 것이다.

소프트웨어 불법복제와 산업 스파이도 사회적 혼란을 일으킨다. 프로그램의 복제가 쉽고 복제행위에 대한 적발이 곤란하다는 점을 악용하여 소프트웨어를 불법 복제함으로써 지적 소유권을 침해하고 있으며, 사회적 분위기도 소프트웨어에 대한 지적 소유권 및 재산권을 소홀히 다루고 있다. 이에 따라 소프트웨어의 불법복제를 막기 위한 장치를 깨뜨리고 컴퓨터 통신, CD-ROM을 이용하는 조직적 불법복제가 성행하고 있으며, 장차 인터넷은 거대한 불법 복사기가 될 가능성이 있다. 산업스파이는 기업 및 국가의 장래에 치명적 손실을 입힐 수 있다. 미국은 연간 1000억불 이상, 독일은 연간 80억 마르크 이상

손해를 보고 있다는 통계가 있으며, 특히 반도체 제조기술에 대한 산업 스파이는 국제적 분쟁을 일으키기도 한다. 산업스파이가 사용하는 방법은 자료유출(data leakage), 쓰레기 줍기(scavenging), 도청 등이 있으며, 이에 대비하기 위해 미국 국방성은 극초장파로 지하 수 Km까지 관찰 가능한 장비를 개발하였으며, CIA와 프랑스 육군 정보전자전 부대는 특수 목적에 사용하기 위하여 산업스파이를 공채하기도 하였다.

한편, 전자상거래, 문서결재, 중요한 계약체결을 할 때도 내용이 사후에 변조된다고 하면 당사자와 문서내용의 진위를 판단할 수 있는 장치가 필요하며 이러한 대책이 없다면 중요한 문서전송이나 계약체결은 결코 이루어질 수 없는 허상에 불과한 것이 되고 만다.

우리는 이와 같은 정보사회의 역기능적 문제점에 대해서 산업사회에서의 공해문제를 보는 유사한 시각을 가지고 유추해 볼 수 있다. 산업사회가 시작되면서 갑작스럽게 발달된 생산 공장과 교통수단으로 인하여 각종 공해가 발생되었지만 처음에는 그 폐해를 깨닫지 못하고 등한 시 하였기 때문에 현대인류는 대기오염, 환경 생태계 파괴, 오존층 파괴 등 심각한 위기에 직면하게 되었다. 이제 원상태로 회복하기 위해서는 훨씬 많은 노력과 자본이 필요하게 되었고 일부는 영원히 불가능하게 될지도 모르는 상태에 있다. 지금에 와서는 산업사회 초기단계에서 공해문제를 고려하였더라면 훨씬 적은 비용으로 오늘의 폐해를 줄일 수 있었을 것으로 후회하기도 한다. 이와 마찬가지로 정보사회로 이행하고 있는 현시점에서 정보사회의 역기능에 대한 충분한 대비책을 강구하지 않는다면 멀지 않은 장래에 치유가 불가능한 상태로 빠져들게 되는 우를 범하게 될 것이다.

1.2. 정보보호의 정의

정보화촉진기본법 제2조(정의)에서는 정보보호(information security)란 “정보의 수집 · 가공 · 저장 · 검색 · 송신 · 수신 중에 정보의 훼손 · 변조 · 유출 등을 방지하기 위한 관리적 · 기술적 수단을 강구하는 것”이라고 규정하고 있으며, 정보보호기술 전문용어집에서는 정보보호란 “정보의 수집 · 가공 · 저장 · 송신 · 수신 도중에 정보의 훼손 · 변조 · 유출 등을 방지하기 위한 관리적 · 기술적 수단 또는 그러한 수단으로 이루어지는 행위로서, 내 · 외부의 위협요인들로부터 네트워크, 시스템 등의 H/W와 S/W, 데이터베이스, 통신 및 전산시설 등 정보자산을 안전하게 보호 · 운영하기 위한 일련의 행위”로 정의하고 있다. 또한, 군사적 차원에서 국방부에서는 “가용성, 무결성, 인증, 기밀성, 부인방지를 보장함으로써 정보와 정보시스템을 방어하고 보호하는 활동으로서 보호, 탐지 및 대응 능력을 통한 정보시스템의 복구를 포함하는 방어적 정보작전"으로 정의하고 있다. 이를 종합해 보면, 정보보호는 "기밀성, 무결성, 가용성, 인증성 및 부인방지를 보장하기 위하여 기술적·물리적·관리적 보호대책을 강구하는 것"이라고 할 수 있다.

1.3. 정보보호의 필요성

정보보호의 필요성은 수천 년 전인 오래전부터 매우 중요한 개념으로 인식되어 왔으며, 상대방의 비밀 정보를 가로채어 자신에게 유리한 정보를 얻고자하는 노력 또한 함께 고려되어 왔다. 자신의 비밀 정보를 상대방이 가로채지 못하도록 함과 동시에 송·수신되는 메시지를 가로채서 상대방의 비밀 정보를 가로채기 위한 정보보호의 필요성은 정보를 보호할 수 있는 가장 좋은 수단인 암호 방식에 관한 연구의 동기가 되었는데, 만약 제3자가 어떤 정보도 획득할 수 없는 전송 수단이 존재한다면 정보를 보호하기 위한 수단은 그다지 필요하지 않을 것이다. 그러나 실제로 그와같은 안전한 전송 수단은 존재하지 않으며, 송·수신되는 정보는 언제든지 제3자가 획득할 수 있다고 보아야 한다. 이러한 측면에서 제3자가 메시지를 획득하더라도 그 정보의 의미를 분석할 수 없도록 하는 것이 바로 암호 방식을 이용하는 가장 큰 이유라고 할 수 있다[1).

정보보호가 중요한 이유를 크게 다섯 가지 측면으로 나누어 보면 다음과 같다.

첫째, 정상적인 정보의 기능유지 측면에서 정보는 고유한 사용 목적과 기능을 유지해야 하고, 필요한 장소, 필요한 사람, 필요한 시점에 정확히 전달되어야 한다. 그러나 정보 자체가 비밀성이나 무결성 등을 보장하지 못하면 무용지물이 될 수 있으므로 정상적인 정보의 기능 유지를 위해 정보보호가 중요하다.

둘째, 자산의 보호 측면에서 정보는 정보에 관련된 모든 자산, 즉 하드웨어, 소프트웨어, 데이터 등의 손실과 왜곡으로 막대한 재정적 손실을 가져올 수 있으므로 정상적인 정보통신망 운영과 정보에 관련된 모든 재산권 보호를 위해 정보보호가 중요하다.

셋째, 개인 정보의 보호 측면에서 정보는 정보통신망의 확대와 정보 시스템 보급 확장 등으로 인한 정보의 집중화를 가져 왔고, 수집과 이용이 활성화 및 다양화 되어 가고 있다. 이에 따른 개인정보의 침해 가능성도 증가되고 있어 개인의 프라이버시 보호

---

1) 암호학의 기초, 한국전자통신연구원, 1999, p2

를 위해 정보보호가 중요하다.

넷째, 국가안전에 관한 측면에서 정보는 정보통신망을 통한 국가기밀정책의 유출, 파괴 및 훼손 가능성이 매우 크고, 정보통신망의 보안 허점으로 인한 국가 기밀정보의 위협은 국가경쟁력 약화까지 초래할 수 있으므로 국가의 안전보장을 유지하기 위해서 정보보호가 중요하다.

다섯째, 정보윤리의 확보 측면에서 정보의 건전한 유통 질서와 안전한 거래를 보장할 수 있는 유통질서 확립과 정보의 역기능을 예방하거나 방지할 수 있는 정보윤리의 확보를 위해 정보보호가 중요하다.

1.4. 정보보호의 목표

정보보호는 비밀성, 무결성, 가용성, 인증성 및 부인방지 등을 보장하는 것으로 내부 또는 외부의 침입자에 의한 정보의 파괴, 변조, 불법유출 등의 범죄행위로부터 정보를 보호하고, 건전한 정보유통 질서 확립과 정보의 부정적인 측면을 예방·방지하는 것을 목적으로 하고 있으며, 다음과 같이 다섯 가지로 나누어 볼 수 있다.

첫째, 기밀성(confidentiality)이란 온오프라인 환경에서 저장 및 전송되는 중요 정보가 확인되지 않고 인가되지 않은 상대방에게 노출되지 않도록 하는 것[2]으로서, 비인가자와 불법 침입자의 접근을 통제하여 정보의 기밀성을 유지하기 위해 허가된 사람에게만 정보의 접근을 보장하는 말한다. 기밀성은 그 특성에 따라 핵무기나 방어 전략과 같은 국가 기밀 자료, 영업 또는 연구 자료와 같은 기업 기밀 자료, 신용도나 병력과 같은 개인 신상에 관한 개인 기밀 자료들을 포함한다. 비밀성 유지방법으로는 접근통제(access control), 암호화(encryption) 등이 있으며, 이 중에서 암호화는 송수신 당사자가 아니면 데이터나 메시지를 판독할 수 없게 함으로써, 정보가 유출되더라도 변조되거나 위조되지 못하게 하는 기본적인 보안 기술이다.

둘째, 무결성(integrity)이란 네트워크를 통하여 송수신되는 정보의 내용이 불법적으로 생성 또는 변경되거나 삭제되지 않도록 보호되어야 하는 성질을 말한다. 즉, 정보는 정해진 절차에 의해 그리고 주어진 권한에 의해서만 변경될 수 있다는 것을 의미하며, 무결성 보장은 정보의 정확성·완전성·일치성을 유지하여 의도된 목적에 따라 정보가

2) 정보보호기술 전문용어집, 한국정보보호진흥원, 2002, p26

사용되는 것을 뜻한다. 만약 정보의 무결성이 결여되면 의사결정의 신뢰성을 상실하여 정보의 가치가 무의미해 질 수 있다. 무결성을 보장하기 위한 방법으로는 물리적 통제(physical control), 회복 메커니즘(recovery mechanism) 등이 있다. 한편, 데이터 무결성은 열, 먼지, 전기적 서지(surge)와 같은 환경적 해이에 의해 위협받을 수 있는데, 데이터 무결성의 물리적 환경 대책은 네트워크 관리자만의 서버 접근, 케이블 혹은 콘넥터와 같은 전송선의 외부 접촉 방지 대책, 전력선 서지, 정전기 방전, 자력으로부터 하드웨어와 저장 장치들을 보호하는 것을 말하며, 데이터 무결성의 네트워크 관리 대책은 현재의 인가 수준을 모든 사람에게 유지시키고, 시스템 관리 절차, 관리 항목, 유지보수 사항을 문서화하며, 정전과 서버 장애, 바이러스 공격과 같은 불시의 재난에 대한 대비책을 세우는 것이라 할 수 있다.

셋째, 가용성(availability)이란 정당한 사용자가 정보시스템의 데이터 또는 자원을 필요로 할 때 부당한 지체 없이 원하는 객체 또는 자원을 접근하여 사용할 수 있는 성질을 말한다. 이는 정보시스템이 적절한 방법으로 작동되어야 하며 정당한 방법으로 권한이 주어진 사용자에게 정보서비스가 거부되어서는 안된다는 것으로서, 다양한 응용 프로그램에 대해 적당한 반응시간이 책정되어야만 한다. 비행기 제어나 병원의 응급 시스템과 같이 생명에 관계된 상황에서는 적시(real time)에 주어지는 자원의 가용성은 무엇보다도 중요한 요소이다. 또한, 가용성의 보장을 통하여 정보를 허가된 사람이 효율적으로 사용할 수 있어야 한다. 가용성 유지방법은 데이터 백업(backup), 중복성(redundancy)유지, 위협(threat)요소 제거 등이 있다.

넷째, 인증성(authentication)이란 정보교환에 의해 실체의 식별을 확실하게 하거나 임의 정보에 접근할 수 있는 객체의 자격이나 객체의 내용을 검증하는데 사용되는 성질을 말하며, 정보 시스템의 부당한 사용이나 정보의 부당한 전송 등을 방어하는데 사용된다. 예를 들면, 다중 사용자 정보 시스템 또는 통신망 운용 시스템에서 망을 경유해서 컴퓨터에 접속해 오는 사용자가 등록되어 있거나 정당하게 허가받은 사용자인지를 확인하는 것과, 전송된 메시지가 변조되거나 전와(轉訛)되지 않은, 송신자가 보낸 그대로의 것인지를 확인하는 것이 있다. 전자의 경우, 사용자의 성명과 패스워드를 허가받은 사용자 목록과 대조하여 일치하면 사용자가 컴퓨터 시스템에 접속하는 것을 허용하되 그 사용자의 접속 카테고리나 사용자 계정상의 지정된 범위까지만 접속을 허용한다. 후자의 경우, 메시지 인증 코드, 암호, 전자 서명 등이 사용된다.

다섯째, 부인방지(non-repudiation)란 행위나 이벤트의 발생을 증명하여 나중에 그런 행위나 이벤트를 부인할 수 없도록 하는 것으로서, 정보보안의 방법에 의하여 데이터의 송수신자가 송수신 사실을 부인하지 못하도록 방지하는 데 사용된다. 예를 들면, 이메일이나 메시지를 송신하고도 송신하지 않았다고 주장하는 송신자의 부인을 막는 송신 부인방지, 메시지가 전달된 사실을 전달되지 않았다고 주장하는 수신자의 부인을 막는 전달 부인방지, 메시지를 수신하고도 수신하지 않았다고 주장하는 수신자의 부인을 막는 수신 부인방지, 또는 메시지 내용을 변조하거나 부인하는 메시지 부인방지 등이 부인방지기술의 대상이 된다. 대칭 기술(관용 암호 방식)을 사용하는 부인 방지에서는 신뢰할 수 있는 제3신뢰기관의 원조를 얻어 이들 기능을 실현하며, 부인방지 증명서를 발행하기 위한 통신 규약을 책정하고 있다. 비대칭 기술(공개키 암호 방식)을 사용하는 부인방지에서는 디지털 서명 기술을 응용하여 부인 방지 증명서를 발행하기 위한 통신 규약을 책정하고 있다. 부인 방지는 공증과 같은 역할을 한다.

1.5. 정보보호 관리와 정보보호 대책

정보화의 순기능을 보다 효과적, 효율적으로 사용하기 위한 정보시스템에 관한 정보보호 관리는 〈그림 1-1〉에서 보는 바와 같이 기술적 보호대책, 물리적 보호대책, 관리적 보호대책으로 구분하여 계층적으로 표현할 수 있다.

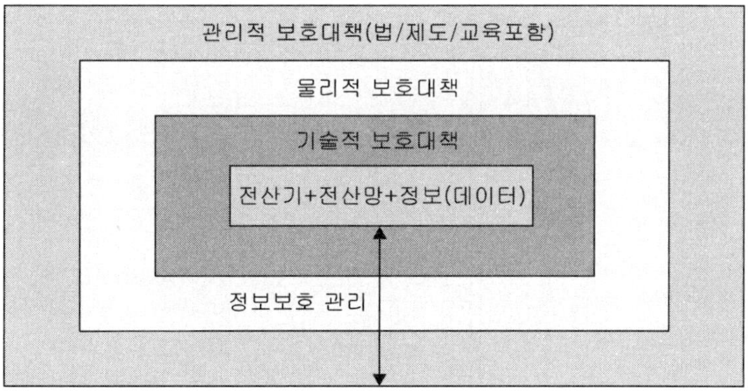

〈그림 1-1〉 정보보호 관리

기술적 보호대책은 정보 시스템, 통신망, 정보(데이터)를 보호하기 위한 가장 기본적인 대책으로서 정보보호 제품을 사용하여 정보 시스템에 대한 접근 통제, 저장된 데이터나 송·수신 중에 데이터를 은폐하는 암호기술 적용, 재난 복구를 대비하기 위한 백업 체제, 정보 시스템 자체에 보안성이 강화된 시스템 소프트웨어를 사용하는 등의 대책이 기술적 보호대책에 속한다.

물리적 보호대책은 화재, 수해, 지진, 태풍 등과 같은 자연재해로부터 정보 시스템이 위치한 정보처리시설을 보호하기 위한 자연 재해대책과 불순 세력이나 적의 파괴로부터 정보 시스템을 보호하기 위한 출입통제, 시건 장치 등의 물리적 보안대책으로 구분된다.

관리적 보호대책은 법·제도·규정·교육 등을 확립하고, 보안계획을 수립하고 이를 운용(보안 등급, 액세스 권한 등)하며, 위험분석 및 보안감사를 시행하여 정보시스템의 안전성과 신뢰성을 확보하기 위한 대책이다. 조직체의 정보보호를 효과적으로 보장하기 위해서는 다양한 기술적인 보호대책 뿐만 아니라 이들을 계획하고, 설계하며, 관리하기 위한 제도, 정책 및 절차 등의 관리적 보호대책도 매우 중요한 것이다.

특히 내부자의 부당행위를 방지하기 위한 교육은 무엇보다도 중요하게 취급되어야 한다.

2. 암호학과 관용암호

2.1. 암호학

2.2. 관용암호

2. 암호학과 관용암호

2.1. 암호학

2.1.1. 암호학의 정의

암호학(cryptology)이란 평문을 다른 사람이 알아볼 수 없는 형태의 암호문을 만들고 특정한 비밀키를 알고 있는 사람만이 다시 평문으로 복원 시킬 수 있도록 하는 암호기술(cryptography)과 이를 제 3자(도청자)가 해독하는 방법을 분석하는 암호해독(cryptanalysis)에 관하여 연구하는 학문이다. 〈그림2-1〉은 암호시스템의 암・복호화의 과정을 나타내 준다.

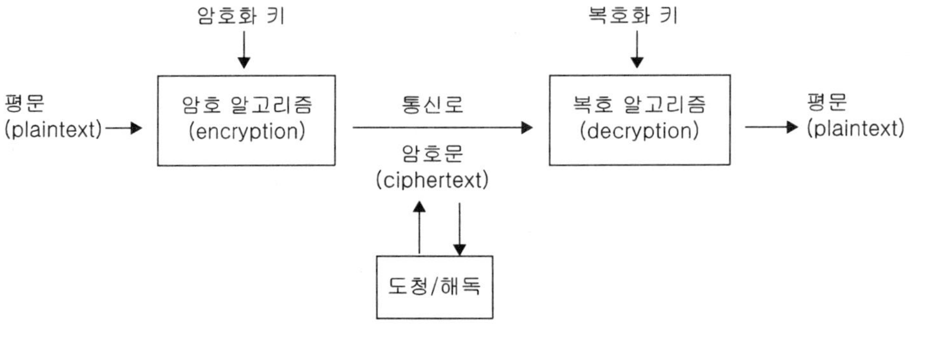

〈그림 2-1〉 암・복호화 과정

여기에서 평문(plaintext)이라 함은 평상시에 통용되는 메시지를 나타내며, 암호문은 제3자가 의미를 알아볼 수 없도록 변형된 글자 또는 부호를 뜻한다. 또한, 암호화(encryption)란 송신자가 평문을 암호문으로 변형시키는 과정을 나타내며, 복호화(decryption)란 암호문을 받은 수신자가 암호문을 평문으로 다시 복원시키는 과정을 나타낸다. 한편 해독이란 부당하게 정보를 알아내고자 하는 침입자가 암호문을 도청하여 정상적인 복호화 과정이 아닌 방식으로 복호화 키를 찾아내거나 직접 암호문으로부터 평문을 복원시켜 내용을 알아내는 암호분석을 뜻한다.

복호화와 해독의 차이점은 복호화는 정상적으로 복호화 키를 알고 있는 수신자가 암호문으로부터 평문을 복원시키는 과정이고, 해독은 복호화 키를 모르는 적 또는 암호분석가가 복호화 키를 찾아내거나 평문내용을 알아내는 비정상적 과정을 나타낸다는 점이다. 암호 방식이란 이러한 암·복호화를 해주는 일련의 체계를 지칭한다. 어떤 암호문이 빠르고 쉽게 복호화 된다면 효율성이 좋다고 하지만 만약 빠르고 쉽게 해독된다고 하면 보안성이 낮은 암호 방식으로서 쓸모가 없다고 볼 수 있다. 다시 말하면, 암·복호화는 쉽고 빠르면서 해독은 어려운 시스템일수록 좋은 암호 방식이라고 할 수 있다.

암호기술을 사용하면 암호문은 복호화 키를 모르고서는 아무도 쉽게 복호화 할 수 없으므로 안정한 정보 시스템의 첫째 요건인 자료의 기밀성을 유지할 수 있으며, 암호화시켜서 자료를 저장하거나 유통시킨다면 암호화키를 모르는 사람은 멋대로 암호문을 만들 수 없으므로 수신된 정보의 무결성을 보장할 수 있고 동시에 암·복호화 키를 알고 있는 사람만 암·복호화를 함으로써 송·수신자가 서로 상대방을 확인할 수 있는 인증성을 제공해 주는 것이다. 또한 시스템에 대한 접근성 제어와 해커에 의한 변조를 막아서 시스템의 가용성을 높여주는데도 상당한 기여를 할 수 있다.

특히 암호기술은 중요문서 결재와 계약체결에 필수적인 인감도장과 같은 역할을 대신할 수 있는 전자서명기법을 제공하고, 전자상거래에서 공정하고 편리한 전자지불시스템을 구축할 수 있도록 해주는 등 미래 정보사회에 대비하여 선결되어야 할 각종 역기능을 방지할 수 있는 대비책을 제공하는 기반 기술로 활용될 수 있다.

현대 암호학은 전자계산학, 전자 공학, 수학 및 통계학 등 여러 분야의 학문과 연관되어 있으므로, 현대 암호학을 이해하고 암호 방식을 설계, 구현하기 위해서는 이러한 분야에 대한 기본적인 지식이 필수적이라고 할 수 있다.

2.1.2. 암호의 역사

인류사회는 고대로부터 은밀하게 상대방에게 메시지와 문서를 전달하고자 하는 필요성이 있었다. 왕이나 군주는 지방관리에게 비밀공문을 보내고자 하였고 전장에 나가는 지휘관은 부대지휘 명령뿐만 아니라 후방 지휘부에 항시 상황을 보고하기 위해 비밀 통신 수단이 필요하였다.

고대 그리스에서는 비밀 메시지를 전달하기 위해 노예의 머리카락을 깎아 통신문을 머리속에 적은 다음 머리카락이 자랄 때까지 기다렸다가 노예를 보내고 상대방은 다시 머리카락을 깎아서 내용을 읽을 수 있게 하거나, 스키테일(scytale)이라는 양 끝 직경이 서로 다른 막대기를 두개 만들어서 하나씩 나누어 가진 후 메시지를 보낼 때는 막대기에 종이를 감고 횡으로 글씨를 쓴 후 풀어서 전달하면 보통사람은 글씨의 배열이 지그재그로 불규칙하여 내용을 알아보기 어렵지만 동일한 크기의 막대기를 갖고 있는 상대방은 다시 종이를 막대기에 감아보면 쉽게 내용을 읽을 수 있게 하는 방법을 사용하였다. 이 밖에도 과즙과 같은 눈에 보이지 않는 잉크로 글을 써서 보내면 상대방은 열을 가하거나 특수처리를 해서 내용을 알아보는 등의 비밀 통신 수단은 스테가노그래피(steganography)방식으로 메시지의 내용을 감춘다는 개념으로 암호와는 개념적으로 구분된다고 볼 수 있다.[3)]

산업 사회의 발전과 전기 통신기술의 발달에 따라 정보의 양이 급증하게 되었고, 정보보호를 위한 암호의 사용의 필요성이 강력이 요구되었다. 더욱이 20세기에 이르러서는 무선 통신 기술의 발달로 암호의 사용은 더욱 가속화 되었다. 특히 두 차례의 세계대전은 암호의 수요를 폭발적으로 증가시키게 하였고, 이에 따라 암호 기술 또한 크게 발전하는 계기가 되었다.

최근에 들어서는 컴퓨터의 보급과 정보통신 기술의 발달로 정보 시스템을 통한 정보의 처리, 축적, 전달이 확산되고, 전자상거래 등이 활성화됨에 따라 개인 정보의 기밀성과 무결성을 유지하고 개인의 프라이버시보호를 위하여 정보보호를 위한 암호의 사용이 보편화되고 있다.

암호의 발전과정을 크게 3단계로 구분해 볼 수 있다.

제 1 단계는 고대암호로 고대로부터 19세기말까지로서 평문의 위치를 단순 이동시키는 전치암호(transposition cipher)와 특정 문자를 다른 문자로 대치하는 치환암호(substitution cipher)방식을 사용하였다. 대표적인 방식으로는 시이저(Caesar)암호, 비게네르(Vigenere)암호, 아핀(Affine)암호, 다중문자 치환암호 등이 있다.

3) 한명묵, 이철수 공저, 정보보호 개론, 정익사, 2005, p154

제 2 단계는 근대암호로 20세기 초에서 1940년대 말까지로 분류되며 복잡한 기계를 이용한 문자 치환과 재배열 방식을 혼합한 방식이 주로 사용되었다. 특히 제 2차 세계대전 중에 사용되었던 로터기계(Rotor Machine) 방식이 많았으며 독일의 ENIGMA나 미국의 M-209 등이 있다. 미국이 독일 U-보트에서 사용되는 암호를 해독하여 크게 승리할 수 있었다는 일화도 전해지고 있다.

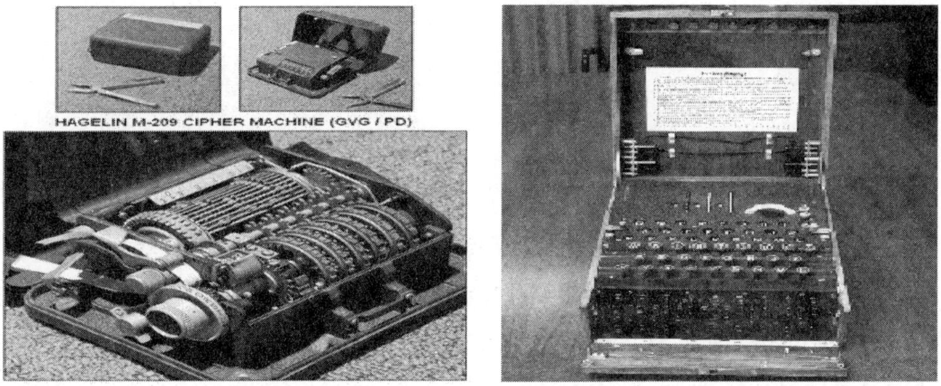

〈그림 2-2〉 M-209와 ENIGMA

제 3 단계는 1940년대 말부터 현재까지로서 현대 암호학의 시대로 불리고 있다. 수학자 Shannon의 이론으로부터 시작된 현대암호시대는 컴퓨터와 전자산업의 획기적인 발달에 편승하여 속도와 계산 량에서 엄청난 변화가 생겼으며 수학적 이론을 바탕으로 새로운 개념의 공개키 암호가 출현하고 전자서명을 비롯한 다양한 응용분야가 개발됨으로써 그 영역이 급속도로 확장되고 있다.

2.1.3. 암호기법의 분류

전치암호와 치환암호

전치 암호는 평문의 단순 전치 암호, Nihilist 암호 등으로 분류되며, 환자(대치) 암호라고도 하는 치환 암호는 시프트(shift)치환 암호, 단순(simple) 치환 암호, 동음이의(homophonic) 치환 암호, 다표식(polyalphabetic) 치환 암호, 철자(polygram) 치환 암호 등으로 분류되며, 대표적인 암호방식을 소개하면 다음과 같다.

Nihilist 암호는 단순 전치 암호의 암호 강도를 높이기 위해 행은 물론 열에 대해서도 전치를 적용한 암호 방식이다. 키워드에 따라 먼저 행을 일정 간격으로 전치시키고 다시 키워드의 순서에 따라 열을 일정 간격으로 전치시킨다. 또 경우에 따라서는 전치를 대각선 방향으로 하는 경우도 있다.

시프트 치환 암호는 알파벳 문자를 일정간격 시프트(shift)시킨 문자로 치환하여 암호화 하는 방식이다. 시프트 간격을 "3"으로 한다면 아래와 같은 환자표가 만들어진다.

평문	A	B	C	D	E	…	X	Y	Z
암호문	C	D	E	F	G	…	A	B	C

예를 들어보면,

평문 : SEE YOU TOMORROW는 암호문 : VHHBRXWRPRUUZ가 된다. 시프트 간격을 정하기에 따라 여러 종류의 암호문이 나올 수 있으며, 시프트 간격이 "3"인 경우를 Caesar 암호라고 하며 시프트 간격이 암·복호화에 중요한 비밀키가 된다. 그러나 이러한 형태의 암호문은 해독자가 시프트 치환 암호방식을 사용하는 사실을 알고 있다면 알파벳 숫자가 26개 밖에 되지 않으므로 1 ~ 25번까지 시도해 보면 반드시 비밀키를 찾아낼 수 있게 된다. 그러므로 암호 방식에서의 키 공간의 원소가 많아야 함을 알 수 있다.

다표식 치환 암호는 평문과 암호문 사이의 여러 개의 대응 함수가 있는 암호로서, 다중 치환를 통하여 암호문에서 언어의 통계학적 성질을 제거할 수 있는 암호이다. 대표적인 암호로는 프랑스의 암호학자 Vigenere가 고안한 Vigenere(비게네르)암호가 있다.

철자 치환 암호는 평문의 문자군을 암호문의 문자군으로 치환하는 암호로서, 한 번에 여러 개의 문자를 암호화함으로써 각 문자에 대한 빈도를 암호문에서 무의미하게 하여 암호 해독을 더욱 어렵게 만든 암호이다. 대표적인 암호로는 Playfair 암호, Hill 암호를 들 수 있다.

암호 강도를 향상시키기 위해 전치 암호와 치환 암호를 혼합한 암호 방식으로 적 암호(product cipher)방식이 있으며, 대표적으로 1차 세계대전 때 독일군이 사용하던 ADFGVX 암호를 들 수 있다. 대부분의 현대의 관용 암호방식은 적 암호 방식을 이용하고 있다.

블록 암호와 스트림 암호

블록 암호와 스트림 암호는 한번에 암호화되는 메시지 단위(크기)가 1비트(혹은 1문자)인지 또는 일정 크기의 블록인지에 따라 구분된다. 즉, 블록 암호 방식은 평문을 일정한 크기의 블록으로 나누어 각 블록을 동일한 키로 암호화 한다. 즉 평문 블록 m_i에 암호화 키 K를 적용하여 암호문 C를 생성한다. 암호화 알고리즘을 E라고 할 때 블록 암호는 다음과 같이 표시된다.

평 문 $M = m_1, m_2, m_3 \cdot \cdot \cdot \cdot \cdot$
암호문 $C = E_k(m_1), E_k(m_2), E_k(m_3), \cdot \cdot \cdot \cdot \cdot$

반면에, 스트림암호 방식은 평문에 연속되는 키 계열(key stream)을 적용시켜 암호화하는 방식이다. 평문 $M = m_1, m_2, m_3 \cdot \cdot \cdot \cdot \cdot$에 키 계열 $Z = z_1, z_2, z_3 \cdot \cdot$를 각각 적용하여 암호화한다. 여기에서의 평문이나 키 계열의 단위는 통상 1비트 또는 1문자가 된다.

평 문 $M = m_1, m_2, m_3 \cdot \cdot \cdot \cdot \cdot$
암호문 $C = E_{z_1}(m_1), E_{z_2}(m_2), E_{z_3}(m_3), \cdot \cdot \cdot \cdot \cdot$

스트림 암호는 통상 한번에 1비트씩 암호화 및 복호화를 하기 때문에 하드웨어적인 shift register 방식을 많이 사용하며 수학적으로는 암호분석이 용이하다. 블록암호는 비트 조작 측면에서 소프트웨어적으로 구현하기 쉽고 실제 더 많이 사용되는 암호방식이다. 또 다른 차이점은 에러 전파(error propagation)에 있다. 블록암호에서는 하나의 에러는 데이터 블록 전체에 영향을 미치지만 스트림암호는 암호문에서 1비트가 왜곡되었으면 평문에서도 1비트만 왜곡되게 구현 될 수 있다. 물론 암호 운용 시 체이닝(chainning)기법을 사용할 때는 똑같이 에러 전파가 일어날 수 있다. 암호기법의 에러 전파는 통신 시 발생되는 에러와 겹쳐질 수 있으므로 통신의 신뢰성 회복에 상당한 영향을 미친다.

관용암호와 공개키 암호

관용암호는 암호화키와 복호화 키가 똑같거나 유사한 암호로서 송신자와 수신자가 암·복호화 키를 함께 비밀로 공유하여야 한다. 현대암호 중 대표적인 관용암호 방식으로는 DES, AES 등이 있다. 한편 공개키 암호는 암호화키와 복호화 키의 내용이 다르고 비밀정보를 모르는 경우에는 암호화키를 알고 있더라도 복호화 키를 찾아낼 수 없는 암호로서 암호화키를 공개하고 복호화 키는 개인이 비밀로 소유하는 암호이다. 대표적인 공개키 암호방식으로는 RSA, Elgamel 등이 있다.

〈표 2-1〉 암호기법의 분류

분류 기준	암호 기법	주요 암호 방식
암호화 방식	전치 암호	단순 전치 암호
		Nihilist 암호
	치환 암호	시프트 치환 암호
		다표식 치환 암호
		철자 치환 암호
암호화 되는 메시지 단위	스트림 암호	A5/1, RC4[21]63P
	블록 암호	Feistel
암·복호화 키 특성	관용 암호	DES, AES, SEED
	공개키 암호	RSA, Elgamel, ECC

2.1.4. 암호분석의 분류

암호방식의 정상적인 송·수신자가 아닌 제삼자(암호 해독자)에 의해 암호문으로부터 평문이나 키를 찾아내려는 시도를 암호분석 또는 암호공격이라고 한다. 암호 해독자는 복호화 과정에 필요한 키를 모르기 때문에 간단히 암호문에서 평문을 얻어 낼 수는 없다. 다만, 통계적 성질과 암호에 관한 지식, 장비 등을 통하여 암호문으로부터 평문 혹은 키를 찾아낸다. 이 때, 암호 해독자는 현재 사용되고 있는 암호 방식을 알고 있는 것을 전제로 하고 암호 해독을 시도한다고 가정 한다. 이것을 Kerchhoff의 원리라고 한다. 암호 분석 방법은 암호 해독자가 사용 또는 알고 있는 내용에 따라 다음과 같이 나누어진다.

암호문 단독 공격(Ciphertext only cryptanalysis)

암호 해독자는 단지 암호문만으로 평문이나 키를 찾아내는 방법으로 평문의 통계적 성질, 문장의 특성 등을 추정하여 해독하는 방법이다.

기지 평문 공격(Known-plaintext cryptanalysis)

암호 해독자는 약간의 평문에 대응하는 암호문을 알고 있는 상태에서 나머지 암호문에 대해 해독하는 방법으로 암호문과 평문의 관계로부터 키나 평문을 추정하여 해독하는 방법이다.

선택 평문 공격(Chosen-plaintext cryptanalysis)

암호 해독자가 사용된 암호기에 접근할 수 있어 적당한 평문을 선택하여 그 평문에 해당하는 암호문을 얻어 키나 평문을 추정하여 암호를 해독하는 방법이다.

선택 암호문 공격(Chosen-ciphertext cryptanalysis)

암호 해독자가 암호 복호기에 접근할 수 있어 일부 선택한 암호문에 대한 평문을 얻어 암호를 해독하는 방법이다.

2.2 관용암호

2.2.1. 관용암호 방식 개요

관용암호 방식은 대칭키, 비밀키 암호방식이라고도 불리며 송신측과 수신측간에 각각 암호화 및 복호화를 위하여 동일한 비밀키(secret key)를 사용하며 관용암호의 안전성을 보장하기 위해서 비밀키는 안전한 전송로(비밀 통신망, 직접전달 등)를 통하여 사전에 전달되어야 한다. 관용암호는 암・복호화 속도가 빠른 이점이 있으나 키관리에 어려움이 있다. 상호 지리적으로 멀리 떨어진 통신 당사자간 안전한 전송로를 통하여 공통된 키를 주고받는 것이 어려울 뿐만 아니라, 한 통신망에 가입자가 n이라면 상호 교환해야 하는 키의 개수는 ${}_nC_2 = n(n-1)/2$개로서 인터넷과 같은 불특정 다수를 대상으로 관용암호 방식을 사용하는 것은 사실상 불가능하다고 하겠다. 현재 가장 많이 사용되고 있는 관용암호에는 DES가 있고 2001년 미국에서 국제적 공모를 통해 표준으로 발표한 AES와 국내에서 개발한 SEED, ARIA 등이 있다. 암호분석 능력의 발달로 이제는 DES의 안전성은 매우 낮다고 평가되지만 DES는 컴퓨터를 이용하는 근대암호의 대표로서 다른 암호를 분석 및 개발하는데 가장 많이 활용되고 있으므로 DES에 대해서 좀 더 자세하게 알아보고자 한다.

2.2.2. DES (Data Encryption Standard)

DES의 연혁 및 특징

- **1973년 5월 :** 미 상무성(NBS : National Bureau of Standards) 표준 암호 알고리즘 1차 공모
- **1974년 8월 :** 2차 공모, IBM(International Business Machine)의 Water Tuchman과 Carl Meyer가 Lucifer Cipher를 개량하여 새로운 암호 알고리즘 제안
- **1977년 1월 :** 국가안보국(NSA : National Security Agency)에 의해 보완되어 연방 정보처리표준 FIPS-46(Federal Information Processing Standard)으로 등록

이 표준 암호 알고리즘은 DES(Data Encryption Standard)로 약칭화 되었으며, 상무성은 DES의 안전성을 5년마다 검토하기로 하고 1993년 검토에서 1998년까지는 DES를 표준 암호 알고리즘으로 사용키로 하고 그 이후에는 새로운 표준으로 대체할 것을 검토하기로 하였다. DES의 표준 암호 알고리즘 지정은 순수 민간인용으로만 이용하고 있으며 ANSI(American National Standards Institute)에서도 표준으로 지정하여 금융기관에서 많이 사용하고 있다. DES는 군용을 제외한 광범위한 컴퓨터 이용과 통신처리를 전제로 하여 개발된 최초의 본격적인 상용암호로서, 현대의 여러 가지 암호 및 인증 서비스에 쓰이고 있다.

DES 알고리즘의 특징은 다음과 같다.

- 64비트 블록 암호 알고리즘
- 키의 크기 : 64비트 (56비트의 비밀키 + 8비트의 parity 비트)
- 비선형 함수로 구성된 8개의 S-Box 사용
- 16라운드의 Feistel 구조

- 대체(substitution)와 치환(permutation)의 반복 적용
  - 대체 : 비트들의 유형을 다른 비트들로 전환함으로써 혼돈 성질을 제공
  - 치환 : 비트들의 순서를 재배열함으로써 확산의 효과를 제공
- 복호화는 암호화의 역순
- DES가 표준으로 확정되기 전에 NSA가 알고리즘에 대해서 수정하여 발표한 후, 키의 크기가 128비트이던 것이 56비트로 축소되어 안전성에 문제가 된다는 점과, 공개되지 않은 S-Box 설계 원칙으로 설계자만이 알 수 있는 함정(trapdoor)이 있지 않느냐는 점에 대해 논란이 있었다.

DES의 암호화 과정

DES의 암호화 과정은 〈그림 2-3〉과 같으며 평문 처리가 세 단계로 진행됨을 알 수 있다.

① 평문 M의 64비트는 초기 전치 IP(Initial Permutation)를 거쳐 32비트씩 L_0, R_0로 나누어진다.

〈표 2-2〉 초기 전치 IP

58	50	42	34	26	18	10	2
60	52	44	36	28	20	12	4
62	54	46	38	30	22	14	6
64	56	48	40	32	24	16	8
57	49	41	33	25	17	9	1
59	51	43	35	27	19	11	3
61	53	45	37	29	21	13	5
63	55	47	39	31	23	15	7

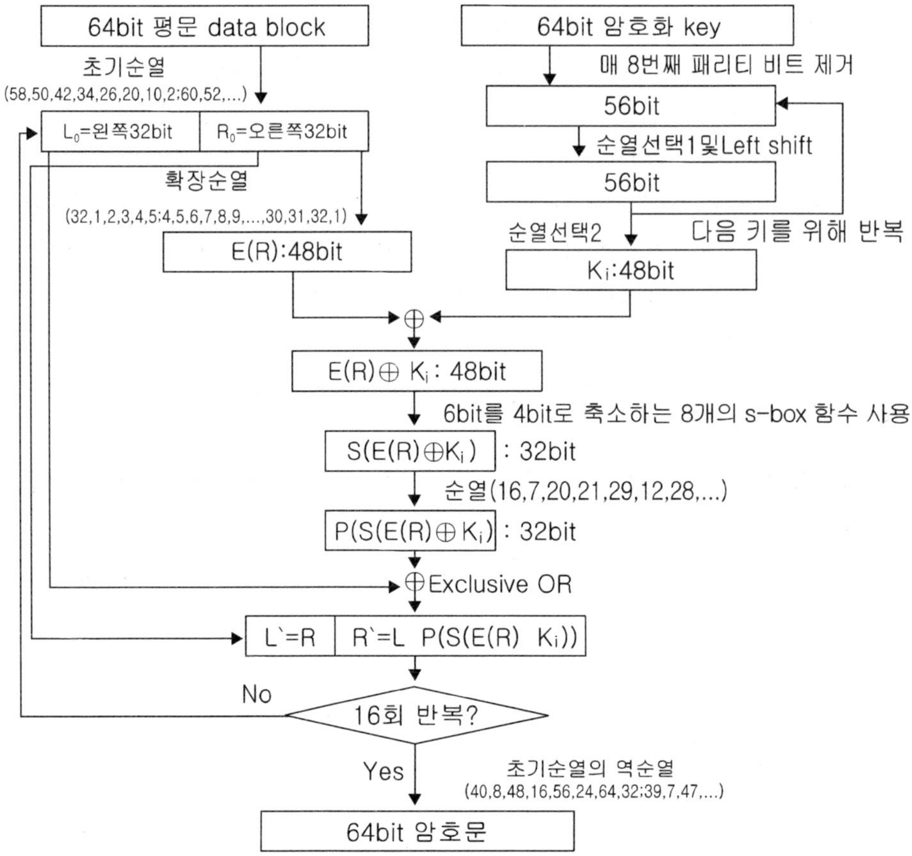

〈그림 2-3〉 DES의 암호화 과정

② 초기 전치 출력 L_0, R_0는 아래와 같은 함수계산을 16회 반복한다.

$$L_i = R_{i-1}$$
$$R_i = L_{i-1} \oplus f(R_{i-1}, K_i), i = 1, \cdot \cdot \cdot, 16$$

⊕는 mod 2연산을 하는 $EX-OR$를 의미하여 L_i, R_i는 〈그림 2-3〉의 32비트씩의 중간 데이터를 말한다. 56비트의 DES 암호화 키로부터 추출된 보조키 K_i는 48비트이며 서로 다른 값을 갖고 16회의 반복 라운드 과정에 사용된다. 함수 f는 S-Box를 포함한 환자 과정을 의미하며 DES의 보안성을 높여주는 가장 중요한 부분이다.

③ R_{16}과 L_{16}은 초기 전치의 역전치인 IP^{-1}를 거쳐 64비트의 암호문이 된다.

〈표 2-3〉 초기전치의 역전치 IP^{-1}

40	8	48	16	56	24	64	32
39	7	47	15	55	23	63	31
38	6	46	14	54	22	62	30
37	5	45	13	53	21	61	29
36	4	44	12	52	20	60	28
35	3	43	11	51	19	59	27
34	2	42	10	50	18	58	26
33	1	41	9	49	17	57	25

$C = IP^{-1}(L_{16}, R_{16})$으로 L_{16}과 R_{16}이 서로 반대로 되어 있는 것에 유의해야 한다.

f함수의 동작 과정은 〈그림 2-4〉와 같이

① 32 비트의 R_i가 확대 전치 E를 통해 48 비트로 확장

〈표 2-4〉 확대 전치 E

32	1	2	3	4	5
4	5	6	7	8	9
8	9	10	11	12	13
12	13	14	15	16	17
16	17	18	19	20	21
20	21	22	23	24	25
24	25	26	27	28	29
28	29	30	31	32	1

② 서브키 48 비트의 K_{i-1}과 $EX-OR$연산 수행

③ 6 비트씩 8개로 나뉘어져 각각 8개의 S-Box에 입력

④ 8개의 S-Box에서 나온 출력은 32비트 평형전치 P를 거쳐 $f(R_{i=1}, K_i)$출력

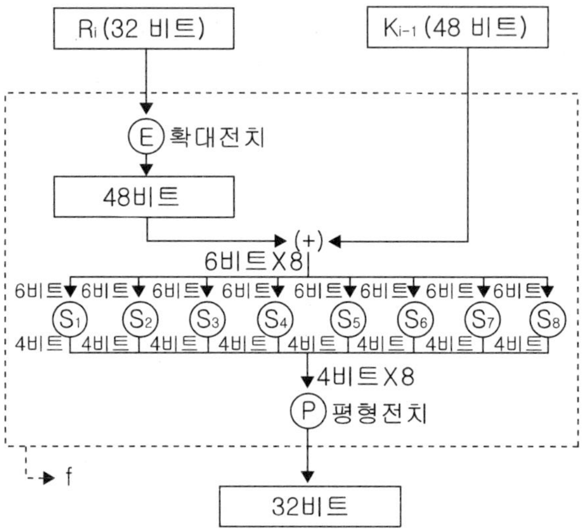

〈그림 2-4〉 f 함수의 동작 과정

S-Box는 비선형 함수로 구성되었으며, S-Box의 6개의 입력비트 중 하나의 비트 값이 바뀌면, 적어도 2개 이상의 출력비트가 바뀐다. 〈표 2-5〉는 8개의 S-Box를 보여주고 있다.

〈표 2-5〉 S-Box

S_1																
	0	1	2	3	4	5	6	7	8	9	10	11	12	13	14	15
0	14	4	13	1	2	15	11	8	3	10	6	12	5	9	0	7
1	0	15	7	4	14	2	13	1	10	6	12	11	9	5	3	8
2	4	1	14	8	13	6	2	11	15	12	9	7	3	10	5	0
3	15	12	8	2	4	9	1	7	5	11	3	14	10	0	6	13

S_2																
	0	1	2	3	4	5	6	7	8	9	10	11	12	13	14	15
0	15	1	8	14	6	11	3	4	9	7	2	13	12	0	5	10
1	3	13	4	7	15	2	8	14	12	0	1	10	6	9	11	5
2	0	14	7	11	10	4	13	1	5	8	12	6	9	3	2	15
3	13	8	10	1	3	15	4	2	11	6	7	12	0	5	14	9

S_3																
	0	1	2	3	4	5	6	7	8	9	10	11	12	13	14	15
0	10	0	9	14	6	3	15	5	1	13	12	7	11	4	2	8
1	13	7	0	9	3	4	6	10	2	8	5	14	12	11	15	1
2	13	6	4	9	8	15	3	0	11	1	2	12	5	10	14	7
3	1	10	13	0	6	9	8	7	4	15	14	3	11	5	2	12

S_4																
	0	1	2	3	4	5	6	7	8	9	10	11	12	13	14	15
0	7	13	14	3	0	6	9	10	1	2	8	5	11	12	4	15
1	13	8	11	5	6	15	0	3	4	7	2	12	1	10	14	9
2	10	6	9	0	12	11	7	13	15	1	3	14	5	2	8	4
3	3	15	0	6	10	1	13	8	9	4	5	11	12	7	2	14

S_5																
	0	1	2	3	4	5	6	7	8	9	10	11	12	13	14	15
0	2	12	4	1	7	10	11	6	8	5	3	15	13	0	14	9
1	14	11	2	12	4	7	13	1	5	0	15	10	3	9	8	6
2	4	2	1	11	10	13	7	8	15	9	12	5	6	3	0	14
3	11	8	12	7	1	14	2	13	6	15	0	9	10	4	5	3

S_6																
	0	1	2	3	4	5	6	7	8	9	10	11	12	13	14	15
0	12	1	10	15	9	2	6	8	0	13	3	4	14	7	5	11
1	10	15	4	2	7	12	9	5	6	1	13	14	0	11	3	8
2	9	14	15	5	2	8	12	3	7	0	4	10	1	13	11	6
3	4	3	2	12	9	5	15	10	11	14	1	7	6	0	8	13

S_7																
	0	1	2	3	4	5	6	7	8	9	10	11	12	13	14	15
0	4	11	2	14	15	0	8	13	3	12	9	7	5	10	6	1
1	13	0	11	7	4	9	1	10	14	3	5	12	2	15	8	6
2	1	4	11	13	12	3	7	14	10	15	6	8	0	5	9	2
3	6	11	13	8	1	4	10	7	9	5	0	15	14	2	3	12

S_8																
	0	1	2	3	4	5	6	7	8	9	10	11	12	13	14	15
0	13	2	8	4	6	15	11	1	10	9	3	14	5	0	12	7
1	1	15	13	8	10	3	7	4	12	5	6	11	0	14	9	2
2	7	11	4	1	9	12	14	2	0	6	10	13	15	3	5	8
3	2	1	14	7	4	10	8	13	15	12	9	0	3	5	6	11

S-Box의 입출력 과정을 예를 들어 설명하면, S_1 Box의 입력 6비트가 101011 일 때,

① 101011은 첫 번째, 여섯 번째 비트 11과 나머지 0101로 나누어진다.
② 11은 S_1 Box의 행을 나타낸다. (3행)
③ 0101은 S_1 Box의 열을 나타낸다. (5열)
④ 3행과 5열의 값은 9, 이진수로 바꾸면 1001의 4비트 출력을 얻는다.

〈표 2-6〉 f 함수의 평형전치표 P

P			
16	7	20	21
29	12	28	17
1	15	23	26
5	18	31	10
2	8	24	14
32	27	3	9
19	13	30	6
22	11	4	25

f 함수 계산에 사용되는 key 생성 알고리즘은 〈그림 2-5〉와 같다.

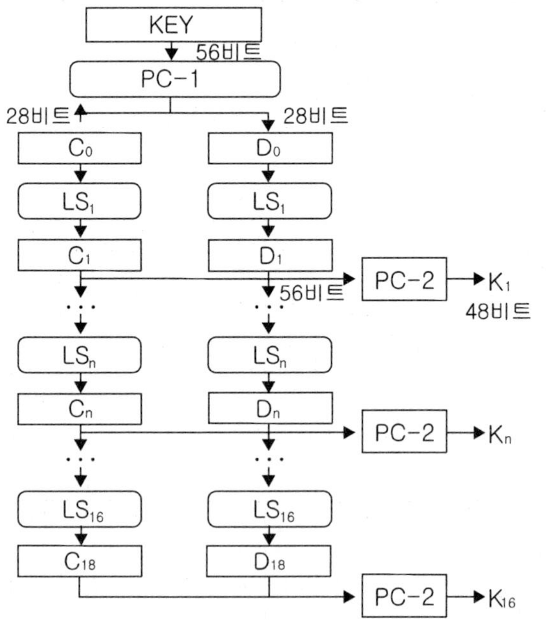

〈그림 2-5〉 DES의 키 생성 알고리즘

① 64비트 key는 8비트의 parity비트를 제외한 56비트가 PC-1에 따라 전치된다.

〈표 2-7〉 Key 전치 PC-1

57	49	41	33	25	17	9
1	58	50	42	34	26	18
10	2	59	51	43	35	27
19	11	3	60	52	44	36
63	55	47	39	31	23	15
7	62	54	46	38	30	22
14	6	61	53	45	37	29
21	13	5	28	20	12	4

② 전치된 Key는 28비트씩 C_0, D_0로 나누어져 순번대로 LS(Left Shift)를 수행한다.

〈표 2-8〉 LS 순번별 Shift 수

순번	Shift 수	순번	Shift 수
LS_1	1	LS_9	1
LS_2	1	LS_{10}	2
LS_3	2	LS_{11}	2
LS_4	2	LS_{12}	2
LS_5	2	LS_{13}	2
LS_6	2	LS_{14}	2
LS_7	2	LS_{15}	2
LS_8	2	LS_{16}	1

③ 다시 축약 전치 PC-2에 의해 56 비트가 48 비트로 축약 전치된다.

〈표 2-9〉 Key 축약 전치 PC-2

14	17	11	24	1	5
3	28	15	6	21	10
23	19	12	4	26	8
16	7	24	20	13	2
41	52	31	37	47	55
30	40	51	45	33	48
44	49	39	56	34	53
46	42	50	36	29	32

DES의 취약점

DES의 키의 길이가 56비트밖에 되지 않아 DES 알고리즘에 사용될 수 있는 모든키(2^{56}개≒7.6×10^{16}개)를 테스트해보는 소모적 공격(exhaustive attack, brute force attack)에 약하다는 취약점을 가지고 있다. 실제로 1997년 이후 암호문이 공식적으로 해독되고 있으며 컴퓨터의 발전에 따라 해독시간도 단축되고 있다.

Triple DES(3중 DES)

DES의 짧은 키의 길이로 인한 단점을 보완하기 위해 DES 알고리즘을 반복하여 실행하는 방식이 제안 되었다. 2중 DES는 큰 효과를 보지 못하기 때문에 〈그림 2-6〉과 같이 2개의 키를 이용하여 DES를 3번 반복하는 Triple DES방식을 많이 사용한다.

암호화 절차 : $C = EK_3(DK_2(EK_1(M)))$
복호화 절차 : 암호화의 역순으로 $M = DK_1(EK_2(DK_1(C)))$

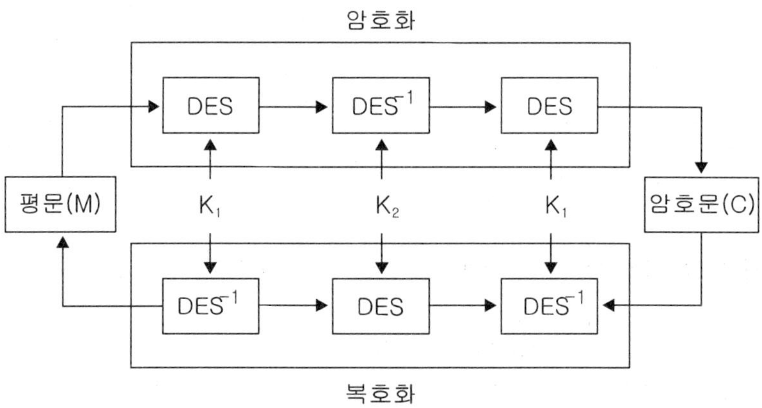

〈그림 2-6〉 Triple DES

2.2.3. AES (Advanced Encryption Standard)

DES의 안전성 문제로 DES를 대체할 새로운 블록 암호 알고리즘이 필요하게 되어 AES 프로젝트가 1997년에 시작이 되었으며 다음과 같은 AES의 기본 요구사항을 제시하였다.

- ㅇ 블록사이즈 : 128/192/256 비트 등 세 가지 블록 크기가 가능
- ㅇ 국제적으로 자유로운 사용(no royalty)이 가능할 것
- ㅇ Triple DES(3중 DES)보다 효율적이고 안전한 알고리즘일 것

```
Rijndael(State,CipherKey)
{
        Key Expansion(CipherKey, ExpandedKey);
        AddRoundKey(State, ExpandedKey);
        For(i=1;i<Nr;i++)
                Round(State, ExpandedKey+4*i);
        FinalRound(State, ExpandedKey+4*Nr);
}
```

```
Round(State, RoundKey)
{
    ByteSub(State);
    ShiftRow(State);
    MixColumn(State);
    AddRoundKey(State, RoundKey);
}
```

```
FinalRound(State, RoundKey)
{
    ByteSub(State);
    ShiftRow(State);

    AddRoundKey(State, RoundKey);
}
```

〈그림 2-7〉 AES의 구조

이에 따라 이듬해인 1998년에 총 20여개의 응모 알고리즘 중에서 기본 요구사항을 만족하는 15개의 후보 알고리즘을 발표하였으며, 이어서 1999년 8월에 5가지 최종 후보 알고리즘을 선정하였다. 결국 2000년 10월에 Joan Daemen과 Vincent Rijmen이 개발한 Rijndael 알고리즘이 AES로 선정되었으며, 2001년11월에 FIPS-197로 등록되었다.

AES는 블록 사이즈가 128비트이며 요구사항에서 제시한대로 키 사이즈는 128비트, 192비트, 256비트 중 하나를 선택할 수 있으며, 라운드의 수는 키의 사이즈에 따라, 10, 12, 14 라운드로 되어있다. 연산은 바이트 단위의 연산을 사용하고 S-Box를 이용

한 치환, 행 이동, 행 연산을 통한 열 변환, 키 연산을 통한 열 변환의 4가지 기본 연산을 수행한다. 〈그림 2-7〉은 전체적인 구조를 보여주는 것으로서 상단의 수식은 각 라운드 마다 연산 시 사용되는 키를 생성하는 절차를, 하단 좌측은 매 라운드의 4가지 연산절차를, 그리고 하단 우측은 맨 마지막 라운드의 연산 절차를 나타낸다.

또한 매 라운드마다 이루어지는 각각의 세부 연산절차는 〈그림 2-8〉과 같다.

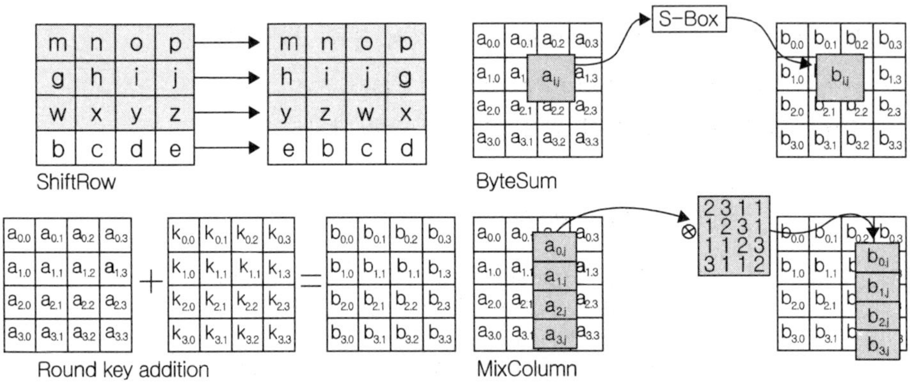

〈그림 2-8〉 라운드별 세부 연산절차

AES는 알려진 블록 암호 알고리즘에 대한 모든 공격 방법들에 대해 안전하도록 설계되었으며, 하드웨어나 소프트웨어 구현 시 속도나 코드 압축성(compactness)면에서 효율적이므로 스마트카드와 같은 응용에 적합하다는 장점이 있다.

2.2.4. SEED

SEED는 국내 전자상거래에 사용하기 위해 만들어진 대칭키 알고리즘이다.

SEED는 128비트 비밀키로 부터 생성된 16개의 64비트 라운드 키를 사용하여 총 16회의 라운드를 거쳐서 128비트의 평문(plaintext) 블록을 128비트 암호문(ciphertext) 블록으로 암호화하여 출력하는 방식이다 암호화는 DES와 유사한 변형된 Feistel구조이며 f함수의 비선형성의 안전도에 의존한다 SEED는 암・복호 블록과 키 길이를 DES의 2배인 128비트의 비밀키로 하고 f함수의 비선형성을 높여서 안전도를 강화하였다.[4)]

SEED는 1999년 한국정보보호진흥원(현 한국인터넷진흥원)과 국내 암호전문가들이 함께 개발한 알고리즘으로 인터넷, 전자상거래, 무선 통신 등에서 공개되는 경우 민감한

4) 노경호, ARIA 알고리즘용 암호 프로세서의 설계, 한양대학교 2006, p6

영향을 미칠 수 있는 중요 정보 및 개인 정보를 보호하기 위해 개발되었으며, 1999년 9월 정보통신단체표준(TTA)으로 제정되었고, 2005년에는 국제 표준화 기구인 ISO/IEC 및 IETF 국제 블록암호알고리즘 표준으로 제정되었으며, 세부사항은 〈표2-10〉과 같다.[5)]

〈표 2-10〉 SEED 표준화 현황

분류	표 준 명
국내	TTAS.KO-12.0004 : 128비트 블록암호알고리즘(SEED)
국제	ISO/IEC 18033-3 : Information technology - Security techniques - Encryption algorithms - Part 3 : Block ciphers
	IETF RFC 4269 : The SEED Encryption Algorithm ※ RFC4296은 RFC 4009 ("The SEED Encryption Algorithm")의 개정 표준

SEED 알고리즘의 전체 구조는 DES와 같이 Feistel 구조로 이루어져 있으며, 128비트의 평문 블록단위당 128비트 키로부터 생성된 16개의 64비트 라운드 키를 입력으로 사용하여 총 16라운드를 거쳐 128비트 암호문 블록을 출력한다. 〈그림 2-9〉는 SEED 알고리즘의 전체 구조를 도식화한 것이다.

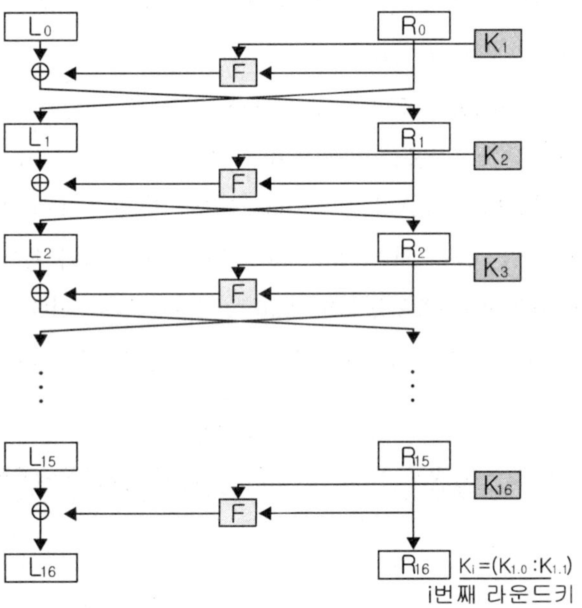

〈그림 2-9〉 SEED의 전체구조

5) http://www.kisa.or.kr/kisa/seed/jsp/seed.jsp

SEED의 f함수는 수정된 64비트 Feistel 형태로 구성된다. f함수는 각 32비트 블록 2개를 입력으로 받아, 32비트 블록 2개를 출력한다.

라운드 키 생성과정은 128비트 암호키를 64비트씩 좌우로 나누어 이들을 교대로 8비트씩 좌/우로 회전 이동한 후, 간단한 산술연산과 G함수를 적용하여 라운드 키를 생성한다.

2.2.5. ARIA[6)]

ARIA는 전자정부 구현 등으로 다양한 환경에 적합한 암호화 알고리즘이 필요함에 따라 국가보안기술연구소(NSRI) 주도로 학계, 국가정보원 등의 암호기술 전문가들이 힘을 모아 개발한 국가 암호화 알고리즘이다.

ARIA의 의미는 개발팀이 Academy(학계), Research Institute(연구소), Agency(정부 기관)로 구성되었음을 의미하며 학・연・관이 공동으로 개발한 정보보호의 핵심 기술임을 함축하고 있다.

ARIA는 민간 암호화 알고리즘 SEED와 함께 전자정부의 대국민행정서비스용으로 보급되고 있으며, 스마트 카드 등의 초경량 환경 및 고성능 서버 환경 등에서 SEED에 비하여 상대적인 장점을 가지고 있다.

ARIA는 ISPN(Involutional SPN)구조의 128 비트 블록 암호이며, 128비트, 192비트, 256비트의 3종류의 키 사용을 제공하며 키의 길이에 따라 ARIA-128, ARIA-196, ARIA-256으로 구분한다. ARIA의 입・출력 크기와 사용 가능한 키 크기는 미국 표준 블록 암호인 AES의 입・출력 크기 및 사용 가능한 키 크기와 동일하다.

이 사양을 블록 단위(8비트)로 정리하면〈표 2-11〉과 같다 이때, 입・출력 블록 크기를 Nb, 입력 키 블록 크기를 Nk, 그리고 라운드 수를 Nr로 나타내었다.

〈표 2-11〉 ARIA 사양

구 분	Nb	Nk	Nr
AIRA-128	16	16	12
AIRA-192	16	24	14
AIRA-256	16	32	16

6) http://www.nsri.re.kr/kor/aria.html

ARIA의 pseudocode는 〈그림 2-10〉과 같으며, w[ ]는 키 확장에 의해 생성된 라운드 키를 의미하고, 마지막 라운드는 확산 계층이 라운드 키 덧셈으로 대치된다. 암호화 과정과 복호화 과정은 〈그림 2-11〉과 같이 주어지며 암호화 과정과 복호화 과정은 라운드 키를 제외하고는 일치한다.

```
Encryption(byte in[Nb], byte out[Nb], byte w[Nb*(Nr+1)])
begin
byte state[Nb]
state = in
AddRoundKey(state, w[0..Nb-1]
for round= 1 to Nr-1
SubstLayer(state)
DiffLayer(state)
AddRoundKey(state, w[round*Nb, (round+1)*Nb-1])
end for
SubstLayer(state)
AddRoundKey(state, w[Nr*Nb, (Nr+1)*Nb-1])
out = state
end
```

〈그림 2-10〉 AIRA의 pseudocode

ARIA을 구성하고 있는 각각의 계층들을 구체적으로 설명하면 다음과 같다.[7]

7) ARIA 알고리즘 명세서 V1.0, 2004.

라운드 키 덧셈(AddRoundKey)

128-비트 라운드 키를 라운드 입력128-비트와 비트별 XOR한다.

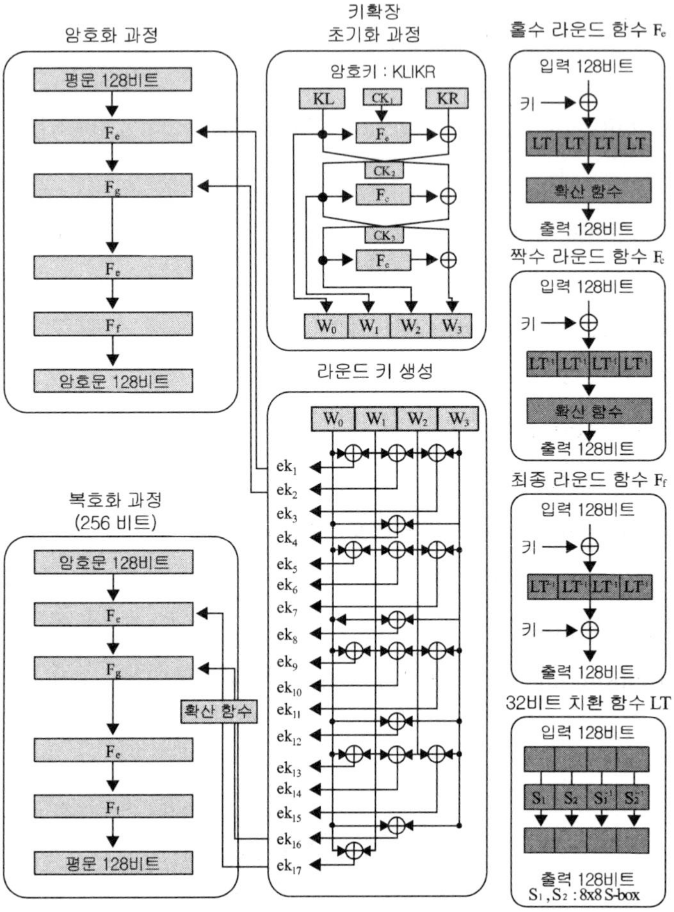

〈그림 2-11〉 암호화 복호화 과정

치환계층(SubstLayer)

치환계층은 두 유형(유형1, 2)으로 되어 있는데 다음을 만족하도록 구성되었다.

- 두 유형 모두 S-box S_1, S_2, S_1^{-1}, S_2^{-1}로 구성
- 두 유형의 치환계층은 서로 역의 관계((유형1)$^{-1}$=유형2)
- 32비트 단위로 4종의 S-Box사용

두 유형의 치환계층은 교대로 사용되어 involution 구조인 확산 계층과 함께 전체 구조가 involution 구조가 되도록 한다.

또한, 치환계층은 8비트 입출력 S-box들로 구성된다. S-box들은 다음의 성질을 만족하도록 선택되었다.

- ○ 최대 차분/선형 확률 : 2^{-6}
- ○ 대수적 차수 : 7,
- ○ 고정점, 반고정점이 없을 것.

확산계층(DiffLayer)

확산계층은 간단한 16x16 involution 이진 행렬을 사용한 바이트 간의 확산 함수로 구성된다. 확산함수는 입력 16바이트에 대하여 바이트 단위의 행렬 곱을 수행한 결과의 16바이트를 출력으로 한다. 확산계층 설계에 있어서 중요하게 고려되어야 하는 것은 안전성과 각종 적용 환경에서의 효율적 구현 가능성이다. ARIA의 확산 계층은 다음과 같은 설계방향을 가지고 설계되었다.

- ○ AES에 강력한 분석 방법들에 대하여 내성을 가져야 한다 이를 위해서 AES의 확산 함수 처리 단위(32비트) 보다 큰 단위의 확산 함수를 사용한다.
- ○ 8비트, 32비트 소프트웨어 및 하드웨어 구현에 적합해야 한다.
- ○ 동종의 확산 함수 중에서 안정성과 효율성을 고려할 때 제일 우수해야 한다.

Key 확장(Key Schedule)

키 확장은 암호키를 입력받아 암호화(encryption) 및 복호화(decryption)의 라운드 함수에 사용될 라운드 키(round key)를 생성해내는 과정으로 초기화 과정과 라운드 키 생성 과정의 두 부분으로 나뉜다.

◉ 초기화 과정

초기화 과정에서는 암·복호화 한 라운드를 F함수로 하는 256비트 입·출력 3라운드 Feistel암호를 이용하여, 암호키 MK로부터 네 개의 128비트 값 W_0, W_1, W_2, W_3를 생성한다.

◉ 라운드 키 생성 과정

라운드 키 생성 과정에서는 네 개의 128비트 W_0, W_1, W_2, W_3를 조합하여 암호화 라운드키 ek_i와 복호화 라운드 키 dk_i를 생성한다. 라운드 수는 암호키의 크기가 128, 192, 256비트인 경우 각각 12, 14, 16라운드이고 마지막 라운드에는 키 덧셈 계층이 두 번 있으므로 각각 13, 15, 17개의 라운드 키를 생성해야 한다.

ARIA는 스마트카드 가상사설망(VPN)등 초경량의 임베디드 기기는 물론 64비트 고성능 서버환경 등 시드(SEED)를 적용할 경우 상대적으로 처리 속도가 느려 효율성이 떨어지는 분야에 적합하다.

2.2.6. 운용모드

ECB-Electronic CodeBook

블록 암호 방식의 운용 방식중 가장 간단한 방식으로, 평문을 각 블록 암호 알고리즘에서 정의한 일정한 블록(비트)로 나누어 암호화하는 방식이다. 즉 DES의 경우에는 평문을 64비트씩 나누어 암호화하는 것을 말하며, 평문을 64비트씩 나눌 때 마지막 블록이 64비트가 되지 않을 때는 임의의 약속된 비트 모양을 패딩(padding)하게 된다. ECB 모드의 동작 방식은 〈그림 2-12〉와 같다.

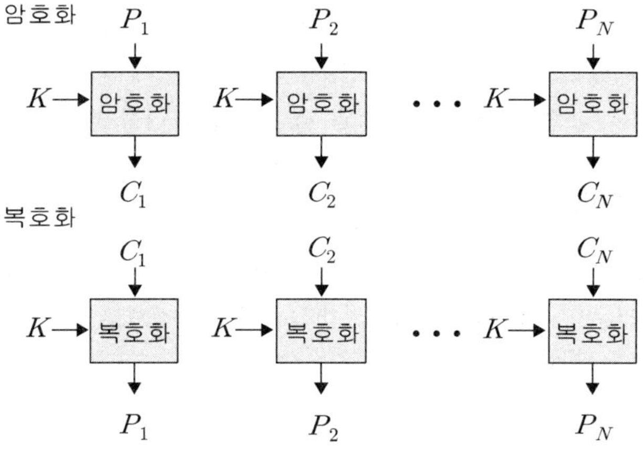

〈그림 2-12〉 ECB 모드 동작 방식

이 방식은 동일한 평문 블록 모양에 대하여 항상 동일한 암호문이 출력되기 때문에 암호 해독자들에게 해독 가능성을 높게 해준다. 즉, 문서의 종류에 따라 동일한 문서모양을 갖고 있는 문서는 암호문 단독 공격의 가능성을 높게 해준다. 다른 운용모드에 비해 보안에 대한 안전성이 취약하지만, 블록 암호 방식의 비밀키를 암호화하는 경우에 사용하기에 효과적이다.

CBC -Cipher Block Chaining

ECB 모드와는 달리 전체 평문의 암호화에 블록간의 상관관계를 갖도록 출력된 암호문이 다음 평문 블록에 영향을 미치게 하도록 만든 방식으로 ECB에서 발생하는 동일한 평문에 의한 동일한 암호문이 발생하지 않는다. CBC 모드 동작은 〈그림 2-13〉과 같이 처음 입력된 평문 블록 P_1은 초기 벡터 IV_0와 $EX-OR$되어 암호기에 입력된다. 암호기 출력 암호문 C_1은 다음 평문 블록 P_2와 $EX-OR$되어 암호기에 입력된다.

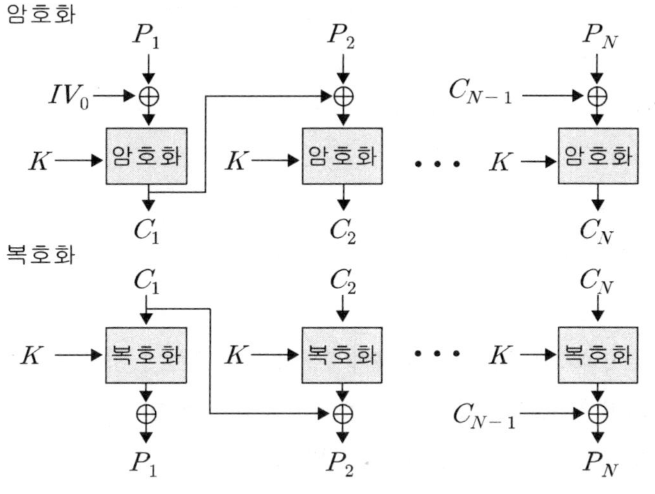

〈그림 2-13〉 CBC 모드 동작 방식

수식적인 표현은 다음과 같다.

CBC 암호화 : $C_i = E_k(P_i \oplus C_{i-1})$
CBC 복호화 : $P_i = D_k(C_i) \oplus C_{i-1}$(단 $C_0 = IV_0$)

CBC모드에서 전송 중 암호문 블록 C_i에서 발생하는 한 비트의 오류는 복호화된 해당 평문 블록 P_i에서는 여러 비트의 영향을 주게 되며 다음 단의 복호화된 평문 블록 P_{i+1}에는 한 비트의 오류를 유발하게 된다. 물론 그 다음 단의 복호화된 평문 블록 P_{i+2}에는 영향을 주지 않는다.

한편 CBC모드의 평문 블록 P_i에서의 오류 발생시 암호문에 미치는 영향을 살펴보자. 평문 블록 P_i에서의 한 비트 오류는 그 다음에 출력되는 모든 암호문 C_i, C_{i+1}, C_{i+2}...

에 영향을 미치게 된다. 이러한 특징은 메시지 인증에 유용하게 사용 될 수 있다. 구체적으로 말하면 이러한 특징은 메시지 인증 코드 MAC(Message Authentication Code)에 사용될 수 있다.

CFB -Cipher FeedBack

CBC모드와 마찬가지로 평문 블록이 동일한 경우라도 동일한 암호문이 나타나지 않도록 전 단계의 암호문이 다음 단계의 평문에 영향을 주도록 구성한 방식이다. CFB 모드 동작은 〈그림 2-14〉와 같이 CBC를 연상시키게 구성되어 있지만, 암호문이 수신자의 암호기 입력으로 사용 되는 점이 CBC와 다른 점이다.

CFB모드 동작을 수식으로 표현하면 다음과 같다.

암호화 : $C_i = E_k(C_{i-1}) \oplus P_i$

복호화 : $P_i = E_k(C_{i-1}) \oplus C_i$ (단, $C_0 = IV_0$)

CFB 모드 동작에서도 평문 블록 내에 한 비트의 오류가 발생하면 모든 암호문에 영향을 미치게 되며 복호화 과정에서도 암호문 블록 내에 한 비트의 오류가 발생하면 복호화된 모든 평문 블록에 영향을 미치게 된다.

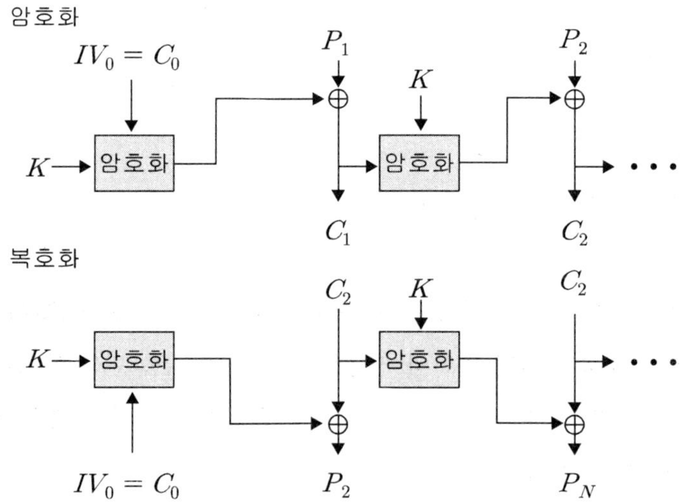

〈그림 2-14〉 CFB 동작 방식

OFB -Output FeedBack

평문 블록이 동일하면 암호문이 같아지는 ECB모드의 단점과 오류 전파가 발생하는 CBC, CFB 모드를 개선한 동작 모드로 OFB모드 동작은 〈그림 2-15〉와 같이 초기벡터 $IV_0 = C_0$를 키 K로 암호화하여 평문 P_i와 $EX-OR$한 값이 암호문 C_i가 된다.

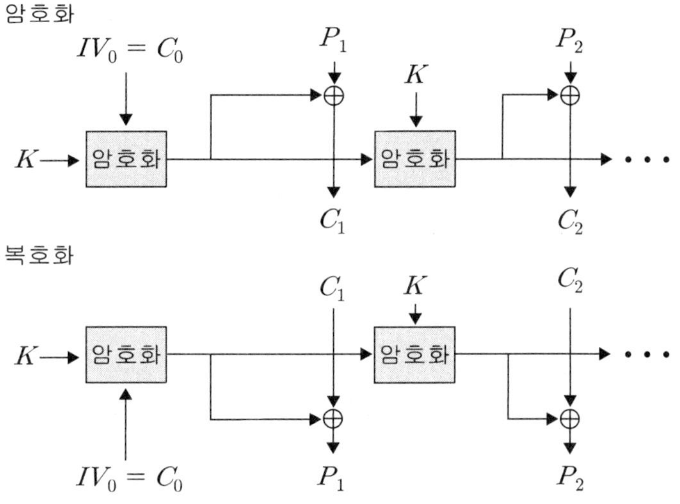

〈그림 2-15〉 OFB 동작 방식

OFB 모드 동작을 수식으로 표현하면 다음과 같다.

암호화 : $C_i = E_k(C_{i-1}) \oplus P_i$

복호화 : $P_i = E_k(C_{i-1}) \oplus C_i$

OFB 모드 동작은 암호기의 출력과 평문을 EX-OR하여 암호문을 생성하고 있으므로 오류 전파가 발생하지 않으나, 암호문 송신자와 수신자 사이에 동기를 맞추어야 한다. 즉, 전송중인 암호문의 비트 손실이나 삽입 등에 유의해야 하는 방식이다.

3. 정수론과 공개키 암호

3.1. 정수론

3.2. 공개키 암호

3.3. 암호 프로토콜

3. 정수론과 공개키 암호

3.1. 정수론

3.1.1. 정수의 연산

정수

정수론은 오랜 역사를 갖고 있으면서 수학의 가장 중요한 부분으로 발전되어 왔으며, 암호학에서 활용되는 수학이론 중에서는 정수론이 가장 기본이 된다고 할 수 있다. 실제로, 공개키 암호 시스템(public-key cryptosystem)이나 전자 서명(digital signature) 및 인증 등에 대한 알고리즘을 이해하는 데는 정수론의 기초적인 지식을 알아야 한다. 본 장에서 정수론과 관련하여 수학적인 증명을 생략하고 암호학 이론 이해에 필요한 부분만을 요약하였다.

정수(integer)의 집합은 $Z = \{\cdots, -3, -2, -1, 0, 1, 2, 3, \cdots\}$으로 나타내며 양의 정수와 음의정수, 그리고 0으로 구성되어 있다. 정수 집합에서는 덧셈, 뺄셈, 곱셈이 정의되지만, 나눗셈은 특별한 경우를 제외하고는 정의되지 않는다.

정수 집합에서의 덧셈, 곱셈에 관한 기본 성질을 살펴보면 다음과 같다.

- 집합 Z위에 덧셈이 정의되어 있다. $a, b \in Z$, $a + b \in Z$
- 덧셈에 대하여 교환 법칙과 결합법칙이 성립한다.
- 특정한 정수 0을 덧셈에 대한 항등원(identity)이라 한다.
- 모든 정수 a에 대하여 $a + (-a) = (-a) + a = 0$ 인 $-a \in Z$가 단 하나 존재하며, 정수 $-a$를 덧셈에 관한 a의 역원(inverse)이라 한다.
- 집합 Z위에 곱셈이 정의된다. $a, b \in Z$, $a \cdot b \in Z$
- 곱셈에 대하여 교환법칙과 결합법칙, 분배법칙이 성립한다.
- 특정한 정수 1을 곱셈에 관한 항등원이라 한다.

항등원은 어떤 정수 a의 덧셈과 곱셈 각각의 연산결과가 변함없이 a가 되게 하는 원소를 의미하며, 역원은 어떤 정수 a의 덧셈과 곱셈 각각의 연산결과가 항등원이 되게 하는 원소를 의미한다. 정수 집합 Z위에서 덧셈은 모든 원소가 역원을 갖고 있으나, 곱셈에 대해서는 1과 −1만 역원을 갖는다.

약수와 배수

다음은 약수와 배수에 대해 알아보자. 정수 전체 집합 Z위에서는 나눗셈이라는 이항 연산이 정의되지 않는다. 그러나 두 정수 사이에 곱셈을 나누어 떨어진다는 성질로 표현하면 편리할 때가 많다. 즉, 정수 a, b, c에 대하여 '$b = a \cdot c$'의 식이 성립하면 a와 c를 b의 약수(divisor) 또는 인수(factor)라 하고, b를 a 또는 c의 배수(multiple)라고 한다. 이 사실을 '$a|b$'로 표시하고 'a는 b를 나눈다' 또는 'b는 a로 나누어 떨어진다'고 한다.

또한 정수들 사이에, $b = a \cdot q + r$, $0 \leq r < |a|$인 q, r이 유일하게 존재하며, 이 두 정수 q와 r을 각각 b를 a로 나누었을 때의 몫(quotient)과 나머지(remainder)라고 한다.

한편 a와 b가 동시에 d의 배수일 때, d를 a와 b의 공약수(common divisor)라고 하며, a와 b의 가장 큰 공약수 d를 a와 b의 최대공약수(gcd : greatest common divisor)라 하며, $\gcd(a, b) = d$로 표시한다. 두 정수 a와 b의 최대공약수가 1일 때, 즉 $\gcd(a, b) = 1$일 때 a와 b는 서로소(relatively prime)라고 한다.

세 정수 a, b, c에 대하여 c가 a와 b의 배수일 때 c를 a와 b의 공배수(common multiple)라고 하며, a와 b에 대하여 가장 작은 공배수 h를 최소공배수(lcm : least common multiple)라고 하고 $lcm(a, b) = h$로 표시한다.

유클리드 호제법(Euclidean algorithm)[8]

두 정수의 최대공약수를 구하는 알고리즘은 다음과 같은 사실에 기초를 두고 있다. x가 두 정수 a와 b의 공약수이면 모든 정수 k에 대하여 x는 $a-(k \cdot b)$의 약수가 된다는 사실이다. 왜냐하면 x가 a와 b의 공약수이므로 $a = x \cdot a_1$, $b = x \cdot b_1$으로 표시할 수 있으며, 임의의 정수 k에 대하여

$$\begin{aligned} a-(k \cdot b) &= x \cdot a_1 - (x \cdot k \cdot b_1) \\ &= x \cdot (a_1 - k \cdot b_1) \\ &= x \cdot d \end{aligned}$$

8) 신현식 외, 이산수학, 교학사, 1995. p150

가 되기 때문에 x는 $a-(k \cdot b)$의 약수가 된다.

이 사실을 이용하여 두 정수 a와 b, $(a > b)$의 최대공약수를 구하는 방법을 알아보자. a를 다시 쓰면, $a=(m \cdot b)+r$, $0 \le r < b$로 표현될 수 있으며, 만약 $x=\gcd(a,b)$라고 하면, x는 a, b, r의 약수가 된다.

그러나 $\gcd(a,b)=\gcd(b,r)$이고 $a > b > r \ge 0$이 되기 때문에 a와 b의 최대 공약수를 구하는 대신 b와 r의 최대공약수를 구하면 결과가 같다. 또, b에 대해서는 $b=m' \cdot r+r'$로 표현될 수 있으며, 이 방법은 나머지가 0이 될 때까지 반복되며, 나머지가 0이 될 때 바로 앞 단계의 나머지가 최대공약수가 된다.

3.1.2. 소수(prime number)

<u>**소수의 정의**</u>

정수에 대한 약수의 정의에 의하면 약수에는 음수와 양수가 모두 포함되지만, 여기에서는 양수만을 생각하기로 하자.

소수란, 어떤 양의 정수 p의 약수가 1과 p뿐인 정수를 말한다. 또, 정수 a가 소수가 아닐 때 a를 합성수(composite number)라고 한다. 1은 소수나 합성수에 포함되지 않으며, 2를 제외한 모든 소수는 홀수이다. 양의 정수 a가 합성수일 조건은 $a=b \cdot c$, $b > 1$, $c > 1$인 정수 b와 c가 존재하는 것이다.

또한 소수 p의 양의 약수는 1과 p뿐이므로 $1 < a < p$인 임의의 정수 a에 대하여 $\gcd(a,p)=1$이며, $a > p$인 경우에는 $\gcd(a,p)=1$ 또는 $\gcd(a,p)=p$이다.

정수에 포함된 소수의 분포는 무한히 많으며, 여기에 대해서 유클리드는 소수가 무한히 많다는 것을 증명하였으며, 정수가 점점 커짐에 다라 소수의 분포는 점점 희박해 진다.

두 소수의 차이가 2인 인접된 소수를 쌍둥이 소수라고 하고 (11, 13), (17, 19), (29, 31) 등이 있으며, 세 쌍둥이 소수는 (3, 5, 7) 밖에 없다. 소수의 개수는 무한히 많다고 하였으나 임의의 큰 소수를 정확하게 생성할 수 있는 방법은 아직 알려지지 않고 있다.

메르센느 소수와 페르마 소수

무한한 양의 정수 가운데 소수가 어떤 형대로 존재하는지에 대한 명확한 규칙을 발견하는 것은 매우 어려운 일이다. 다만 어떤 특성을 갖는 소수를 구분할 수 있으며, 이 중에서는 메르센느 소수와 페르마 소수가 대표적이다.

◉ 메르센느 소수(Mersenne prime)

$M_n = 2^n - 1\,(n \geq 2)$의 형태를 갖는 정수를 메르센느 수라고 하며, 메르센느 수 중 소수인 수를 메르센느 소수라고 한다. 메르센느 수 M_n이 소수인 경우에는 n이 반드시 소수가 된다. 그러나 모든 소수 p에 대하여 M_p가 소수인 것은 아니다. 예를 들어,

$$M_{11} = 2^{11} - 1 = 2047 = 23 \cdot 89$$
$$M_{23} = 2^{23} - 1 = 8388607 = 47 \cdot 178481$$

이므로 11과 23은 소수이지만 M_{11}과 M_{23}은 소수가 아니다.

현재까지 가장 큰 메르센느 소수로 알려진 소수는 2008년 8월에 발표된 47번째 메르센느 소수인 $2^{43112609} - 1$이다.[9]

◉ 페르마 소수(Fermat prime)

$F_n = 2^{2^n} + 1\,(n \geq 0)$의 형태를 가는 수를 페르마수라고 하고, F_n이 소수일 때 이를 페르마 소수라고 한다. 페르마 자신은 페르마수는 모두 소수라고 생각했으나 실제로 F_5는 소수가 아니라,

$F_5 = 2^{32} + 1 = 4294967297 = 641 \cdot 6770041$7로 합성수임이 밝혀졌다. 지금까지 알려진 페르마 소수는 $F_0 = 3$, $F_1 = 5$, $F_2 = 17$, $F_3 = 257$, $F_4 = 65537$ 다섯 개다.

큰 양의 정수가 소수인지를 판정하는 문제는 암호학, 정보이론 등에서 매우 중요한 문제이다. 실제로 암호학의 소인수 분해 문제나 이산대수 문제에 사용되는 100자리 이상의 소수를 찾는 일은 쉽지 않으며 많은 연구가 진행되고 있다. 통상 100자리 이상의 소수를 정확하게 생성하는 일이 어렵기 때문에 필요한 길이를 갖고 1, 3, 7, 9로 끝나는

9) http://www.mersenne.org

임의의 난수를 생성한 뒤에 소수인지 아닌지를 확률적으로 판단하는 야코비(Jacobi) 판별식과 같은 특수한 방식을 사용한다.

소인수 분해

양의 정수 $n(n>1)$이

$$n = p_1 p_2 \cdots p_r, (p_i: \text{소수}, r \geq 1)$$

의 형식으로 유한 개의 소수의 곱으로 나타내어 질 때 이를 n의 소인수 분해 (prime factorization)라고 한다. 특히,

$$n = p_1^{e_1} p_2^{e_2} \cdots p_r^{e_r}, (e_i \geq 1, : \text{양의 정수}, p_i: \text{서로 다른 소수}, i = 1, 2, \cdots r)$$

로 나타낸 것을 n의 표준 분해라고 한다.

모든 양의 정수 $n(n>1)$은 반드시 단 한가지의 방법으로 소인수 분해 된다. 즉, n에 대한 소인수 분해가

$$n = p_1 p_2 \cdots p_r, n = g_1 g_2 \cdots g_s$$

로 나타내어 졌다면 $r = s$이고, 두 소인수 분해는 인수의 순서만 서로 다를 뿐 동일한 소인수 분해인 것이다.

큰 양의 정수 n이 소수인지를 판정하거나, 큰 합성수에 대한 소인수 분해는 어려운 문제이면서, 암호학, 부호이론, 정보이론 등에서 대단히 중요한 문제이다. 실제로 암호학의 소인수 분해 문제나 이산 대수 문제에 사용되는 100자리 이상의 소수를 찾는 일은 대단히 중요한 문제로 많은 수학자들이 소수 판정 알고리즘을 연구하고 있다.[10)]

10) 원동호, 현대 암호학, 그린, 2003. p30

3.1.3. 합동식

매일 출발하는 비행기가 항상 정확하게 24시간 늦게 출발한다면 이는 실질적으로 매일 정확하게 출발하는 것과 다를 바 없다. 이와 같이 우리의 실세계 현상 중에는 어떤 일정한 주기를 갖고 계속 반복되는 일들이 많이 있다. 무한한 정수체계에서도 유한한 범위를 설정하고 나머지 모든 수를 이곳에 반복하여 매핑(mapping)시킬 수 있으며, 이러한 합동의 개념은 정수론에서 매우 중요한 역할을 한다.

모듈러 연산

0보다 큰 정수 m에 대하여 '정수 a, b의 차가 m의 배수일 때 a와 b는 법(modulus) m에 관하여 합동'이라고 하고 '정수 $a \equiv b \mod m$'과 같이 표시한다. 즉, $a \equiv b (\mathrm{mod} m)$은 $m|(a-b)$또는 $a-b \equiv mk$이다. 합동이 아닌 경우는 $a \not\equiv b \mod m$으로 나타낸다.

합동은 등치 관계(equivalence relation)이며, 다음의 세 가지 성질을 가지고 있다.

① $a \equiv a \mod m$ (반사성)
② $a \equiv b \mod m$이면 $b \equiv a \mod m$ (대칭성)
③ $a \equiv b \mod m$이고, $b \equiv c \mod m$이면, $a \equiv c \mod m$ (전이성)

합동의 성질을 이용하여 더하기, 빼기, 곱하기를 포함하는 일반적인 정수연산에 대한 법칙을 모듈러 연산으로 확장시킬 수 있다. 모듈러 연산은 $Z_n = \{0, 1, 2, \cdot\cdot\cdot, (n-1)\}$의 정수 범위 내에서 정의된다. 이것은 모듈러 n의 잉여(나머지)집합으로 적용시키면 Z_n에서의 정수에 대하여 교환법칙, 결합법칙, 분배법칙이 성립하고, 항등원과 덧셈에 대한 역원을 가진다.

정수연산과 모듈러연산에서의 항등원과 역원에 대해서 알아보자. 정수연산에서의 항등원은 덧셈과 곱셈에 대해 각각 0과 1이다. 덧셈에 대한 역원은 정수집합 전체에서 모든 원소가 각각 하나씩(반대부호) 가지고 있으며, 곱셈에 대해서는 1과 −1만 역원을 갖고 있고 나머지는 역원이 존재하지 않는다.

모듈러 연산에서도 항등원은 정수연산과 마찬가지로 덧셈과 곱셈에 대해 각각 0과 1이다. 그러나 〈그림 3-1〉에서 보는 바와 같이 덧셈에 대한 역원은 Z_n상에서 각각 하나씩 가지고 있으며, 곱셈에 대한 역원은 n이 소수일 경우에는 정수연산과 달리 0을 제외한 모든 원소가 각각 하나씩 가지고 있으며, n이 소수가 아닐 경우에도 일부 정수는 곱셈 역원을 갖는다. 정수 w에 대한 덧셈 역원을 $-w$로 표시하고 곱셈 역원을 w^{-1}로 표시한다.

모듈러 연산이 정수연산과 다른 특성 중에 하나는 n이 소수일 때 모든 원소가 곱셈에 대한 역원이 존재하므로 나눗셈도 정의 할 수 있다는 것이다.

즉, a를 b로 나누는 경우에는 a에 b의 역원을 곱해주는 것으로 $a \div b \equiv a \times b^{-1}$ $(\bmod n)$과 같이 계산할 수 있다. 이와 같이 나눗셈을 할 수 있는 모듈러 연산은 암호학에서 아주 중요하게 사용되는 계산방법이다.

+	0	1	2	3	4	5	6
0	0	1	2	3	4	5	6
1	1	2	3	4	5	6	0
2	2	3	4	5	6	0	1
3	3	4	5	6	0	1	2
4	4	5	6	0	1	2	3
5	3	4	5	6	0	1	2
6	4	5	6	0	1	2	3

*	0	1	2	3	4	5	6
0	0	0	0	0	0	0	0
1	0	1	2	3	4	5	6
2	0	2	4	6	1	3	5
3	0	3	6	2	5	1	4
4	0	4	1	5	2	6	3
5	0	5	3	1	6	4	2
6	0	6	5	4	3	2	1

w	-w	w^{-1}
0	0	–
1	6	1
2	5	4
3	4	5
4	3	2
5	2	3
6	1	6

〈그림 3-1〉 modular 7의 덧셈, 곱셈, 역원

오일러의 정리와 페르마의 정리

정수론에 있어서 중요한 '오일러(Euler)의 정리'와 '페르마(Fermat)의 정리'에 대해 살펴보자. '오일러의 정리'는, 임의의 양의 정수 m에 대하여 $\gcd(a, m) = 1$일 때, $a^{\phi(m)} \equiv 1(\bmod m)$을 만족한다.

여기서 $\phi(m)$은 m보다 작으면서 m과 서로소인 원소의 개수를 나타내는 오일러 함수(Euler tortient function)로서, m이 소수인 경우는 $\phi(m) = m - 1$이 된다. m이 소수가 아닌 경우의 예로서는 $\phi(8) = 4(1, 3, 5, 7)$, $\phi(9) = 6(1, 2, 4, 5, 7, 8)$, $\phi(10) = 4(1, 3, 7, 9)$ 등과 같이 매우 불규칙하며 항상 짝수인 것은 틀림없지만 m을 표준 분해하지 않고는 큰 합성수 m의 정확한 오일러 함수 값 $\phi(m)$은 구하기가 매우 어려운 문제이다.

'페르마의 정리'는 p가 소수이고, $\gcd(a, p) = 1$일 때, $a^{p-1} \equiv 1(\bmod p)$를 만족한다. 이것은 '오일러의 정리'의 특수한 경우로서 p가 소수이면 $\phi(p) = p - 1$이기 때문에

당연히 $a^{p-1} \equiv 1 (\bmod p)$를 만족한다.

만약 $\phi(m)$을 구할 수만 있다면 위의 두 가지 정리를 이용하여 쉽게 역원을 계산 할 수 있다.

만약, $\gcd(a, m) = 1$이라면 $a^{\phi(m)} \equiv 1 (\bmod m)$이 되고, 이것은

$a^{-1} \equiv a^{\phi(m)-1} (\bmod m)$로 표현 할 수 있으며, 이 식을 이용하여 역원을 구할 수 있다.

예를 들어, modulo 7에서 5의 역원을 구하려면, 7은 소수이므로 $\phi(7) = 7 - 1 = 6$이 된다. 그러므로 위 식을 이용하면

$a^{-1} \equiv 5^{6-1} \bmod 7 = 5^5 \bmod 7$이 되며, 〈그림 3-1〉을 이용하여 modulo 7에서의 5^5을 구하면, $5^5 = 5^2 \times 5^2 \times 5 \equiv 4 \times 4 \times 5 \equiv 2 \times 5 \equiv 3$, 그러므로 5의 역원은 3이 된다.

고속 지수승[11)]

$\phi(m)$이 클 때는 멱승을 계산하여 역원을 구하는데 시간이 많이 소요 된다. 그러나 합동식의 특징을 이용하여 반복제곱에 의한 지수계산법이 효율적으로 사용된다. 이것은 지수부를 2진수로 표현하고, 지수부가 2의 멱승이 되는 인수의 곱으로 분해한 후 작은 인수부터 법에 관한 곱셈을 계산한다. 예를 들면

$x \equiv 7^{26} (\bmod 45)$의 값을 구할 때,

$26 = (11010)_2$ 이므로, $7^{26} = 7^2 7^8 7^{16}$

$7^2 \equiv 4 (\bmod 45)$

$7^4 \equiv 4 \times 4 \equiv 16 (\bmod 45)$

$7^8 \equiv 16 \times 16 \equiv 31 (\bmod 45)$

$7^{16} \equiv 31 \times 31 \equiv 16 (\bmod 45)$

따라서, $7^2 7^8 \equiv 4 \times 31 \equiv 34 (\bmod 45)$

$7^2 7^8 7^{16} \equiv 34 \times 16 = 4 (\bmod 45)$

11) 신현식 외, 이산수학, 교학사, 1995. p173

3.1.4. 이산대수 문제

위수(order)

오일러의 정리로부터 정수 $a \in Z$가 법 m과 서로소이면 $a^{\phi(m)} \equiv 1 \pmod{m}$이다. 마찬가지로 정수 $b \in Z$와 m이 서로소이면 $b^r \equiv 1 \pmod{m}$을 만족시키는 양의 정수 r이 존재하게 된다. 이 때, 가장 작은 r을 법 m에 대한 b의 위수라고 한다. 예를 들어 법 13에서 4의 위수를 구해보면,

$$4^1 \equiv 4 \bmod 13,\ 4^2 \equiv 3 \bmod 13,\ 4^3 \equiv 12 \bmod 13,\ 4^4 \equiv 9 \bmod 13,$$
$$4^5 \equiv 10 \bmod 13,\ 4^6 \equiv 1 \bmod 13$$

법 13에서 4의 위수는 6이다.

원시근(primitive root)

법 m에 관한 정수 g의 위수가 $\phi(m)$일 때, g를 법 m에 대한 원시근 또는 원시 원소라고 한다. 법 p의 p가 홀수인 소수이면 반드시 $\phi(p-1)$개의 원시근이 존재하고, g를 법 p에 관한 원시근 이라고 하면 다음의 특성을 만족시킨다.

- $g^i \equiv g^j \pmod{p} \leftrightarrow i \equiv j \pmod{\phi(p)}$
- 집합 $\{g, g^2, g^3, \cdots, g^{\phi(m)}\}$는 법 p에 관한 기약잉여계이다.

이산대수 문제

법 $m(m>0)$의 원시근을 g라 하면 $\{g, g^2, g^3, \cdots, g^{\phi(m)}\}$는 법 p에 관한 기약잉여계이다. 따라서 $\gcd(a,m)=1$인 정수 a에 대하여

$a \equiv g^i \bmod m$ 인 정수 i가 단 하나 존재한다. 즉, 정수 m을 법으로 구성되는 집합 Z_m이 원시근 g를 가질 때 $\gcd(a, m)=1$인 a에 대하여 $a \equiv g^i \bmod m$ 인 i를 법 m에 관한 g를 밑으로 갖는 a의 이산대수(discrete logarithm)라 하고, 이를 $\log_g a$로 나타낸다. 즉,

$$i = \log_g a \rightarrow a \equiv g^i \bmod m$$

이산 대수 문제는 암호학 분야에서 중요한 역할을 한다. 멱승 관계인 이산 대수 문제는 암호키 분배 방식과 전자 서명에 많이 이용된다. 이는 이산 대수 문제, $y \equiv g^x \bmod m$ 에서 y와 g를 알고 x를 구하는 문제는 어려운 문제라는 것을 암호학에 이용하는 것이다. 이산 대수 문제는 m의 크기가 200자리 이상의 수일 경우 이산 대수 문제를 푸는 것은 상당히 어려운 문제로 알려져 있다.

3.1.5. 계산복잡도 이론

계산 복잡도 이론은 알고리즘(algorithm)의 어려운 정도에 따라 알고리즘을 분류하는 학문이다. 여기에서 어려운 정보라고 하는 것은 알고리즘 수행시간만을 뜻하는 것이 아니라, 알고리즘이 수행되는 동안 소요되는 모든 자원이나 시간 및 공간 등의 총량이 많아지는 것을 뜻한다.

알고리즘이란 어떤 문제를 해결하는 방법으로 문제에 따라 해결하는 방법 즉, 알고리즘이 여러 가지 있을 수 있다. 특히 알고리즘이 정확하고, 수행시간이 짧고 사용공간이 적은 문제를 해결할 때 하계(lower bound)를 갖는 알고리즘을 최적 알고리즘이라고 한다.

여기에서 알고리즘의 수행 시간은 계산기의 추상적인 모델인 무한정 데이터 메모리를 가진 튜링 기계의 동작 스텝수로 나타내는 것이 일반적이나, 덧셈, 뺄셈, 곱셈, 나눗셈 등의 연산 회수로 나타내기도 한다.

이 세상에 존재하는 모든 문제는 해결할 수 있는 문제(computable, decidable)와 해결할 수 없는 문제(uncomputable, undecidable)로 분류할 수 있으며, 다시 해결할 수 있는 문제는 현실적으로 다루기 쉬운 문제(feasible, tractable)와 현실적으로 다루기 어려운 문제(infeasible, intractable)로 분류할 수 있다.

1960년대 중반 각종 알고리즘 문제에 대한 다항식 시간 알고리즘(polynomial time algorithm)을 얻는 방법의 중요성이 부각되기 시작하였는데, 다항식 시간 내에 해를 구할 수 있는 문제를 다루기 쉬운 문제로 분류하고, 지수 함수적 시간에 해를 구할 수 있는 문제를 다루기 어려운 문제로 분류한다.

Class P

Class P란 어떤 문제를 해결하기 위한 결정적 알고리즘(deterministic algorithm)의 최대 수행 시간이 다항식 시간으로 표현될 수 있는 문제들의 class이다.

수행 시간이 입력 길이 n에 대하여 다항식 n^c으로 표시되는 알고리즘이므로 현실적으로 수행이 가능한 문제들의 class이다. c의 값이 매우 커서 수행이 불가능한 경우도 있을 수 있다는 점을 주의해야 한다. 그러므로 class P에 속하는 문제라고 해서 모두 효율적으로 해결할 수 있는 것은 아니다. 즉, class P에 속하는 문제라고 해서 모두 쉽게 해결할 수 있는 것은 아니지만, class P를 벗어나는 문제들은 확실히 어려운 문제라고 말할 수 있다.

Class NP

Class NP를 정의하는데 필요한 비결정적 알고리즘(nondeterministic algorithm)은 다음의 두 단계로 구성된다.

- **단계 1 : 비결정 단계**(nondeterministic phase)
  주어진 문제의 해를 추측하는 단계이다. 이 과정은 임의적인 과정이기 때문에 매번 실행할 때마다 추측된 해는 다를 수가 있다.
- **단계 2 : 결정 단계**(deterministic phase)
  일반적으로 사용되는 모든 알고리즘이 이 과정에서 사용될 수 있으며, 단계1에서 추측된 해를 이용하거나 혹은 이용하지 않고 결정 문제의 해를 출력한다.

이러한 비결정적 알고리즘은 현실적으로 존재할 수 없으나, 복잡도 class를 정의해서 복잡한 문제를 분류하기 위해 고안해 낸 알고리즘이다. 어떤 문제 x에 대한 비결정적 알고리즘을 A라고 하였을 때 A의 출력은 알고리즘 A의 실행 과정에서 예로 출력되는 경우가 한 번 이상 나타났을 때를 말한다.

비결정적 알고리즘의 수행 시간은 주어진 문제의 해가 존재하는 경우 그 해를 구하는데 걸리는 시간이 가장 짧을 경우로 정의되며 해가 존재하지 않는 경우는 상수가 된다.

Class NP란 다항식 시간 내에 수행을 종료하는 비결정 알고리즘이 존재하는 결정 문제들의 class이다. 즉, NP문제의 해를 구하는 것은 어려운 일이지만 임의의 추측된 해가 그 문제의 해가 되는지를 검사하는 과정은 다항식 시간 내에 계산이 가능한 문제들이다. 따라서 결정 문제(decision problem)에 대해서만 NP를 정의할 수 있다.

결정적 알고리즘은 비결정적 알고리즘의 특별한 경우로 생각할 수 있으므로 P⊆NP임을 알 수 있으나 P=NP 인지, P≠NP인지는 현재까지 미해결 문제로 남아있다. 다만 다항식 시간 내에 해결되는 알고리즘이 발견되지 않은 문제들이 많이 있기 때문에 NP는 P보다 클 것이라 예상되어 P≠NP일 것으로 여겨지고 있다. NP≠P임을 증명하는 것은 NP class에 속하는 문제가 있는지를 증명하는 것과 동치이다.

암호학적 관점에서 암호 방식이 유용하려면 각 가입자가 평문을 암호화하고 복호화하는 알고리즘은 실용적이고 효율적이어야 한다. 즉, 다항식 시간 알고리즘이어야 한다.

공개키 암호 방식을 암호 해독자 입장에서 보면 평문 길이가 n이고 암호화 키 Ke는 누구나 다 알 수 있으므로 2^n가지 평문을 Ke로 암호화하면 암호문을 얻을 수 있다. 이는 최악의 경우, 2^n번 수행해야 하므로 반복적 결정 문제(recursive decision problem)가 현실적으로 어렵다는 관점에서 암호 방식의 안전성을 보장하게 된다.

그러나 길이 n인 평문을 추측하여 암호화 키 Ke로 암호화하여 암호문을 비교함으로써 추측을 검증하는 NP 알고리즘은 공개키 암호 방식을 위협한다.

Class NP-complete와 NP-hard

NP-complete는 NP문제 중에서 가장 어려운 문제의 class들로 NP-complete는 NP-hard와 함께 다항식 시간 귀착성(polynomial time reducibility)을 이용하여 정의할 수 있다.

예를 들어, 어떤 문제 P_2를 풀 수 있는 알고리즘 A_2가 존재할 때 새로운 문제 P_1은 문제 P_2의 알고리즘 A_2를 이용하여 해결할 수 있다고 가정하자. 이 경우 문제 P_1의 모든 입력 x를 문제 P_2의 입력으로 받은 문제 P_2의 결과와 x를 입력으로 받은 문제 P_1의 결과가 모든 x에 관해 동일하다면 문제 P_1이 문제 P_2로 변형된 것과 같고 함수 $T(x)$가 다항식 시간 함수이므로 문제 P_2가 다항식 시간 내에 풀릴 수 있다면 문제 P_1 역시 다항식 시간 내에 풀리게 된다. 이런 경우 문제 P_1이 문제 P_2로 다항식 시간 내에 귀착되었다고 하며 $P_1 \propto P_2$로 나타낸다.

위에서 설명한 다항식 시간 취착성은 추이적 성질(transitive closure)을 갖고 있다. 즉, $(P_1 \propto P_2) \wedge (P_2 \propto P_3)$이면 $P_1 \propto P_3$가 성립한다. 이러한 성질은 어떤 문제가

NP-complete 혹은 NP-hard라고 하며 그 역도 성립한다.

어떤 문제 P_A가 NP-hard 이면서 NP에 속하면 그 문제를 NP-complete라고 한다. 그리고 그 역도 성립한다.

이제 P와 NP의 관계를 알아보도록 하자. 앞에서 설명한 P=NP 인지의 여부는 결정적으로 알고리즘과 비결정적 알고리즘의 차이로 설명될 수 있다. 즉, 어떤 문제를 결정적 알고리즘으로 다항식 시간 내에 풀리지는 않지만 비결정적 알고리즘으로 다항식 시간 내에 풀리는 문제가 존재하는 지의 여부는 증명할 수 있다면 P≠NP임을 증명하는 것과 마찬가지가 될 것이다.

P=NP인지를 증명하기 위해서 모든 NP문제가 P에 속한다는 것을 증명하는 것은 현실적으로 불가능한 일이다. 대신 NP에 속하는 어느 한 문제가 P에 속한다는 것을 증명함으로써 모든 NP문제가 P에 속한다는 것을 증명하는 것이 보다 효율적일 것이다. 이러한 성질을 갖는 NP문제로 NP-complete라 하며, Cook이 처음으로 만족도 문제가 이러한 성질을 갖고 있음을 증명하였다.

현재까지 NP-complete 라고 알려진 문제로는 만족도 문제를 비롯해서 해밀턴 그래프, Knapsack 문제 등이 있으며 NP에 속하는 어떤 문제가 NP-complete 임을 증명할 경우 귀착성의 추이성을 이용한다.

NP에 속하는 어떤 문제가 NP-complete 임을 증명하는 경우를 생각해보면, 이미 NP-complete라고 밝혀진 문제를 P_1, NP-complete 임을 증명하려는 문제를 P_2라고 했을 때, P_1이 P_2로 다항식 시간 내에 귀착함을 보이는 것이다. 즉, 모든 NP문제는 P_1문제로 귀착되고 또 문제 P_1이 P_2로 귀착되기 때문에 귀착성의 추이적 성질에 의해 모든 NP문제는 P_2로 귀착된다.

3.2. 공개키 암호

3.2.1. 공개키 암호 방식

비대칭 암호 방식이라고도 하는 공개키 암호 방식(Public Key Cryptosystem)이란 정보의 암호화에 수학적인 관련성을 갖는 두 키를 사용하는 암호 방식으로, 〈그림 3-2〉와 같이 암호화에는 공개키를 사용하고 복호화에는 개인키를 사용하는 방식이다. 공개키는 모든 사람이 접근할 수 있도록 공개저장소에 저장해서 공개하며, 복호화하는데 사용되는 개인키는 소유자만이 알 수 있도록 보관하여 사용한다.

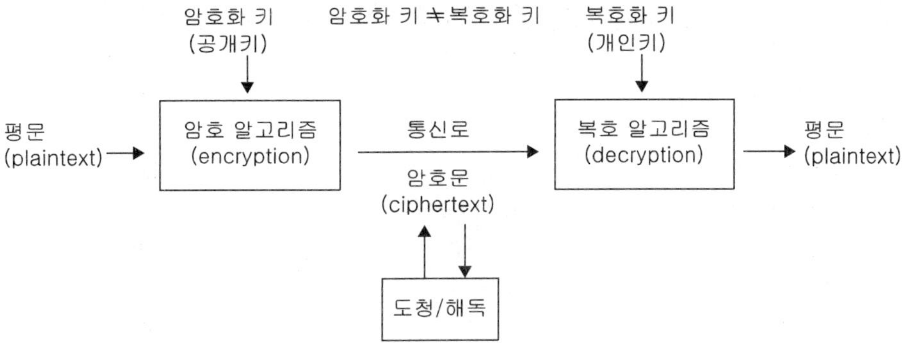

〈그림 3-2〉 공개키 암호 방식

공개키 암호방식은 사용자가 아무리 증가하더라도 개인의 공개키와 개인키 한 쌍만을 관리하면 되기 때문에 키 관리가 용이하며 상대방에게 최초의 공개키를 분배하는 것도 일반 통신수단을 사용하여 손쉽게 할 수 있다. 또한 공개키 암호방식의 중요한 장점은 전자문서의 무결성과 부인봉쇄기능을 갖고 있는 전자서명을 구현하는데 활용될 수 있으며 다양한 암호프로토콜에 사용될 수 있다는 것이다. 물론 모든 공개키 암호가 전자서명에 활용될 수 있는 것은 아니지만 메시지에 서명자의 비밀키를 사용하여 전자서명을 하고 수신자는 상대방의 공개키를 이용하여 서명자를 확인할 수 있도록 한 것이다.

그러나 통상적인 공개키 암호방식은 수학 이론적으로 풀기 어려운 문제를 이용하기 때문에 관용 암호시스템과 비교할 때 암호화 시간이 훨씬 오래 걸린다는 단점을 갖고 있으며 공개키에 대한 신뢰성 문제도 부수적으로 해결해야 하는 문제점으로 지적되고 있다.

공개키 암호 방식의 개념은 1976년 미국 Stanford 대학의 Diffie와 Hellman이 발표한 논문 "New Directions in Cryptography"에서 처음으로 제시되었으며, 실질적인 공개키 암호방식은 Merkle와 Hellman이 제안한 Knapsack 암호 시스템과 미국 MIT 대학의 Rivest, Shamir, Adleman에 의해서 제안된 RSA 시스템이 초기에 나온 대표적인 공개키 암호 방식이라 할 수 있다. 〈표 3-1〉은 공개키 암호 방식과 암·복호화 키를 공통으로 사용하는 관용키 암호 방식과의 차이점을 설명하고 있다.

〈표 3-1〉 관용암호와 공개키암호 비교

항 목 \ 암호 알고리즘	관용키 암호알고리즘	공개키 암호알고리즘
키 관계	암호화키 = 복호화 키	암호화키 ≠ 복호화 키
암호화 키 공개 여부	비밀	공개
복호화 키 공개 여부	비밀	비밀
암호 알고리즘	비밀 / 공개	공개
대표적인 예	DES/Rijndael	RSA
비밀키 전송	필요	불필요
키 개수	$n(n-1)/2$	$2n$
암호화 속도	고속	저속
전자서명	복잡	간단

대부분의 공개키 암호방식은 문제 해답을 찾는데 필요한 계산 복잡도(computational complexity) 이론에 근거하여 정확한 답을 구하는데 소요되는 시간이 현실적으로 불가능한 문제들을 이용하고 있다.

이러한 공개키 암호방식에 이용되는 수학 이론적으로 풀기 어려운 문제들은 대부분 ① 소인수 분해 문제, ② 이산대수 문제, ③ NP-complete 문제 등으로 분류할 수 있다. 각 분야별로 대표적인 암호방식을 예로 들어 보고자 한다.

3.2.2. RSA 암호방식 : 소인수 분해의 어려움

RSA 공개키 암호 방식은 1978년에 Rivest, Shamir, Adliman이 제안한 대표적인 공개키 암호방식으로서 3명의 머리글자를 따서 RSA라 명명되었다. RSA 공개키 암호 방식의 안전성은 오일러(Euler)의 정리와 큰 합성수의 소인수 분해가 어렵다는 데 근거를 두고 있으며, 전자 서명(Digital Signature)에도 활용될 수 있는 방식이다. RSA 공개키 암호 방식의 구성을 살펴보면 다음과 같다. 디지털 환경에서 모든 메시지는 이진수로 표시될 수 있으므로 이들을 적당한 크기로 나누면 정수로 환산할 수 있게 된다.

① 두 개의 큰 소수 p와 q를 선정하고 $n = p \cdot q$를 계산하여 n을 공개한다.
② $\gcd(\phi(n), e) = 1$이 되는 e를 선정하여 공개한다. ($\phi(n)$은 오일러 함수)
③ $e \cdot d \equiv 1 (\bmod\ \phi(n))$이 되는 d를 계산하여 개인키로 한다.

이로부터 다음과 같은 암호 시스템을 구성한다.

- 공개키 : n, e
- 비밀키 : p, q, d
- 암호화 : $C = E(M) \equiv M^e (\mathrm{mod}\, n)$
- 복호화 : $M = D(C) = D(E(M)) \equiv C^d (\mathrm{mod}\, n) \equiv M^{ed} (\mathrm{mod}\, n)$

복호화가 가능한 이유는 오일러의 정리를 이용하면 쉽게 알 수 있다.

① $C^d (\mathrm{mod}\, n) \equiv M^{ed} (\mathrm{mod}\, n)$에서 $e \cdot d \equiv 1 \bmod \phi(n)$
② $e \cdot d \equiv k \cdot \phi(n) + 1 \bmod \phi(n)$
③ $M^{ed} (\mathrm{mod}\, n) = (M^{\phi(n)})^k \cdot M (\mathrm{mod}\, n)$
④ 오일러의 정리에 의해 $M^{\phi(n)} = 1 (\mathrm{mod}\, n)$이므로
⑤ $M^{ed} (\mathrm{mod}\, n) = M (\mathrm{mod}\, n)$

예를 들어,

①단계에서 $p = 7, q = 11$로 선정하면, $n = 77$, $\phi(n) = (7-1)(11-1) = 60$
②단계에서 $e = 13$으로 선정한다.
③단계에서 $d = e^{-1} \bmod 60 = 37$이다.

따라서, 평문 메시지 $M = 18$인 경우에 암호문은 다음과 같다.

$$
\begin{aligned}
C &= M^e (\mathrm{mod}\, n) \\
&\equiv 18^{13} (\mathrm{mod}\, 77) \\
&\equiv 18 \times 18^4 \times 18^8 (\mathrm{mod}\, 77) \\
&\equiv 18 \times 25 \times 9 (\mathrm{mod}\, 77) \equiv 46
\end{aligned}
$$

이것을 다시 복호화하면 평문 M은 다음과 같다.

$$
\begin{aligned}
m &\equiv C^d (\mathrm{mod}\, n) \\
&\equiv 46^{37} (\mathrm{mod}\, 77) \\
&\equiv 46 \times 46^4 \times 46^{32} (\mathrm{mod}\, 77) \\
&\equiv 46 \times 60 \times 37 (\mathrm{mod}\, 77) \equiv 18
\end{aligned}
$$

여기에서 수행되는 지수승의 mod 연산은 계산의 효율성을 높이기 위하여 다양한 방법들이 연구되고 있다.

RSA 공개키 암호 방식은 공개키 n과 e를 가지고 개인키 d를 구할 수 있으면 해독이 가능해진다. 그러나 d를 구하기 위해서는 오일러(Euler)함수 $\phi(n)$을 구할 수 있어야 가능하며 이를 위해서는 n을 소인수 분해하여 p와 q를 찾아내어야 한다. $\phi(n)$는 n보다 작으면서 n과 서로 소인 원소의 개수를 나타내는 함수로서 매우 불규칙 하지만 n이 표준 소인수 분해될 수 있다면 다음 공식에 의해 쉽게 구할 수 있다.

만약 $p_1^{e_1} p_2^{e_2} \cdots p_t^{e_t}$, ($p_i$: 소수)로 표준분해 된다고 하면

$$\phi(n) = \prod_{i=0}^{t} (p_i - 1) p_i^{(e_i - 1)}$$

로 표시된다.

따라서 RSA 암호 방식에서는 $n = p \cdot q$이므로 $\phi(n) = (p-1)(q-1)$가 되어 p와 q로 소인수 분해할 수 있다면 공개키 n과 e를 알고서 쉽게 d를 찾아낼 수 있는 것이다.

그러나 제안 당시에 RSA 암호 방식은 n을 십진수로 약 200자리수인 정수라고 하였고 p와 q를 각각 약 100자리수의 소수를 사용하였으므로 이렇듯 큰 수를 소인수 분해한다는 것은 현재의 컴퓨터 계산능력과 수학적 이론으로 볼 때 실현 불가능한 어려운 문제로 인식되고 있다. 다만 앞으로 다각적인 소인수 분해 기술 개발과 컴퓨터 능력 발전으로 인하여 RSA 암호 방식에서 사용해야 할 정수의 크기가 점차 증가할 것으로 예상된다.

지난 1999년 초에 512비트(10진수로 약 155자리) 정수 n을 사용하는 RSA 암호 시스템이 해독되었다는 발표가 있었다. 따라서 현재 수준에서 안전한 RSA 암호 시스템의 키 길이는 최소한 1024비트 혹은 그 이상 되어야 할 것으로 판단된다.

한편 RSA 암호 방식은 매우 큰 정수의 연산을 필요로 하기 때문에 효율적인 시스템을 구현하기 위한 다양한 기술이 요구된다. 큰 소수를 찾아내는 방법, 고속 지수승을 할 수 있는 기법 등이 중요한 문제점으로 인식된다.

RSA 암호방식과 비슷하게 큰 합성수의 모듈러에 관한 제곱근을 구하기가 어렵다는 사실에 근거한 Rabin의 암호방식이 있다. Rabin의 암호방식은 RSA암호 방식의 공개키 (n, e)에서 e를 2로 바꾼 것과 유사한 수학적 난이도를 갖고 있다.

3.2.3. ElGamal 암호방식 : 이산대수 문제

ElGamal 암호방식은 이산대수 문제가 매우 어렵다는 가정 하에서 제안된 공개키 암호방식이다. 즉 p가 큰 소수일 때 $y = g^x \bmod p$와 같은 식에서 x, g, p를 알고 있을 때 y를 구하는 일은 쉽지만 y, g, p만을 알고서 x를 구하는 것은 소인수 분해가 어려운 것과 비슷하게 매우 어려운 문제인 것이다. 예를 들어서 A가 B에게 메시지 $M(1 \leq M \leq p-1)$을 보내는 경우를 생각해 보자.

① 준비단계

- 먼저 큰 소수 p와 법 p에 관한 원시근 g를 결정하여 공개한다.
- 사용자 개인은 각각 자신의 비밀키(x_i)를 선정하고 공개키(y_i)를 계산하여 공개한다.

$$y_B \equiv g^{x_B} \bmod p, (1 < x_B < p-1)$$

② 암호화

- A는 임의의 난수 $k(1 < k < p-1)$를 선정한 후 T를 계산한다.

$$T \equiv y_B^k \bmod p$$

- 메시지 M에 대한 암호문 $C = (C_1, C_2)$를 계산하여 B에게 전송한다.

$$C_1 \equiv g^k \bmod p$$
$$C_2 \equiv TM (\bmod p)$$

③ **복호화**

– B는 자신의 비밀키 x_B를 이용하여 먼저 T를 구한다.

$$T \equiv y_B^k (\mathrm{mod}\, p) = (g^{x_B})^k (\mathrm{mod}\, p) = (g^k)^{x_B} (\mathrm{mod}\, p) = C_1^{x_B} (\mathrm{mod}\, p)$$

– 평문 메시지 M을 구한다.

$$M \equiv C_2 / T (\mathrm{mod}\, p)$$

이산대수 문제의 어려움에 근거를 두고 있는 ElGamal 암호방식과 비슷한 방식들이 비밀키를 분배하기 위해 많이 응용되고 있다. 특히 Diffie-Hellman의 키 공유 방식은 대표적인 키 분배 방식이라고 할 수 있다.

이러한 ElGamal 암호 방식은 암호문의 길이가 평문 메시지 길이의 두 배가 된다는 것이 큰 단점으로 지적되고 있다.

또한 여기에서 사용되는 임의의 난수는 보안성이 높은 난수를 사용하고 일회용으로만 사용되어야 한다. 만약 동일한 k를 사용하게 되면 암호문으로부터 사용자의 비밀키를 추출해 낼 수 있는 가능성이 매우 높아진다.

ElGamal 암호 방식도 RSA 암호 방식과 같이 메시지 암호화뿐만 아니라 전자서명에도 사용될 수 있다. 그러나 전자서명으로 활용할 때는 메시지 암호화 방식과는 약간 다르게 변형된 방식을 사용한다.

3.2.4. Knapsack : NP-complete 문제

Knapsack 공개키 암호 방식은 RSA와 함께 가장 먼저 소개되었다고 할 수 있으며, 1978년에 Merkle과 Hellman에 의해 발표되었다. Knapsack 암호 방식의 보안성은 문제를 푸는데 지수승의 난이도를 갖고 있는 NP-complete 문제 중의 하나인 Knapsack 문제에 근거를 두고 있다. 비록 Knapsack 암호방식이 전자서명에 응용될 수 없고 메시지 암호화에만 사용될 수 있으며 다양한 공격방식에 의하여 깨뜨려진다는 사례가 많이 제기되었지만 NP-complete 문제가 암호방식에 사용될 수 있다는 사례를 간단히 소개하고자 한다.

Knapsack 문제란 각각 다른 무게를 갖고 있는 물건들로 구성되어 있는 물건 더미 속에서 주어진 용량의 Knapsack에 꼭 알맞은 물건들을 골라서 정확하게 채우는 문제이다.

즉 S를 Knapsack 용량이라 하고 n개의 물건들의 각각의 무게를 $m_1, m_2, \cdots m_n$이라고 할 때

$$S = b_1 m_1, b_2 m_2, \cdots, b_n m_n (b_i\text{=0 또는 1})$$

을 만족시키는 b_i를 구하는 문제이다.

b_i= 1이라는 뜻은 i번째 물건이 Knapsack을 채우는데 선택된 물건이고, $b_i = 0$이라는 뜻은 i번째 물건이 선택되지 않았다는 뜻이 된다.

이와 같은 일반적인 Knapsack 문제의 정확한 해를 구하기 위해서 필요한 난이도는 물건의 개수가 n일 때 $O(2^n)$의 난이도를 갖는 NP-complete 문제라고 알려져 있으며 어려운 Knapsack 문제이다. 그러나 특수한 제약사항을 첨가하여 무게를 크기 순서로 배열해 놓았을 때, 즉 i번째 무게가 그 이전의 무게를 모두 합한 것보다 더 크도록 되어 있는 초증가(superincreasing) Knapsack 문제는 매우 쉬운 Knapsack 문제가 된다. 즉 [2, 3, 6, 13, 27, 52]와 같은 무게 순서배열을 갖고 있으면 풀기 쉬운 초증가 Knapsack 문제이고, [1, 3, 4, 9, 15, 19, 23]과 같은 경우는 일반적인 어려운 Knapsack 문제이다.

공개키 Knapsack 암호는 쉬운 초증가 Knapsack 문제를 어려운 Knapsack 문제로 변환시킴으로써 공개키는 어려운 Knapsack 문제의 물건들의 무게를 나타내고 비밀키는 쉬운 초증가 Knapsack 문제의 물건들의 무게를 나타내도록 하는 것이다. 초증가 Knapsack 문제의 해법을 구하기는 아주 간단하다. 왜냐하면 Knapsack의 전체 용량에서 끝에서부터 차례로 물건의 무게를 빼오면 되기 때문이다.

예를 들어 물건의 무게들의 배열이 $[m_1, m_2, \cdots, m_6] = [2, 3, 6, 13, 27, 52]$이고 Knapsack 용량이 $S = 70$이라고 하면

$70 - 52 = 18 \rightarrow b_6 = 1$
$18 - 13 = 5 \rightarrow b_4 = 1$
$5 - 3 = 2 \rightarrow b_2 = 1$
$2 - 2 = 0 \rightarrow b_1 = 1$

나머지는 $b_5 = b_3 = 0$이 된다.

여기에서 평문은 Knapsack 용량 70이 되고 대응되는 암호문은 $[b_1, b_2, \cdot\cdot\cdot, b_6] = [110101]$이 된다. 그리고 초증가 수열 $[2, 3, 6, 13, 27, 52]$은 비밀키가 된다. 비밀키로부터 보통 Knapsack 문제로 변화시켜 주기 위해서는 초증가 수열의 각각에 임의의 p를 곱해서 m으로 모듈러(modular) 연산을 해주면 된다. 이때 m은 증가 수열에 포함된 무게를 전부 합한 것보다 큰 값이어야 한다.

예를 들어 초증가 수열 $[2, 3, 6, 13, 27, 52]$에 대하여 p=31, m=105라고 하면

$2 \times 21 \bmod 105 \equiv 62$
$3 \times 31 \bmod 105 \equiv 93$
$6 \times 31 \bmod 105 \equiv 81$
$13 \times 31 \bmod 105 \equiv 88$
$27 \times 31 \bmod 105 \equiv 102$
$52 \times 31 \bmod 105 \equiv 37$

즉, [62, 93, 81, 88, 102, 37]이 공개키가 된다.

① 암호화 과정

이진수 메시지를 암호화하기 위해서 메시지를 수열의 개수 n의 비트로 분할하여 각각을 암호화한다.

message = 011000 110101 101110
011000 → 93 + 81 = 174
110101 → 62 + 93 + 88 + 37 = 280
101110 → 62 + 81 + 88 + 102 = 333

즉, 암호문 = 174,280,333 이 된다.

② **복호화 과정**

암호문을 복호화하기 위해서는 먼저 $p(p^{-1}) \equiv 1(\mathrm{mod}\,m)$이 되는 p^{-1}을 먼저 계산해야한다. 여기에서는 $p = 31$이며 여기에 해당하는 $p^{-1} = 61$이 된다.

복호화는 암호문에 모두 $p^{-1} = 61$을 곱하고 $m = 105$로 모듈러 연산을 한 후 초증가 Knapsack 문제를 풀어주면 된다.

즉, 암호문 = 174,280,333

$$174 \times 61 \mathrm{mod} 105 \equiv 9 = 3 + 6 \rightarrow 011000$$
$$280 \times 61 \mathrm{mod} 105 \equiv 70 = 2 + 3 + 13 + 52 \rightarrow 110101$$
$$333 \times 61 \mathrm{mod} 105 \equiv 48 = 2 + 6 + 13 + 27 \rightarrow 101110$$

따라서 평문 메시지 011000110101101110을 얻을 수 있다.

실제 어려운 Knapsack 공개키 암호방식을 실제로 구현하기 위해서는 최소한 250개 이상의 수열이 있어야 하고 초증가 수열의 크기도 최소한 200~400비트 길이를 갖아야 한다. 또한 이러한 수열을 만들기 위해서는 보안성 높은 난수 생성기도 갖고 있어야한다.

그동안 Knapsack 공개키 암호방식을 깨뜨리기 위해서 다양한 방법들이 연구되었으며 초기에 제안된 Knapsack 암호방식은 보안성이 높지 않은 것으로 인식되고 있다. 그 후로 여러 가지 변형된 Knapsack 암호방식들이 지속적으로 제안되었으나 실용성 있고 보안성이 놓은 방식은 아직 개발되지 않고 있다.

3.2.5. 타원곡선 암호방식(ECC : Elliptic Curve Cryptosystem)

개 요

타원곡선 암호체계는 유한체 위에서 정의된 타원 곡선 군에서의 이산대수의 문제에 기초한 공개키 방식의 암호 알고리즘으로 RSA암호방식에 이어 전자상거래의 핵심 기술로 주목 받고 있다. ECC는 1985년 코블리츠(N.Koblitz)와 밀러(V.S.Miller)가 RSA 암호방식에 대한 대안으로 처음 제안하였으며, 타원 쌍곡선 위에서의 암호 구현은 수학적 복잡도 때문에 같은 수준의 안정성을 위해 필요한 키의 길이가 작다. 예를 들어 RSA

암호방식이 512비트 정도의 타원곡선 암호방식과 유사한 안전도를 제공하기 위해서는 대략 15,000비트 정도의 합성수를 사용하여야 한다.[12) 또한, 유한군을 제공할 수 있는 다양한 타원곡선을 활용할 수 있기 때문에 다양한 암호방식 설계가 용이하며 타원곡선에서의 더하기 연산은 유한체에서의 연산을 포함하므로, H/W와 S/W로 구현하기가 용이하다. 이러한 장점들 때문에 타원곡선 암호방식은 스마트 카드나 무선통신 단말기 등과 같이 메모리와 처리능력이 제한된 응용분야에서 특히 효율적으로 사용될 수 있다. 이에 따라 각종 국제 표준들에서 타원곡선 암호방식에 대한 표준화가 활발히 진행되고 있고, 또한 실제로 다양한 보안응용들에서도 타원곡선 암호방식을 속속 지원하고 있다. 현재 가장 널리 사용되는 타원곡선 암호방식은 크게 전자서명과 키 교환으로 나눌 수 있다.

타원곡선 E는 〈그림 3-3〉과 같은 아래 함수 그래프의 형태로 나타내며 ∞로 표현되는 무한대의 특수한 점도 함께 포함한다.

$$E: y^2 = x^3 + ax + b \pmod{p}$$

점 $P = (x, y)$가 타원곡선 상에 있다는 것은 위 방정식을 만족시킨다는 뜻이고, 다른 한 점 Q에 대하여 $P+Q$와 임의의 정수 x에 대해 xP를 정의 할 수 있다. 여기에서 얻어진 방정식 $Q = xP$의 해 x를 구하는 것이 타원 곡선 이산대수 문제이다.[13)]

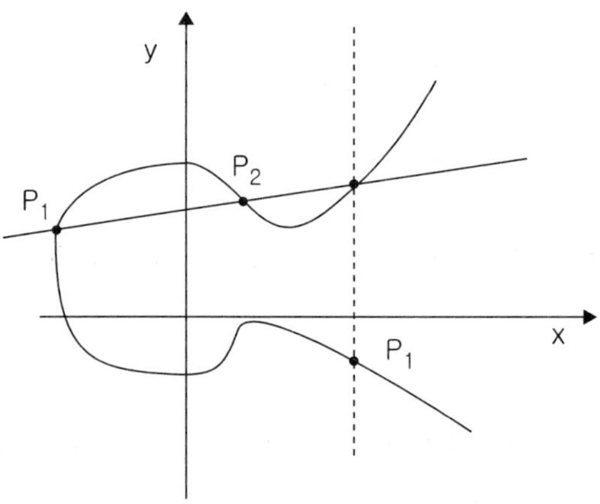

〈그림 3-3〉 타원곡선 그래프

12) TTA저널 80호 p98
13) 조완수, 정보시스템 보안, 홍릉 출판사, 2003. p50

타원곡선을 이용한 Diffie-Hellman 키 교환방식

Diffie-Hellman 키 교환방식은 두 개인 사이 또는 두 단체 사이에 공통된 비밀키를 공유하기 위하여 사용되는데 이 방식에서 사용되는 것은 곱셈군에서의 생성원 g이다. 타원곡선에서의 이론도 이와 유사하게 타원곡선군의 원소 Q를 이용한다.

사용자 A와 B는 우선 자기 자신의 개인키와 공개키를 만들기 위해 유한체 F_q와 그 위에서 정의되는 타원곡선 E를 정하여 공개하고 반드시 생성원일 필요는 없지만 위수가 충분히 큰 E의 원소 Q를 택하여 공개한다. 그 다음 사용자 A와 B는 각각 임의의 정수 a,b를 선택하여 자신의 개인키로 보관하고, aQ와 bQ를 계산하여 공개한다. 사용자 A와 B가 공통키를 공유하기 위하여, 사용자 A와 B도 같은 방법으로 공통 비밀키 $P=abQ$를 알 수 있다. 이와 같이 A와 B가 얻은 공통키 P는 개인키 a 또는 b 어느 것도 갖지 않은 제 삼자로부터 안전하다.

한편, 공격자가 Q와 aQ 또는 bQ로부터 a 또는 b를 계산하여 구한다면 이 암호방식은 깨어지겠지만 이 문제는 이산대수문제를 풀어야 하는 것이므로 불가능한 것으로 알려져 있다.

3.3. 암호 프로토콜

3.3.1. 키 교환 프로토콜[14)]

공개키 암호방식을 최초로 제안한 Diffie와 Hellman은 이산대수 문제의 어려움을 이용하여 대칭키 암호방식을 사용하는 두 사용자 간에 비밀키를 안전하게 공유하게 해주는 최초의 비밀키 교환 프로토콜을 제시하였다. 즉, 공개키 암호방식의 개념을 이용하여 두 사용자 간에 공개 통신로상의 통신을 통해 공통의 암호화 키를 안전하게 공유할 수 있는 방법을 제시하였으며, 많은 키 분배 방식에 관한 연구가 이 방식을 기본으로 진행되고 있다.

---

14) 김승주, 박성준, 이임영, 원동호, "암호 알고리즘과 암호 프로토콜", Telecommunications Review, 제 10권 5호, 2000. 9~10월

Diffie-Hellman 비밀키 교환 프로토콜을 간략히 살펴보면 다음과 같다.

① 두 사용자 A와 B는 사전에 약 200자릿수 크기를 갖는 소수 p와 모듈러 p상에서의 원시원소 g를 정하여 공개한다.
② 사용자 A는 개인의 비밀키 X_A를 생성하여 보관한다.
③ 사용자 A는 $y_A \equiv g^{X_A} \bmod p$를 계산하여 y_A(공개키)를 사용자 B에게 보낸다.
④ 사용자 B는 개인의 비밀키 X_B 를 생성하여 보관한다.
⑤ 사용자 B는 $y_B \equiv g^{X_B} \bmod p$를 계산하여 y_B(공개키)를 사용자 A에게 보낸다.

사용자 A는 사용자 B로부터 받은 공개키 y_B와 개인의 비밀키 X_A를 가지고

$$K_A = {y_B}^{X_A} \bmod p = (g^{X_B})^{X_A} \bmod p = g^{X_A X_B} \bmod p$$

사용자 B는 사용자 A로부터 받은 공개키 y_A와 개인의 비밀키 X_B를 가지고

$$K_B = {y_A}^{X_B} \bmod p = (g^{X_A})^{X_B} \bmod p = g^{X_A X_B} \bmod p$$

를 생성한다. 결국, $K_A = K_B$ 가되어 A와 B는 공통의 비밀키를 갖게 된다. 위의 절차를 그림으로 나타내어 보면 〈그림 3-3〉와 같다.

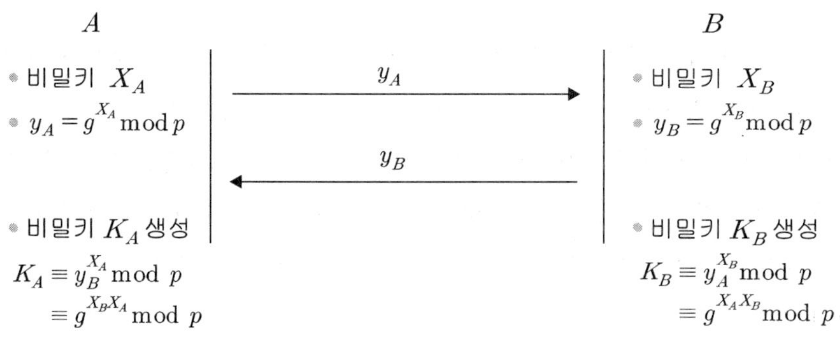

〈그림 3-4〉 DH 키 교환 프로토콜

3.3.2. 동전 던지기 프로토콜

1982년 Manuel Blum이 제안한 통신망 상에서 동전 던지기를 할 수 있는 암호화 프로토콜로서 이 프로토콜은 다른 암호화 프로토콜을 구성할 수 있는 기본 암호화 프로토콜로 널리 이용되고 있다.

통신망 상의 A와 B가 동전 던지기 프로토콜을 사용하는 방법을 살펴보자.

① A는 상당히 큰 소수 p,q 선정하고, 두 수의 곱($n = p \cdot q$)을 B에게 전송

② B는 Z_n 상에서 임의의 x_0을 선택하고, $a \equiv x_0^2 \bmod n$을 A에게 전송

③ A는 a 값에서 중국인의 나머지 정리를 이용하여 x_0, y_0를 계산

$$x = x_0 \bmod p,\ x = y_0 \bmod q$$
$$x = x_0 \bmod p,\ x = -y_0 \bmod q$$
$$x = -x_0 \bmod p,\ x = y_0 \bmod q$$
$$x = -x_0 \bmod p,\ x = -y_0 \bmod q$$

위와 같은 4개의 해를 구 할 수 있는 사람은 이차 잉여의 성질로부터 $n = p \cdot q$의 소인수분해 p와 q를 알고 있는 사람 A만 가능

④ A는 x_0와 y_0 중 하나를 선택하여 B에게 전송

⑤ B에게 전송된 값이 x_0와 같으면 A의 승리, 다른 값 y_0이면 B의 승리

만약 가입자 A가 y_0를 B에게 전송하고 x_0를 전송했다고 주장할 때, 즉 y_0를 보내고 가입자 A가 자신의 승리라고 주장하면 가입자 B는 x_0와 y_0로부터 가입자 A가 비밀리에 선정한 $n = p \cdot q$의 p값과 q값을 계산하여 가입자 A에게 p, q값을 알려 y_0를 전송하였음을 확인시켜 가입자 B의 승리를 확인한다. 이차 잉여 성질로부터 $n = p \cdot q$상의 이차 잉여값 x_0, y_0를 알고 있으면 $(x_0 + y_0,\ n)$의 gcd를 계산하여 p, q를 계산할 수 있다.

반대로 가입자 A가 x_0를 가입자 B에게 전송하였음에도 불구하고 가입자 B가 자신의 승리라고 주장하면 가입자 A는 가입자 B에게 $n = p \cdot q$의 p와 q값을 계산해 보이라고 요구한다. 이 때 p와 q값을 계산하지 못하면 가입자 A의 승리임을 가입자 B

에게 주장할 수 있다.

예를 들면, 사용자 A가 소수 7과 11을 이용하여 77을 B에게 전송하였다면

① $p=7, q=11, n=77$

② B는 임의로 $a=17$을 선정, $17^2 \equiv 58 \mod 77$를 계산하여 A에게 58을 전송

③ A는 중국인의 나머지 정리를 이용하여 $x_0=17, y_0=38$을 계산

④ 둘 중 하나를 B에게 전송한다.

3.3.3. Oblivious transfer(불확정 전송) 프로토콜

Oblivious transfer는 동전 던지기와 마찬가지로 암호 프로토콜의 기본적인 프로토콜로 Even, Goldreich, Lempel 등이 제안한 암호 프로토콜이다.

Oblivious transfer는 가입자A가 전송한 문서 M을 가입자B가 정확하게 수신할 확률이 50%, 프로토콜 종료후 가입자 B가 이 문서 M을 정확하게 수신하였는지를 가입자A가 알 수 있는 확률이 50%인 암호화 프로토콜이다.

Oblivious transfer의 절차를 살펴보면 다음과 같다.

① A는 가입자B에게 공개키(PK_i, PK_j) 전송

② B는 전송 받은 공개 암호화 키PK_i, PK_j 중에서 임의로 하나를 선택

③ 관용 암호 방식의 암호키 k_B를 암호화 한 $\theta = E_{PK_x}(k_B)$를 전송

④ A는 복호화 키SK_i, SK_j 중에 하나를 선택하여 $P=D_{SK_y}(\theta)$로 복호화 이 때 A는 B의 관용 암호 방식의 키를 정확히 얻을 수 있는 확률은 50%

⑤ A는 ④의 키 P로 문서M을 암호화하여 B에게 전송 $C=E_p(M)$

⑥ B는 자신이 보관하고 있던 키 k_B로 C를 복호화 : $M'=D_{k_B}(C)$

이 때 A가 ④에서 계산한 키 P가 $P=k_B$이면 $M=M'$가 되고, $P \neq k_B$이면 $M \neq M'$가 되므로 B가 A의 문서M을 정확히 수신할 확률이 50%이다.

3.3.4. 영 지식 증명 프로토콜

1985년 Goldwasser, Micali와 Rackoff가 영지식 대화형 증명 방식(Zero Knowledge Interactive Proofs, 약어로 ZKIP)을 발표하면서 시작된 영지식 대화형 증명 방식의 이론은 증명자(Prover, 약어로 P)가 검증자(Verifier, 약어로 V)에게 자신을 증명하는 과정에서 증명의 타당성 이외의 어떠한 정보도 유출시키지 않는 장점을 가지고 있다.

영지식 증명은 일반적으로 대화형 증명 방식(interactive protocol)의 형태를 취한다. 대화형 증명 방식은 증명자와 검증자가 일련의 질문과 답으로 구성된 대화를 통해 증명을 하는 방식을 말한다. 이러한 의미에서 영지식 증명을 영지식 대화형 증명방식이라 일컫는다.[15]

영지식 대화형 증명 방식은 증명자 P와 검증자 V가 대화를 통하여 증명을 하는 방식으로 어떤 사실의 정당성에 관한 정보만을 교환하고 그 이외의 어떤 정보도 노출시키지 않는다는 의미를 갖고 있다.

즉, 증명자 P가 자신만이 아는 비밀정보를 검증자 V에게 직접 전송하지 않고 자신의 비밀정보가 아닌 어떤 다른 정보를 전송하여 검증자 V에게 자신만이 비밀정보를 알고 있다는 것을 증명할 수 있는 방식이다.

Jean-Jacques Quisquater와 Louis Guillou는 다음과 같은 동굴 이야기로 영지식을 설명하였다. 〈그림 3-5〉의 동굴은 비밀정보를 가지고 있어서 비밀정보를 아는 자만이 C와 D 사이의 비밀문을 열 수 있다.

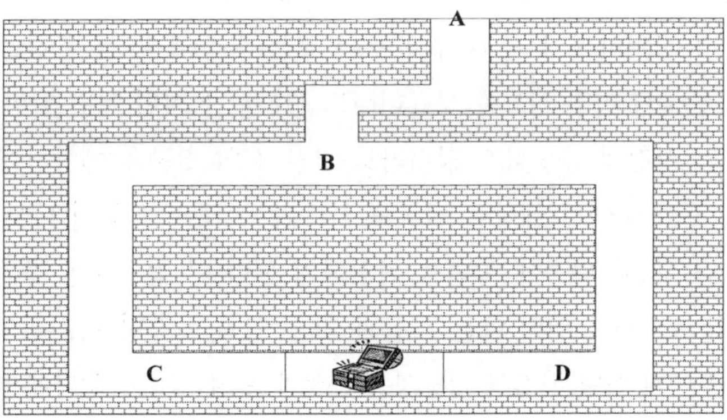

〈그림 3-5〉 영지식 동굴

15) 김승주, 박성준, 이임영, 원동호, "암호 알고리즘과 암호 프로토콜", Telecommunications Review, 제 10권 5호, 2000. 9~10월

동굴의 비밀 정보를 알고 있는 P는 자신이 비밀을 알고 있다는 사실을 V에게 증명하려고 한다. 그러나 자신의 비밀 정보를 V에게 알리고 싶지는 않다. 어떻게 하면 될까?

① 먼저 검증자는 V는 A 지점에 서 있는다.

② 증명자 P는 동굴 안으로 들어간다. P는 좌측 또는 우측 통로를 임의로 선택하여 들어가 C 지점 또는 D 지점에 서 있는다.

③ P가 동굴 안으로 사라진 후에, V는 B 지점으로 걸어간다.

④ V는 다음의 두 가지 질문 중 하나를 임의로 선택하여 P에게 외친다.

ⓐ 좌측 통로로 걸어 나오시오 또는

ⓑ 우측 통로로 걸어 나오시오.

⑤ 비밀정보를 알고 있는 P는 동굴의 비밀문을 열 수 있으므로, V가 요구한 어떤 통로로도 걸어 나올 수 있다. 그러나 P가 비밀 정보를 가지고 있지 않은 경우에는, P는 V의 요구에 1/2의 확률로 응할 수 있게 된다.

⑥ P와 V는 과정 ①~⑤를 n번 반복한다.

위의 과정을 n번 반복한 후에 V는 P가 동굴의 비밀정보를 알고 있음을 $1-(1/2)^n$의 확률로 확신할 수 있으며, 또한 P는 자신이 비밀 정보를 알고 있다는 사실 외에는 V에게 자신의 비밀을 알리지 않는다. 그러면 어떤 프로토콜이 영지식 증명 시스템임을 어떻게 확인할 수 있을까? 다음의 예를 살펴보자. V는 비디오 카메라를 가지고 와서 n번 반복된 위의 과정 ①~⑥을 모두 녹화하였다. 만약 V가 이 녹화된 화면을 C에게 보여준다면, C는 P가 동굴의 비밀 정보를 알고 있음을 확신할 수 있을까? 아니다, 만약 P와 V가 모의하여 V가 ④에서 무슨 질문(좌측/우측)을 할지를 사전에 정해 놓는다면, P가 동굴의 비밀 정보를 모르더라도 충분히 녹화된 화면을 만들어 낼 수 있기 때문이다. 또는 사전에 공모하지 않더라도 P가 V의 질문을 예상하여 동굴 안으로 걸어 들어간 후, V가 ④에서 예상된 질문을 한다면 그 통로로 걸어 나오고, V의 질문이 P의 예상과 다르다면 나중에 화면을 편집하면 된다(이 경우에는 평균적으로 $2n$번의 시도가 필요할 것이다). 위의 예는 다음과 같은 영지식 증명 시스템의 특성을 보여준다.

① P가 V에게 어떤 사실의 정당성을 증명한 후에, V는 제3자에게 그 사실을 다시 증명할 수 없다.

② 비밀정보를 모르는 제3자라도 P와 V의 대화내용(일명 view) ①~⑥을 흉내(simulate)낼 수 있다. 즉, V는 P가 비밀정보를 갖고 있다는 사실 외에는 어떤 정보도 알아낼 수 없다(영지식).

현대사회는 정보사회로 변화하는 과정에서 고도의 통신처리와 정보처리 기술을 필요로 하고 있다. 특히, 고도의 부가가치가 있는 각종 서비스를 제공하기 위해 안전하고 효율적인 암호화 프로토콜들을 필요로 하고 있다. 영지식 대화형 증명방식은 암호화 프로토콜의 안전성을 제시하기 위한 모델로 개인 식별, 키 분배, 전자서명 등 각종 응용분야에서 활용될 수 있다. 영지식 대화형 증명을 이용한 암호화 프로토콜들은 영지식 대화형 증명방식을 구성하는데 소요되는 통신 횟수와 통신량이 많다는 단점을 갖고 있으나, 이를 극복하기 위한 연구가 활발히 진행되고 있으며 아울러 영지식 대화형 증명을 이용한 응용분야가 활발히 연구되고 있다.

3.3.5. 비밀분산

유명한 청량 음료회사 사장이 해외 출장을 간다고 생각해 보자. 사장은 여행 중 사고가 날 것을 우려하여 자신만이 알고 있는 원액 제조비법을 은밀히 자신의 측근에게 전수하려고 한다. 하지만 제조 비법을 전수 받은 자가 사장을 배신하고 경쟁 업체에게 몰래 비법을 팔아넘긴다면 넘긴다면 어떡하는가? 신중한 사장은 종이에 원액 제조비법을 적은 후, 그것을 n개의 조각으로 나누어 n명의 측근들에게 나누어주었다. 이제 전수자 n명이 모두 사장을 배신하지 않는 한 비밀이 경쟁사에게 유출될 염려는 없다. 이제 사장은 안심하고 출장을 떠날 수 있다. 이제 아무런 문제도 없는 것일까?

하지만 불행히도 아직 심각한 문제가 남아있다. n명의 전수자중 한 명에게 불의의 사고가 났다고 생각해 보자. 1개의 조각이 모자라 원액을 만들 수 없는 회사는 사장이 여행에서 돌아올 때까지 잠정적으로 휴업 할 수밖에 없다. 이런 경우에는 어떡해야 하는가? 위에서 언급한 문제를 해결하기 위하여 1979년 Shamir는 논문 "How to Share a Secret"에서 (m, n)–역치 방식(threshold scheme)을 제안하였다. (m, n)–역치 방식은 다음의 특성을 갖는다.

① n개의 비밀 조각(일명 shadow 또는 share) 중 m개 이상의 조각을 모으면 비밀을 재구성할 수 있다.

② m–1개 미만의 비밀 조각으로는 비밀을 재구성할 수 없다.

1979년 이후 (m, n)–역치 방식을 구현하기 위하여 Vector 방식, Asmuth–Bloom 방식, Karnin–Greene–Hellman 방식 등의 여러 알고리즘들이 발표되었지만, 여기에서는 m–1차 다항식과 Lagrange 공식을 이용한 역치 방식에 대하여 간략히 살펴본다. T가 n명의 사용자({사용자1, 사용자2, … ,사용자n})에게 비밀 s를 분산시킨다고 하자.

① T는 $f(0)=s$ 인 m−1차 다항식 f를 임의로 선택한다.

$$f(x)=s+a_1x+a_2x^2+\cdots+a_{m-1}x^{m-1}(\mathrm{mod}p)$$
($a_1,a_2,\cdots,a_{m-1}$은 임의의 정수, p는 $a_1,a_2,\cdots,a_{m-1}$보다 큰 임의의 소수)

② T는 각각의 사용자i(여기서 $1 \leqq i \leqq n$)에게 비밀조각 $s_i=f(i)$를 계산하여 안전하게 전송한다.

③ 필요시에 n명의 사용자({사용자1, 사용자2, … ,사용자n})중에 m명의 사용자들(예를 들어, {사용자1, 사용자2, … ,사용자m})이 비밀 s를 재구성하고자 할 경우, 그들의 비밀 조각 s_j (여기서 $1 \leqq i \leqq m$)를 입력 값으로 다음의 Lagrange 공식을 이용하여 T의 비밀 s를 재구성한다.

$$s=\sum_{i=1}^{m} b_j s_j(\mathrm{mod}p)$$
(여기서 $b_j=\prod_{j=1,j\neq i}^{m}\frac{j}{j-i}(\mathrm{mod}p)$)

예를 들어, ASCII 코드 값이 10진수로 11인 비밀 s를 (3, 5)−역치 방식을 이용하여 5명의 사용자에게 분배한다고 가정하자. 먼저 임의의 2차 다항식 f를 임의로 선택한다. 즉, $f(x)=7x^2+8x+11(\mathrm{mod}13)$ (여기서 7, 8은 임의의 정수, 11은 7, 8보다 큰 임의의 수). 5개의 비밀조각 s_1, s_2, …, s_5는 다음과 같다.

$$s_1=f(1)=7+8+11=0(\mathrm{mod}13)$$
$$s_2=f(2)=28+16+11=3(\mathrm{mod}13)$$
$$s_3=f(3)=63+24+11=7(\mathrm{mod}13)$$
$$s_4=f(4)=112+32+11=12(\mathrm{mod}13)$$
$$s_5=f(5)=175+40+11=5(\mathrm{mod}13)$$

필요시에 비밀 s를 재구성하고자 할 경우, 임의의 3개의 비밀 조각(예 : s_2,s_3,s_5)을 이용하여 다음의 선형 방정식을 푼다.

$$a \cdot 2^2 + b \cdot 2 + s = 3 \pmod{13}$$
$$a \cdot 3^2 + b \cdot 3 + s = 7 \pmod{13}$$
$$a \cdot 5^2 + b \cdot 5 + s = 5 \pmod{13}$$

위 방정식의 해는 $a = 7$, $b = 8$, $s = 11$이 된다. 그러므로 재구성된 비밀 $s = 11$이다.

4. 해쉬함수와 인증

4. 해쉬함수와 인증

4.1. 해쉬함수[16)]

4.1.1. 개 요

해쉬함수는 임의의 메시지를 입력으로 받아 해쉬 코드(hash code) 또는 해쉬 값(hash value)이라고 하는 출력을 생성한다. 보다 정확하게, 해쉬함수 h는 임의의 유한 길이의 비트 스트링을 고정된 길이(n비트 길이)의 비트 스트링으로 변환하는 함수이다. 이때, 출력의 길이가 n비트인 해쉬함수를 n비트 해쉬함수라 한다.

해쉬함수의 기본 아이디어는 해쉬 값이 입력 스트링의 축소된 대표 이미지의 역할을 하며, 그 스트링을 유일하게 표현한다는 것이다.

해쉬함수는 전자 서명(digital signature)과 결합되어 데이터 무결성(data integrity)을 제공한다. 또한, 컴퓨터 시스템에서 중요 정보의 인증(authentication)과 무결성(integrity)을 해결하기 위한 수단으로 사용될 수 있다.

해쉬함수 $h(x)$는 다음과 같은 특성을 갖는다.

- 압 축(Compression) : 무한 길이에 가까운 긴 입력값 일지라도 출력값은 짧은 길이의 값으로 압축될 수 있어야 한다. 즉, 입력 x의 크기와 상관없이 출력의 길이 $y = h(x)$는 항상 필요한 만큼 한다.
- 효율성(Ease of computation) : 어떤 입력 x에 대해 $h(x)$를 계산하기 쉬워야 한다.
- 일방향성(One-wayness) : 해쉬값 y로부터 $h(x) = y$ 가되는 입력값 x를 찾는것이 계산상 불가능 해야 한다. 즉, 해쉬함수를 찾기 어려워야 한다.
- 약한충돌방지(Weak collision resistance) : 어떤 입력값 x와 그의 해쉬값 y가 주어졌을때, $h(x') = y$ 가되는 입력값 x' (단, $x' \neq x$)를 찾는 것은 어려워야 한다.
- 강한충돌방지(Strong collision resistance) : $h(x) = h(x')$가 되는 입력값 의 쌍 x와 x' (단, $x' \neq x$)을 찾는 것이 불가능해야 한다.

16) 마크 스탬프 저, 안태남외 2명 역, "정보보안 이론과 실제", 한빛미디어, 2006

해쉬함수에서 입력 공간이 출력 공간보다 훨씬 크기 때문에 충돌은 불가피 하다. 예를 들어, 해쉬함수가 128비트의 출력을 생성한다고 가정하면 150비트의 가능한 입력 값의 2^{22}개 또는 약 4,000,000개 정도가 동일한 출력 값으로 해쉬된다. 이것은 150비트의 입력만을 계산한 결과이다. 해쉬함수에서 충돌방지 특성이란 이러한 충돌을 찾기 어렵도록 하는 것이다.

4.1.2. 생일문제(Birthday Paradox)

한 방안에 N명이 있다고 가정하자. 방안에 있는 사람 중 두 사람 이상이 생일이 같을 확률이 1/2보다 크기 위해서는 N은 얼마나 커야 할까? N을 구하기 위해서는 여수의 확률을 계산해 1에서 빼는 것이 쉽다. 여수는 N 모두가 다른 생일들인 경우이다.

편의상 방안의 사람에게 0,1,2,......,N−1이라는 번호를 붙이자. 0번 사람은 365일 중 특정한 하루가 생일일 것이다. 만약 모든 사람의 생일이 다르다면 1번 사람은 0번 사람과 생일이 달라야 한다. 즉, 1번 사람은 0번 사람의 생일이 아닌 364일 중 하루가 생일일 것이다. 동일한 방법으로 2번 사람은 나머지 363일 중 하루가 생일이고, 다시 모든 생일의 확률은 같다고 가정하고 여수를 취하면 확률 결과는 다음과 같이 계산된다.

$$1-\frac{365}{365}\cdot\frac{364}{365}\cdot\frac{363}{365}\cdots\frac{(365-N+1)}{365}$$

위 식이 1/2과 같다고 두면 $N \approx 23$이 된다. 이것을 생일의 역설(birthday paradox)라고도 한다. 얼핏 생각하기에는 일년이 365일이나 되는데 23명만 있어도 두 사람의 생일이 같을 확률이 1/2 이상이라는 것이 역설적으로 보인다. 그러나 다시 한 번 깊이 생각해보면 그 결과가 역설적이지만은 않음을 알 수 있다. 이 문제에서는 사람의 모든 쌍을 비교했다는 점이 중요하다. 방안에 있는 N명의 비교 수는 $N(N-1)/2 \approx N^2$가 된다. 다른 생일이 365개 있으므로 비교 쌍이 그 중 하나와 일치하는 경우는 $N^2 = 365$ 또는 $N = \sqrt{365} \approx 19$가 된다. 이러한 관점에서 보면 생일의 역설은 그렇게 역설적이지 않다.

그렇다면 암호학적 해쉬함수와 생일의 역설(birthday paradox)과 무슨 관계가 있을까? 만약 해쉬함수 $h(x)$가 N비트 길이의 출력을 생성한다고 가정하면 2^N의 다른 해쉬 값이 존재한다. 또한, 모든 해쉬 출력의 값은 같은 확률이라고 가정하면 $\sqrt{2^N} = 2^{N/2}$이므로 생일 문제는 다음을 의미한다.

만약 $2^{N/2}$개의 다른 입력을 해쉬 한다면 출력이 충돌될 가능성이 높다. 즉, 두 개의 입력이 같은 값으로 해쉬 된다는 것이다. 해쉬함수를 "해독"하는 이 방법은 대칭키 암호에서 전수키조사 방법과 유사하다. 여기서 의미하는 것은 N비트를 출력하는 해쉬를 해독하기 위해서는 $2^{N/2}$의 노력이 필요하다는 것이다. 반면, 키의 길이가 N인 대칭키 암호는 해독을 위해 2^{N-1}의 노력이 필요하다. 결과적으로 해쉬함수 출력은 대칭키 암호와 같은 수준의 보안성을 유지하기 위해 두 배의 비트가 필요하다는 것을 알 수 있다.

4.1.3. 비 암호학적 해쉬함수

암호학적 해쉬함수를 설명하기 전에 먼저, 간단한 몇 가지 비 암호학적 해쉬함수를 살펴보자. 먼저 입력 데이터가 다음과 같다고 가정하자.

$$X = (X_0, X_1, X_2, \ldots\ldots, X_{n-1})$$

여기서 각 X_i는 한 바이트이다. 또한 $h(X)$를 다음과 같이 정의하자.

$$h(X) = (X_0 + X_1 + X_2 + \cdots + X_{n-1}) \bmod 256$$

이 함수는 모든 입력에 대해 8비트의 출력을 생성하므로 확실히 압축을 제공 할 수는 있으나 안전하지 못하다. 왜냐하면 생일 문제가 $2^4 = 16$개의 임의로 선정한 입력을 해쉬 하면 충돌이 일어날 것임을 말해 주고 있기 때문이다. 실제로 충돌은 직접적으로 만들 수 있다. 예를 들어 다음과 같은 함수는 해쉬의 출력도 작고 대수학적 구조도 문제가 된다.

$$h(10101010, 00001111) = h(00001111, 10101010) = 10111001$$

또 다른 비 암호학적 해쉬의 한 예로 다음을 고려해 보자. 데이터의 단위는 바이트이며 다음과 같다.

$$X = (X_0, X_1, X_2, \ldots, X_{n-1})$$

해쉬함수 $h(X)$는 다음과 같다.

$$h(X) = nX_0 + (n-1)X_1 + (n-2)X_2 + \ldots 2X_{n-2} + X_{n-1} \bmod 256$$

이 해쉬함수는 안전할까? 다음 예와 같이 적어도 두 바이트를 서로 바꾼 결과는 다르다.

$$h(10101010, 00001111) \neq h(00001111, 10101010)$$

그러나 다시 생일 문제가 대두된다. 아래 예와 같이 이 함수도 상대적으로 쉽게 충돌할 수 있다.

$$h(00000001, 00001111) = h(00000000, 00010001) = 00010001$$

이 함수는 안전한 암호학적 해쉬는 아니다. 그러나, 특정한 비 암호학적 응용분야(오픈소스 프로젝트의 samba 서비스)에 성공적으로 이용된 사례도 있다.

가장 광범위하게 사용되는 비 암호학적 "해쉬"의 예는 CRC(Cycle Redundancy Check)이다. CRC의 계산 방법은 본질적으로 CRC 값처럼 작용하는 나머지의 긴 나누기이다. 일반 나누기와 다른 것은 빼기의 자리에 XOR 연산을 한다는 점이다.

CRC 계산에서는 젯수가 주어진다. 예를 들어, 젯수가 10011, 피젯수는 10101011이고 CRC 체크섬의 크기를 4비트로 가정하면 피젯수 뒤에 0을 4개 붙인후 CRC 계산을 수행한다. 다음은 계산 예이다.

```
           10110110
10011 )101010110000
       10011
         11001
         10011
           10101
           10011
             11000
             10011
               10110
               10011
                  1010
```

〈CRC 계산 예〉

CRC 체크섬은 나머지인 1010이 된다. 주어진 젯수로는 쉽게 충돌을 찾을 수 있다. 실제로 어떤 CRC 체계에서도 충돌은 구성할 수 있다.

CRC들은 실수로 암호학적 무결성이 요구되는 응용 분야에 사용되기도 한다. 예를 들어 WEP은 암호학적 해쉬가 더 적합함에도 CRC 체크섬을 사용한다. CRC나 이와 유사한 체크섬 방법은 의도적으로 데이터가 아닌 전송 오류를 찾는 것을 설계할 때만 사용되는 것이 바람직하다.

4.1.4. 암호학적 해쉬함수

MD5[17)]

MD5는 입력 데이터 (길이에 상관없는 하나의 메시지)로부터 128 비트 메시지 축약을 만들어 데이터 무결성을 검증하는데 사용되는 알고리즘이다. MD5는 전자 서명 응용프로그램들과 함께 사용할 목적으로 미국 MIT의 로널드 리베스트 교수가 개발하였으며, 큰 파일들은 RSA와 같은 공개키 암호 사용법 하에서 개인키와 함께 암호화되기 전에 안전한 방법으로 압축되어야만 한다. MD5 규격은 현재 IETF RFC 1321에 명시되어 있다. MD5는 리베스트가 만들어낸 메시지 축약 알고리즘으로는 세 번째이다. 초기의 8 비트 버전인 MD2, 그리고 MD4와 최신 버전인 MD5 등은 비슷한 구조를 가지고 있지만, MD2는 8 비트 컴퓨터에 최적화되어 있는데 비해, MD4와 MD5는 32 비트 컴퓨터에 최적화되어 있다. MD5 알고리즘은 MD4의 확장판인데, MD4에 비해 속도가 빠르지는 않지만, 데이터 보안성에 있어 더 많은 확신을 제공한다.

SHA[18)]

SHA(Secure Hash Algorithm) 함수들은 서로 관련된 암호학적 해쉬 함수들의 모음이다. 이들 함수는 미국 국가 안전 보장국(NSA)이 1993년에 처음으로 설계했으며 미국 국가 표준으로 지정되었다. SHA 함수군에 속하는 최초의 함수는 공식적으로 SHA라고 불리지만, 나중에 설계된 함수들과 구별하기 위하여 SHA-0이라고도 불린다. 2년 후 SHA-0의 취약점이 발견되어 이를 보완한 SHA-1이 발표되었으며, 그 후에 4종류의 변형, 즉 SHA-224, SHA-256, SHA-384, SHA-512가 더 발표되었다. 이들을 통칭해

17) 텀즈(http://www.terms.co.kr)
18) 위키피디아

서 SHA-2라고도 한다.

SHA-1은 SHA 함수들 중 가장 널리 쓰이며, TLS, SSL, PGP, SSH, IPSec 등 보안 프로토콜과 프로그램에서 사용되고 있다. SHA-1은 이전에 많이 사용되던 MD5를 대신해서 쓰이기도 한다. 하지만 좀 더 중요한 기술에는 SHA-256이나 그 이상의 알고리즘을 사용할 것을 권장하고 있다.

HAS160

HAS160(Hash Function Algorithm Standard 160)은 한국형 디지탈 서명 표준인 KCDSA에서 사용할 목적으로 개발되었으며, 1998년 10월의 국내 단체표준화(TTAS.KO-12.0011)를 거쳐 2000년 12월에 개정되었다. HAS160은 메시지를 512비트 블럭 단위로 처리하여 160비트의 해쉬코드를 출력하는 Little endian 구조의 32비트 마이크로프로세서를 기본으로 설계된 충돌저항성의 해쉬 함수이다.

RIPEMD

1996년, H. Dobbertin, A. Bosselaers과 B. Preneel은 기존의 128비트 해쉬함수(MD4, MD5, RIPEMD)보다 강한 안전성을 보장하기 위해 RIPEMD-128을 강화시킨 RIPEMD-160을 발표 하였다. 현재는 다양한 응용을 위해 256비트와 320비트의 출력길이를 갖는 RIPEMD가 발표된 상태이다. 그러나, 두 개의 서로 다른 초기값을 갖는 RIPEMD-160을 병렬로 연결해 구성한 RIPEMD-320 은 RIPEMD-160보다 강한 안전성을 보장하지는 않으며 RIPEMD-128을 병렬연결한 RIPEMD-256 역시 강한 안전성을 보장하지는 않는다.

4.1.5. 해쉬함수의 활용

해쉬함수를 활용하는 일부 표준 응용분야는 메시지 인증, 데이터 무결성, 전자서명 등에 활용된다.

데이터 무결성

해쉬 함수는 전자서명(digital signature)과 결합되어 데이터 무결성(data integrity)을 제공한다. 전자서명을 할 때 해쉬 함수에 의해 축약된 메시지에 서명을 하게 되는데 이로 인해 서명을 위해 필요한 계산, 메모리, 전송량이 크게 줄어든다.

전자서명시 해쉬 함수 적용 방법을 설명하기 위해 A와 B가 공개키 암호 방식의 사용자라고 가정하자. 따라서 사용자 A와 B는 각각 공개키와 개인키를 가지고 있으며, 이 키들을 사용하여 일반적인 방법으로 전자서명을 수행하면 다음과 같다. 〈그림 4-1〉

- ◉ 송신자는 해쉬 함수를 이용하여 메시지의 해쉬 값을 구한다.
- ◉ 해쉬 값을 자신의 개인키를 사용하여 암호화하여 전자서명을 생성한다.
- ◉ 메시지와 전자서명을 수신자에게 보낸다.
- ◉ 메시지와 전자서명을 수신한 수신자는 송신자가 사용한 것과 동일한 해쉬 함수를 이용하여 수신 메시지의 해쉬 값을 계산한다.
- ◉ 수신한 전자서명을 송신자의 공개키로 복호화하여 그 결과를 자신이 계산한 해쉬 값과 비교한다.
- ◉ 두 값이 동일한 경우, 서명이 정상적으로 이루어진 것이므로 수신자는 메시지를 받아들인다.
- ◉ 두 값이 다른경우, 수신자는 메시지 수신을 거절한다.

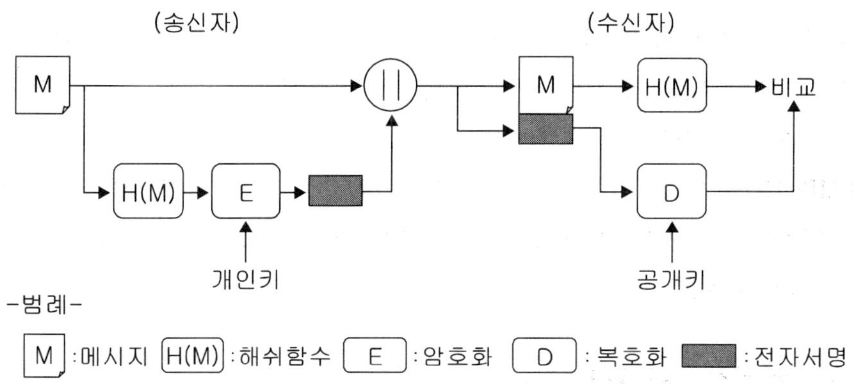

〈그림 4-1〉 해쉬함수를 이용한 전자서명 알고리즘

또한 해쉬 함수는 컴퓨터 시스템에서 중요 정보의 인증과 무결성을 해결하기 위한 수단으로 사용될 수 있다. 컴퓨터의 보급이 확산되고 그 중요성이 높아지면서 컴퓨터에 저장된 중요한 정보에 일어날 수 있는 비 의도적인 변화를 제어하고자 하는 요구가 증대 되었는데, 그 변화를 제어하기 위하여 변화 발생의 유, 무를 인식하는데 해쉬 함수가 이용될 수 있다.

예를 들어 x는 무결성을 확인하고자 하는 컴퓨터 프로그램이라 하고 y는 안전한 장소에 저장되어 있는 x의 해쉬 값이라 하자. x의 무결성을 검증하기위해서 해쉬 함수를 이용하여 x의 해쉬 값을 계산한 후, 안전한 장소에 보관된 y와 비교한다. 두 값이 동일할 경우 x의 무결성이 확인되며, 그렇지 않은 경우 x에 변화가 일어났음을 알 수 있다.

메시지 인증

메시지 인증은 정보보호의 중요한 분야로서, 네트워크를 통하여 전송되는 정보가 많아질수록 고속의 안전한 메시지 인증 기술이 더욱 필요하게 된다. 이와 관련하여, 해쉬 함수의 특별한 형태로서의 메세지 인증 코드(MAC : Message Authentication Code)는 대칭키 기술에 의해 메시지 인증을 제공한다. MAC의 목표는 어떤 추가적인 절차 없이 데이터 무결성과 데이터 생성 인증에 관한 보장을 용이하게 하는 것이다. 뿐만 아니라 MAC은 대칭키 방식에서 식별(identification)의 기능을 제공한다.

일반적인 메시지 인증의 절차를 설명하기 위하여, 두 사용자 A와 B가 비밀키 a를 공유하고 있다고 가정하자. 메시지 인증 방식은 서명 알고리즘 S와 검증 알고리즘 V로 구성된다. A가 메시지 M을 B에게 송신하고자 하면 다음 절차를 수행한다.

- ○ A는 B와 공유한 비밀키 a를 사용하여 메시지 M에 대한 MAC으로 $MAC = S_a(M)$를 생성한다.
- ○ A는 메시지와 MAC값(M, MAC)을 B에게 전송한다.
- ○ (M, MAC)을 수신한 B는 동일한 비밀키 a를 사용하여 $V_a(M, MAC) = 1$ 인지를 검토한다.

온라인 입찰

입찰자 A, B, C 세 명이 참석하는 온라인 경매가 있다고 가정하자. 이 경매는 "밀봉 경매"로 이루어진다. 즉, 각 입찰자는 하나의 비밀 입찰서를 제출하고 모든 입찰자가 입찰서를 제출한 후에 그 입찰서가 개봉 후 가장 높은 가격을 제시한 입찰자가 최종 선정되는 방식이다.

이때 입찰자 A, B, C는 서로를 신뢰하지 않으며, 특히 입찰서가 제출 후에 자신의 제출한 입찰서가 노출되지 않을 것이라는 것을 믿지 못한다. 예를 들어, A가 천만원에 입찰하려 했고 B가 입찰 마감시간 전에 A의 입찰 금액을 알 수 있다면 그는 천만백원으로 입찰서를 제출하였을 것이다.

이러한 우려를 없애기 위해 경매 사이트는 다음 방안을 제안할 수 있다. 각 입찰자는 자신들의 입찰 금액을 결정한다. 예를 들어, A의 입찰금액은 A', B의 입찰금액은 B', C의 입찰금액은 C'이라고 하자. 이후 입찰자는 입찰 금액을 해쉬함수로 해쉬후 A는 $h(A')$, B는 $h(B')$, C는 $h(C')$를 각각 제출한다. 해쉬된 3개의 입찰금액이 모두 제출되고, 이어서 세 참석자들에게 이 금액들을 모두 알려 준 후에 입찰자들은 해쉬가 되지 않은 자신들의 입찰 금액 A', B', C'를 제출한다. 만약 해쉬함수가 안전하다면, 이는 단방향이므로 해쉬된 금액을 경쟁자들에게 미리 알려주더라도 불리할 것이 없다. 충돌을 찾는 것은 매우 어려운 일이므로 아무도 해쉬 값을 제출 후에 그들의 입찰 금액을 변경할 수 없다. 해쉬된 입찰 금액을 미리 제출하는 것이 불이익이 없고, 한번 해쉬 값을 제출하면 입찰금은 변경할 방법이 없으므로 이 안은 제재 방법이 없는 상황에서 발생할 수 있는 남을 속이는 것을 방지할 수 있다.

4.1.6. 기 타

<u>비밀 공유</u>

비밀 S가 있고 A와 B 두 사람이 비밀을 공유한다고 가정하자. 이때 비밀 공유의 의미는 다음과 같다.

- A 또는 B 단독으로는 비밀 S를 알아낼 수 없다. 다만 막연한 추측만 가능하다.
- A와 B가 함께 힘을 합치면 비밀 S를 알아낼 수 있다.

언뜻 보기에는 어려운 문제처럼 보일 수 있다. 그러나 쉽게 해결 할 수 있다. 그 방안은 기본적으로 “두 개의 점이 하나의 직선을 결정한다”는 사실로부터 유도된다.

주어진 비밀 S 평면에서 점 $(0, S)$를 통과하는 선 L을 그린다. 그리고 A에게는 선 위의 점 $A' = (X_0, Y_0)$를 주고 B에게는 선 L위의 또 다른 점 $B' = (X_1, Y_1)$을 주자. 그러면 무한대 수의 선들이 한 점을 통과하기 때문에 A나 B는 둘다 개인적으로 S에 관한 정보를 알아낼 수 없다. 그러나 함께하면 두 점들 A'와 B'는 유일한 선 L을 결정하고, 결과적으로 S를 알아낼 수 있게 된다. 이 예는 〈그림 4-2〉에서 “둘 중의 둘”의 그림으로 설명된다. 2명의 참석자 모두가 비밀 S를 복구하기 위해 협조해야만 하기 때문에 이것을 비밀공유체계라고 한다.

이 아이디어는 $m \leq n$ 일 때 “n 중의 m” 비밀 공유 체계로 쉽게 확장될 수 있다. 여기서 n은 참석자들의 수이고 m은 비밀을 복구하기 위해 협조해야 할 사람의 수이다. $m = 2$일 때는 선으로 충분하다. 〈그림 4-2〉의 "셋 중의 둘" 체계의 예를 설명하고 있다.

일차 다항식인 하나의 선은 두 점으로 유일하게 결정된다. 반면에 이차 다항식인 포물선은 세 점으로 유일하게 결정된다. 일반적으로 $m-1$차 다항식은 m점으로 유일하게 결정된다. 이 기본적인 사실이 $m \le n$에서 n중의 m의 비밀 공유 체계를 쉽게 구축할 수 있도록 해준다. 〈그림 4-2〉는 n 중의 m 비밀공유체계를 설명하고 있다.

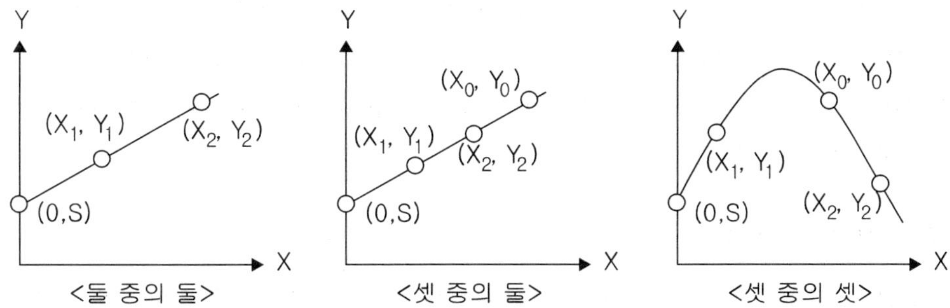

〈그림 4-2〉 비밀 공유 체계

비밀 S는 키나 다른 디지털의 숫자들을 나타내는 경향이 있기 때문에 실수보다는 이산 수를 취급하는 것이 더 바람직하다. 다행히 이 체계는 실수와 똑같이 모듈로 계수 p에서도 적용 되므로 활용이 가능하다.

난 수(Random Number)

난수는 시뮬레이션과 통계처럼 보안과 관계없는 분야에서도 많이 사용된다. 그러한 응용분야에서 난수는 통상 "통계학적" 무작위, 즉 무작위와 구분하기 어렵다는 통계적 시험을 통과해야만 한다.

그러나 암호학적 난수는 통계학적 무작위성을 만족해야 할 뿐만 아니라 예측도 불가능해야 하는 보다 엄격한 요구조건을 만족해야만 한다. 암호학적 난수의 특징은 다음과 같다.

- 전체 발생한 수('1' 또는 '0'의 생성 개수)가 균등해야 한다.
- 특정 비트의 발생확률은 항상 1/2 이어야 한다. 즉, 앞 또는 뒤의 내용을 보고 특정비트를 유추할 수 없어야 한다.

의사 난수 발생기(pseudo random number generator)는 seed 값에 따라 난수를 발

생시킨다. 통상 암호학에서는 seed값에 따라 동일한 난수가 발생하는 난수 발생기를 활용한다. 예를 들어 양측의 session key를 생성하기 위해 동일한 출력을 갖는 난수 발생기를 사용한다. 만약 상이한 난수를 생성시는 seed 값과 절대시간을 결합하여 새로운 seed 값을 생성하고 이를 활용해서 난수를 발생시킨다.

정보은닉

정보은닉은 스테가노그래피(steganography)와 디지털 워터마킹의 두 가지 관점이 있다. 스테가노그래피 또는 "감추어진 기록"은 정보가 전송된다는 사실을 숨기려는 의도이고, 워터마킹은 한 예를 들어 불법적인 재배포의 책임을 식별하기 위해 디지털 음악 정보 속에 식별 정보를 숨기는 경우가 있다.

◉ 스테가노그래피

헤로도토스(BC 440년 경, 그리스의 역사가)가 기록한 내용 중에 다음과 같은 것이 있다. 한 그리스 장군이 다른 장군에게 은밀히 메시지를 전달하기 위해 노예의 머리를 면도하고 그 위에 페르시아 침공에 대한 경고 메시지를 썼다. 이후 노예의 머리카락이 충분이 자라서 그 메시지를 덮은 후 전선을 통과해 노예를 다른 장군에게 보냈다. 이와 같은 역사를 보면 스테가노그래피가 암호보다 훨씬 많이 사용되어 왔다는 사실을 알 수 있다.

최근의 스테가노그래피는 사진, 음성, 동영상 또는 소프트웨어와 같은 미디어 속에 정보를 은닉하는 것이 포함된다. 이런 종류의 정보은닉은 은닉통로 형태로도 볼 수 있다.

◉ 디지털 워터마킹

워터마킹이란 용어는 지폐의 제조과정에서 위조지폐를 가리기 위해 물에 젖어있는 상태에서 특정그림을 인쇄하고 말린 후 불빛에 비추었을때 그림이 보이도록 하는 기술에서 유래했다.

디지털 워터마킹은 약간 다른 목적을 위한 정보은닉이다. 디지털 워터마킹이란 디지털 컨텐츠에 워터마크 라고 하는 사용자의 ID나 자신만의 정보를 삽입시킴으로써 불법적인 복제를 막고, 지적재산권 및 저작권을 보호하며 소유권을 주장할 수 있는 근거를 제공하는 기술이다.

디지털 워터마킹은 다음과 같은 특징을 가지고 있다.

○ **투명 워터마킹 :** 미디어 내에 내재되어 있어 밖으로 드러나지 않는 워터마킹의 형태이다.
○ **가시 워터마킹 :** 알아 볼 수 있는 상태를 의미한다. 문서에 일급비밀이라고 도장을 찍는 것이 이러한 워터마킹의 예이다.

워터마킹은 다음과 같이 분류할 수도 있다.

○ **강한 워터마킹 :** 공격을 받아도 쉽게 파괴되거나 손상을 받지 않는다.
○ **약한 워터마킹 :** 공격을 받으면 쉽게 파괴되거나 손상을 받는다.

예를 들어, 해적판을 탐지하고자 하는 바람으로 강하고 투명한 마크를 디지털 음악 속으로 삽입할 수 있다. 그러면 인터넷에서 불법 유통된 음악파일이 나타나면 그 근원지를 추적할 수 있을 것이다. 또는 약하고 투명한 마크를 음성 파일 속으로 삽입할 수도 있다. 그래서 만약에 워터마킹을 읽어 낼 수 없으면 수신자는 파일의 내용이 변경되었음을 알 수 있다. 이러한 접근 방법은 무결성 점검의 기본적인 형태이다. 그 외에 여러 가지 다른 워터마킹의 혼합형도 사용될 수 있다.

4.2. 인 증

4.2.1. 개 요

인증은 일반적으로 두 가지 의미로 나뉘어 사용된다. 첫 번째는 전자서명을 통해 구현될 수 있는 사용자 인증이나 메시지 인증을 의미하는 인증(authentication)이고, 두 번째는 공개키 암호방식에서 공개키 무결성의 보장을 의미하는 인증(certification)이다. 첫 번째 인증(authentication)은 전송받은 정보의 내용이 변조 또는 삭제 여부와 송·수신자가 정당한지를 확인하는 방법이다. 이것을 흔히 인증이란 메시지의 생성, 전송, 수신, 이용, 저장 등의 일련의 과정에 관련되어 있는 송·수신자, 전송자, 이용자, 관리자들이 제삼자에게 자신이 적법한 사용자라는 것을 증명할 수 있도록 하는 기능을 말한다. 그리고 메시지 인증이란 전송되는 메시지의 내용이 변경이나 수정이 되지 않고 본래의 정보를 그대로 가지고 있다는 것을 확인하는 과정을 말한다. 다시 정리하면, 수신된 메시지가 정당한 사용자로부터 전송되었고, 변경되지 않았음을 확인하기 위해 인증을 수행하는 것이다. 두 번째의 인증(certification)은 보증이라고도 하는데 이는 인증(authentication)과 구별하기도 하지만, 일반적으로 혼용되고 있다.

4.2.2. 인증기법

어떤 통신 주체가 자신임을 증명하기 위하여 사용되는 신분확인 방법은 아래와 같은 3가지 형태로 구분할 수 있으며, 2가지 이상 혼합된 형태의 인증방법을 사용하는 것이 효과적으로 신분을 확인할 수 있다.

지식에 기반한 인증(What you know)

지식에 기반한 인증 기법이란 사용자가 알고 있는 어떤 것에 의존하는 인증기법이다. 지식 기법의 예는 시스템과 네트워크 로그인을 위한 패스워드와 ATM과 신용카드에 대한 PIN 등이다. 사용자는 신원을 입증하기 위한 신원 정보를 제공하고, 사용자에 의하여 제공된 지식 요인은 사용자 신분 확인을 통하여 획득된 참조 지식과 비교된다. 이를 일대일 검증이라고 한다.

지식 기반의 인증기법은 다양한 분야에서 사용 가능하다. 이는 지식 기반의 인증기법이 높은 인식이 가능하고 넓은 분야에서 수용 가능함을 의미한다. 또한 신뢰성이 높다. 즉, 검증에 애매모호함이 없다. 패스워드를 알고 있으면 검증되고 모르면 검증되지 않는다. 또한 사용자의 이름과 비밀번호만 입력하면 되므로 사용상의 용이성을 제공하고 비용이 들지 않는다.

그러나, 지식기반의 인증기법은 소유자가 비밀번호를 잃어버릴 가능성이 크다. 사람들은 비밀번호와 개인식별번호를 쉽게 잃어버릴 수 있다. 결국 이렇게 되면 자신도 시스템을 이용할 수 없게 된다. 또한, 일반적으로 사용자는 비밀번호를 가족 이름이나 애완동물 이름과 같은 사전 어휘단어나 개인 정보를 이용하여 만드는 경향이 있어 비교적 쉽게 추측이 가능하다. 이는 사회공학적 공격에 취약함을 보일 수 있다. 통상 개인식별번호나 비밀번호를 잘못 선정하는 예는 본인의 생년월일이나 전화번호 등을 이용하는 경우이다.

지식기반의 인증기법의 보안성은 비밀번호의 크기와 랜덤성에 달려 있다. 크기는 선택 가능한 문자 스트링의 길이라고 정의할 수 있다. 예를 들어 50개의 문자와 숫자 6자리로 구성된 비밀번호는 50^6 즉, 156억가지의 경우의 수를 허용하며, 이는 정확히 15,625,000,000개의 비밀번호가 존재함을 의미한다. 랜덤성은 지식 요인의 유일성과 관련된다.

소유에 기반한 인증(What you have)

소유에 기반한 인증기법은 사용자의 권한을 가지고 있는, 문의 열쇠, 운전면허증, 종업원 신분증, 암호 키 등의 다양한 수단을 가지고 있다. 즉, 우리가 실생활에서 사용되는 다양한 매체들이 사용자를 인증하는 방안으로 활용되는 소유에 기반한 인증기법의 예이다.

소유기반 인증기법은 패스워드와 같이 다양하지는 않지만, 신용카드와 같은 다양한 개체로 널리 사용될 수 있고, 저장되어 있는 정보에 대한 신뢰성이 높다. 예를 들어, 마그네틱 신용카드 기술은 이미 신뢰성과 편리성이 증명되었다. 또한 물리적 매체가 적절한 비용으로 제조되고, 구매되므로 복잡한 생체 인식 기법보다 경제적이다.

그러나, 소유에 기반한 인증기법은 매체의 손상이나 분실에 의한 활용이 어려울 때가 있다. 만약 신용카드에서 마그네틱 정보가 지워지면, 신용카드는 사용하기가 어렵게 되고 회사의 종업원이 자신의 신분증을 집에 두고 올 가능성이 있고, 쇼핑을 할 때 신용카드를 집에 두고 오는 경우에 해당 카드는 사용이 어렵다는 단점이 있다. 또한 복제가 가능하다. 마그네틱 카드 정보를 복사하여 위조 카드를 제조 한다면 불법적인 사용이 나타날 수 있다. 소유물의 분실이나 공격자의 공격에 의해 부적절한 방법으로 소유물이 타인에게 넘어갔을 경우 타인은 원래 소유자의 권한을 획득할 수 있다.

소유기법의 장점은 다양한 매체의 형태로 존재하므로 일반적으로 정의하기가 매우 어렵다. 그러나 강점은 위조 장치의 어려움과 매체의 다양한 종류에 종속된다. 만약 소유물의 내용이 암호학적 키라면, 강점은 키의 길이와 사용되는 기반 암호 알고리듬의 조합으로 결정된다.

개체특성에 기반한 인증(What you are)

개체의 생체적 특성에 기반한 인증 기법은 지문(fingerprints), 홍채(iris), 장문(hand geometry), 성문(voice), 얼굴이미지 등의 다양한 기법들을 이용한다. 〈그림 4-3〉은 개체의 특성에 기반한 인증기법에 활용되는 생물학적 특징 예이다.

사용자는 사전에 생체 정보 리더기를 이용하여 생체 템플릿(biometric template)이라고 불리어지는 자신의 생체 정보를 데이터베이스에 등록해야 한다. 추후에 인증을 위한 생체 데이터와 저장된 생체 템플릿을 비교함으로써, 생체 인증이 수행된다. 이 인증기법은 검증(verification)과 신분확인(identification)을 위하여 사용된다. 검증(verification)

은 사용자가 신분 정보를 제공하고, 이 사용자 신분 정보를 이용하여 생체 템플릿을 구한 뒤, 리더 장치에서 획득된 신체 정보와 저장된 템플릿을 비교함으로써 수행된다. 신분확인(identification)은 사용자가 생체 정보를 제공하면, 여러 저장된 생체 템플릿들과 비교되며, 특정 사용자의 신원을 확인한다.

개체특성에 기반한 인증기법은 약간 고가이나 현재 가격이 낮아지고 있고, 사용상의 편리성과 도난이나 분실 또는 위조의 염려가 없다는 장점을 가지고 있다. 하지만 개체특성에 기반한 인증기법은 사전에 사용자의 생체템플릿을 모아야 하고 인증을 위한 임계치를 설정하기가 어렵다는 단점이 있다.

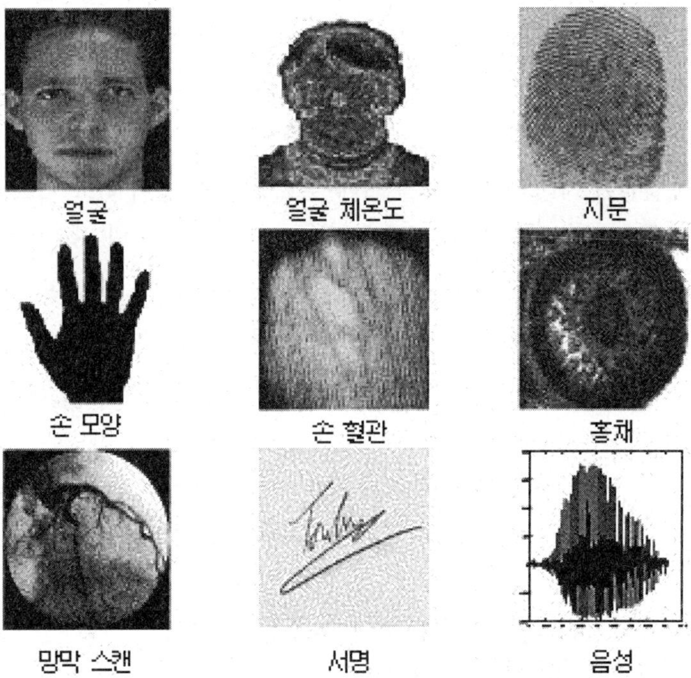

〈그림 4-3〉 생체인식에 이용되는 특성 예

특히, 개체특성에 기반한 인증은 일부 사람들에게는 생체 정보를 이용할 수 없다는 문제가 있다. 따라서 일반적으로 널리 활용되지는 않는 방법이다. 예를 들어 어떤 공사장 종업원은 그들이 지문을 가지고 있지 않을 수도 있으며, 사고로 인한 눈의 손상은 홍체의 손상을 가져 올 수 있다. 질병으로 생체 정보를 사용할 수 없게 될 수 있다.

4.2.3. 인증메커니즘

일방향 함수를 이용한 인증

일반적으로 사용자 A가 컴퓨터에 접속하려 할 때 컴퓨터에게 자신이 사용자 A임을 증명해야 한다. 가장 전통적인 방법은 패스워드를 사용하는 방법이다. 사용자 A는 자신이 사용자 A임을 증명하는 패스워드를 컴퓨터에 전송하여 자신이 사용자 A임을 증명하고 접속하게 된다.

그러나 이 방법은 사용자 A에 대한 패스워드를 컴퓨터 데이터베이스에 그대로 저장해 놓는 경우 쉽게 부정 접속을 시도하는 공격자의 공격 대상이 될 수 있다. 만일 데이터베이스에 접근이 가능하면 모든 사용자의 패스워드가 노출될 염려가 있어 데이터베이스에 저장되는 사용자의 패스워드 정보는 일방향 함수를 이용하여 패스워드에 대한 함수 결과 값을 저장해야 한다.

사용자 A가 컴퓨터에 접속할 때 패스워드의 비교는 〈그림 4-4〉과 같이 실행한다.

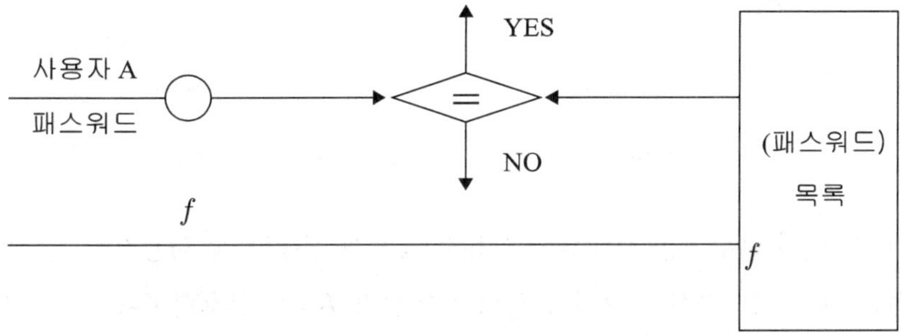

〈그림 4-4〉 패스워드 비교 방법

사용자 A가 컴퓨터에 자신의 패스워드를 전송하면 컴퓨터는 그 패스워드를 일방향 함수 f에 입력시켜 그 결과 값과 처음 사용자 A가 등록할 때 이미 그 패스워드를 일방향 함수에 적용하여 그 결과 값을 저장해 놓은 데이터베이스의 내용과 비교하여 그 값이 동일하면 정당한 가입자 A임을 인증하게 된다.

이 방식은 불법 접속을 시도하는 공격자가 데이터 베이스내의 값을 알아도 그 값에 해당하는 패스워드를 알 수 없으므로 패스워드 관리가 안전하다.

관용 암호 방식을 이용한 인증 방식

Salt를 이용한 방식이라 할지라도 사용자 A가 컴퓨터에 접속하려 할 때 패스워드가 전송되는 전송로에 접속하여 패스워드를 절취하는 경우에는 속수무책이다. 대부분의 컴퓨터 통신망은 호스트 컴퓨터까지는 상당히 먼 거리에 여러 지점을 통하여 접속되는 경우가 많으므로 이러한 전송로의 불법 접속에 의한 패스워드 절취를 막으려면 암호 방식을 이용하는 것이 안전하다.

관용 암호 방식을 이용하여 인증 방식을 구성하려면 모든 사용자는 컴퓨터와 비밀키를 사전에 분배해 갖고 있어야 한다. 물론 사용자와 컴퓨터는 비밀키를 비밀리에 보관해야 한다.

관용 암호 방식을 이용한 인증 방식 구성은 〈그림 4-5〉와 같다.

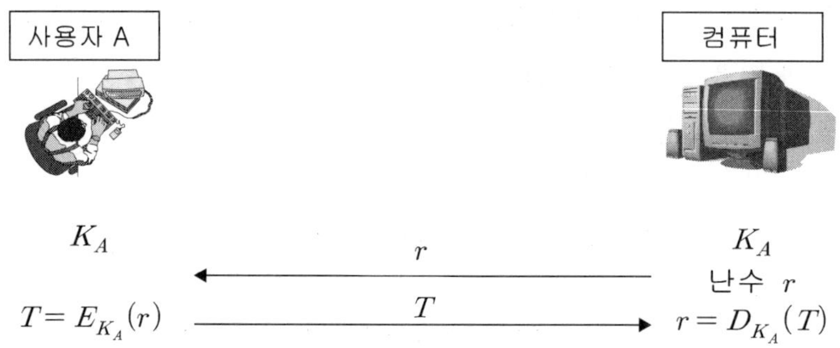

〈그림 4-5〉 관용 암호 방식을 이용한 인증 방식

컴퓨터가 먼저 난수 r을 선택하여 사용자 A에게 전송한다. 사용자 A는 컴퓨터로부터 수신한 난수 r을 자신이 보관하고 있는 비밀키 K_A로 암호화하여 $T = E_{K_A}(r)$을 컴퓨터에게 전송한다. 컴퓨터는 사용자 A로부터 전송받은 T를 가입자 A와 같이 비밀리에 보관하고 있던 키 K_A로 T를 복호화해서 $r = D_{K_A}(T)$를 확인하여 인증을 완료한다. 컴퓨터에 접속을 시도하는 가입자 A는 컴퓨터에 자신이 K_A를 갖고 있음으로 해서 자신을 인증할 수 있다.

이 방식은 제삼자가 가입자 A와 컴퓨터 사이에 전송되는 내용을 알아도 가입자 A처럼 가장할 수 없다.

공개키 암호 방식을 이용한 인증 방식

관용 암호 방식과 마찬가지로 공개키 암호 방식을 이용하여 사용자 인증을 할 수 있다. 컴퓨터에 접속을 원하는 사용자 A는 공개키 PK_A와 개인키 SK_A를 생성하여 공개키 PK_A를 컴퓨터에 등록하고 개인키 SK_A는 사용자A가 비밀리에 보관한다. 이때 공개키 PK_A는 공개되어도 무방하다.

공개키 암호 방식을 이용한 사용자 인증 방식은 〈그림 4-6〉과 같다.

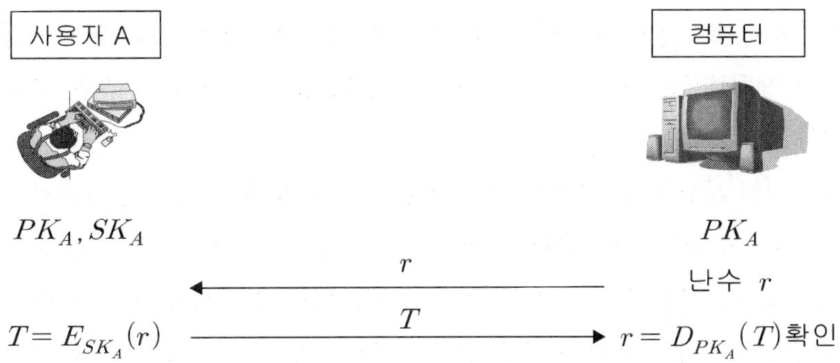

〈그림 4-6〉 공개키 암호 방식을 이용한 인증 방식

컴퓨터가 먼저 난수 r을 선택하여 사용자A에게 전송한다. 사용자A는 컴퓨터로부터 수신한 난수r을 자신이 비밀리에 보관하고 있는 개인키 SK_A로 암호화하여 $T = E_{SK_A}(r)$을 컴퓨터에게 전송한다. 컴퓨터는 사용자A로부터 전송 받은 T를 공개키 PK_A로 복호화 하여 $r = D_{PK_A}(T)$를 확인하여 인증을 완료한다. 컴퓨터에 접속을 시도하는 가입자A는 공개키 PK_A에 대응하는 개인키 SK_A를 소지하고 있는 사실로 자신을 인증하게 된다. 이때 공개키 암호 방식의 공개키 PK_A를 복호화 키로, 개인키 SK_A를 암호화 키로 그 기능을 역으로 사용할 수 있는 비대칭 암호 방식이어야 한다.

이 방식은 제삼자가 가입자A의 개인키 SK_A를 알 수 없기 때문에 사용자로 가장할 수 없다. 또한, 사용자A가 컴퓨터에 등록한 공개키 PK_A는 누가 알아도 인증의 안전성에 문제가 되지 않는 안전한 방식이다.

4.2.4. 인증서비스

인증서비스 기능은 인증기관에 부여된 고유한 임무를 수행하기 위한 요소로 인증대상이나 기관의 서비스 정책에 따라 차이가 발생할 수 있다. 예를 들면 전자지불을 하는 인증과 전자메일 서비스를 하는데 필요한 인증은 다를 수밖에 없다. 인증서비스는 공개키 암호 알고리즘을 사용하는 데에서 그 필요성이 대두되었다. 공개키 암호 알고리즘을 사용하는 전자서명 기술은 인증, 무결성, 기밀성, 부인방지 등의 서비스를 제공해 준다. 현재, 안전성 측면에서 공개키 암호방식의 전자서명기술이 가장 우수하다고 알려져 있으며, 이것의 실제 적용을 위하여 인증서비스가 필요하게 된다. 그리하여 인증서비스란 인증기관이 제공해주는 인증서 발급, 인증서 관리 등 일련의 인증 관련 서비스를 통칭하는 것이라 할 수 있다.

인증서비스의 분류는 인증기관이 발급하는 인증서의 응용 분야에 따라서 일반적으로 두 가지로 나뉘어 진다. 첫 번째는 범용 보안 프로토콜의 확산으로 인하여 요구되는 인증서비스로서, 이 경우 인증기관은 각 객체들에 대해 인증서를 발급해주고 이에 대한 수수료를 받음으로써 경제적 이득을 취하게 된다. 즉, 유료인증서 발급서비스를 제공한다. 두 번째는 안전하고 기밀성이 보장되는 인트라넷(intranet), 익스트라넷(extranet) 네트워크 시스템, 폐쇄(closed)형 네트워크시스템 등의 구축을 위해 요구되는 인증 서비스로서, 이 경우 사업자는 인증서 발급에 대한 수수료를 목적으로 하는 것이 아니라 자사의 안전한 네트워크 환경 구축을 목적으로 한다. 그리하여 전자의 예로는 미국의 VeriSign 인증기관과 남아프리카 공화국의 Thawte 인증기관 등에서 제공하는 S/MIME (Secure Multi-purpose Internet Mail Extension), SSL(Secure Socket Layer) 인증 서비스를 들 수 있다.

한편, 국내에서 상업적 목적을 가지고 공식적으로 인증서 발급서비스를 수행하고 있는 업체는 SET(Secure Electronic Transaction)지불 시스템을 구축, 운영하고 있는 일부 업체들과 범용 인증서비스를 제공하려고 최근 사업을 개시한 몇 개 업체에 지나지 않고 있다. 특히 SET의 경우에는 일부 업체가 사업을 포기하고 있는 등 SET사업의 난항으로 인하여 크게 활성화되고 있지는 못한 상태이다.

국외에서는 많은 인증서비스 업체들이 있는데, 최근 그 수가 폭발적으로 증가하고 있는 추세이다. 초기에는 SSL이나 S/MIME용 인증서 발급서비스로 국한되던 것이 현재는

EDI, IPsec 등 다양한 프로토콜을 위한 인증서 발급서비스가 제공되고 있다. 기술이나 규모 면에서 가장 앞서고 있는 서비스업체는 미국의 VeriSign사로서 다양하고 폭넓은 서비스를 제공하고 있으며, 국내에서 SSL 보안프로토콜을 사용하는 많은 온라인 쇼핑몰 업체들도 VeriSign사의 인증서비스를 이용하고 있는 상태이다.

5. 전자서명과 PKI

5.1. 전자서명

5.2. PKI(공개키 기반구조)

5. 전자서명과 PKI

5.1. 전자서명

5.1.1. 전자문서의 특성과 문제점

<u>문서의 기능</u>

전통적으로 문서는 거의 '종이문서'를 의미하였다. 그러나 사회생활의 발달과 거래관습의 변천에 따라 종이 이외의 기록매체도 포함되고, 판례에서도 다양한 형태의 문서를 인정하게 되었다.

우리나라의 전자거래기본법 제2조 1호에서는 '전자문서'를 '컴퓨터 등 정보처리능력을 가진 장치에 의하여 전자적 형태로 작성되어 송·수신 또는 저장되는 정보를 말한다'라고 규정하고 있다. 즉 전자문서란 일반적인 의미에서 판단할 때 종래의 종이에 의하여 사용되던 것을 컴퓨터 등의 장치를 이용하여 디지털화한 정보라고 할 수 있다. 이러한 전자문서는 정보통신 기술의 발달과 정보통신망의 확산으로 전자결재, 기업 간에 거래 및 정보교환, 전자상거래 등으로 그 사용이 증가하고 있다.

이와 같은 문서는 통상적으로 다음과 같은 기능을 갖고 있다.

- **정보전달 기능** : 정보의 전달기능이라 함은 상대방에게 문서 작성자의 의사를 기록매체를 통하여 전달하는 기능을 의미한다.
- **증거기능** : 증거의 기능이란 당사자 간에 의사내용에 관해 분쟁이 발생하였을 때 종이문서의 내용이 사실임을 증명할 수 있는 자료가 될 수 있는 기능을 말한다.
- **상징기능** : 상징기능이라 함은 그 문서의 내용이 표출하는 추상적인 것으로서 권리·의무관계가 주 내용이 되는 문서에서 특히 중요한 의미를 가지는 기능이다.

전자문서의 문제점

〈표 5-1〉 종이문서와 전자문서의 비교

구 분	종이문서	전자문서
기록매체	종 이	전자기록 매체
전달방법	우편, 인편	네트워크를 통한 전송
안전·신뢰성	○ 위·변조가 비교적 어려움 ○ 종이의 물리적 특성으로 위·변조 식별 가능	○ 위·변조가 용이함 ○ 전자기록 매체의 물리적 특성으로 위·변조 식별불가
진정성 증명	수기서명, 날인	전자서명

네트워크를 이용하여 전송되는 전자문서는 비접촉·비대면으로 이루어지기 때문에 전자서명이 없다면 송·수신 당사자 간에 상대방의 신원과 문서내용의 진위 여부를 확인하기가 곤란하고 다른 사람으로 위장하여 전자문서를 부정하게 사용할 위험성이 있다. 또한 전자문서는 〈표 5-1〉과 같이 유통되는 과정에서 위·변조가 용이하고 문서작성 사실을 입증하기 곤란할 뿐 아니라 전송내용의 비밀유지가 곤란하다는 문제점이 있다.

5.1.2. 전자서명

전자서명은 수기서명(manual signature)의 전자적인 대체물로서 펜 대신에 컴퓨터를 매개로 하여 생성되는 정보라고 할 수 있다. 전자서명의 정의에 대한 논의는 전자서명을 크게 electronic signature 또는 digital signature로 구분된다. 전자문서체계가 안정적으로 운영되기 위해서는 다음 기능을 충족시켜 줄 수 있는 전자서명이 필수적이다.

- ○ **위조 불가**(Unforgeable) : 합법적인 서명자만이 전자서명을 생성할 수 있어야 한다.
- ○ **서명자 인증**(User authentication) : 전자서명의 서명자를 불특정 다수가 검증할 수 있어야 한다.
- ○ **부인 방지**(Non-repudiation) : 서명자는 서명행위 이후에 서명한 사실을 부인할 수 없어야 한다.
- ○ **변경 불가**(Unalterable) : 서명한 문서의 내용을 변경할 수 없어야 한다.

- **재사용불가**(Not reusable) : 전자문서의 서명을 다른 전자문서의 서명으로 사용할 수 없어야 한다.
- **진위판단**(Judgeable) : 송・수신자 사이에 분쟁이 발생하였을 때 제3자가 진위를 공정하게 판단할 수 있어야 한다.

5.1.3. 전자서명 방식

전자서명은 공개키 암호시스템을 사용하는 직접 서명 방식과 신뢰할 수 있는 제3자를 통해 서명을 생성 및 검증하는 중재자를 통한 서명 방식으로 구분할 수 있으나 대부분 직접서명 방식을 사용한다. 공개키 암호시스템을 사용한 직접 서명 방식은 메시지 복원형 전자서명과 부가형 전자서명으로 나눌 수 있다.

메시지 복원형 전자서명은 RSA와 같이 공개키로 암호화하고 개인키로 복호화 하거나, 개인키로 암호화하고 공개키로 복호화해도 본래의 메시지가 복원되는 서명 방식이다. 즉, 서명자가 자신의 개인키를 이용하여 메시지를 암호화하여 전송하면 검증자가 서명자의 공개키를 이용하여 서명된 암호문을 복호화 하여 그 결과가 일정한 규칙을 만족하는 의미 있는 메시지가 되는지 확인함으로써 서명을 검증하는 방식이다.

메시지 복원형 전자서명은 기존의 공개키 암호방식을 이용하기 때문에 별도의 전자서명 프로토콜이 필요하지 않다는 장점이 있으나 메시지를 일정한 크기의 블록으로 나누어 그 각각의 블록에 대해서 서명을 해야 하므로 서명의 생성이나 검증 과정에서 많은 시간이 소요된다는 단점이 있다.

부가형 전자서명은 임의의 길이로 주어진 메시지를 해쉬 알고리즘을 이용하여 일정한 길이로 압축하고, 해쉬한 결과를 서명자의 개인키를 이용하여 전자서명하고 메시지에 덧붙여 전송한다. 전자서명의 검증은 수신된 메시지를 해쉬한 결과와 전자서명을 공개키를 이용하여 복호화 한 값을 비교함으로써 이루어진다. 부가형 전자서명은 메시지 이외에 전자서명을 따로 전송해야 하므로 전송량이 약간 늘어나는 반면, 메시지가 아무리 길더라도 단 한번의 서명 생성 과정만이 필요하므로 효율적이다. 임의의 길이의 메시지를 일정한 길이로 압축해 주는 해쉬 알고리즘은 입력 메시지가 조금만 변하더라도 그 해쉬 결과가 전혀 다른 값으로 변해야만 서명의 위조나 서명된 메시지의 변조를 막을 수 있으므로 안전한 해쉬 알고리즘을 개발하는 것이 부가형 전자서명에는 필수적이다.

〈그림 5-1〉은 부가형 전자서명방식을 보여주고 있다.

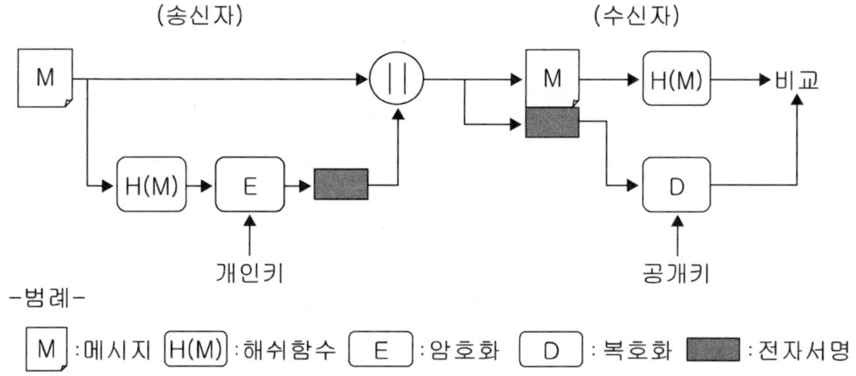

〈그림 5-1〉 부가형 전자서명 방식

전자서명 절차

◉ 전자서명 생성

사용자는 해쉬함수를 이용하여 송신할 전자문서의 메시지 요약(message digest)을 생성하고 요약된 메시지를 송신자의 전자서명 생성키(개인키)로 서명하여 전자서명을 생성하며 원래의 메시지와 함께 수신자에게 전송한다. 전자서명의 전체적인 생성과정은 〈그림 5-2〉(a)와 같다.

◉ 전자서명의 확인

〈그림 5-2〉(b)와 같이 전자 서명된 메시지(메시지와 전자서명 값)를 수신자가 받으면, 수신자의 컴퓨터에서 송신자의 전자서명 검증키(공개키)를 이용하여 송신자의 메시지 요약을 복원한다. 만일 메시지 요약이 복원되지 않으면 송신자의 전자서명 검증키가 진정한 것이 아니므로 송신자의 신원확인에 실패한 것이 되고, 전자서명의 복호화(확인)가 가능하면, 송신자가 일치함을 확인 (송신자의 신원확인)한다. 다음으로 수신된 메시지의 메시지요약을 만들어 이미 복원한 메시지 요약과 비교하여, 양자가 일치하면, 메시지가 바뀌지 않았음을 확인(메시지의 무결성 확인)한다.

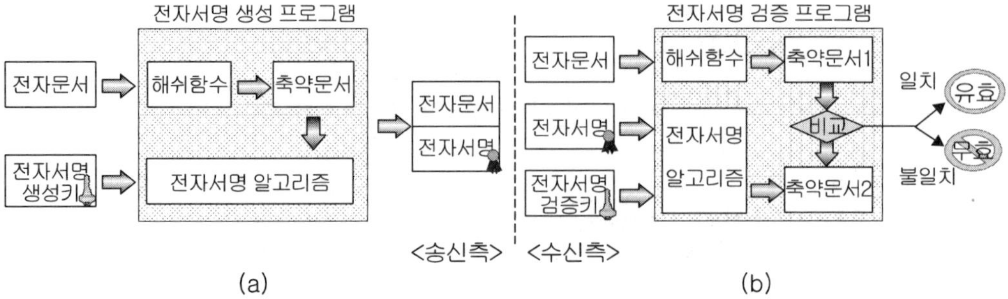

〈그림 5-2〉 전자서명 생성 및 검증 절차

RSA 전자서명

RSA 전자서명은 1978년에 제안된 RSA 공개키 암호방식을 전자서명에 응용한 서명방식으로서 메시지 복원형과 부가형 전자서명 모두에게 사용될 수 있다. 서명자는 충분히 큰 소수 p, q를 선택하여 $n = p \cdot q$를 계산하고, $\phi(n) = (p-1)(q-1)$을 계산하고 $\phi(n)$과 서로소인 e를 선택하여 $e \cdot d \equiv 1 \bmod \phi(n)$을 만족하는 d를 구한 다음 e와 n을 공개하고, d를 개인키로 보관한다.

서명문을 만들기 위해서 서명자는 $C = M^d \pmod n$을 생성하고(여기서 M은 메시지, C는 서명문) 검증자에게 C를 전송한다.

검증자는 서명문을 검증하기 위해 수신한 서명문 C와 공개키 e, n을 이용하여 $M = C^e \pmod n$을 복원한다.

만일 메시지를 해쉬함수로 해쉬한 값을 전자 서명하여 메시지와 함께 전송하면 부가형 서명방식으로 사용할 수도 있다.

RSA 암호방식을 이용한 전자서명의 안전도는 RSA 암호방식의 안전도와 일치한다. 즉 소수 p, q의 크기에 따른 $n = p \cdot q$의 소인수 분해의 어려움을 기반으로 한 전자서명방식이다. 최근 n이 512비트인 RSA시스템이 해독되었으며 안정성을 강화하기 위해서 n의 길이는 일반적으로 1024비트 이상으로 사용하고 있다.

DSS(Digital Signature Standard) 전자서명

DSS(Digital Signature Standard)는 미국의 NIST(National Institute of Standards and Technology)에서 1991년에 제안한 표준 전자서명안으로 ElGamal 전자서명을 개량한 방식이며 1994년에 표준으로 채택되었다. DSS의 목적은 전자대금결제, 계약서 및 주요 문서의 송·수신 등에 있다.

DSS방식의 안전성은 이산대수 문제의 어려움에 근거한다. DSS는 ElGamal 전자서명 방식과 유사하지만 안전성 문제에 대하여 다른 점을 가지고 있다. 전자서명은 오랫동안 서명을 보관해야 하므로 안전성 문제가 대단히 중요한 문제이다. ElGamal 전자서명에서는 Z_p (소수 p보다 작은 정수집합)상에서의 원시 원소를 사용한다. 그러나 DSS에서는 $q \mid (p-1)$인 소수 q를 위수로 갖는 g를 선택하고 있다. 즉, $g^q \equiv 1 \bmod p$를 만족하는 원소 g를 선택하며 q가 160비트 크기면 충분히 안전성이 보장된다고 주장하고 있다.

KCDSA[19] 전자서명

전자서명 알고리즘은 정보화 사회의 정보보호를 위한 필수적인 도구로 표준화된 전자서명 방식의 사용은 한 집단 내에서의 서명 효율을 극대화할 수 있어야 한다. 따라서 국내에서도 전자서명 표준 방식의 필요성을 인식하여 1994년부터 한국통신정보보호학회의 암호학 연구자들을 중심으로 국가 표준 전자서명 알고리즘 KCDSA 개발이 시작되어 안전성 평가를 거쳐 1997년 국가 표준으로 채택되었으며, 이후 지속적인 수정 및 보완 작업을 거쳐 1998년 10월 TTA에서 단체표준으로 제정되었다.

KCDSA 전자서명 방식도 ElGamal 전자서명 방식을 개선한 방식으로 이산대수 문제의 어려움에 근거한 방식이며 DSS와도 유사하다.

KCDSA 개발 중 가장 중요하게 고려되었던 사항은 효율성을 높이고 장차 스마트카드 이용시에도 편리하도록 하는 것이었다.

ESIGN 및 타원곡선에 근거한 전자서명

ESIGN은 일본의 NTT에서 1990년에 제안한 디지털 서명방식이다. ESIGN 전자서명은 소인수분해문제에 근거한 고속 전자서명으로 RSA와 유사한 서명키 및 서명 길이를 가지고 있지만, 속도 측면에서 훨씬 빠르다. 그러나 ESIGN의 안전성에 대해서는 확실한 이론적 증명이 불충분한 상태이다.

ESIGN의 원리는 이산적 Taylor전개의 성질을 이용하고 있다. 공개키 $n = p^2 \cdot q$로 계산되며, 서명 생성 방법은 두 가지가 있고, 검증방법은 동일한 방법을 사용한다. 현재 미국, 캐나다, 영국, 프랑스, 독일, 이태리 등에서 특허권이 발효되고 있는 중이다.

타원곡선에 근거한 서명법은 공개키 암호방식과 마찬가지로 유한체 상의 타원곡선을 이용해서 전자서명방식을 구성할 수 있다. 원리는 타원곡선 암호와 마찬가지로 이산대

19) Korea Certification-based Digital Signature Algorithm

수 문제에 근거한 전자서명방식을 타원곡선상의 이산대수문제에 근거한 방식에 대응시켜 구성한다. 따라서 타원 ElGamal서명, 타원 DSS서명, 타원 Schnorr서명 등을 구성할 수 있다. 타원곡선 암호방식과 동일한 수준의 안전성을 갖는 RSA나 DSS보다 비밀키의 길이를 작게 할 수 있으며 서명과 검증의 효율성도 높일 수 있다.

5.1.4. 다중서명과 전자투표[20)]

다중서명

지금까지 개발되어 온 대부분의 전자 서명은 문서에 한 사람이 서명하는 단순 서명(single signature) 방식에 중점을 두고 개발되어 왔다. 하지만 이런 단순 서명방식은 전자문서의 결재선이나 탄원을 위한 서명서 작성 계약 등의 실세계에 그대로 적용하기에는 여러 가지 문제점이 있다. 이러한 문제는 단순 서명을 반복해서 적용하면 해결이 가능 하지만, 서명의 길이가 늘어나고, 서명을 검증하려면 서명자의 수만큼 검증 과정을 거쳐야 하기 때문에 서명자가 많은 경우 검증 시간이 오래 걸린다는 단점이 있다. 이런 단순 서명방식의 문제를 해결하기 위해 나온 개념이 바로 다중 서명방식(multisignatures)이다.

대부분의 회사 조직은 계층적 구조를 가지고 있으며, 사무실에서 작성한 문서는 그 문서에 대한 증명과 승인을 위해서 결재가 요구되며 이때 기안자의 서명뿐만 아니라 상급자의 서명도 요구된다. 이와 같이 동일한 전자 문서에 여러 사람이 서명하는 것을 다중 서명이라 한다. 다중 서명방식이라면 갖추어야 할 기본적인 조건들은 다음과 같다.

- ○ **서명 길이의 고정** : 다중 서명 생성에 참여한 사용자들이 만들어 내는 서명문의 길이는 서명인의 수에 상관없이 고정되어야 한다.
- ○ **검증 가능성** : 다중 서명 정보로부터 서명된 문서가 정당한 서명 참여자에 의해서 서명되었다는 것을 서명 참여자들은 물론 제3자도 검증할 수 있어야 한다.
- ○ **부정 조기 검출성** : 생성중인 다중 서명을 중간 서명자가 언제든지 이전 서명의 정당성을 검증할 수 있어야 한다.
- ○ **비밀 유지성** : 다중 서명 정보에서 개인의 비밀 정보를 유추해 낼 수 없어야 한다.
- ○ **공통성** : 다중 서명 생성에 참여하는 각 서명자들이 이용하는 서명 알고리즘이 모두 동일해야 한다.

20) 김승주・박성준・이임영・원동호, "암호 알고리즘과 암호 프로토콜", Telecommunications Review, 제10권 5호, 2000. 9~10월.

전자투표

현대 사회에 있어서, 여러 가지 형태의 선거가 무기명투표로 많이 행하여지고 있다. 무기명투표는 투표자와 투표내용의 대응이 비밀로 보호되는 투표방식을 말하며 어떤 투표자가 어떤 투표내용을 투표하였는지를 보호할 수 있는 방식이다. 현행의 대부분의 선거는 투표자가 투표소까지 가서 직접 투표하지 않으면 안되는 방식으로 많은 불편이 수반되고 있다. 그러나, 투표소에서 행하는 투표 절차가 자기 집이나 사무실 그리고 역, 공항 등의 공공장소에 있는 전화기나 컴퓨터 또는 공중전화기 등을 이용하는 전자투표(electronic vote)로 행하여 질 수 있다면 투표자의 불편은 크게 개선될 것이며 선거 제도 또한 획기적인 전기를 맞이할 것이다.

특히, 인터넷의 급속한 보급이나 초고속 정보통신망의 구축에 따른 정보화 사회의 촉진은 새로운 정보 서비스의 등장이나 생활의 많은 변화를 가져오고 있다. 이러한 차원에서 고려될 수 있는 새로운 정보 서비스 분야중의 하나가 바로 전자투표가 될 수 있다. 안전하고 신뢰할 만한 전자투표 시스템을 구현하기 위해서는 기본적으로 다음과 같은 요구 사항이 고려되어야 한다.

- **완전성(Completeness)** : 투표 결과의 정확한 집계가 이루어져야 한다.
- **비밀성(Privacy)** : 유권자 이외의 누구도 유권자의 투표결과를 알 수 없어야 한다.
- **재사용 불가(Unreusability)** : 유권자는 단 1회만 투표 가능(2중 투표 방지)해야 한다.
- **공정성(Fairness)** : 어떤 상황도 투표에 영향을 미치지 못한다는 것으로 투표 도중 중간 집계 결과를 알게 되어 나머지 투표에 영향을 주는 상황이 없어야 한다.
- **적임성(Eligibility)** : 투표할 자격이 있는 유권자만이 투표에 참여할수 있어야 한다.
- **검증성(Verifiability)** : 누구도 투표 결과를 위조할 수 없어야 한다. 검증성에는 유권자가 자신의 표가 실제 집계가 되었는지를 검증하는 개별 검증성(individual verifiability)과 모든 참여자 또는 선관위가 선거과정에 조작이 있었는지를 검증하는 전체 검증성(universal verifiability)이 있다.
- **강건성(Robustness)** : 유권자가 어느 정도 적당한 규모로 연합해서 부정한 행위를 하더라도 전체 투표 시스템은 견디어 내야 한다.

물론 위의 요구 사항은 최소한의 것이며, 경우에 따라서는 유권자가 일정한 시간내에 투표값을 변경할 수 있는 가변성(revisability)이나 편리성(convenience) 등 요구 사항이 추가될 수도 있다. 전자투표는 신임이나 정책 결정에 대한 의사 표현, 대통령, 국회의원, 지방자치 단체장 등의 선출, 그리고 각종 여론조사 등 다양한 분야에서 사용될 수 있으며, 초고속 정보 통신의 보급을 위한 가장 좋은 수단으로써 활용될 수 있다. 이미 미국의 일부 지역에서는 투표 용지를 사용하지 않고 기계식이나 전자식으로 선거가 이루어지고 있으며, 가까운 일본에서도 전자투표 시스템 도입을 위해 각 지방 자치단체가 검토하거나 모의 실험을 실시 중에 있다. 최근 우리 나라에서도 컴퓨터 망을 통한 선거홍보전을 정당차원에서 수행하고 있으며 선거 사무 자동화나 투·개표 업무의 전산화 추진을 위한 연구 및 검토가 이루어지고는 있으나, 아직 선거를 전자투표화 하는 단계까지는 이르지 못한 실정이다.

5.2. PKI(공개키 기반구조)

5.2.1. PKI의 개요

공개키 기반구조(Public Key Infrastructure)는 공개키 암호방식에서 사용자의 공개키를 안전하고 신뢰성 있게 인증하는 수단을 제공한다. 따라서 안전한 공개키 기반구조는 인터넷 전자상거래 시스템뿐만 아니라 범국가적인 정보통신망에서도 매우 중요한 역할을 수행한다. 현재, 인터넷상에서 사용되고 있는 안전한 파일전송프로토콜(FTP : File Transfer Protocol), WWW(World Wide Web) 및 대부분의 보안 응용은 공개키 알고리즘에 바탕을 두고 있다. 이러한 공개키 알고리즘을 이용하는 사용자는 자신의 공개키를 공개하고, 공개키에 대응되는 개인키를 비밀스럽게 보관한다.

공개키 기반구조는 공개키 암호방식을 사용하는 정보보호응용분야의 효율성과 안전성을 높이기 위하여 구축된다. 공개키 암호방식에서의 사용자는 일반적으로 공개키와 개인키의 쌍을 간직하고 있으며 중요한 메시지를 수신자에게 전송할 때 메시지는 수신자의 공개키로 암호화하며 이를 받은 수신자는 자신의 개인키로 메시지를 복호화 한다. 이때 상대방의 공개키가 신뢰성이 있는지 여부를 확인하기 위해서는 이미 공표된 사용자 소프트웨어를 이용하여 인증기관으로부터 인증서를 발급 받는데 이는 인증서가 최종개체(end entity)를 인증하는 전자증명서 역할을 수행하며, 사용자가 합법적임을 입증하기 위하여 인증기관이 자신의 개인키를 사용하여 전자서명을 생성하여 인증서에 첨부하는 것이다.

인증기관에 가입한 모든 사용자는 상대방의 인증서를 인증기관에게 요구할 수 있으며, 인증기관의 공개키를 이용하여 상대방의 인증서를 확인함으로써 정당한 사용자임을 확인할 수 있다. 또한 인증서에는 인증서 사용자에 대한 공개키와 신분에 대한 정보들을 포함하고 있다. 가상공간에서 이루어지는 전자상거래를 수행할 때, 상대방의 신분확인이나 거래 내역에 대한 상호간의 부인방지 대책 등이 커다란 문제점으로 등장하고 있는데, 이러한 문제에 대한 현실적인 해결책은 전자서명 기술을 이용한 인증서를 사용하여 해결할 수 있다. 특히 전자상거래 시스템구현을 위한 전제 조건인 안전성 및 신뢰성을 실현하기 위해서는 공개키 인증기술이 필수적이라고 할 수 있다.

이러한 공개키 인증기술을 사용하기 위해서는 공개키 기반구조가 구축되어야 한다. 공개키 기반구조는 사용자 공개키와 사용자 ID를 안전하게 전달하는 방법과 공개키를 신뢰성 있게 관리하기 위한 수단을 제공하고 있다. 그리고 공개키 기반구조는 암호화된 메일, 지불 프로토콜 등 다양한 인터넷 보안 응용을 가능케 하기 위한 바탕을 제공한다. 제공하는 대표적인 보안 서비스로는 신분 및 권한 확인, 프라이버시보호, 전자서명, 부인방지 등이 있다.

PKI의 구성요소

PKI는 인증서의 발급, 사용 및 취소와 관련된 서비스를 통하여 기밀성, 무결성, 접근제어, 인증, 부인 봉쇄의 보안서비스를 제공하며, 인증기관, 등록기관, 디렉토리 서비스, 사용자 등의 요소로 구성된다.

◉ 인증기관(CA : Certification Authority)

인증기관은 인증정책을 수립하고, 인증서 및 인증서 효력정지 및 폐지목록을 관리하며, 다른 CA와 상호 인증을 제공한다.(넓은 의미에서의 인증기관에는 등록기관도 포함될 수 있으나, 여기서는 따로 분류하여 설명하였다).

◉ 등록기관(RA : Registration Authority)

등록기관은 사용자와 CA가 서로 원거리에 위치해 있는 경우에, 사용자와 CA의 중간 위치에서 사용자의 인증서 요구를 받고 이를 확인한 후, CA에게 인증서 발급을 요청하고, 발급된 인증서를 사용자에게 전달하는 역할을 한다. 즉, 등록기관은 인증기관을 대신해 사용자의 신분을 확인하고, 발급된 인증서(인증서 효력정지 및 폐지목록) 및 해당

CA 또는 상위 기관의 공개키를 사용자에게 전달하는 역할을 한다.

◉ **디렉토리 서비스(Directory Service)**

디렉토리 서비스는 PKI 관련 정보인 인증서와 사용자 관련정보, 상호 인증서 쌍, 인증서 효력정지 및 폐지목록 등을 저장 및 검색하는 장소로서 응용분야에 따라 이를 위한 서버를 설치하거나 인증기관에서 관리한다. 디렉토리를 관리하는 서버는 DAP (Directory Access Protocol)나 LDAP(Lightweight DAP)를 이용하여 X.500 디렉토리 서비스를 제공한다.

◉ **사용자(User, Client, Application)**

PKI내에서 사용자의 의미는 사람뿐만 아니라 사람이 이용하는 장비 및 응용프로그램 등 시스템 모두를 의미한다. 이 사용자는 인증서 생성 및 취소를 요구하며, 인증경로 검증, 인증서 활용(전자서명), 디렉토리 서버로부터 인증서 및 인증서 효력정지 및 폐지목록을 획득하여 활용한다.

PKI의 주요 관리대상

◉ **인증서(Certificate)**

인증서란 한 쌍의 공개키/개인키와 특정사람/기관을 연결시켜 주는, 즉 해당키가 특정인의 것이라는 것을 보증해 주는 것으로서 전자서명에 사용된 개인키와 상응하는 공개키를 제공하여 그 공개키가 특정인의 것이라는 것을 확신할 수 있는 증거로서의 기능을 수행한다. 인증서는 표준화된 양식에 의거 믿을 수 있는 제3자(인증기관)가 발행하며 PKI의 근간을 이루는 것이다. 이러한 인증서는 전 세계적인 인증표준인 ITU-T의 $X.509$ 형식을 따른다. 1988년에 $X.509\ v1$이 발표된 이후로 1997년 $X.509\ v3$가 발표되어 공인인증기관의 표준으로 현재까지 $X.509\ v3$를 채택하여 사용하고 있으며 형식은 〈표 5-2〉와 같다.

〈표 5-2〉 인증서의 프로파일

요 소	구분	설 명
Version	m	인증서의 버젼
Serial number	m	CA가 발행한 인증서의 일련번호
Issuer signature algorithm	m	인증서의 서명, 해쉬 알고리즘 식별자
Issuer name	m	인증서 발행기관
Validity period	m	유효기간
Subject name	m	사용자의 유일한 이름
Subject public key information	m	인증서 소유자의 공개키 정보와 알고리즘 식별자
Issuer unique identifier	o	인증기관의 이름을 구분하기 위해 사용
Subject unique identifier	o	사용자의 이름을 구분하기 위해 사용
Extention	o	확장영역의 명칭과 critical 여부, 해당값
Issuer's signature	m	인증서에 대한 서명값

※ 구분 : m – 필수, o – 선택

◉ 인증서 폐기 및 취소 목록(CRL : Certificate Revocation List)

인증서 취소목록이란 인증서의 사용자 이름이 변경되거나 조직에서의 퇴사, 또는 개인키가 누설되는 등의 사유로 인하여 인증서의 효력을 상실하여 취소된 목록을 인증기관에서 유지·관리하는 것으로 ITU-T $X.509$ V2를 따른다. 인증서 취소목록은 각각 고유의 CRL 번호를 가지고 있으며 사용자들은 CRL을 이용하여 해당 인증서의 유효성을 검사한다.

◉ 온라인 인증서 상태확인 프로토콜(OCSP)

온라인 인증서 상태확인 프로토콜은 인증서를 검증하는 신뢰당사자가 CRL 전체를 다운로드 받지 않고 필요한 인증서만을 네트워크를 통해 실시간으로 인증서 상태를 확인할 수 있는 효율적인 방법이다.

PKI 형태

공개키 기반구조는 두 가지 방식으로 구성되는데, 이는 최상위 인증기관인 루트 CA에 바탕을 둔 계층 구조 방식과 모든 인증기관이 평면적으로 구성되는 네트워크 구조 방식이 있다.

◉ 계층 구조

계층구조는 〈그림 5-3〉과 같이 최상위의 루트 CA가 존재하고 그 아래에 하위의 CA가 계층적으로 존재하는 트리 형태로 상위 인증기관이 하위 인증기관에게 CA인증서를 발행하며 하위인증기관은 상위인증기관의 인증정책에 영향을 받는다. 이 구조는 최상위 인증기관간의 상호인증은 허용하지만 하위 인증기관간의 상호인증은 원칙적으로 배제한다. 그러나 이 방식은 루트 CA간의 상호인증을 통한 국제간 상호 동작을 원활하게 하는 장점이 있다.

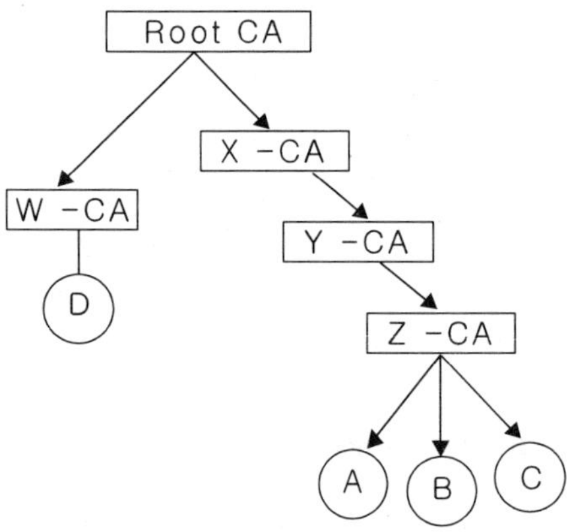

〈그림 5-3〉 계층구조

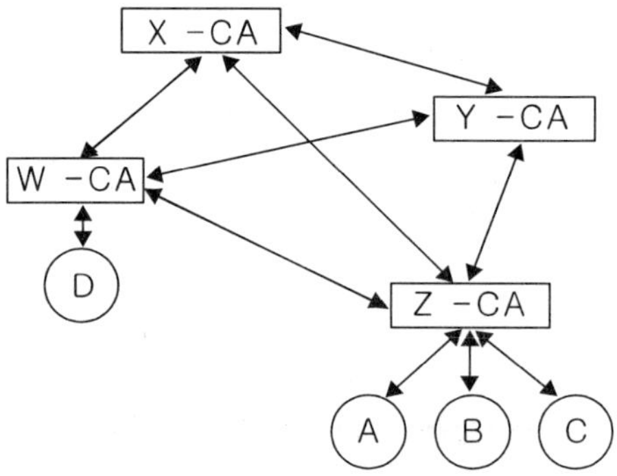

〈그림 5-4〉 네트워크 구조

◉ 네트워크 구조

네트워크구조는 상위 인증기관의 영향이 없이 인증기관 각각이 자신의 인증정책에 따라 독립적으로 존재하는 형태이다. 그리고 CA간에 인증을 위해 상호인증서를 발행하여 인증서비스를 한다. 그러나 네트워크 구조는 모든 상호인증이 허용되면 상호인증의 수가 대폭 증가하는 단점이 있다.

〈그림 5-4〉는 네트워크구조를 나타내고 양방향의 화살표는 상호인증 관계를 나타낸다.

◉ 혼합형 구조

혼합형 구조는 계층 구조와 네트워크 구조를 혼합한 구조이다. 구조적인 특징으로, 커다란 조직에 대해서 각각 루트 인증기관이 존재하고 각 루트 인증기관은 자신의 하위 인증기관에 대해서 인증하며, 동일 계층에 존재하는 기관은 다른 루트 인증기관과 상호 인증을 한다. 루트 인증기관의 하위 인증기관은 동일 계층의 인증기관간의 상호인증이 가능하여 자신의 하위 및 상위 인증기관과의 인증이 가능하다. 따라서 계층구조처럼 하나의 인증서를 갖고 있으며, 다른 인증기관에 대한 인증서는 디렉토리에 저장된다. 네트워크와 계층적인 인증경로의 좋은 요소를 결합하여 구성하면 위 두 가지의 인증경로보다 더 효율적이다. 〈표 5-3〉는 계층형 구조와 네트워크 구조의 특성을 비교한 것이다.

PKI 주요 프로세스

PKI는 사용자에게 안전한 서비스를 제공하기 위하여 서로 정확하게 동작되어야 하는 여러 프로세스들로 구성되어 있다. 이러한 프로세스들은 등록, 요청, 키 생성, 인증서 및 토큰 생성, 배달, 키 복구, 책임추적, 위험요소 제거, 키 갱신, 파기, PKI 관련 부가 프로세스(백업, 타임스탬프, 공증인 서비스 등) 등이 있다.

〈표 5-3〉 PKI의 형태별 장단점

구 분	계층형 구조	네트워크형 구조
장 점	• 정부와 같은 관료조직에 적합 • 인증경로 탐색이 용이함 • 모든 사용자가 최상위 CA의 공개키를 알고 있으므로 인증서 검증 용이	• 유연하며 실질적인 업무관계에 적합 • CA 상호 인증이 직접 이루어지므로 인증경로 단순 • CA의 비밀키 노출시 국소적 피해
단 점	• 최상위 CA에 집중되는 오버헤드 발생 가능 • 협동업무 관계에는 부적절함 • 최상위 CA의 비밀키 노출시 피해 규모 막대함	• 인증경로 탐색이 복잡함 • 인증정책 수립 및 적용 어려움

5.2.2. PKI 공인 인증서비스 및 활용분야

공인 인증서비스

○ **개인/법인 인증서비스** : 인터넷을 통한 전자거래 시 거래내역에 대한 전자서명으로 개인/법인의 신원확인, 부인방지, 무결성 등을 제공

○ **웹 서버 인증서비스** : 웹브라우저(클라이언트)와 웹 서버간의 통신 채널을 설정할 때 공인인증기관으로부터 발급받은 웹서버 인증서를 근간으로 하여 서버 또는 클라이언

트/서버 상호간의 신원확인, 무결성 및 통신 채널 암호화에 의한 기밀성을 제공

- **EDI 인증서비스** : 패쇄망을 통한 전자거래 시, 거래내역에 대한 전자서명으로 상대방의 신원확인, 부인방지, 무결성과 전문(message)의 암호화를 통한 기밀성을 제공하는 인증서비스
- **무선 인터넷 인증서비스** : 무선 인터넷에서 WAP(Wireless Application Protocol) 서버와 WAP 브라우저간 WTLS(Wireless Transport Layer Security)보안세션 설정시, WAP 서버의 인증서를 근간으로 암호화키를 공유하기 위한 신원확인용 인증서비스를 제공

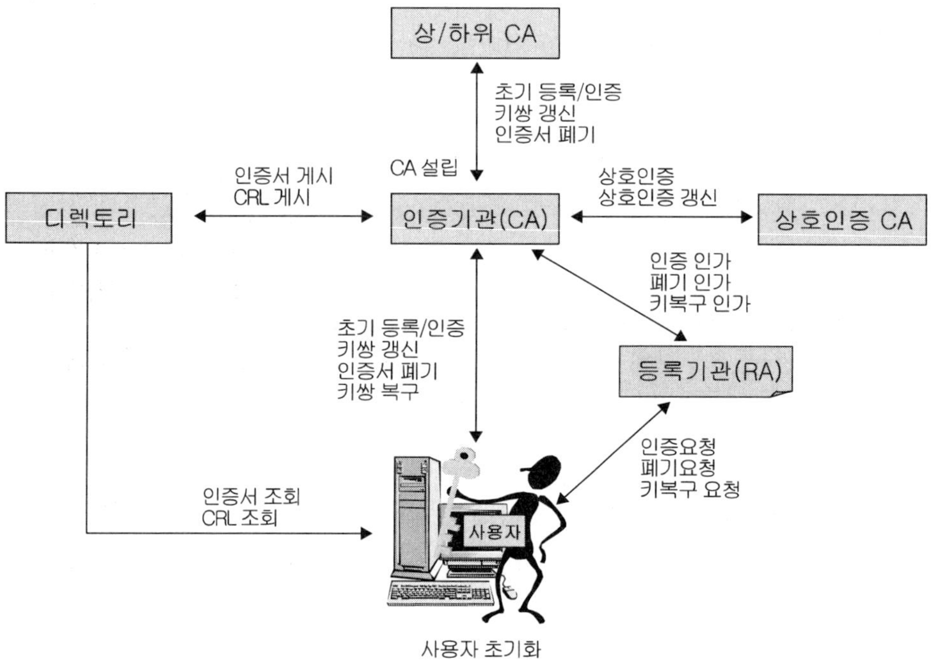

〈그림 5-5〉 PKI 프로세스

- **VPN 인증서비스** : VPN(Virtual Private Network)의 네트워크 장비간 암호화 터널 설정시 암호화키를 공유하기 위한 네트워크 장비확인용 인증서비스
- **보안메일 인증서비스** : 전자메일의 송수신시 전문에 대한 전자서명으로 상대방의 신원확인, 부인방지, 무결성과 전문의 암호화를 통한 기밀성을 제공하는 인증서비스
- **소프트웨어 인증서비스** : 인터넷을 통하여 배포되는 소프트웨어에 대하여 배포자의 전자서명을 통한 신원확인, 부인방지, 무결성 등을 제공하는 인증서비스

- **시점확인 서비스** : 전자거래의 발생시점을 GPS 기준 시간으로 확인해주는 기능을 제공

부가서비스

- **내용증명 서비스** : 거래 당사자의 전자서명을 기반으로 전자거래의 발생 내역을 신뢰할 수 있는 제3자의 입장에서 확인하여주는 기능을 제공
- **지불/결재 대행 및 인터넷 과금 서비스** : 전자거래시 수반되는 대금의 지불 및 결재를 전자서명을 거쳐 금융기관으로 중계하고 이 과정에서 전자서명된 거래내역을 근간으로 과금서비스를 제공
- **인증시스템 솔루션 제공 및 컨설팅 사업** : 고객의 컨텐츠 구축시 인증서비스 기능 구현을 위한 솔루션 제공과 인증시스템 구축관련 기술지원 및 컨설팅 서비스를 제공
- **인증서비스 호스팅 사업** : 커뮤니티 단위의 인증서비스 제공을 위한 인증/등록시스템 및 운용서비스를 제공

PKI 적용 분야

- **공공분야** : 민원사무, 인허가신청, 조세행정, 정부조달EDI, 수출입통관, 공문서유통, 전자출원 등
- **금융분야** : 전자공시, 사이버증권, 보험계약, 증권예탁, 인터넷뱅킹, 전자자금이체, 전자지불, 전자쿠폰 등
- **전자상거래** : 기업간정보유통, 인터넷쇼핑, 각종예약, 우체국전자상거래, 화물운송 등
- **기타** : 의료차트, 법원경매, 성적조회, 의료보험금청구, 단말기사용 등

5.2.3. 키 복구 시스템(KRS : Key Recovery System)

암호의 사용은 정보의 누출 및 오용을 방지하고 상대방의 신원 확인을 가능하게 하는 등 많은 장점을 가지는 반면에 키의 분실이나 손실 등으로 인하여 사용자 자신이 자신의 정보에 접근할 수 없다거나 악의를 가진 사용자가 범죄사실을 숨기기 위하여 어떤 정보를 암호화 시켰을 경우는 합법적인 기관도 정보의 내용을 알 수 없게 된다. 또 어떤 경우는 어떤 조직의 사용자가 금품의 요구 등을 위하여 해당 조직의 중요정보를 암호화시켜 버리는 등 키의 도난이나 손상 등의 위협이 발생할 수 있다. 이러한 경우 합법적인 경우에 한하여 개인키를 복구할 수 있도록 하는 것이 키 복구시스템(Key

Recovery System, KRS)이다.

암호 기술이 가장 잘 발달되어 있는 미국에서는 1993년부터 '클리퍼' 라는 정책과 몇 차례의 수정안을 통해 정부와 산업계는 국가안보와 공공의 안녕을 저해하지 않는 범위 내에서 강한 암호를 포함한 보안관리 기반구조와 수반되는 제품 창출을 위해 공동으로 노력해야 한다는 목표를 설정하고 암호사용을 위한 키관리 기반구조를 구축할 것을 제안하여 추진 중에 있으며 영국은 합법적으로 획득된 암호문에 대해 키를 소유하고 있는 소유자나 암호화된 내용을 이해 가능한 형태로 제공할 수 있는 사람에게 서면 통지를 통해 직접 평문이나 암호키를 요구하도록 하고 있다. 특히 OECD국가들은 국가안보차원에서 정당한 법집행을 위해서는 암호키를 복구할 수 있도록 하는 조치의 필요성을 강조하고 있다. 이러한 키 기술에는 다음과 같은 방식들이 있다.

키 위탁(Key-Escrow) 방식

복구될 사용자의 비밀키, 비밀키의 부분 또는 키 관련정보를 하나 이상의 신뢰기관에 위탁하는 방식으로 위탁되는 키는 사용자가 오랫동안 사용하게 되는 키이다. 이 방식은 사용자의 비밀키가 위탁기관에 직접 맡겨져야 하므로 개인의 프라이버시가 전적으로 위탁기관에 맡겨져야 하는 문제점을 가지고 있다. 따라서 위탁기관에 대한 신뢰성이 가장 중요한 문제이며 이를 보완하기 위하여 두 개 이상의 위탁기관을 이용하는 비밀분산 개념을 주로 사용하고 있다.

캡슐화(Encapsulation) 방식

이 방식은 암호문을 생성하는 각 세션마다 키를 복구해 낼 수 있는 정보를 포함하는 필드를 생성 해당 암호 메시지에 부가시키는 방식으로 실제 키 위탁이 일어나지 않으며 법 집행기관의 키 복구는 복구기관의 비밀정보를 이용하여 암호화된 데이터에 부가된 복구필드를 복구한 후 목적키를 얻을 수 있다. 따라서 복구되는 키가 사용자의 long-term key가 아닌 세션키가 되도록 할 수 있기 때문에 도청기관의 복구능력을 제한할 수 있게 되는 장점이 있는 반면 복구필드를 사용자가 생성하기 때문에 사용자의 부정이 발생할 수 있다. 따라서 복구필드의 유효성 확인과정이 반드시 필요하다.

TTP(Trusted Third Party) 방식

이 방식은 제 3자 즉 신뢰할 수 있는 기관이 사용자의 비밀키를 그 사용자의 TTP로 지정된 기관에서 모두 생성하고 사용자에게 분배하는 방식으로 사용자의 long-term 키를 해당기관에서 가지고 있는 방식으로 각 기관의 신뢰성 보장이 절대적이어야 한다.

5.2.4. 국내 · 외 PKI 현황

미 연방 PKI(FPKI : Federal PKI)

미국의 NIST(National Institute of Standards and Technology)는 AT&T, BBN, Certicom, Cylink, DynCorp, IRE, Motorola, NT, Spyrus, 그리고 Versign 사와 컨소시엄을 구성하여 자국 공개키 기반 구조를 1977년 처음 제안하였다. 이후 지속적인 개발과 연구를 통하여 1994년 공개키 및 공개키 인증서 관리방안에 따라서 연방 정부의 정보화 자원의 안전한 사용과 국가 정보 인프라의 지원을 위하여 FPKI(Federal PKI)를 구축하였다. FPKI는 전자서명은 물론 다른 공개키 기반의 보안 서비스를 통해 연방 정부의 정보화 자원의 안전한 사용과 국가 정보 인프라를 지원하기 위한 목적으로 개발되었으며, 〈그림 5-3〉과 같이 계층형 구조의 형태와 네트워크 형태의 상호인증 구조를 혼합하는 형태로 서로의 장점을 추가하여 좀더 일반화 시켰다. FPKI는 〈그림 5-6〉와 같이 4개의 계층적인 구조로 구성된다.

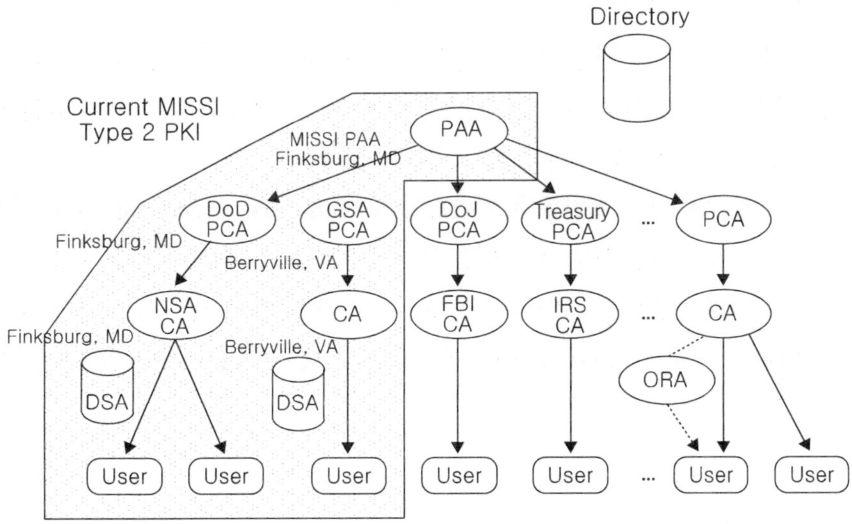

〈그림 5-6〉 미 연방 PKI(FPKI)

◉ **정책승인기관(PAA : Policy Approval Authority)**

공개키 기반구조의 최상위 기관으로 하위기관에 대한 정책수립 및 정책 준수상태 등을 감사하고, 인증체계 내부의 인증기관과 다른 인증체계간의 상호인증을 위한 정책을 수립한다. 즉 PAA는 하위의 정책인증기관들의 표준을 정하고 정책을 승인하며 오직 PCA에게만 인증서를 발급한다.

◉ **정책인증기관(PCA : Policy Certification Authority)**

PCA는 하위의 CA들에게 인증서를 발행하는 반면 최종 사용자에게 직접적으로 발행하지 않으며 인증기관의 공개키를 공개한다. 그리고 PCA는 CA들의 정책을 정하고, CA가 이 정책에 의해 적절하게 운영되고 있는지를 확인한다.

◉ **인증기관(CA : Certification Authority)**

CA의 정책은 PCA에 의해 수립되며 수립된 정책을 그대로 사용하거나, PCA의 정책에 의거하여 자체 CA정책을 따로 수립 할 수 있다. PCA에 의해 세워진 정책을 따르며 하부의 CA들, 최종사용자 및 등록기관(RA)에게 인증서를 발급한다.

◉ **등록기관(RA : Registration Authority)**

CA를 위해 등록절차를 대신해서 수행하나 인증서는 발급하지 않는다. 그러므로 RA는 인증기관은 아니며 사용자와 CA간의 중재역할을 수행하는 기관이다. 물론 인증서 발행은 RA를 거치지 않고 CA에서 바로 할 수 있다.

미국 연방정부의 PKI 개발은 DSA(Digital Signature Algorithm)만을 이용하는 FIPS186 규정(안)을 확장하여 여러 서명 알고리즘들이 포함되도록 하는 방식으로 접근하고 있다. 여기서 이용되는 서명 알고리즘은 DSA 서명 알고리즘, RSA 서명 알고리즘, 그리고 ECDSA(Elliptic Curve Digital Signature Algorithm) 서명 알고리즘이다.

국내 PKI

◉ **전자서명법**

국내 전자서명법의 제정은 1997년 정부의 전자상거래 활성화를 위한 입법계획에서 비롯한다. 이 계획에 따라 전자서명법의 입법 추진을 맡은 정보통신부는 1997년에 기초

조사를 한 뒤 1998년에 학계, 연구기관의 정보보호 전문가와 법률전문가 등으로 '전자서명법 제정작업반'을 구성하여 국내 전자서명 인증제도의 법률적 근거가 될 전자서명법 시안을 작성하였다. 같은 해 6월 18일 공청회를 거친 전자서명법 시안은 11월 정기국회에 제출되어 12월 24일 국회를 통과하였으며, 1999년 2월 5일 법률 제5792호로 공포되었다. 전자서명법은 1999년 7월1일부터 시행되고 있다. 한편 1999년 6월30일에는 전자서명법시행령(대통령제16457호)이, 1999년 8월12일 전자서명법시행규칙(부령 제81호)이 제정・시행중이며 2001년 12월 31일 일부개정, 2005년 12월 31일 일부가 개정되어 법률 제 7813호로 공포되었다.

전자서명법과 동 시행령 및 시행규칙의 주요내용은 다음과 같다.

첫째, 인증기술과 관련하여 공개키 암호화 방법을 이용한 전자서명을 기초로 한다. 전자서명법은 전자서명을 "서명자를 확인하고 서명자가 당해 전자문서에 서명을 하였음을 나타내는데 이용하기 위하여 당해 전자문서에 첨부되거나 논리적으로 결합된 전자적 형태의 정보" 라고 정의한다.(제2조 2호) 이와 같이 기술특정주의 입장을 취한 근거는 현재 개발되어 사용 중이거나 개발 중인 전자적 인증방법 중에서 공개키 암호화 방법을 사용하는 전자서명이 가장 신뢰할 수 있고 또 널리 일반에게 이용되고 있기 때문이다.

둘째, 공인인증기관의 지정제도를 채택하고 있다. 전자서명법은 공인인증기관만을 규율의 대상으로 하고 또 이를 국가가 지정하는 것으로 하고 있다.

셋째, 인증업무의 지속성 및 적정성 보장을 위하여 공인인증기관에 대한 엄격한 감독제도를 규정한다. 이에 따라 인증업무수행에 필요한 인증실무 준칙의 신고, 인증기관의 업무 휴・폐지 등 인증기관 운영에 관한 사항을 규정한다.

넷째, 인증업무의 신뢰성 확보를 위한 인증서 발급이다. 인증업무에 대한 신뢰성 확보를 위하여 인증서에 포함할 사항을 명확히 하고 인증서의 발급・효력정지・폐지 등에 관한 사항을 규정한다.

다섯째, 전자서명 인증업무 수행과 관련한 중요문제의 하나가 개인정보 보호이다. 전자서명법은 인증업무에 필요한 개인정보의 수집 및 사용의 제한, 누설금지 등 개인정보보호에 관한 사항을 규정하고 이를 위반한 자를 처벌하는 조항을 두어 정보통신망법과 동일한 정도로 개인정보를 보호하고 있다.

여섯째, 국가간 인증서에 대한 상호 인증이다. 전자서명법은 전자거래의 범세계적 활성화를 위하여 외국의 인증기관이 발행한 인증서 등을 국제협정에 의하여 상호 인증할 수 있도록 규정한다.

일곱째, 인증기관의 책임과 의무 등이다. 전자서명법은 인증서 변조방지대책 강구, 안전·신뢰성 있는 인증관리체계 운영, 전자 서명키의 안전한 관리, 인증관련 기록의 안전한 관리 등의 의무를 규정한다.

◉ 국내 전자서명 인증체계

국내 전자서명 인증체계는 현재 전자서명 기술을 기반으로 하는 공개키 기반구조(PKI)로 되어 있다. 초기의 공개키 기반구조에서 정부(정보통신부)는 〈그림 5-7〉와 같이 인증 서비스와 관련한 법·제도를 구축하고 해당 사업자를 감독하는 역할을 한다. 그리고 인증기관 즉, 인증 서비스 제공자는 개인 또는 법인·단체를 대상으로 전자 서명과 관련한 인증 기타 서비스를 제공한다. 이 때 해당 인증기관에게 법률상 일정한 자격을 요구함에 따라 이와 관련한 기술적 심사와 기술적 지원 등을 위하여 정부(정보통신부)는 정보보호 전문 기관인 한국정보보호센터로 하여금 이러한 업무를 하도록 하고 있다 (최상위 인증기관). 인증기관은 특정 업무를 위하여 설립·운영 할 수도 있으나 국내 공인 인증기관은 그러한 제한 없이 모든 분야에서 서비스를 제공하는 것을 기본 방향으로 하고 있다. 그러나 최근 전자 정부의 추진과 관련하여 전자서명법과는 별개의 법률 또는 대통령령으로 독자적인 공개키 기반 구조의 구축이 이루어지고 있다.

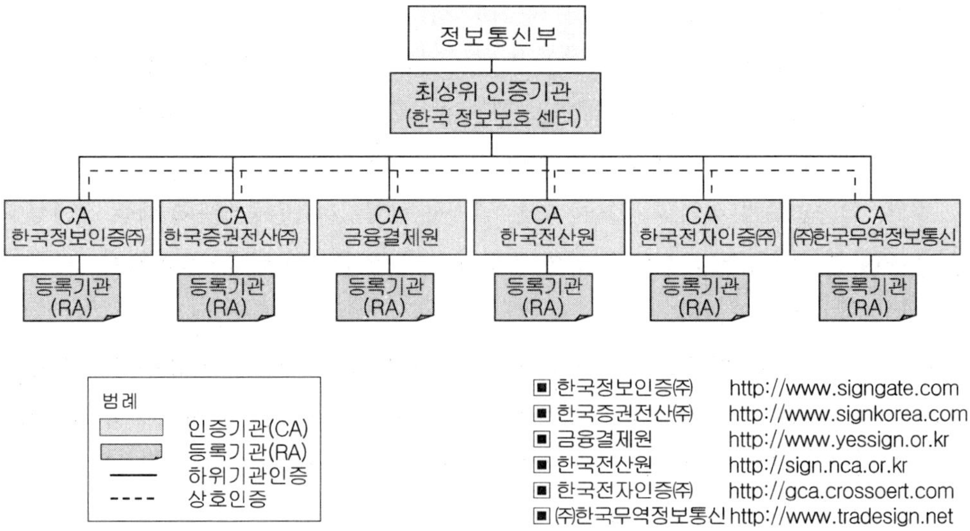

〈그림 5-7〉 초기의 국내 전자서명 인증체계

아시아 PKI 포럼[21)]

아시아 PKI 포럼은 아시아 지역내 전자서명의 이용 활성화 및 국가간 전자서명의 상호연동을 위하여 지난 2001년 6월 국제 비영리기관으로 설립되었다.

아시아 PKI 포럼은 창립이후 2001년 6월 한국, 일본, 싱가폴 3국간 상호인증을 위한 MOU를 체결하고 이를 확대하여 2002년 5월 대만을 포함한 4개국이 MOU를 체결하였으며, 정기총회, 조정위원회회의와 실무작업반 회의를 거쳐 포럼의 운영 및 활동 계획을 수립하였다. 아울러 각 실무작업반의 의장국을 선출하고 작업반별 사업계획을 수립하여 진행하고 있다. 현재는 중국이 아시아 PKI 포럼의 의장국을 맡고 있으며 한국, 일본, 대만등 총 7개국이 참가하고 있다. <그림 5-8>은 아시아 PKI 포럼의 조직도이다.

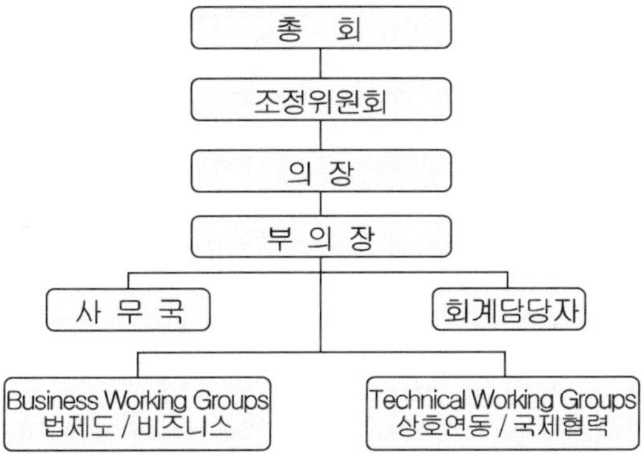

<그림 5-8> 아시아PKI포럼 조직도

포럼의 실질적인 주요 사업들은 사업분야의 법제도 및 비즈니스, 기술분야의 상호연동, 국제협력 등 4개 실무작업반에서 이루어진다. 법제도 실무작업반은 회원국들의 전자거래 법제도에 대한 조사 및 분석을 수행하고 있다. 비즈니스 실무작업반은 각 국가별 IT 및 전자상거래 현황과 정보보호분야에 대한 보고서 작성 및 모든 회원국이 참여할 수 있는 PKI 기반의 프로젝트를 개발하고 있다. 상호연동 실무작업반은 각국 PKI 시스템 현황 파악과 회원국간 상호인증을 위한 프로젝트 및 실험을 수행하고 있으며, 이를 위해 기술적인 가이드라인을 마련하고 있다. 마지막으로 국제협력 실무작업반은 유럽(EESSI[22)])과 미국(PKI Forum), 아시아지역(e-ASEAN, APEC, PAA 등) 국제 PKI 관련 조직과의 협력체계 구축을 위한 사업을 추진하고 있다.

21) 아시아PKI포럼 웹사이트 : http://www.asia-pkiforum.org
22) EESSI : European Electronic Signature Standardization Initiative

6. 해킹과 악성소프트웨어

6.1. 해킹

6.2. 악성소프트웨어

6. 해킹과 악성소프트웨어

6.1. 해킹

6.1.1. 해킹의 개요

<u>해킹의 정의</u>

해킹의 정의는 시간에 따라 변화되어 왔는데 초기에는 '개인의 호기심이나 지적욕구의 바탕 위에 컴퓨터와 컴퓨터간의 네트워크를 탐험하는 행위'를 말했으며, 이때의 해킹은 악의적이거나 파괴적이지 않았다. 이후 악의적인 행동이 늘어나면서 '다른 컴퓨터 시스템을 침입할 때 파괴적인 계획을 갖고 침입하는 행위'를 뜻했으며 일명 크래킹(cracking)이라 하였다. 현재 사용하고 있는 해킹이란 의미는 '어떠한 의도에 상관없이 다른 컴퓨터에 침입하는 모든 행위'로서 전산망을 통하여 타인의 컴퓨터 시스템에 액세스 권한 없이 무단 침입하여 부당 행위를 하는 것을 말하며, 여기서 부당 행위란 불법적인 시스템 사용, 불법적인 자료열람, 유출 및 변조 등을 말한다.

<u>해커의 정의</u>

해커(hacker)라는 용어는 1950년대 미국 MIT 공과대학 내의 '테크모델 철도클럽'이라는 동아리의 '신호기와 동력 분과'라는 분과 모임의 학생들이 철도 분기점 입체화 설계에 따르는 문제를 해결하기 위해 학교 당국과 IBM사의 통제를 피해 몰래 밤마다 대학 내 제 26동 건물에 들어가 IBM704 컴퓨터 시스템을 사용, 각고의 노력 끝에 문제를 해결해 낸 일화로부터 유래된다.

그래서 본래 해커라는 용어는 이런 기술 개발에 정열을 쏟는 고급 기술자를 가리키며 선진국에선 사이버 범죄자인 cracker(intruder, attacker, destroyer)와는 엄격하게 구분하여 사용하고 있고, 일본 경찰도 크래커의 전산망 침투를 해킹이라는 말 대신 '부정(不正) access'라고 부르고 있지만 한국에서만 두 용어가 구별되지 않은 체 혼용되고 있다.

해커의 동기와 목적

해커의 동기와 목적을 시대별로 구분하면 다음과 같다.

- 1950~1960년대 : 호기심, 지적욕구 해소를 위한 학구적 탐구
- 1970년대 : 상업적 탐구로서 게임이나 시스템의 불법사용
- 1980년대 : 자료열람이나 획득을 목적으로 한 불법침입
- 1990년대 : 금융사기, 회사기밀 불법취득 등 컴퓨터 범죄
- 2000년대 : 고도화된 컴퓨터범죄로서 정부/군사 시스템 파괴 등의 정보전

해커의 수준별 분류

Gilbert Alaverdian은 해커의 수준에 따라 Elite, Semi Elite, Developed Kiddie, Script Kiddie, Lamer 등 5가지 등급으로 분류하였다.

◉ Elite

최고 수준의 해커로서 시스템에 존재하는 취약점을 찾아내고 그것을 이용해 해킹에 성공할 수 있는 능력을 가진 자들을 말하며, 그들이 해킹을 시도하는 목적은 단지 자신이 해당 시스템을 아무런 흔적 없이 해킹할 수 있다는 것을 확인하기 위함이다.

◉ Semi Elite

컴퓨터에 대한 포괄적인 지식이 있고, 운영체제 시스템을 이해하고 있으며, 운영체제에 존재하는 특정한 취약점을 알고, 그 취약점을 공격할 수 있는 코드를 만들 수 있을 정도의 최소한의 지식을 보유한 자들을 말하는데, 이들은 해킹 흔적을 남겨서 추적을 당하기도 한다.

◉ Developed Kiddie

이들은 보통 십대 후반의 학생들로 대부분의 해킹 기법들에 대해 알고 있다. 해킹 수행 코드가 적용 될 수 있을 만한 취약점을 발견할 때까지 여러 번 시도해 일단 시스템 침투에 성공하는 경우도 있으며, 성공된 해킹에 대해 자랑하고 다닌다. 그러나 이들에게는 보안상 취약점을 새로 발견하거나, 최근 발견된 취약점을 주어진 상황에 맞게 바꿀만한 능력이 없다.

◉ Script Kiddie

이들은 네트워킹이나 운영체제에 관한 약간의 기술적인 지식이 부족하여 GUI 운영체제 바깥세상으로 나와 본 적이 없다. 이들에게 있어 해킹은 보통 잘 알려진 트로이목마를 사용해 평범한 인터넷 사용자를 공격하고 괴롭히는 것이다. 이들은 대부분 학생으로 컴퓨터 수업시간에 선생님이 모르는 것이 있으면 이들에게 물어보게 되는데, 때문에 이들보다 낮은 레벨의 학생들은 이들을 엘리트 레벨로 착각하고 우러러보게 된다.

◉ Lamer

해커는 되고 싶지만 경험도 기술도 없는 자들을 말하는데, 이들은 네트워크와 운영체제에 관련해 기술적인 지식이 없으며, 이들이 컴퓨터를 사용하는 유일한 목적은 게임과 IRC 채팅, 와레즈 사이트를 찾거나 크레디트카드 사기 등이다. 신문 잡지 등의 대중매체를 통해 해커에 대해 익히 들은 바 있는 이들은 스스로를 엘리트로 착각하는 그릇된 우월감에 빠져 있는데, 트로이 소프트웨어, 누킹, DoS 툴만 있으면 크래킹을 할 수 있다는 생각에 트로이 목마나 GUI 운영 체제용 해킹 도구를 내려 받아 시도하는 수준에서 그친다.

6.1.2. 해킹기법

해킹기법 분류

현재 대부분의 해킹 대응 서비스 제공 업체 및 기관에서 주로 사용하고 있는 분류방법은 침입차단 시스템을 가장 처음 만든 Marcus J. Ranum에 의해 분류된 것으로 다음과 같다.

- **사용자 도용 (Impersonation)** : ID 및 Password 도용
- **SW 보안오류 (SW Vulnerability)** : OS 및 응용 S/W 버그를 이용한 공격
- **버퍼 오버플로 취약점 (Buffer Overflow)** : OS의 버퍼 오버플로우 버그를 이용하여 관리자 권한 획득
- **구성설정 오류 (Configuration Vulnerability)** : S/W 설치 및 운영상 오류를 이용한 공격
- **악성프로그램 (Malicious Codes)** : 바이러스, 웜, 백도어 및 트로이목마 등

- **프로토콜 취약점** (Protocol Infrastructure Error) : TCP/IP의 구조적 취약점을 이용한 공격
- **서비스 거부공격** (Denial of Service Attack) : 시스템/네트워크의 정상적인 작동을 방해
- E-mail **관련 공격** (E-mail Vulnerability) : 전자우편 폭탄, 스팸메일 등
- **취약점 정보수집** (Vulnerabilities Probing) : 시스템을 공격하기 전에 시스템의 취약점을 알아내고자 하는 공격
- **사회공학** (Social Engineering) : 관리자 및 사용자를 속여 패스워드를 알아내고 권한을 얻는 방법(유령회사, 게시판, 스니핑, 피싱, 전화/이메일, 신뢰/우정 등을 이용)

해킹기술의 변화 및 최근 경향

〈그림 6-1〉에서 보는 바와 같이 1990년대 초기에는 네트워크를 이용한 공격기술의 수준이 그리 높지 못하였고, 침입을 위해서는 상당히 높은 수준의 지식이 필요하였으므로 침입에 성공할 수 있는 사람은 많지 않았다. 1990년대 말 ~ 2000년대에 이르러서는 공격기술의 발달로 침입에 요구되는 지식수준이 낮아져 침입자 수가 급격히 증가하고 있으며, 최근 해킹 경향은 금전적 이익추구 등 뚜렷한 목적을 가지고 특정 대상을 공격하는 양상으로 변화하고 있다. 악성 Bot, 피싱, 스미싱, 홈페이지를 통한 악성코드 유포 등이 대표적인 예라 할 수 있다. 최근 해킹 경향을 나열하면 다음과 같다.

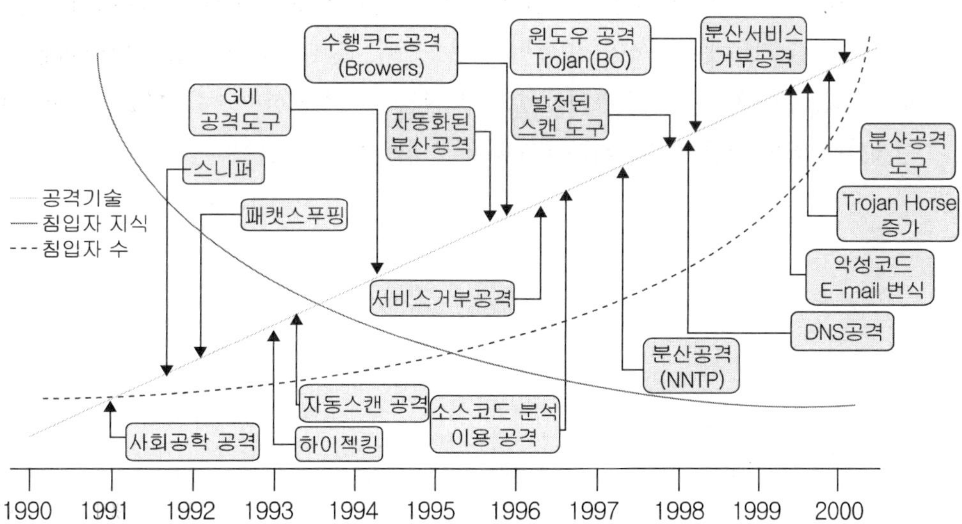

〈그림 6-1〉 해킹기술의 변화

- ○ 지능화 및 자동화되는 공격기술 개발로 광범위한 시스템/네트워크의 침입 및 파괴가 가능해졌다.
- ○ 동시에 다수의 서버를 공격하는 대규모 공격 및 다수의 서버에서 목표시스템/네트워크를 공격하는 분산공격 등이 이루어지고 있다.
- ○ 해킹관련 정보를 인터넷 등에서 손쉽게 획득할 수 있고, 사회 전반적으로 정보시스템이 증가하고 있으며, 특별한 지식이 없어도 사용 가능한 편리한 GUI 환경의 공격 tool 개발, 청소년들에게 해커가 영웅시되는 풍조 등으로 인해 해킹이 점차 대중화되고 있다.
- ○ 전자상거래 환경에서 금전적 이익, 기업의 산업 정보 등을 위한 해킹 및 중요 정보기반 공격 등 범죄적인 성향으로 변화하고 있다.
- ○ 해킹에 관한 전문서적 및 인터넷 홈페이지의 증가로 연령・신분・학력에 무관하게 잠재적인 해커가 급증하였으며, 그룹화/글로벌화 되고 있다.
- ○ 프로그램화・자동화된 다양한 해킹기법들의 발표로 인해 유닉스 서버뿐만 아니라 윈도우 시스템 공격이 증가하고 있다.
- ○ Source가 공개된 리눅스 시스템이 해커의 주요 target이 되고 있으며, 외국 해커들이 발달된 정보통신기반을 구축한 국내를 경유하여 제 3국을 해킹하는 사례가 늘고 있다.

일반적인 해킹순서

일반적으로 해킹을 하기 위한 순서로는 해킹 대상에 대한 정보를 수집하고 불법 로그인 접근을 통해 루트 권한을 획득한 후 스니퍼 등을 이용하여 네트워크 트래픽을 감청, 중요 정보를 가로채어 자신의 컴퓨터로 전송한다. 또한, 침입한 시스템에 backdoor 프로그램 등을 설치하여 이후부터는 쉽게 드나들 수 있게 하며, 로그파일 등 침입흔적을 삭제한다. 일반적인 해킹순서는 〈그림 6-2〉와 같다.

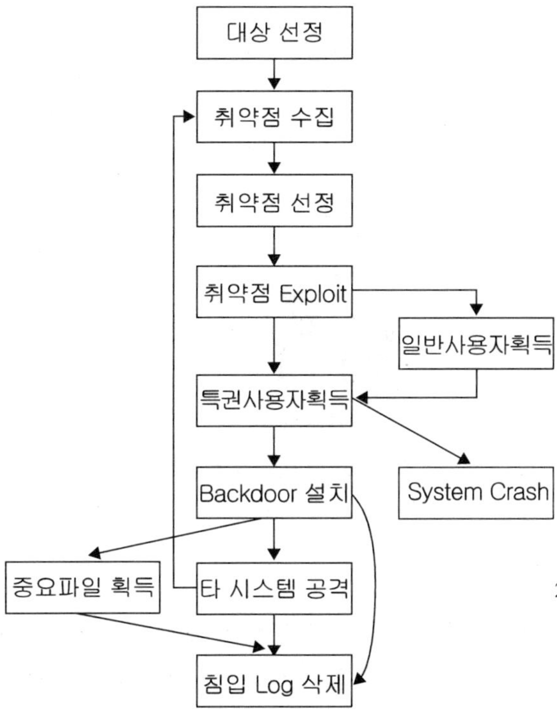

23)

〈그림 6-2〉 일반적인 해킹과정

해킹기법

◉ IP Spoofing

IP spoofing은 1995년 케빈 미트닉이라는 해커가 최초로 시도한 해킹법으로 자신의 IP를 속여서 해킹을 시도하는 것이다. 프록시 서버를 이용하는 방법은 그냥 프록시 서버만 설정하면 되지만 IP spoofing은 버클리 r 명령어를 같이 사용해야 한다. 버클리 r 명령어란 remote command로 말 그대로 원격에서 명령어를 실행한다는 것인데 버클리 계열 유닉스에서 만들어졌기 때문에 버클리 r 명령어라고도 한다. IP spoofing의 절차는 〈그림 6-3〉에서 보는 바와 같이 C와 B가 통신을 하고 있을 때 C에게는 서비스 거부 공격인 TCP Syn flooding 공격을 가하면서, B와는 자신을 C로 위장하여 통신을 하며 해킹을 하는 것이다.

23) 한명묵, 이철수 공저, "정보보호개론", 2005. p216

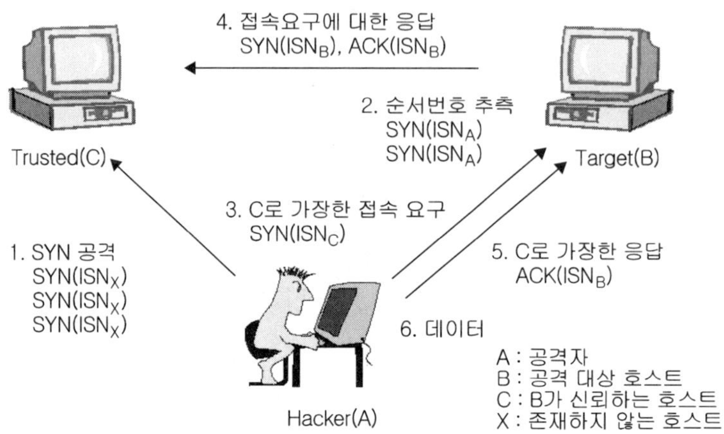

〈그림 6-3〉 IP Spoofing 절차

◉ Packet Sniffing

패킷 스니핑은 전화기에 도청장치를 숨겨놓고 통화 내용을 도청하는 것과 마찬가지로 네트워크상에 돌아다니는 패킷을 훔쳐보는 것인데, 동일한 서브 네트워크의 라우터나 게이트웨이로 구분되지 않은 네트워크 내에서만 가능하다. 이 패킷 스니핑은 아주 심각하고도 간편한 해킹 방법 중 하나로서 해커가 스니퍼를 실행하고자 할 때 호스트가 리눅스 운영체제라면 해커는 먼저 해당 리눅스 운영체제에 텔넷으로 접속하고 스니퍼 프로그램을 실행한 뒤 그 리눅스 호스트가 속해 있는 네트워크 내의 패킷을 도청한다. 스니퍼는 이더넷 디바이스를 직접 접근하기 때문에 슈퍼 유저(root)의 권한에서만 실행할 수 있으며, 모든 패킷을 도청하는 것이 아니라 사용자들의 ID와 패스워드만을 도청할 수 있는 특정 포트(23, 21, 110, 513)만 필터링하는 패킷 스니퍼를 돌리게 되고, 도청한 패스워드 파일을 이용해서 또 다른 서버에 침투해서 계속하여 해킹을 시도하는 아주 위험한 해킹이다.

◉ IP Hijacking

IP Hijacking은 IP 스푸핑의 기술과 패킷 스니핑의 기술이 복합적으로 사용되는 기술로서 해킹의 최고 기술이라고 할 수 있다. 〈그림 6-4〉에서 보는 바와 같이 A가 C로 접속해 있는 상태에서 B가 A와 C 사이를 끼어들어 C를 사용할 수 있게 만드는 것인데, 이를 위해서는 A의 IP 주소로 위장해야만 정상적으로 C의 데이터를 받을 수 있고, IP

스푸핑을 통해 지속적으로 C에서 오는 데이터를 받기 위해서는 C의 순서 번호를 살펴보고 계속 접속을 유지시켜야 하는 고난이도의 기술을 요한다.

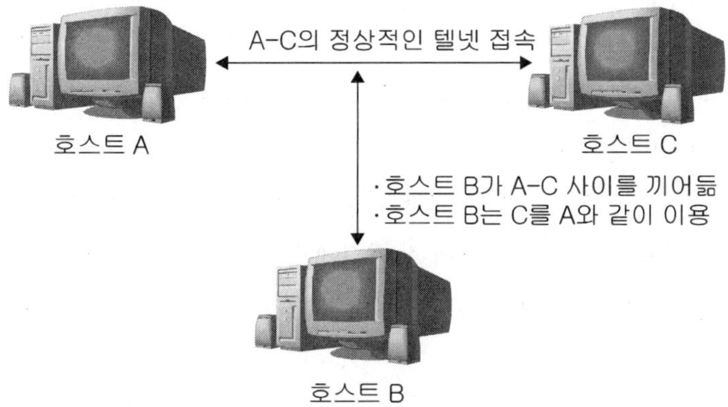

〈그림 6-4〉 IP Hijacking

◉ Buffer Overflow Attack

서브루틴이 프로그램에 의해 호출될 때, 서브루틴의 복귀주소 포인터를 메모리 스택에 제일 먼저 저장하고 변수들을 저장하는데, 만약 이 포인트가 없다면 서브루틴이 실행을 마쳤을 때 프로그램은 더 이상 어디로 진행해야 할지를 알 수 없어 제어권을 반납하지 못하고 시스템이 멈추게 될 것이다. 만약 프로그램이 변수의 할당된 공간에 저장될 데이터의 크기를 체크하지 않아 크기의 제한을 두지 않는다면, 변수 공간은 넘치게 될 것이고 버퍼에 오버플로우가 발생하면 저장된 데이터는 인접한 변수 영역도 침범할 것이며, 결국 포인터 영역까지 침범하게 될 것이다. 해커는 이러한 데이터 길이와 내용을 적절히 조정하여 버퍼 오버플로우를 일으키고 운영체제의 스택이 크래시 되게 하여 특정 코드가 실행되도록 한다. 해커가 보낸 데이터는 대개 특정 시스템에서 실행할 수 있는 기계어 코드와 복귀 포인터에 저장될 새로운 주소로 구성되어 있는데, 복귀 포인터에 저장될 새로운 주소는 다시 스택 메모리 공간을 가리켜서 프로그램이 서브루틴에서 반환될 때 해커가 작성한 명령어를 실행하게 된다. 해커는 버퍼 오버플로우를 이용하여 서비스거부 공격 뿐 아니라 root 권한을 획득한다.

◉ 트로이 목마[24)]

트로이 목마 프로그램은 자료삭제 및 정보탈취 등의 목적으로 사용된다. 네트워크를 통해 감염된 컴퓨터의 자료를 외부로 유출하는 것이 특징이며, 일반적으로 인터넷에서 다운로드한 파일을 통해 전파되는데 사용자의 자판누름 정보 등이 외부로 노출되므로 신용카드 정보나 비밀번호 등이 유출 될 수 있다.

트로이 목마라는 이름은 목마 속에서 나온 그리스 병사들이 트로이를 멸망시킨 것을 비유하여 만든 것으로 이 프로그램이 상대편에게 눈치채지 못하게 몰래 숨어든다는 의미에서 붙여졌다. 보통 유용한 프로그램을 가장하여 사용자가 프로그램을 실행하도록 유도한다.

트로이 목마 프로그램의 대표격인 Back Orifice는 1998년 8월 CDC(Cult of the Cow : 죽은 소의 숭배)라는 해커그룹에서 발표한 MS Win95/98/2000 관리자용 도구이며 해커들의 백도어로 이용하기에 적합하도록 개발되었다. Back Orifice는 클라이언트/서버 모델로 설계되었으며 프로그램 설치는 자동적으로 이루어지고 초보자도 쉽게 설치 가능하도록 되어 있다.

이 외에도 Trojan.Win32.Bymer, Win-Trojan/Quz, Win-Trojan/Wscanreg, Hot Keys Hook, Ecokys 등의 프로그램이 있다.

◉ DOS/DDOS[25)]

서비스 거부공격 및 분산 서비스 거부공격은 시스템의 가용성을 침해하는 공격기법이다. 즉, 특정 웹서버, 도메인네임서버, 메일서버 등을 공격하여 정상적인 서비스를 마비시키거나, 라우터와 같은 네트워크 장비의 운용에 손상을 가하기도 하고, 네트워크에 쓰레기성 트래픽을 유발시켜 회선의 대역폭을 소모시키는 등 여러 가지 형태로 경제적인 손실을 입힐 수 있다. 2000년에 발생한 Amazon, CNN, Yahoo, Ebay와 같은 유명 사이트를 공격한 사례나, 2001년 Microsoft 사이트를 마비시킨 사례로 Microsoft DNS서버 앞 단의 라우터가 DDOS 공격을 받아 라우터의 과부하로 인해 DNS 요청이 파기(drop)되어 한동안 웹 접속서비스가 마비된 사건이 대표적인 DDOS 사례중의 하나로 볼 수 있다. 그 외에도 많은 국내외 상업용, 공공기관, 교육기관 사이트들이 DOS 공

24) 네이버 백과사전
25) 조유희, 이현식, 이호송, 김이한, "인터넷 서비스 거부공격(Denial of Service) 유형 분석", 2006. 11

격의 표적이 되어왔고, 갈수록 피해는 증가하는 추세이다.

주요 DOS 공격에 대해 살펴보면, DOS 공격은 크게 소프트웨어의 취약성을 이용한 공격과 flooding 유형의 공격으로 구분할 수 있다.[26] 〈그림 6-5〉는 서비스거부공격 유형 분류이다.

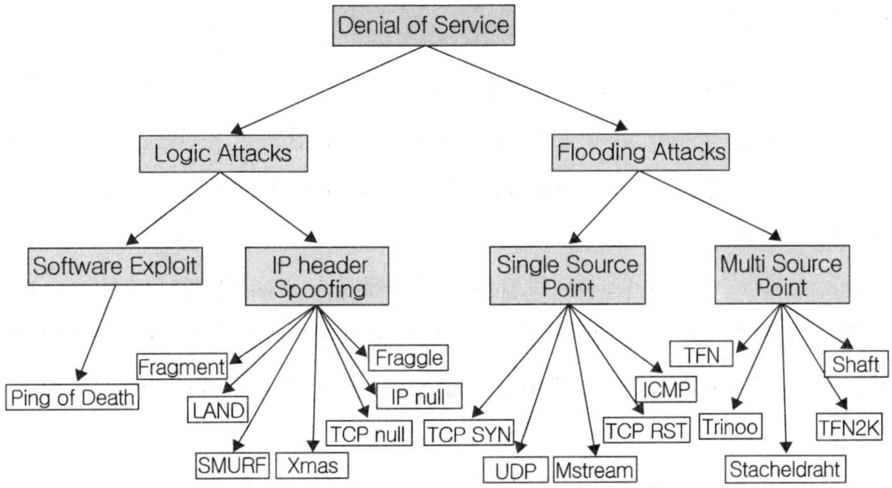

〈그림 6-5〉 서비스 거부공격 유형

◉ SQL Injection[27][28]

SQL Injection이란 데이터 베이스와 연동되어 있는 애플리케이션의 입력 값을 조작하여 DBMS가 의도되지 않은 결과를 반환하도록 하는 공격 기법이다. 이는 해당 애플리케이션에서 사용자로부터 전송되어 오는 입력 값에 대해 그 적정성을 검사하지 않았기 때문에 발생한다. SQL Injection을 통해서 파급될 수 있는 효과는 해당 애플리케이션에서 사용하고 있는 DB 정보 조회는 물론 변조 또는 삭제까지 할 수 있으며, 사용자 및 관리자에 대한 인증 절차를 우회할 수 있다. 더 나아가서는 데이터베이스 시스템의 시스템 명령어를 실행시키거나 주요한 시스템 파일 정보를 노출시킬 수도 있다.

국내 대형 포털업체들도 SQL Injection 공격에 의한 침해사고를 당하고 있으며 이는 웹 프로그램 개발시 보안중요도를 고려하지 않은 결과이다. 현재는 이를 수정하고 있으

26) Alefiya Hussain, John Heidemann, et al, "A Framework for Classifying Denial of Service Attacks", DARPA Technical Report (ISI-TR-2003-569), Feburary 2003.
27) 황순일, 김광진 공저, "웹 해킹 패턴과 대응", 사이텍미디어, 2005.
28) Naver 백과사전, "http://www.naver.com"

나 프로그램 수정의 어려움 등으로 재차 공격당하는 경우도 발생하고 있다.

SQL Injection의 예는 로그인 폼에서 사용자 계정과 비밀번호 필드에 유효하지 않은 입력 값을 입력함으로써 공격하는 인증우회기법, UNION을 이용한 데이터 조작, INSERT를 이용한 데이터 조작등이 있다.

◉ Phishing[29)]

Phishing은 1996년 American OnLine(AOL)을 사용하던 10대들이 타 사용자에게 AOL에서 보내는 E-Mail인 것처럼 속여 그들의 계정 정보를 훔치는 것에서 유래된 것으로 고객의 개인정보(private data)를 낚시질(fishing)하는 것을 의미하는 단어가 합쳐져 탄생되었다.[30)]

Phishing에서 주로 사용되는 방법은 수신자에게 E-Mail을 발송하여 phisher들이 운영하는 위조된 사이트로 이동시킨 후 이들에게 사이트 개편등을 이유로 고객정보(신용카드번호, 비밀번호 등)를 요구한다. Phisher들은 이렇게 수집된 정보를 다양하게 활용한다.

Phishing의 특징은 메일을 이용하므로 신뢰할수 있는 메일주소로 가장하고, 신용카드번호나 비밀번호 등의 입력을 요구하며, 백신소프트웨어에도 검사되지 않는 특징을 가지고 있다. 특히 웹사이트를 만드는 것 외에 특별한 기술이 요구되지 않는다. 국내에서는 phishing 경유지로 활용되는 사고가 많이 발생하고 있고 최근에는 유사 phishing 사이트가 발견되기도 하였다.

◉ Smishing[31)]

스미싱이란 휴대폰 메시지를 통한 피싱의 형태를 말한다. 전형적인 피해 유형으로는 데이트 서비스 웹사이트로부터 온 휴대폰 메시지에 해당 웹사이트에 방문하여 서비스를 해지하지 않으면 매달 일정금액의 요금이 청구될 것이라고 메시지를 담아 휴대폰 이용자로 하여금 특정 웹사이트로 유인한 후 사용자의 PC에 트로이목마 프로그램을 설치, 사용자의 금융정보나 비밀번호를 알아낸다. 이는 휴대폰 이용자의 부가서비스 등 이용요금에 민감한 점과 휴대폰 메시지에 대하여 이메일이나 인스턴트 메시지를 통해

29) 황순일, 김광진 공저, "웹 해킹 패턴과 대응", 사이텍미디어, 2005.
30) Phishing 이란 단어는 alt.2600 이라는 뉴스그룹에서 처음 언급됨.
31) SMiShing이란 McAfee 시큐리티 소프트웨어 회사의 연구원에 의해 만들어진 용어로 타인의 휴대폰으로 SMS를 보내는 피싱의 형태를 일컬음.

들어오는 스팸만큼 의심을 하지 않는다는 점을 악용한다. 실례로 스페인의 통신회사를 겨냥한 스미싱의 경우 이용자의 PC에 침투하여 VBS/Eliles 웜과 같은 악성 코드를 유포하고 원거리 PC에 접근하여 다른 휴대폰 이용자에게 메시지를 보내는 등의 사례가 있었다.

6.2. 악성소프트웨어

6.2.1. 개 요

컴퓨터 프로그램은 컴퓨터가 목적된 기능을 수행 하도록 하는 명령어의 집합으로 정의된다. 컴퓨터 프로그램의 기능은 컴퓨터가 개발되기 시작하던 초기시대의 수치계산 등의 연산에서부터 시작해서 최근의 문서편집, 정보검색, 게임, 메신저 등 다양하게 발전되어 왔다. 그러나, 프로그램의 개발자와 사용자가 다르기 때문에 프로그램이 구현된 기능 중에는 사용자가 원하지 않는 기능이 포함될 수 있다. 개발자는 의도적으로 사용자가 원하지 않는 기능을 컴퓨터 프로그램에 포함시키거나, 프로그램 자체의 오류로 인한 사용자가 원하지 않던 시스템 충돌, 프로그램 중단, 개인정보 수집, 네트워크 포트 개방 등의 결과가 발생할 수 있다.

컴퓨터 프로그램이 의도적 또는 비의도적으로 실행되면서 기밀성, 가용성, 무결성 등의 보안속성을 침해할 경우 프로그램은 유해한 프로그램으로 간주한다. 특히, 의도적으로 컴퓨터 시스템의 보안속성을 침해할 목적으로 작성된 프로그램을 악성 프로그램이라 한다.

지금까지 발견된 악성 프로그램은 바이러스(virus), 웜(worm), 트로이목마(trojan) 등 3가지로 분류된다. 〈그림 6-6〉는 악성 프로그램의 특성을 비교한 그림이다.

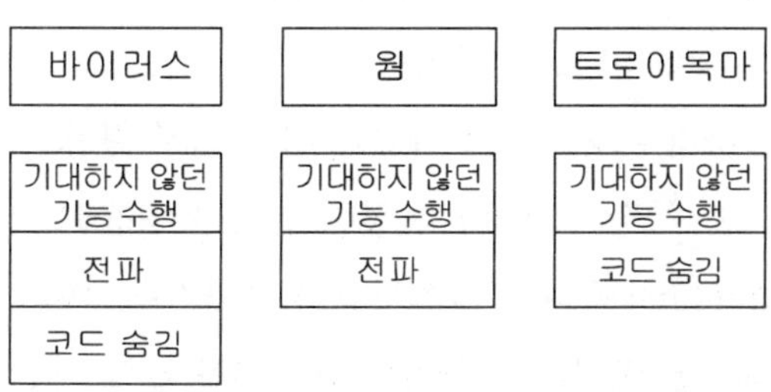

〈그림 6-6〉 악성 프로그램 특성 비교

6.2.2. 바이러스(Virus)

컴퓨터 프로그램이나 실행 가능한 부분을 변형하여, 여기에 자기 자신 또는 자신의 변형을 복사하여 컴퓨터 작동에 피해를 주는 명령어들의 조합을 컴퓨터 바이러스라고 한다.

생물학적인 바이러스가 생물체에 침투하여 병을 일으키는 것처럼 컴퓨터 내에 침투하여 자료를 손상시키거나 다른 프로그램들을 파괴하여 작동할 수 없도록 하는 컴퓨터 프로그램의 한 종류이다. 바이러스에 감염된 디스크로 컴퓨터를 부팅할 때나, 어떤 프로그램을 실행시킬 때 바이러스가 활동하여 자료를 파괴하거나 컴퓨터 작동을 방해하고 자신을 복제하여 다른 컴퓨터로 전염시킨다. 이런 점이 생물학적 바이러스와 비슷하기 때문에 바이러스라는 용어를 사용하지만, 다른 일반 프로그램과 동일한 프로그램의 한 종류이다.

발생 기원은 1949년 J.폰 노이만이 발표한 논문에서 프로그램이 자기자신을 복제함으로써 증식할 수 있다는 가능성을 제시한 것으로부터 유래한다. 실제로 미국에서 1985년 프로그램을 파괴하는 악성 컴퓨터 바이러스가 처음 보고 되었고, 한국에서는 1988년 (C)BRAIN이란 컴퓨터 바이러스가 처음으로 보고 되었다.

컴퓨터 바이러스가 발생하게 된 경위는 자신의 능력을 과시하기 위하여 만들었다는 설, 불법복제를 막기 위하여 만들었다는 설, 소프트웨어의 유통경로를 알아보기 위하여 유포시켰다는 설, 경쟁자 또는 경쟁사에게 타격을 주기 위하여 감염시켰다는 설 등이 있다. 그러나 은밀하게 유포되고 있기 때문에 확실한 경위는 밝혀지지 않고 다만 복합적인 원인으로 추정된다.

컴퓨터 바이러스는 그 영향 정도에 따라 양성 및 악성 바이러스, 감염 부위에 따라 부트(boot) 및 파일(file) 바이러스로 구분한다. 부트 바이러스는 컴퓨터가 부팅될 때 제일 먼저 읽게 되는 디스크의 특정 장소에 감염되어 있다가 컴퓨터 부팅시에 활동을 시작하는 종류이다. 파일 바이러스는 숙주 프로그램에 감염되어 있다가 숙주 프로그램이 실행될 때 활동하는 바이러스를 말한다.

바이러스의 종류에 따라 활동방식도 다른데 감염 즉시 활동하는 것, 일정 잠복기간이 지난 후에 활동하는 것, 특정기간이나 특정한 날에만 활동하는 것도 있다.

과거에는 불법복제한 소프트웨어 디스켓을 사용하거나, 여러 사람이 공동으로 사용하는 컴퓨터에서 작업하면 바이러스 감염의 가능성이 높아 자신도 모르게 디스켓 또는 프로그램에 감염되고 이렇게 감염된 디스켓을 자신의 컴퓨터에서 사용하면 자신의 컴퓨터도 전염되었다. 최근에는 인터넷 이용률이 높아지면서 이를 통하여 자료를 주고받을 때 급속도로 바이러스가 전염되기도 한다.

컴퓨터 바이러스는 주로 어셈블리어와 C 언어로 작성되어 있으며, 주로 실행파일을 감염시키는데 새로운 컴퓨터 바이러스가 나오게 되면 그것을 모방한 변형 바이러스가 다양하게 나오는 특징이 있다. 최근 컴퓨터 바이러스 프로그램의 양상은 더욱 지능화되어 가고 있으며, 외국산 바이러스보다 국내에서 제작된 바이러스의 수가 훨씬 많아지는 경향이 있다. 특히 국내 제작 바이러스들은 자신을 암호화시켜 은폐시키는 기법을 사용하여 사용자가 쉽게 발견하지 못하도록 보다 지능화되고 있다.

세대별 분류

컴퓨터 바이러스의 분류는 국내·외에서 다양하게 구분하여 사용하지만 안철수 연구소에서 구분한 다섯가지가 대표적으로 사용된다.

◉ 제 1세대 원시형 바이러스 (Primitive Virus)

실력이 뛰어나지 않은 프로그래머들이 만들어 프로그램 구조가 단순하고 분석이 상대적으로 쉬운 바이러스로 돌(Stoned) 바이러스, 예루살렘(Jerusalem) 바이러스 등 기존의 도스용 바이러스 대부분이 포함된다.

◉ 제 2세대 암호화 바이러스 (Encryption Virus)

백신 프로그램이 진단할 수 없도록 바이러스 프로그램의 일부 또는 대부분을 암호화시켜 저장한다. 그러나 실행 시작점 부분에 위치하는 암호 해독 데이터는 항상 일정한 바이러스로 폭포(Cascade) 바이러스, 느림보(Slow) 바이러스 등이 있다.

◉ 제 3세대 은폐형 바이러스 (Stealth Virus)

자신을 은폐하고 사용자나 백신 프로그램에 거짓 정보를 제공하기 위해서 다양한 기법을 사용한다, 기억 장소에 존재하면서 감염된 파일의 길이가 증가하지 않은 것처럼 보이게 하고, 백신 프로그램이 감염된 부분을 읽으려고 할 때 감염되기 전의 내용을 보여줘 바이러스가 없는 것처럼 백신 프로그램이나 사용자를 속인다. 조쉬(Joshi) 바이러스, 방랑자.1347(Wanderer.1347) 바이러스, 프로도(Frodo) 바이러스 등이 있다.

◉ 제 4세대 갑옷형 바이러스 (Armour Virus)

제 2세대, 3세대 바이러스들은 백신 프로그램이 바이러스를 진단하기 어렵게 하는 것이 목표였으나 백신 프로그램의 발달로 이런 목표가 무산되자 바이러스 제작자들은 백신 프로그램 제작자에게 공격의 화살을 돌려 백신 프로그램으로부터 숨기보다는 여러 단계의 암호화와 다양한 기법을 동원하여 바이러스 분석을 어렵게 하고 백신 프로그램 개발을 지연시켰다. 갑옷형 바이러스의 일종인 다형성(Polymorphic) 바이러스는 암호화 기법을 사용한다. 그러나 암호화를 푸는 부분이 항상 일정한 암호화 바이러스와는 달리 암호화를 푸는 부분조차 감염될 때마다 달라지고 한 개의 바이러스가 몇 억가지 이상의 변형을 만드는 경우도 있다.

◉ 제 5세대 매크로 바이러스 (Macro Virus)

매크로 바이러스는 운영체제(OS)와 관계없이 동작하는 응용 프로그램 내부에서 동작하는 것이 가장 큰 특징이다. 매크로 기능이 있는 MS사 오피스 제품군(워드, 엑셀, 파워포인트)이외에 비지오(Visio), 오토캐드(AutoCAD) 등 VBS(Visual Basic Script)를 지원하는 다양한 프로그램에서 활동하기 때문에 현재 등장하고 있는 바이러스 중에서 가장 높음 비중을 차지하고 있다.

운영체제별 분류

◉ 도스바이러스

일반적인 부트, 파일, 부트/파일 바이러스는 대부분 도스용 바이러스다. 감염 부위에 따라 부트, 파일, 부트/파일 바이러스로 나뉜다. 80년대 중반 이후부터 90년대 중반까지 약 10년간 왕성한 활동을 하던 도스용 바이러스는 윈도우 95의 등장으로 쇠퇴하고 있다. 원숭이, Anti-CMOS, One-Half 바이러스가 대표적인 예이다.

◉ 윈도우 바이러스

윈도우 바이러스는 버전에 따라 다양한 형태가 있다. Win3.1 바이러스(NE)는 16비트 코드로 작성된 new executable 포맷을 가지며 실행 파일만 감염된다. 예로는 Win/Redteam이 있다. Win9x 바이러스(PE)는 32비트 코드로 작성된 파일만 감염시킨다. 즉, 확장자가 EXE이며 윈도우 95/98의 32비트 실행 파일인 portable executable 포맷을 가진 실행 파일만 감염시킨다. 예로는 Win95/CIH, Win95/Marburg 등이 있다. Win32 바이러스(PE)는 Win9x 바이러스와 동일하지만 윈도우 NT에서도 정상적으로 메모리에 상주하면서 동작한다. 예로는 Win32/Kriz, Win32/CTX 등이 있다.

◉ Linux 바이러스

리눅스 바이러스로는 대표적인 종류로 Linux/Bliss.17892, Linux/Disel, Linux/Lamen가 있으며 셸 스크립트를 이용한 악성 프로그램으로는 Script/Jaded, Script/Dumb, Script/Basher, Script/Love_Letter 등이 있다.

◉ Palm 바이러스

PDA용 OS로 많이 활용되고 있는 Palm OS 에서는 트로이목마 형태와 겹쳐쓰기 형태의 바이러스가 나타나고 있으며 해당 프로그램 재설치가 필요하다. 예로는 Palm/Liberty(최초의 Palm용 악성 프로그램 : 트로이목마형) 와 Palm/Phage(최초의 Palm용 바이러스 : 겹쳐쓰기형)가 있다.

◉ Unix 바이러스

파일이나 시스템을 감염시키지 않고 유닉스 시스템 자체의 버그나 설정상의 취약성을 이용한 해킹 기법을 이용하여 네트워크를 통해 대규모로 자동 확산되는 웜의 종류(Morris Worm, ADM Worm, Millennium Internet Worm)

감염영역별 분류

◉ 부트바이러스

부트 영역에 감염되는 바이러스로서 감염후 윈도우 환경에서는 치료가 어려우며 도스 부팅후 치료가 필요하다. 대표적인 종류는 Brain 바이러스, Michelangelo 바이러스, Monkey 바이러스, Anti-CMOS 바이러스 등이다.

◉ 파일 바이러스

일반적으로 실행가능한 *.COM, *.EXE 등 실행가능한 파일에 감염된다. 특히 윈도우에서는 다양한 형태의 실행 파일이 존재하므로 감염되는 파일 종류도 BIN, OCR, SCR 등으로 다양하다. 감염된 파일을 실행했을때 바이러스의 증상이 발생되며 대표적인 종류로는 기존의 대부분의 파일바이러스와 매크로 바이러스, 윈도우 바이러스 등이 있다.

◉ 부트/파일 바이러스

부트 영역 및 파일에 모두 감염되는 바이러스이다. 부트 섹터 부분에 대해서는 부트 바이러스의 분류 방법을, 파일 부분에 대해서는 파일 바이러스의 분류 방법을 사용한다. 대표적인 종류로는 나타스 바이러스, 침입자 바이러스, 테킬라 바이러스 등 소수가 있다.

◉ 매크로 바이러스

응용 프로그램에 포함되는 매크로 기능을 이용하여 자신을 복제하는 바이러스이다. 오피스 프로그램 자체의 매크로 바이러스 경고기능으로 어느정도 예방이 가능하다. 일반적으로 매크로 바이러스는 운영체제에 영향을 받지 않으며, 제작과 변형이 쉽고 데이터의 변형을 가져와 데이터 파괴보다 더 치명적인 영향을 미칠 수 있다. 또한, 확산 속도가 빠르고 감염 사실을 모르는 경우가 많다.

6.2.3. 웜(Worm)

웜은 초창기 형태의 악성 소프트웨어로서 비교적 악영향은 끼치지 않는데, 컴퓨터 내의 다른 시스템에는 직접적인 영향을 미치지 않고 기억장소 내에서 자기 자신을 계속적으로 증식하는 프로그램으로서, 네트워크상에서의 크리스마스 바이러스가 대표적인 예이다. 웜은 다른 시스템에 직접적인 영향을 미치지 않는다는 점에서 트로이목마 프로그램과 구분되고, 다른 프로그램에 기생하지 않는다는 점에서 컴퓨터 바이러스와 구분된다.

컴퓨터 웜은 다른 파일에 기생하지 않고, 스스로 감염을 전파하는 실행 파일이다. 감염 대상을 결정하는 방식에 따라 두가지로 분류되며 첫째, 인터넷에 접속된 시스템의 IP를 기반으로 전파되는 웜과 둘째, 전자우편이나 인스턴스 메시징 소프트웨어(메신저) 등과 같이 사전에 등록된 전자우편 주소나 대화 상대를 감염의 대상으로 삼는 웜이 있다. 특히 IP를 기반으로 하는 웜은 사용자의 개입을 필요로 하지 않기 때문에 전파속도가 빠르다는 특징을 가지고 있다.

최근 유행한 주요 웜으로는 브로피아(Bropia) 웜, 조톱(Zotob.A) 웜, 소버 변종(Sober.55390) 웜 등이 있다.

6.2.4. 트로이 목마(Trojan)

트로이 목마는 실행 가능한 소프트웨어 프로그램에 행위자가 의도하는 결과를 수행하는 특정한 명령어를 불법적으로 삽입한 은폐된 프로그램을 지칭하는 것으로서, 이러한 프로그램을 사용자가 실행시키면 원하지 않는 의외의 결과가 발생하게 된다. 이러한 프로그램들은 컴파일된 상태에서 실행되어 원시코드를 확인할 수 없는 경우가 대부분이기 때문에 이를 발견하였을 때는 이미 피해가 상당히 확산된 뒤인 것이 보통이다. 트로이 목마는 스스로 증식하지 않는다는 점에서 컴퓨터 바이러스와는 다르므로, 컴퓨터 바이러스보다는 그 확산 정도가 작기 때문에 그리 심각한 문제가 아니라고 생각할 수도 있지만, 만일 사용자가 부주의하게 사용한다면 이러한 프로그램들로 인해 큰 피해를 입을 수도 있다.

6.2.5. 기타 유형의 악성 소프트웨어

스파이웨어[32)]

스파이웨어란 용어는 초기에 사용자의 인지나 동의없이 설치되어 비밀리에 작동하는 소프트웨어를 말한다. 미국의 AOL/NCSA의 조사(2004년 11월) 결과에 따르면 모든 PC의 80%가 스파이웨어에 감염되어 있으며 감염된 PC는 평균 98개의 스파이웨어가 존재하는 것으로 조사되었다. 또한 31차 APEC TEL(2005년 3월)에서 스파이웨어 설문결과 인터넷이 연결된 PC의 90%가 스파이웨어에 감염되었으며 이로 인한 피해는 스팸전자우편 보다 더 큰 손실을 유발한다고 조사 되었다.

스파이웨어는 광고목적의 애드웨어나 그레이웨어의 악의적인 사용증가로 인해 개념의 혼란을 가져 왔으며 기존의 안티-바이러스 업체와 안티-스파이웨어 업체의 상업적 경쟁으로 스파이웨어에 대한 오해를 확산시키고 있다.

32) "유해 그레이웨어(Grayware) 위협에 대한 분석 및 대응", 2006. 8. KISA

〈표 6-1〉 다양한 스파이웨어의 정의 사례

구 분	정 의 내 용
위키피디아	- 비밀리에 사용자를 모니터링 - 제3자의 이익을 위해 컴퓨터 오퍼레이션을 사용
시만텍	- 스캐닝, 모니터링, 제3자에게 전달
ASC[33]	- 사용자의 컴퓨터 통제를 손상시키도록 구현된 소프트웨어 - 컴퓨터 체험, 프라이버시, 시스템 보안에 영향을 미치는 재료 무단변경 - 시스템 자원 무단 사용 - 개인정보 무단 수집/활용/배포
FTC[34]	- 개인 또는 조직의 정보를 이들의 인지 없이 획득하며, 획득한 정보를 동의 없이 다른 사람에게 보내거나 또는 사용자의 인지없이 컴퓨터를 통제하는 소프트웨어 - 사용자의 적절한 동의없이 설치
정보통신부	- 악성 코드로 정의

스파이웨어는 악성 프로그램 중에서 자기 복제를 하지 않는 트로이목마 프로그램과 유해 그레이웨어 중에서 스파이 기능을 수행하는 프로그램으로 비밀성을 침해하는 유해프로그램이면서 자기증식을 하지않는 특징을 가지고 있다.

악성 Bot[35)36)]

Bot이란 로봇의 줄인 말로써 데이터를 찾아주는 소프트웨어 도구이다. 일반적으로 인터넷에서 웹 사이트를 방문하고 요청한 자료를 검색, 저장, 관리하는 에이전트의 역할을 수행 한다. 하지만 악의적인 목적으로 제작된 bot 프로그램을 악성 bot 이라 한다.

악성 bot은 악성 IRC봇 중의 하나이며 윈도우 시스템의 쉬운 비밀번호 설정, 윈도우 취약점, 윈도우 공유폴더, 기타 다른 웜바이러스가 사용하는 백도어를 이용하여 전파된다.

---

33) 안티스파이웨어연합 : Anti-Spyware Coalition
34) 연방무역위원회 : Federal Trade Commission
35) "해킹·바이러스현황 및 대응보고서", 2006. 2. KISA
36) 하우리 : http://www.hauri.co.kr

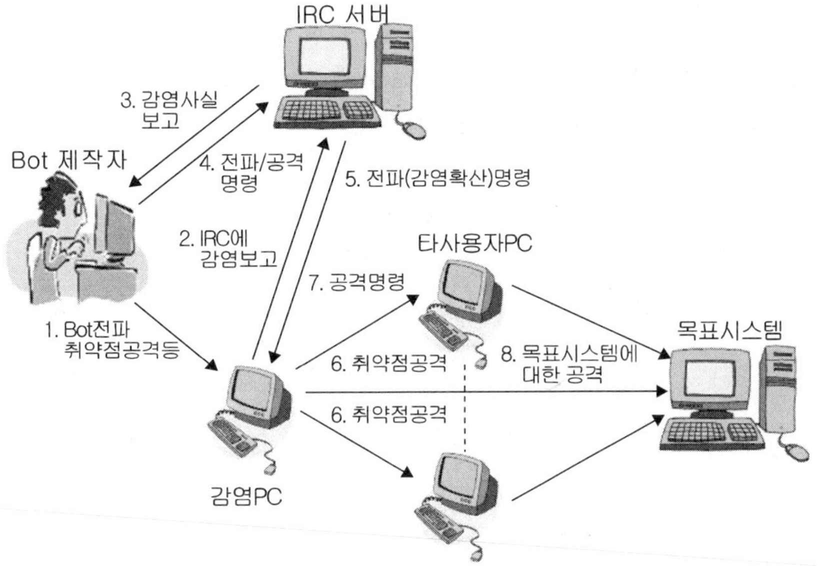

〈그림 6-7〉 Bot 동작 개념도

악성 bot에 감염된 시스템은 악성 bot 유포자가 지정한 특정 서버에 접속되며 악성 bot에 감염된 시스템은 유포자의 명령에 따라 타 시스템의 추가공격 및 사용자 정보를 유출한다. 〈그림 6-7〉은 bot의 동작 개념도이다.

악성 bot의 전파방법은 공유폴더, 비밀번호 취약성, 보안취약성을 이용하는 방법이 있다.

◉ 공유폴더

운영체제에서 기본적으로 설정된 관리목적의 공유 폴더는 관리자가 원격지에서 시스템에 접근하는데 필요한 것으로 시스템 설치시 기본적으로 설정된다. 이 폴더들은 [드라이브]$ 식으로 표현되며 일반적으로 C$, D$ 등의 폴더명으로 되어 있다. 관리자 비밀번호가 설정되지 않았거나, 추측하기 쉬운 비밀번호로 설정되었을 경우 원격지로부터 여러 가지 공격에 노출 될 수 있다. 이러한 취약성을 이용하여 악성 bot이 전파된다.

◉ 비밀번호 취약성

윈도우 시스템의 관리자 (administrator)의 계정 비밀번호가 없거나 유추하기 쉬운 비밀번호를 사용할 경우 악성 bot의 공격에 취약할 수 있다. 쉽게 유추가 가능한 사용자 계정(ID)와 비밀번호(password)를 사용하는 시스템을 찾기 위해 악성 bot에 감염된 시스템은 관리목적의 공유 IPC$ (TCP 445 포트)를 통해 자신을 전파시킨다.

◉ 보안취약점

악성 bot은 보고된 윈도우 보안취약성을 이용하여 공격을 취할 수 있다. 〈표 6-2〉는 악성 bot의 포트별 보안취약성 이용 현황이다.

〈표 6-2〉 악성 bot 포트별 보안취약성 이용 현황

포 트	관련취약점	포 트	관련취약점
80	WebDAV(MS03-007)	2556	Bagle, Bagle2
135	DCOM, DCOM2(MS03-026, MS03-039)	2745	Bagle, Bagle2
139	NetBIOS, Brute force, login attempts	3127	MyDoom.A
445	LSASS(MS03-026, MS03-039, MS03-049, MS04-011)	3140	Optix Backdoor
901	NetDevil	3176	MyDoom.AB 등
903	NetDevil2	5000	UPNP(MS01-059)
1023	Sasser Backdoor	5554	Sasser ftpd Backdoor
1025	DCOM(MS03-026)	6129	Dameware
1080	MyDoom.F	9898	Dabber Backdoor
1234	SubSeven	12345	SubSeven
1433	MS-SQL Login Brute force	17300	Kuang2

KISA에서는 악성bot에 대응하기 위하여 자체내에 허니넷(HoenyNet)을 설치하여 공격을 유도하고 있으며, 국내 ISP/IDC사업자와 해외 CERT팀들과의 협조체제를 유지하여 탐지된 악성 bot 명령/제어 서버정보를 통해 접속을 차단하고 있다. 또한 악상 Bot 감염 시스템이 bot 운영자가 지정한 명령/제어 서버로의 접속을 차단하기 위한 DNS 싱크홀[37]을 구축운영하고 있다.

논리폭탄

논리 폭탄은 정상적인 프로그램에 은폐된 루틴을 삽입하여 불법 행위의 대상이 되는 컴퓨터에서 루틴이 정하는 논리적인 조건이 이루어지면 루틴에 삽입된 명령을 실행하도록 하는 것이다. 예를 들어, 일정한 시간이 되면 컴퓨터가 이자를 계산하는 방식이나

37) Bot-NET 관리서버의 도메인명에 실제 IP주소가 아닌 특정 IP를 부여함으로 써 Zombie PC가 실제 Bot-NET 관리서버에 연결되는 것을 차단함.

이율을 바꾸어 계산하여 남는 금액을 악의적인 행위자의 예금구좌로 송금하는 살라미 공격이 있을 수 있다. 또한 일정한 조건이 발생할 경우 컴퓨터의 운영에 필요한 기본파일을 삭제하여 컴퓨터의 작동을 중단하게 하거나, 컴퓨터 통신망에서 행위자와 적대 관계에 있는 컴퓨터를 사용하면 해당 사용자의 디렉토리에 있는 파일을 전부 삭제하는 파괴적인 방향으로도 사용될 수 있다.

트랩도어

사용자들에게 다양한 기능을 제공하기 위해서 프로그램을 기능별, 모듈별로 나누어 프로그래밍을 하게 되는 복잡한 프로그램에서는 컴파일 과정에서 프로그램의 오류를 쉽게 발견할 수 있도록 메인 프로그램의 함수를 호출하거나, 다른 모듈에 있는 구조체(structure)등을 활용하기 위한 방법을 마련하거나, 또는 컴파일 시에 원시코드 자체를 변경할 수 있도록 하는 특수한 접근 지점을 만들어 두는 것이 보통이다. 이러한 과정에서 디버깅을 마친 다음 모듈을 결합하여 위와 같은 프로그램에의 접근 지점을 그대로 남겨둔 채 컴파일하게 되면, 완성된 프로그램에서도 비밀의 문(trap door)이 존재하게 된다. 트랩 도어는 이와 같은 프로그램의 오류를 이용하여 악의적인 행위자의 의도를 달성하려는 것이다. 트랩 도어의 위험을 예방하기 위해서는 프로그램이 개발 완료되어 실제의 작업 환경에서 사용될 때 트랩 도어로써 활용될 수 있는 루틴들의 제거 여부를 확인하여야 하며, 실제 프로그램에 대한 테스트를 하면서 중간에 이상한 출력이 나오는지 여부를 검토해 보아야 한다.

자바 애플릿 보안

자바는 미국의 선마이크로시스템사에서 개발한 새로운 객체지향적인 프로그래밍 언어로서 C++와 유사한 구조를 지니고 있으며, 프로세서에 대해 중립적이고 클라이언트-서버 환경을 지원한다.

자바 언어로 작성된 자바 애플릿(Java Applet)은 작은 프로그램으로서 멀티미디어의 처리에 중점을 두고 있는데, 클라이언트는 서버의 자바 애플릿을 다운로드받아 클라이언트의 자원을 사용하여 실행시킨다. 이러한 실행 방식은 서버의 자원을 사용하지 않는다는 점에서 분산 환경 컴퓨팅을 실현시켰으며, 자바의 쓰레드(thread) 기능을 사용하여 애니메이션, 사운드 등 여러 기능을 한꺼번에 실행할 수 있도록 하였으나, 보안상의 많은 취약점이 발견되어 대다수의 전문가들은 자바 기능을 사용하지 말 것을 권하고 있는 실태이다.

자바 보안을 설명하기 위해서는 우선 실행 가능 컨텐트(Executable Content)에 의해 발생할 수 있는 보안 문제점에 대하여 이해를 하여야 하는데, 실행 가능 컨텐트는 실행 가능한 코드를 데이터와 함께 보낼 수 있다는 개념으로서, 인터넷 환경에 강력한 상호 작용성을 부여할 수 있기 때문에 많은 주목을 받고 있다. 실행 가능 컨텐트에 의한 보안 문제점은 컴퓨터상에서 프로그램이 실행될 때 특정한 자원에 대한 접근을 프로그램이 직접 해야 한다는데 있는데, 실행 가능 컨텐트의 경우에, 실행되고 있는 프로그램은 대부분 신뢰할 수 없다. 즉, 자바 애플릿이 실행되기 위해서는 시스템의 특정한 자원에 접근을 해야 하는데, 이때 자원에 대한 적절한 접근 통제가 이루어지지 않는다면 악성 프로그램에 자원을 할당하여 큰 위험을 초래할 수 있기 때문이다.

자바 애플릿은 사용자에게 미치는 피해의 정도에 따라 악의적(hostile) 애플릿과 악성(malicious) 애플릿으로 구분된다.

7. 운영체제와 DBMS 보안

7. 운영체제와 DBMS 보안

7.1. 운영체제 보안

운영체제(operating system)는 메모리, 파일, 입출력 장치, 프로세서 등과 같은 모든 시스템 자원을 관리하고, 다양한 응용프로그램의 운영을 위하여 자원의 가용성을 최적화시키는 역할을 수행한다.

운영체제에서의 보안이란 자원에 대한 불법적인 수정이나 참조를 방지하는 정책과 기법 모두를 일컫는 용어로서, 시스템의 자원을 외부의 침입으로부터 보호하도록 하는 것을 의미한다. 보안이 필요한 이유는 다수 사용자 시스템 및 통신망의 발전으로 인해 시스템 자원의 안정성이 떨어지고, 인터넷과 같은 개방형 네트워크 환경에서 널리 사용되는 표준적인 운영체제인 UNIX 등은 컴퓨터 시스템 내의 정보보호를 향상시키기 위한 수단이 매우 부족하다는데 그 근본 원인이 있다. 운영체제 보안이 제공하는 기능에는 메모리 보호, 접근 통제, 식별 및 인증 등이 포함되는데 각종 침해로부터 시스템을 보호하기 위해 보안 운영체제(secure operating system)가 연구되고 있다.

7.1.1. 운영체제의 개요

<u>컴퓨터 운영체제의 개요</u>

전통적인 컴퓨터 운영체제의 구조는 〈그림 7-1〉과 같이 하드웨어, OS커널, 시스템 호출(라이브러리 및 명령어 포함) 및 응용프로그램으로 구성된다. 각각의 계층은 하위 계층에 있는 facility를 사용한다.

시스템 호출, OS 커널과 하드웨어는 보안관련 응용 프로그램 인터페이스(API : Application Programming Interface) 내부에 위치한다. 응용 프로그램은 잘 정의된 시스템 호출(API)을 사용하여 OS 커널에 접근한다. 사용자들은 시스템 외부에 있으며 OS 커널과 직접 통신하거나 응용프로그램을 통하여 시스템에 접근할 수도 있다.

일반적인 운영체제는 프로그램의 실행 환경을 제공한다. 운영체제에서 제공하는 서비스는 각각의 운영체제 마다 다르다. 그러나 공통적으로 다음과 같은 기능을 필수적으로 제공한다.[38)39)]

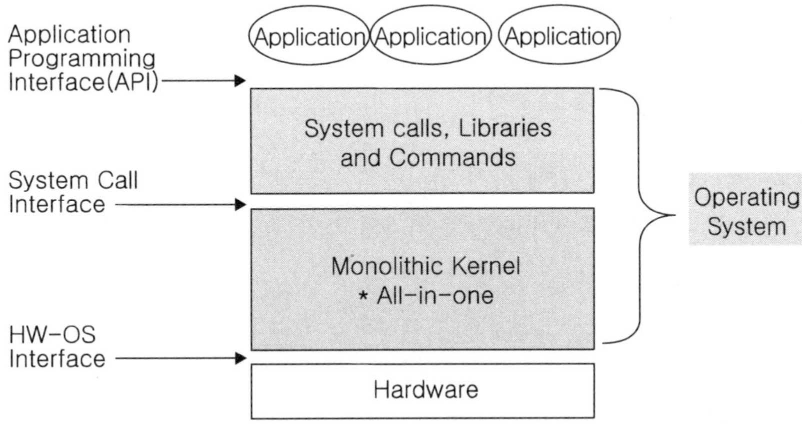

〈그림 7-1〉 전통적 운영체제의 구조(통합 커널 구조)

◉ 프로세스 관리

운영체제는 컴퓨터 프로그램을 메모리에 적재하여 실행할 수 있어야 하며 실행을 끝낼 수도 있어야 한다. 프로그램이 수행되는 상태를 프로세스라고 부르며, 이러한 프로세스에 대하여 운영체제는 다음과 같은 기법을 제공하여야 한다. 먼저, 사용자나 시스템의 프로세스를 생성하고 제거하는 기능을 제공하여야 한다. 이러한 프로세스를 필요에 따라 일시 중지시키고 재수행할 수 있어야 한다. 연관된 프로세스 사이에서는 정보를 교환할 수 있는 통신 기법이 필요하다. 또한, 이러한 프로세스의 동기화 기법이 필요하다. 프로세스 사이에서 자원을 공유하는 경우 발생할 수 있는 교착상태를 처리하는 기법도 필요하다.

◉ 메모리 관리

운영체제에서는 프로그램을 메모리에 적재할 수 있어야 하며, 적재된 프로그램이 수행할 때 다른 메모리를 사용할 수 있도록 하여야 한다. 이러한 메모리를 사용하는 데 있어서, 현재 메모리의 어느 부분이 사용되고 있으며 누구에 의해 사용되고 있는지를 알 수 있어야 한다. 메모리 공간이 사용 가능하게 될 때, 어떤 프로세스를 메모리에 적재할 것인지 결정하여야 한다. 또한, 메모리 공간이 부족하거나 긴급 프로세스가 있을 때, 어떠한 프로세스를 메모리에 해제하여야 할 것인지를 결정해야 한다. 그리고 사용

38) William Stallings, "Operating Systems : Internals and Design Principles", 2005. Prentice Hall
39) 황현욱, 김민수, 노봉남 공저, "해킹과 사이버 보안", 전남대학교 출판부, 2004.

하지 않는 메모리는 회수할 수 있어야 하며, 할당된 메모리는 다른 프로세스에 의한 불법적인 접근이 불가능해야 한다.

◉ **입출력장치 접근**

각 입출력장치는 동작을 위해 자기 자신만의 독특한 명령어나 제어 시그널을 필요로 한다. 운영체제는 프로그래머가 단순히 읽기와 쓰기 관점에서 입출력장치를 사용할 수 있도록 세부사항을 처리한다.

◉ **파일 접근 제어**

파일의 제어를 위해서는 입출력장치(디스크 드라이브, CD-ROM 등)의 특징뿐만 아니라 저장 매체 상에서의 파일 형식에 대한 정보도 필요하다. 이 경우에도 운영체제가 세부 책임을 진다. 더구나 여러명의 동시 사용자를 지원하는 시스템의 경우 운영체제는 파일에 대한 접근을 제어하기 위해 보호 기법을 제공할 수 있다.

◉ **프로세스간 통신**

한 프로세스가 다른 프로세스와 정보를 교환할 필요가 있다. 동일한 컴퓨터에서 수행되는 프로세스 사이에 이루어지는 통신과 서로 다른 컴퓨터 시스템에서 수행되는 프로세스 사이에 이루어지는 통신이 있다. 이러한 통신 기능을 제공하기 위한 메시지 전달 기법이 필요하다.

◉ **에러발견 및 응답**

컴퓨터 시스템이 동작하고 있는 동안 메모리 에러, 장치 고장 또는 오동작과 같은 내·외부 하드웨어 에러가 있고, 영(zero)으로 나누기, 접근이 금지된 메모리 위치에 대한 접근 시도, 응용 요구에 대한 운영체제의 처리 불능 등의 다양한 소프트웨어 에러가 발생한다. 각각의 경우 운영체제는 수행 중인 응용에 대한 영향을 최소화하면서 에러 조건을 제거할 수 있도록 응답해야 한다. 이러한 응답에는 에러를 일으킨 프로그램의 종료, 연산의 재시도, 응용에게 에러를 단순히 보고 하는 것 등이 있을 수 있다.

운영체제의 보안 강화 방향

OS의 보안성을 실현하는 방법은 크게 두 가지로 나누어 볼 수 있다. 기존의 운영체제의 커널을 수정 없이 그대로 이용하여 utility 수준에서 보안 기능을 추가적으로 첨가하는 Add-On 방식과, 커널을 수정하거나 새로 설계하여 하위 수준 즉, 커널 수준에서 보안기능(참조 모니터 등 구현)을 포함시키는 방법이 있다. Add-On 방식은 보안상의 많은 허점 및 취약점이 발생할 수 있는데, 첨가 보안 기능을 우회하는 침입, 내부자의 조작, 시스템 성능의 저하 등을 해결하기가 어렵다. 커널 수준에서 보안 기능을 구현하는 방법은 컴퓨터 시스템에서의 여러 가지 보안 취약성을 원천적으로 차단할 수 있고, 외부 침입자로부터의 노출이나 수정을 근본적으로 차단할 수 있으며, 보안 기능의 부가적 처리로 인한 성능 저하 현상을 최소화 할 수 있다는 장점을 가진다.

7.1.2. 운영체제 보안의 주요 제공기능

운영체제 보안의 주요 제공기능은 메모리 보호, 파일보호, 접근제어, 사용자 인증이다.

보 호[40)]

운영체제는 메모리, 공유 및 재사용이 가능한 I/O장치, 공유 가능한 프로그램 및 서브프로그램, 공유데이터를 보호해야 한다. 시스템 자원의 기본적인 보호 방법은 한 사용자의 객체를 다른 사용자로부터 격리시키는 분리 방법이 사용된다.

분리는 다음과 같이 분류한다.

- **물리적 분리** : 사용자별로 별도의 장비만 사용하도록 제한하는 방법이다. 이것은 강한 형태의 분리가 되겠지만 실용적이지 못하다.
- **시간적 분리** : 프로세스가 동일 시간에 하나씩만 실행되도록 하는 방법이다. 이 방법은 동시 실행으로 발생되는 문제를 제거해 운영체제의 일을 단순화 시킨다.
- **논리적 분리** : 이 방법은 각 프로세스가 논리적인 구역을 갖도록 하는 방법이다. 따라서 프로세스는 자신의 구역 안에서만 어떤 일을 하든지 자유지만 할당된 구역 밖에서 할 수 있는 일은 엄격하게 제한된다.

---

40) 마크 스탬프 저, 안태남외2명 공역, "정보보안 이론과 실제 : 암호, 접근제어, 소프트웨어", 한빛미디어, 2006. 7

○ **암호적 분리** : 내부에서 사용되는 정보를 외부에서는 알 수 없도록 암호화 하는 방법이다.

물론, 이러한 분리 방법은 다양한 조합으로 운용될 수 있다.

접근제어

◉ 접근제어 객체

운영체제는 서비스 및 시스템 자원에 대한 접근통제를 제공해야 한다. 접근제어 객체는 메모리, 보조기억장치의 파일 혹은 데이터, 파일 디렉토리, 하드웨어 장치, 데이터 구조, 운영체제의 테이블, 특수 권한의 명령어, 패스워드 및 사용자 인증 메커니즘, 보호 메커니즘 등이 있다.

◉ 접근제어 기법[41]

① DAC(Discretionary Access Control) : 임의적 접근제어

접근 제어 정책의 하나로, 시스템 객체에 대한 접근을 사용자 개인 또는 그룹의 식별자를 기반으로 하는 접근제어 방법이다. 임의라는 말은 어떤 종류의 접근 권한을 갖는 사용자는 다른 사용자에게 자신의 판단에 따라 권한을 줄 수 있다는 뜻이다.

주체 및 객체의 신분 및 임의 접근 제어 규칙에 기초하여 객체에 대한 주체의 접근을 제어하는 기능을 수행한다.

② MAC(Mandatory Access Control) : 강제적 접근제어

어떤 주체가 특정 객체에 접근시 양자의 보안 레벨에 기초하여 낮은 수준의 주체가 높은 수준의 객체의 정보에 접근하는 것을 제한하는 방법. 컴퓨터의 모든 자원(중앙 처리 장치, 메모리, 프린터, 모니터, 저장장치 등)을 객체로 추상화하고, 그 객체를 사용하고자 하는 것을 주체(사용자 및 모든 프로세스)로 설정하여, 각 객체 파일의 비밀 등급과 각 주체의 허가 등급을 부여한다. 이후, 주체가 객체를 읽거나 기록하거나 실행시키고자 할 때마다, 그 주체가 그 객체에 대한 권한을 가지고 있는지를 확인하는 방식이다.

41) TTA 용어사전 : http://www.tta.or.kr

③ RBAC(Role Based Access Control) : **역할 기반 접근제어**

주체에 대한 행위나 역할에 의해 접근 권한이 결정되는 접근 제어 방식으로 역할은 접근 제어 정책을 구현하는 중요한 의미적 구조로서 조직의 업무 기능에 따라 역할과 권한이 생성되고, 역할에 부여된 접근 권한에 따라 역할 수행에 필요한 최소 한도의 자원 접근이 가능하며, 업무 권한과 책임에 따라 접근 구조의 변경 없이도 역할을 변경할 수 있게 한 것이다. 또한 권한을 세분화한 다중 등급 보안(MLS) 기능과, 파일 시스템, 프로세스, 네트워크 포트, 레지스트리에 대한 강제적 접근 제어, 개개의 파일 또는 네트워크 포트에 대한 접근 권한 제어, 프로세스를 주체로 한 동일 파일에 대한 다양한 보안 기능 등의 제어 기능이 있다.

사용자 인증

인증은 사용자(또는 개체)가 특정 시스템이나 자원에 접근하는 것을 허용할 지 여부를 결정하는 문제이다. 인증의 정의에 따라 인증된 사용자는 시스템 자원에 대한 접근이 허용된다.

일반적으로 사용되는 인증기법은 다음과 같다.

- ○ 지식에 기반한 인증(What you know)
- ○ 소유에 기반한 인증(What you have)
- ○ 개체 특징에 의한 인증(What you are)

지식에 기반한 인증은 비밀번호(password), 암호구문(passphrase), 개인식별번호(PIN : Personal Identification Number) 등과 같이 사용자가 이미 알고 있는 정보를 이용한 방법이며, 소유에 기반한 인증은 IC(Integrated Circuit) 카드, 마그네틱카드 등으로 사용자 인증정보가 물리적인 매체에 저장되어 있어 이것을 읽어내는 장치를 이용한 인증방법이다. 마지막으로 개체 특징에 의한 인증은 지문, 음성, 망막 측정, 서명 동작 등의 생체적 특성을 이용하며 이러한 생체적 특성정보를 읽어낼 수 있는 장치를 활용하는 방법이다. 좀 더 자세한 사항은 앞에서 설명한 4장 2절의 인증부분을 참조하기 바란다.

7.1.3. 보안운영체제

보안운영체제의 보안기능

일반적으로 보안 운영체제는 다음과 같은 보안 기능을 제공하여야 한다. 〈그림 7-2〉 참조

◉ 사용자 식별 및 인증

접근통제가 사용자의 신분 증명에 의해 이루어질 경우 정확한 신분증명을 위해 보안 운영체제는 개별 사용자의 안전한 식별을 요구하며, 각각의 사용자는 고유하게 식별될 수 있어야 한다.

◉ 임의적/강제적 접근 통제

임의적 접근통제(DAC : Discretionary Access Control)는 신분기반정책(Identity_Based Policy)이라고도 하는데 주체나 소속 그룹의 신분(identity)에 근거하여 객체에 대한 접근을 제한하는 방법이다. 사전에 보안정책이나 보안담당자에 의해 개별사용자에게 합법적으로 부여된 한도 내의 재량권(discretion)에 따라 사용자의 접근을 통제하는 접근통제 방식이다.

강제적 접근통제(MAC : Mandatory Access Control)는 규칙기반정책이라고도 하는데, 객체의 비밀등급과 주체가 갖는 권한에 근거하여 객체에 대한 접근을 제한하는 방법이다. 사용자의 접근결정에 사용되는 고정된 보안속성을 보안관리자와 같은 사람에 의해 관리적으로 부여하거나 운영체제에 의해 엄격한 규칙을 따라 자동적으로 부여함으로써 사용자의 자유재량에 관계없이 의무적으로 접근을 통제하는 접근통제 유형이다. 강제적 접근통제하에서 운영체제는 주체와 객체에 특별한 보안속성들을 부여하는데, 운영체제는 주체가 객체에 접근할 수 있는지를 보안속성들을 비교해서 결정한다.

◉ 객체 재사용(Object Reuse) 보호

사용자가 새로운 파일을 작성하려고 할 때, 이를 위한 기억장치의 공간이 할당된다. 할당되는 기억공간에는 이전의 데이터가 삭제되지 않고 존재하는 경우가 많은데, 이러한 데이터를 통해 비밀 데이터가 노출될 수도 있다. 이러한 공격 유형을 객체 재사용이라고 하는데, 메모리, 레지스터, 자기 매체 및 기타의 재사용 가능한 저장 매체에서 발

생될 수 있다. 보안 운영체제는 재 할당되는 모든 기억장치 공간을 깨끗하게 치워야 한다.

◉ **완전한 조정**

임의적/강제적 접근 통제가 효과적이기 위해서는 모든 접근을 통제하여야 한다. 따라서 보안운영체제는 모든 접근을 통제하는 완전한 조정을 수행하여야 한다.

◉ **안전한 경로(Trusted Path)**

패스워드의 설정 및 접근 허용의 변경 등과 같은 보안 관련 작업을 수행할 때 사용자는 안전한 경로라고 불리는 안전한 통신을 원하는데 보안 운영체제는 이러한 안전한 경로를 제공할 수 있어야 한다.

◉ **감사 및 감사 기록 축소**

모든 보안 관련 사건은 감사 기록부(audit log)에 반드시 기록되어야 하고 감사 기록부는 명백하게 보호되어야 한다. 감사 데이터의 막대한 양과 분석은 종종 커다란 문제가 될 수 있는데 보안 운영체제는 감사 데이터의 양을 줄이기 위한 별도의 도구를 사용하여 감사 기록 축소를 수행할 수 있어야 한다.

보안 커널

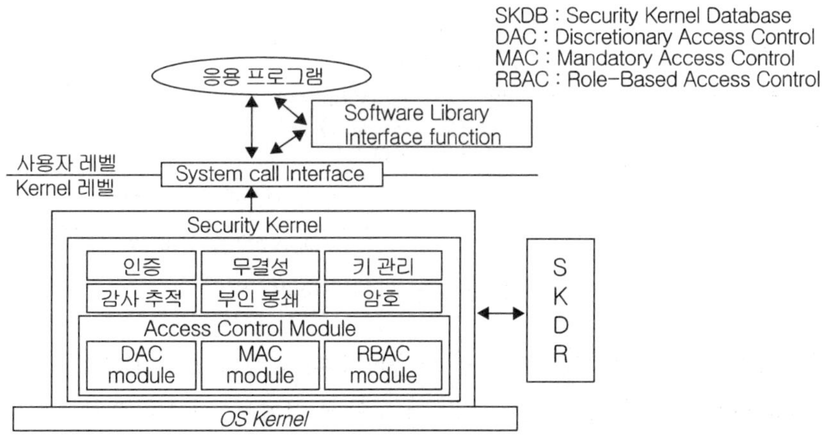

〈그림 7-2〉 보안 운영체제 개념도

보안 운영체제란 컴퓨터 운영체제상에 내재된 보안상의 결함으로 인하여 발생 가능한 각종 해킹으로부터 시스템을 보호하기 위하여 기존의 운영체제 내에 보안기능을 통합시킨 보안 커널을 추가로 이식한 운영체제이다.

◉ 보안 커널

1970년대의 보안제품 연구 개발은 기존 컴퓨터 시스템에 암호화, 접근제어, 감사 추적 등의 하드웨어/소프트웨어를 추가하는 Add-On 방식으로 연구, 개발되어 왔으나 이러한 방식으로는 기존 알려진 우회(bypass), 수정(modification) 등의 문제점 및 새로운 보안상의 문제점인 트로이 목마, Covert Channel 등의 신종 컴퓨터 범죄를 해결할 수 없다는 연구 결과와 더불어 문제점 발생 시 마다 보안 제품을 계속적으로 추가하는데 드는 비용과 번거로움에 따라, 중형 컴퓨터급 이상에서는 1980년대부터 컴퓨터 시스템의 운영체제의 내부 커널에 보안기능을 포함시키는 보안 커널의 연구 개발을 추진하여 제품을 생산하고 있는 추세이다.

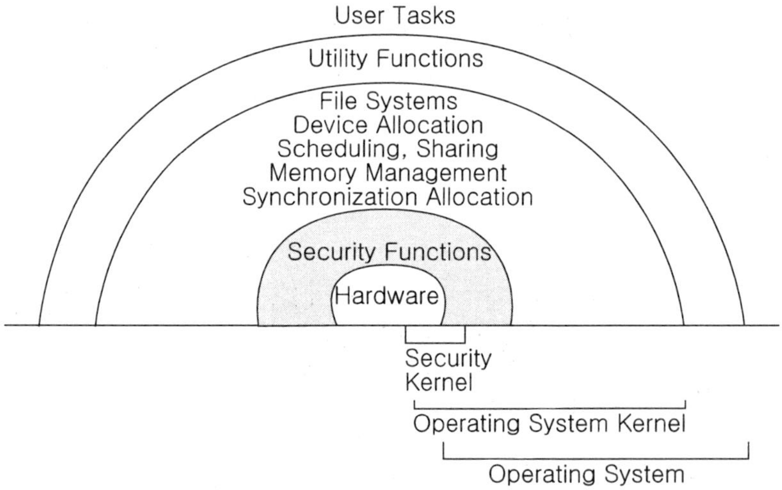

〈그림 7-3〉 보안 커널의 레이어

보안 커널의 3가지 정의를 살펴보면 다음과 같다. 〈그림 7-3〉참조

MTR(Mitre Corporation)에서는 "컴퓨터 보안에 있어서, 사용자 프로세스 시스템 내부의 정보 저장소에 대한 접근을 통제하는 H/W와 S/W로 구성된 localized mechanism을 말하며, 신뢰성 프로세스로서 접근의 정확한 동작이 수행되도록 강제적 조건을 충분히 보장해야 한다. 또한 TCB(Trusted Computing Base)는 신뢰할 수 있는 프로세스를

가지고 보안 커널을 이용하여 구현 된다."고 설명하고 있다.

DoD(Department of Defence)에서는 "Reference Monitor 개념을 구현한 TCB의 H/W, F/W, S/W 요소이며, 모든 접근을 중재해야 하며 수정으로부터 보호되고 정확성이 검증되어야 한다."로 정의하고 있다.

FIPS(Federal Information Processing Standards)에서는 "시스템 자원에 대한 접근을 통제하기 위한 기본적 보안 절차를 구현한 컴퓨터 시스템(H/W 및 S/W)의 중심부"로 설명하고 있다.

DoD에서는 TCB(Trusted Computing Base)를 "하나의 컴퓨터 시스템(H/W, F/W, S/W) 내의 모든 보호 메커니즘의 총체로서, 시스템과의 조화를 통하여 보안 정책을 적용할 책임을 갖는다. 운영 TCB는 기본적인 보호 환경을 만들고, 신뢰성 있는 컴퓨터 시스템에 있어 필요한 부가적인 사용자 서비스를 제공한다. 보안 정책의 정확한 적용의 능력은 오직 TCB 내의 메커니즘과 보안 정책 관련 정보(사용자 파라미터)의 입력에 달려 있다."라고 설명하고 있다. 일반적으로 운영체제를 TCB 요소와 비TCB(non-TCB) 요소로 분할하는데, 이러한 TCB 분할은 TCB를 계층화 구조로 구현하는 것으로써, 각 계층은 고유의 보안정책을 정의하기 때문에 기존의 TCB를 재사용할 수 있고 TCB의 확장이 용이하게 된다. 이는 강제적 보안을 관리하기 위한 보안 커널은 검증 및 분석이 용이하도록 가급적이면 작아야 한다는 요구사항에 따른 개념이다.

TCB 요소에는 기본 입출력, 기본 연산, 클록, 타이밍, 인터럽트 처리, 레지스터와 메모리 같은 하드웨어, 권한(capabilities)이 포함되고, non-TCB 요소에는 사용자 응용, 유틸리티, 사용자 요청 인터프리터, 사용자 프로세스 조정 및 동기화, 객체와 이름 같은 사용자 환경, 사용자 입출력, 프로시저와 사용자 프로세스, 사용자 객체의 작성 및 삭제, 디렉토리, 확장 타입, 세그먼테이션 및 페이징과 메모리 관리가 포함된다.

TCB는 프로세스 활성화, 실행영역교환, 메모리 보호, 입출력 연산과 같은 기본적인 작업을 감시한다.

◉ 보안 커널 구현 전략

보안 커널 방법은 일반 운영체제에 내재되어 있는 보안 문제점을 해결하기 위하여 운영체제를 재설계하는 방법이다. 보안 커널은 일반적으로 운영체제와 유사하며, 전통적인 운영체제 설계 개념을 사용한다. 보안 커널에 요구되는 하드웨어도 거의 유사하다. 보안 커널은 시스템 호출(API) 내의 모든 주체와 객체를 통제하여야 하며 프로세스, 파일시스템, 메모리 관리, I/O를 위한 자원을 제공하여야 한다. 주어진 컴퓨터 하드웨어 상의 안전하지 않은 운영체제(insecure operating system)에 보안 커널을 구현하는 방법은 〈그림 7-4〉와 같이 전통적인 통합커널(IK : Integrated Kernel)을 이용하는 방법과, 〈그림 7-5〉와 같이 마이크로 커널(MK : Micro- Kernel)을 이용하는 두 가지 방법으로 크게 나눌 수 있다.

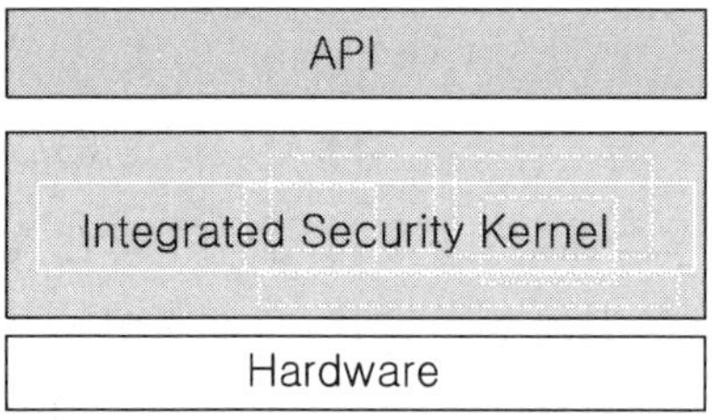

〈그림 7-4〉 통합 커널(IK) 방식

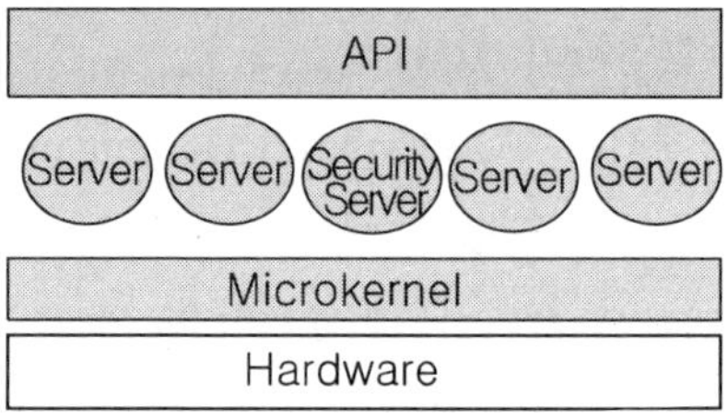

〈그림 7-5〉 마이크로 커널(MK) 방식

통합 커널은 단순 커널(monolithic kernel)이라고도 불리며, 기능호출(function calling)을 통하여 하드웨어 서비스를 이용한다. 이러한 통합 커널의 예로는 UnixWare, Solaris, AIX, HP-UX, DG-UX, IRIX 등의 많은 기존 OS가 있다. 마이크로 커널 접근 방법은 마이크로 커널 상에 복잡성을 줄이고 유연성을 갖는 방법으로, 프로세스 관리 서버, 파일 관리 서버, 메모리 관리 서버, IPC 관리 서버 등이 존재할 수 있으며, 서버와 서버 상호간에는 프로토콜이 존재한다. 마이크로 커널 방법은 전통적인 통합 커널 방법이 더 많은 OS 기능의 추가에 따라 비대해지고 복잡해짐으로써 유지 보수가 어려워지자 마이크로프로세서를 채용하는 소규모 시스템에서 OS를 쉽게 지원하고자 하는 목적으로 개발되고 있으며, 특히 실시간 시스템에서 많은 활용이 예측된다. 마이크로 커널은 서버 간에 메시지 패싱을 주로 담당하며, 문맥 교환을 빨리 수행하는 장점이 있다.

◉ 보안 커널 설계 시 고려사항

① 보안 레이블 메커니즘 설계

보안 레이블은 MAC 정책을 실현하기 위하여 필수적으로 요구되는 메커니즘으로, MAC 메커니즘이 정의되면 커널에서는 모든 주체 및 객체에 대한 보안 레이블이 안전하게 유지되어야 한다. 이러한 주체와 객체의 보안 레이블 정보는 주체가 객체에 대한 액세스를 요청할 때 리눅스 커널 내의 참조 모니터(reference monitor)에 의해 접근 허가 여부 결정 시 반드시 호출되어야 하며, 이 참조 모니터는 그 크기가 검증이 가능하도록 작게 구현되어야 한다. 또한 보안 레이블은 보안 커널이 액세스 허가를 결정하기 위한 정보로 사용된다.

- 주체(Subject) 보안 레이블

운영체제 시스템 내에서 모든 주체는 프로세스로 실행된다. 이 프로세스들은 사용자를 위해서 동작하는 것으로 사용자가 컴퓨터에 로그인 한 후 사용자의 명령어에 의해 동작된다. MAC 메커니즘이 정의되면 사용자는 컴퓨터에 로그인하는 과정에서 사용자의 식별자(ID)와 패스워드는 물론 자신에게 부여된 보안등급(clearance)을 입력하여야 한다. MAC 메커니즘을 위한 사용자의 신원허가는 보안등급과 보호범주로 구성된다. 이러한 신원 확인 절차는 기존의 DAC 메커니즘을 사용하는 시스템에서는 없는 과정으로 시스템의 login 프로세스와 관련되는 부분이다.

사용자가 입력한 신원 정보가 시스템 내에 등록된 보안등급과 부합한지를 확인한다. 즉 사용자 신원정보가 사용자별로 등록된 보안정보 DB 내의 최대 및 최소 범위 내의 값이고 보호범주는 최대 집합의 부분집합인 경우에만 사용자는 컴퓨터에 정상적으로 로그인 된다. 따라서 사용자 신원정보는 프로세스에 대한 보안 레이블로서 보안 커널에 의해 안전하게 유지되어야 한다. 이를 위해 컴퓨터 시스템 내에는 사전에 모든 시스템 사용자들에 대한 신원정보가 등록되어 있어야 한다. 이 신원정보는 MAC 메커니즘을 위하여 중요하기 때문에 보안담당자에 의해 안전하게 등록되어야 한다.

- 객체(Object) 보안 레이블

운영체제 내에서 객체에 대한 보안 레이블은 MAC 메커니즘을 위하여 매우 중요하다. 사용자가 생성한 객체들은 객체가 담고 있는 정보의 기밀성에 따라 이에 적합한 비밀등급(security level)과 취급되는 카테고리 코드가 부여되어야 한다. 그러므로 각 객체에 대한 보안 레이블 정보를 저장하고 안전하게 유지할 수 있는 보안 레이블 기억장소가 필요하며, 보안관리자에 의한 등급부여의 통제관리도 필요하다. 객체에 대한 보안 레이블은 보안등급을 가진 사용자가 새로운 객체를 만들어 낼 때 각 사용자 프로세스의 보안등급과 보호 범주를 읽고 레이블 설정 시스템을 호출하여 부여된다. 이를 가지고 주체가 객체를 액세스하고자 할 때마다 객체에 대한 접근 허가 여부를 결정하게 된다.

– 접근 제어 메커니즘

액세스 제어 메커니즘을 설계하기 위해서는 다음의 정의들이 필요하다.

○ 주체 : 프로세스들의 집합
○ 객체 : 파일들의 집합
○ 접근 모드 : 판독(R), 기록(W), 실행(E) 3가지 형태
○ 보안레이블 : 비밀 등급(SL : Security Level)과 카테고리로 이루어진다.

비밀등급은 양의 정수로서 1급, 2급, 3급, ... 등을 의미하며, 1급 〉 2급 〉 3급 .... 의 관계가 성립한다.

카테고리는 한 비트 당 한 카테고리를 정의할 수 있다. 보통 기억장소 32 비트를 할당하여 각 비트를 1로 설정하여 해당 카테고리를 32개까지 나타낼 수 있다.

– 참조 모니터(Reference Monitor)

보안 커널은 DAC, MAC 및 감사 추적을 위한 메커니즘을 포함하고 있으며, 주체가 객체에 대한 액세스를 제어하여야 한다. 이것은 〈그림 7-6〉 과 같이 주체와 객체 사이의 모든 액세스 허가를 결정하는 참조 모니터 개념을 만족하고 있다. 이 참조 모니터는 보안 커널 데이터베이스(SKDB : Security Kernel Data Base)를 참조하여 객체에 대한 접근 허가 여부를 결정하여야 한다.

이 SKDB에는 커널이 접근 허가를 결정하기 위하여 필요한 접근 허가정보들 즉, 파일 보호 비트, 사용자의 신원 허가 정보, 보안 등급 정보들을 안전하게 유지하고 있는 자료구조 집합이다. SKDB는 안전하게 유지되어야 하므로 사용자에 의하여 쉽게 변경 또는 삭제가 불가능하도록 하여야 하며, 허가된 관리자만이 이 정보를 등록 및 변경을 할 수 있어야 한다.

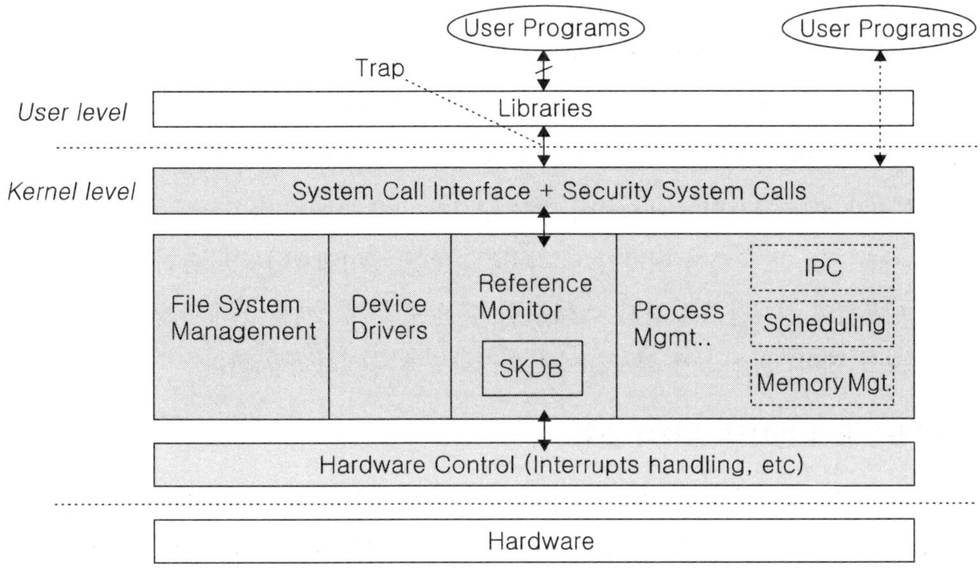

〈그림 7-6〉 참조 모니터를 이용한 보안 커널

② 커널 모드 암호화

종래 운영체제에서의 데이터에 대한 암호화 및 복호화는 사용자 모드에서 암호화 응용 프로그램을 이용하여 사용자가 선택적으로 파일을 지정한 후, 암호화 및 복호화 키를 입력하여 파일 단위로 일괄적으로 암호화하고 복호화하는 방식을 사용하였다. 그러나 이러한 방식에는 다음과 같은 문제점이 있다.

첫째, 비밀 수준의 파일 작성시 사용자의 실수 혹은 고의로 암호화를 하지 못하는 경우가 발생될 수 있다.

둘째, 문서작성 프로그램, 회계처리 프로그램, 기타 응용 프로그램에서 파일을 읽거나 변경하는 등의 처리를 할 경우에는 불가피하게 파일 단위로 전체를 복호화한 후, 저장하여 처리할 수밖에 없었기 때문에, 비밀 수준의 파일이 평문 형태로 보조기억 장치에 저장되어 존재하는 경우가 많다.

셋째, 처리 속도 측면에서 커널 모드에서의 암호화 및 복호화에 비해 늦다.

넷째, 암호화 및 복호화를 위한 키 관리를 위해 별도의 키 관리 방법이 제공되어야 한다. 결과적으로, 사용자 모드에서의 암호화 및 복호화는 사용자에게 번거로움을 주며, 운영체제의 비효율성, 비밀 수준의 파일 처리에 있어 보안상의 취약성을 내재하고 있다. 그러므로 새로운 형태의 암·복호화 기법이 필요로 하게 된다.

③ DB를 이용한 실시간 감사·추적

기존의 운영체제 중 유닉스나 리눅스 운영체제에서의 감사 추적은 정적으로 기록된 사건 로그 파일을 이용하여 별도의 감사 추적 프로그램을 통해서 가능하였다. 이 경우 보안관리자 또는 감사인(auditor)에 의한 실시간 감사 추적이 불가능할 뿐만 아니라 다양한 사건 정보의 출력이 어려웠다. 다중등급보안 운영체제에서는 동적인 데이터베이스를 이용하여 실시간으로 감사 추적을 할 수 있도록 시스템을 설계 구현해야 하며, 로그 정보를 데이터베이스에 실시간으로 저장하도록 구성하여야 한다.

④ 보안표시 정보의 강제적 출력

이동용 컴퓨터의 탈취, 분실 시 보조 기억장치에 저장된 비밀수준의 정보유출은 많은 문제를 일으킬 수 있다. 그 한 예로, 비밀 파일을 처리할 보안허가 권한이 없는 내부 및 외부 사용자 또는 프로세스 주체가 디스켓 등에 저장된 객체인 비밀 파일에 임의적으로 접근하여, 비밀정보인 객체를 불법적으로 읽고 출력할 수 있다. 리눅스에서 적용되는 접근제어는 사용자 소유의 파일에 대해서 허가 비트를 설정하여 그룹내의 사용자, 또는 다른 사용자에게 읽기를 통한 출력 권한을 임의적으로 허가하였다. 이러한 임의적 접근제어 방식에서는 다음과 같은 문제점이 발생될 수 있다.

첫째, 소유자인 사용자 또는 시스템의 루트가 비밀 수준의 파일을 임의적인 판단으로 비밀허가 권한이 없는 사용자에게 복사해 주거나 프린트에 출력하여 외부로 유출시킬 경우, 비밀 파일의 정보가 비밀접근 권한이 없는 제3자에게 노출될 수 있다.

둘째, 이러한 보안 정보 파일의 출력 시 출력 용지에 파일의 비밀등급, 파일의 소유자, 출력자 ID, 출력시간 등의 보안 표시 정보가 출력되지 않기 때문에 무책임하고 용이하게 보안정보가 누출될 수 있다. 그러므로 보안정보 실명화를 위해 보안등급 파일에 대하여 내용을 프린터에서 출력하고자 할 때, 파일의 보안등급 표시정보(보안등급, 보안범주, 파일소유자, 출력자 ID, 출력시간)를 인쇄용지에 강제적으로 출력하게 하는 보안정보 출력 방법이 필요하다.

⑤ 보안 인터페이스

기존의 운영체제 커널에 다중등급 보안 기능을 새로이 추가 구현함에 따라 다중등급 보안 기능을 통제하고 이용할 수 있는 응용 프로그램을 위한 응용 프로그램 인터페이스 제공이 필요하게 된다. 특히 서버용으로 많이 사용하고 있는 유닉스나 리눅스 시스템의 경우 다중 사용자 환경에서 사용이 많은 관계로 보안 관리자는 각 사용자가 올바른 보안등급을 가지고 작업을 수행하고 있는지에 대한 보안 정보, 즉 보안등급과 보호범주를 부여하고 확인할 수 있는 시스템 호출 및 명령이 필요하다.

보안운영체제 개발 방법

보안커널 기반 보안운영체제 개발에는 커널 내부 기능에 보안기능을 추가하는 커널 수정방식과 보안기능을 모듈로 만들어 커널에 포함시키는 커널 모듈방식이 있다. 〈그림 7-7〉은 두가지 개발방식에 대한 개념도이다.

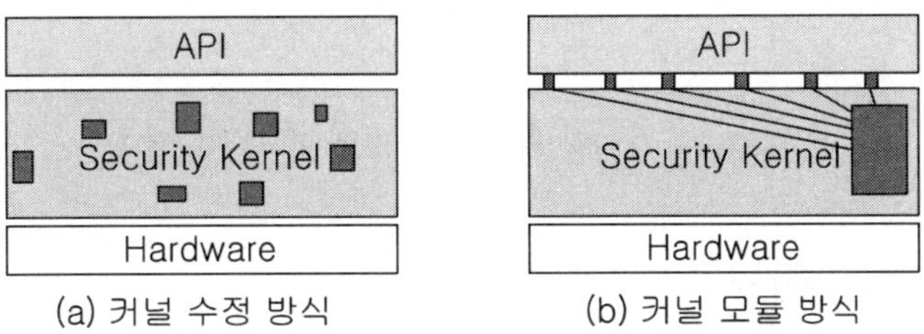

〈그림 7-7〉 보안커널 기반 보안운영체제 개발방식

◉ 커널 수정 방식(Kernel Source Modification)

커널 수정 방식은 기존의 운영체제가 가지고 있는 기능별 요소에 운영체제 보안 요구사항이 포함 되도록 소스코드를 수정하여 보안 커널을 만드는 방법이다. 커널 수정 방식으로 제작된 보안 운영체제로는 Trusted Solaris (B1등급/SUN), Virtual Vault (B1등급/HP), PitBull Foundation (B1등급/Argus), seLinux(B1등급/NSA), SecuROS (B2등급/ETRI), XTS-300 (B3등급/Wang) 등이 있으며 주로 OS Vendor 들에 의해 제작되었다.

◉ 커널 모듈 방식(Loadable Kernel Module)

커널 모듈방식은 운영체제가 제공해야할 보안기능을 하나의 모듈로 생성하여 커널내에 포함시키고 응용 프로그램이 시스템콜을 요청했을 때 이를 후킹해서 처리하는 방식이다. 〈그림 7-8〉은 커널 모듈방식 구현원리를 나타낸다.

커널 모듈방식으로 구현한 보안 운영체제는 PitBull LX (B1등급/Argus), TSonNet

사의 RedOwl, Secuve사의 TOS, SecuBrain사의 Hizard, RedGate사의 RedCastle, CA eTrust Access Control(일명 SeOS), LSM-seLinux 등이 있다.

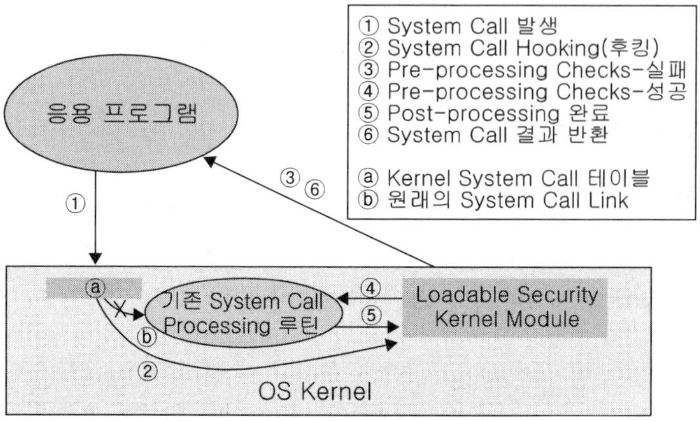

〈그림 7-8〉 커널 모듈 방식 구현 원리

구현된 보안운영체제42)

◉ DTMach (Distributed Trusted Mach)

Mach OS를 기반으로 TCSEC B3급, ITSEC E5급의 보안 등급 수준을 목표로 설계되어 신뢰성 있는 운영체제로 알려졌으나 시장성이 불투명하여 현재는 개발이 중단되었다. 이 시스템은 이식성이 높고 표준 UNIX인터페이스와 MLS(Multi Layer Security)를 제공한다. C++언어를 이용한 객체지향형 개념으로 구현되었고 커널의 기본인 TCB(Trusted Computing Base)부분의 설계가 모듈화, 계층화되어 있다. 구성요소는 Mach 커널, Trusted server, Non-TCB Code로 구성되어 있다.

◉ Synergy/DTOS (Distributed Trusted Operating System)

유연성 있고 강력한 보안 통제 제공을 목적으로 NSA의 Synergy프로그램의 일부로 만든 운영체제로 1997년 개발 되었다. Mach 마이크로 커널에 보안메커니즘을 결합시켜 보안 마이크로커널의 프로토타입을 만들었다. 이 보안 메커니즘에는 다양한 환경에 보안 메커니즘으로 인하여 기존의 운영체제의 성능을 저하시켜서는 안 된다는 원칙이

42) 한명묵, 이철수 공저, "정보보호개론", 정익사, 2005. 6.

적용 되었다. 프로토타입은 Mach3.0을 개선한 마이크로커널과 보안 정책을 구현한 보안서버로 구성되어 개발되었다.

◉ Fluke/Flask (Flux Advanced Security Kernel)

1997년 종료된 Synergy 프로젝트의 후속으로 Flask 프로젝트가 진행 중이다. Flask의 몇몇 인터페이스와 컴포넌트들이 OSKit에 의하여 구현되었다. Flask는 Linux 운영체제와 포팅이 된 것이 SELinux(Security Enhanced Linux)이다.

◉ LIDS (Linux Intrusion Detection System)

LIDS 프로젝트는 1999년부터 중국과학대학의 Xie 라는 학생으로부터 시작되어 현재도 계속 개선 작업이 진행되고 있다. LIDS는 권한을 여러 사람에게 분산시킬 수 있는 Linux 시스템의 커널 패치이다. LIDS가 제공해주는 주요 기능을 보면 파일시스템 보호, I/O장치 보호, 프로세스 보호, 커널봉쇄(Sealing), 네트워크 보안 등이 있다.

◉ SELinux (Security Enhanced Linux)

NSA주도하에 여러 연구소가 참여하여 구현한 리눅스 보안 운영체제이다. 현재 리눅스 쪽의 접근통제 프로젝트 중에서 가장 활발한 활동과 성능을 보이고 있다. SELinux에는 접근 통제 중에 강제적 접근 통제방식을 적용하고 있는데 전통적인 MAC보다 더 진보된 것이다. 또 SELinux는 여러 확장된 보안 구조를 리눅스에 구현한 안전한 운영체제로서 프로세스와 파일, 소켓에 대한 강제적 접근 통제 기능을 제공하고 있다. SELinux에서 제공하는 보안 정책들은 아래와 같다.

① 분리 정책(Separation Policy) : 데이터에 합법적인 제한을 가하고 사용자 역할을 생성하며 클래스화된 데이터에 권한을 제한하는 정책
② 제한 정책(Containment Policy) : 허가 받은 데이터에 대해서만 웹서버 권한을 제한하거나 바이러스나 악의적인 코드에 의한 위험을 최소화하는 정책
③ 무결성 정책(Integrity Policy) : 허가 받지 않은 데이터 수정이나 응용프로그램 수정을 방지하는 정책
④ 요구정책(Invocation Policy) : 데이터가 요구대로 처리되었음을 보증하는 정책

7.2. 데이터베이스 보안

7.2.1. 개요

인터넷으로 인해 네트워크가 개방되면서 대규모 정보를 다루는 곳의 자산을 보호하는 게 중요해짐에 따라 중요자산이 들어있는 서버자체를 보호하거나 파일단위로 암호화시키는 것보다 데이터베이스 자체를 보호해야 한다는 의견이 대두되고 있다. 데이터베이스 보안은 데이터베이스에 저장되어 있는 데이터에 대한 인가되지 않은 접근, 의도적인 데이터의 변경이나 파괴 및 데이터의 일관성을 저해하는 우발적인 사고 등으로부터 데이터 혹은 데이터베이스를 보호하는 것이다. 데이터베이스 보안을 강화하면 해커가 내부 네트워크에 들어와서 데이터베이스를 유출했다 하더라도 핵심 자산인 데이터베이스는 암호화되어 있기 때문에 볼 수 없게 한다. 데이터베이스 시스템의 보안 요구사항은 일반적인 컴퓨터 시스템의 보안 요구사항과 비슷하며 사용자 인증, 접근통제, 데이터베이스 무결성 보장, 감사, 비밀 데이터의 보호 및 관리 등이 포함된다.

7.2.2. 데이터베이스 보안 위협

데이터베이스 보안 특성

일반적으로 데이터베이스 보안에는 비밀성(secrecy), 무결성(integrity), 가용성(availability)의 세 가지의 중요한 특성이 포함된다.

비밀성은 정보의 부적절한 노출을 방지/탐지/제거(preventing/detecting/deterring)하는 것을 의미하며, 일반적으로 군사적 목적과 같은 보호된 환경에서 사용되는 중요한 데이터를 보호하는 것이다. 무결성은 정보의 부적절한 수정을 방지/탐지/제거하는 것을 의미한다. 가용성은 데이터베이스 시스템이 제공하는 서비스 접근에 대한 부당한 거부를 방지/탐지/제거하는 것이다.

데이터베이스 보안 위협

데이터베이스 보안에 대한 위협은 부적절한 사용자가 우연히 혹은 의도적으로 데이터에 접근함으로써 발생될 수 있는 부적절한 정보의 유출, 부적절한 데이터 처리와 수정으로부터 야기되는 데이터 무결성에 대한 위반인 부적절한 데이터의 변경, 사용자가 데이터에 접근하거나 자원을 사용하지 못하도록 하는 서비스의 거부로 분류할 수 있다.

7.2.3. 데이터베이스 보안 요구사항

사용자 인증

DBMS의 사용자 인증은 운영체제에서 수행하는 사용자 인증보다 더욱 엄격하여야 한다. 통상 DBMS는 운영체제상에서 응용 프로그램으로서 실행되기 때문에 사용자인증을 포함한 각종 데이터를 운영체제로부터 수신할 때 신뢰할 수 있는지의 여부를 점검하고 별도의 사용자 인증 절차를 보유하여야 한다.

접근통제

데이터베이스 환경에서는 레코드(record), 애트리뷰트(attribute), 필드(field) 등과 같이 파일보다 세밀한 객체 접근 통제를 적용하여야 하기 때문에 데이터베이스에 대한 접근 통제는 운영체제에 의하여 관리되는 파일에 대한 접근 통제보다 더욱 복잡해지는데 부적절한 접근으로부터 데이터베이스를 보호하기 위해서는 승인된 사용자에게만 접근권한을 부여하여야 하고, 사용자 혹은 응용 시스템의 접근 요청은 DBMS에 의하여 검사되어야 한다.

데이터베이스 무결성 보장

데이터의 내용을 수정할 수 있는 인가되지 않은 접근과 저장 데이터를 손상시킬 수 있는 시스템 오류, 고장, 파괴 등으로부터 데이터베이스를 보호하여야 하고, 무결성 제약조건, 동시성 제어기법 등을 활용하여 운영적, 의미적 무결성 보장이 이루어지도록 해야 한다.

◉ 운영적 무결성 보장

운영적 무결성은 트랜잭션의 병행 처리 동안에 데이터베이스 내의 데이터에 대한 논리적 일관성 보장을 목표로 하는데 DBMS의 병행 수행 관리자가 이런 요구사항을 만족시키는 DBMS 부시스템이다. 병행 수행 관리자는 트랜잭션의 직렬성(serializability)과 분리성(isolation)을 보장한다.

직렬성은 임의의 트랜잭션에 대한 병행 수행의 결과가 직렬 수행의 결과와 동일하면 트랜잭션의 수행은 직렬 가능하다고 하며, 이는 트랜잭션 수행의 정확성에 대한 기준이 된다.

분리성이란 트랜잭션들 간에 상호독립성이 있어 도미노 효과(domino effects)를 피할 수 있다는 것이다.

서로 다른 트랜잭션이 동일한 데이터 항목에 동시적으로 접근하여도 데이터의 일관성이 손상되지 않도록 하기 위해서는 로킹(locking) 기법 등과 같은 병행 수행 제어 기법을 사용하여야 하는데 로킹 기법은 공유 가능한 데이터에 대한 접근을 상호 배타적으로 통제하는 병행 수행 제어 기법으로 데이터의 논리적 일관성을 보장한다.

◉ 의미적 무결성 보장

데이터베이스는 데이터에 대한 허용 값을 통제함으로써 변경데이터의 논리적 일관성을 보장하여야 한다. 데이터 값에 대한 이러한 제약조건은 무결성 제약조건(integrity constraints)으로 표현되는데, 무결성 제약조건의 검사에는 많은 비용이 요구되므로, 적은 노력으로 검사할 수 있는 무결성 제약조건을 고려하여야 한다.

감사

데이터베이스에 대한 모든 접근의 감사 기록을 생성하면 데이터베이스의 무결성을 유지하는데 도움을 주며. 데이터베이스 접근에 대한 후속적인 분석을 가능하게 하고, 추론에 의해 기밀 데이터가 노출되었는지를 판단하는 데에도 유용하다.

비밀 데이터의 보호 및 관리

비밀 데이터를 포함하고 있는 데이터베이스에 대한 관리는 암호화 기법을 사용하여 데이터의 비밀성을 보호하고, 인가된 사용자에 대해서만 접근을 허용하여야 한다. 인가된 사용자는 다른 사용자를 방해하지 않으면서 보통의 일반적인 데이터를 사용할 수 있어야 하고, 일련의 운영 권한을 부여받은 비밀 데이터에 대해서는 권한의 양도가 금지되어야 하고 복사를 통제하는 등 더욱 강화된 통제를 받아야 한다.

추론방지

추론(inference)은 보통의 일반적인 데이터로부터 비밀 정보를 획득할 수 있는 가능성을 의미하는데 사용자가 통계적인 데이터 값으로부터 개별적인 데이터 항목에 대한 정보를 추적하지 못하도록 하여야 한다.

다단계보호

다단계 보호는 보호 요구사항의 집합을 의미하는데, 정보를 다양한 보호 등급으로 분류할 필요가 있을 때 다양한 정보항목에 분류등급을 할당하고 그들 분류등급에 따른 단일 항목에 대한 다양한 접근의 할당을 지향한다. 사용자에게 인가등급(clearance)을 할당하고 분류된 데이터를 사용자 인가등급에서 접근하게 함으로써 다단계 정보의 비밀성과 무결성을 충족한다.

7.2.4. 데이터베이스 보안 통제

데이터베이스 보안제어

데이터베이스 보호는 흐름제어, 추론제어, 접근제어에 대한 보안 측정을 통해 이루어질 수 있는데 여기에 비밀 암호화키로 저장 데이터를 암호화하는 암호 기법을 첨가하면 권한 사용자만이 데이터를 볼 수 있게 되므로 정보의 비밀성을 보장할 수 있다.

◉ **흐름제어**

객체 X의 값을 읽어서 이를 객체 Y에 기록할 때 객체 X와 객체 Y간에 정보 흐름이 발생하게 되는데, 임의의 객체에 포함되어 있는 정보가 명시적으로 혹은 암시적으로 보다 낮은 보호 수준의 객체로 이동하는 것을 검사하여 접근 가능한 객체간의 정보 흐름을 조정하는 것이 흐름제어이다. 정보가 보다 낮은 보호 수준의 객체로 이동된다면, 사용자는 객체 X로부터 직접적으로 확보할 수 없는 정보를 객체 Y에서 간접적으로 확보할 수 있기 때문에 보안 위협이 발생하게 되는데 흐름 제어 정책은 허용 가능한 정보 흐름의 식별을 요구하여 흐름에 근거하지 않은 데이터 전송 요청이 이루어진다면, 제어 메커니즘으로 이러한 요청을 거부하여야 한다.

◉ **추론제어**

데이터 사용자가 읽은 데이터 항목 X가, X에 대한 함수 f를 적용하는 $Y=f(X)$인 데이터 Y를 얻기 위하여 사용된다면 추론이 발생하게 되는데, 추론제어는 간접적인 데이터 노출로부터 데이터를 보호하기 위한 것이다. 사용자가 $Y=f(X)$인 Y를 유도하기 위하여 X를 찾는 채널인 추론 채널(inference channel)에는 간접접근, 상관데이터, 미싱 데이터가 있다.

① 간접접근(Inference Channel)

비인가 사용자가 자신에게 가용한 데이터 X에 대한 질의를 통하여 자신에게 가용하지 않은 데이터 Y를 알 수 있을 때 간접 접근에 의한 추론이 발생한다. 예로 질의문 "SELECT X FROM r WHERE Y=value:"는 릴레이션 r에 Y=value 조건을 검증할 n-튜플이 존재한다는 것을 나타낸다.

② 상관데이터(Correlated Data)

사용자에게 가용한 데이터 X가 가용하지 않은 데이터 Y와 의미적으로 연관되어 있을 때 Y에 대한 정보는 X를 읽음으로써 얻을 수 있으므로 상호 연관 데이터는 전형적인 추론 채널이 된다.

③ 미싱 데이터(Missing Data)

사용자가 데이터에 포함된 값에 접근할 수는 없어도 데이터 항목의 이름을 알 수 있다면 이러한 채널을 통하여 비밀 데이터의 존재를 추론할 수 있으므로 데이터의 존재를 알려 주는 미싱 데이터는 추론 채널이 된다.

추론제어 방법에는 비밀정보의 은폐, 모든 사용자에 대한 정보를 유지하며 사용자가 갖고 있는 데이터를 고려하여 질의의 허용여부를 결정하는 사용자의 데이터 지식 추적, 데이터베이스의 사용자에게 부정확한 혹은 일관성이 없는 질의 결과를 제공함으로써 통계적 추론 공격을 방지하는 데이터 위장이 있다.

◉ 접근제어

시스템 객체에 대한 모든 직접적 접근이 보호 정책에서 세운 모드(mode)와 규칙에 따라 상호 배타적이게 하는 것이 정보시스템에서의 접근제어이다.

접근제어시스템은 판독(read), 기록(write), 실행(run) 등의 연산을 통해 데이터나 프로그램 같은 객체들에 접근하는 주체(사용자나 프로세스)들을 포함하고 있는데, 주체가 따라야 할 객체에 대한 접근 모드를 설명하는 접근정책과 접근규칙의 집합, 기술된 질의 타당성 처리에 대한 접근 요청을 체크하는 제어 프로시저의 집합으로 이루어져 있다.

데이터베이스의 접근통제는 운영체제의 접근통제와 유사하나 실질적으로는 보다 복잡한데, 데이터베이스와 운영체제의 접근통제는 다음과 같은 특징이 있다. 운영체제의 객체(파일)는 다른 객체들과 관련성이 없어 운영체제 사용자는 하나의 파일을 읽고 다른 파일의 내용을 결정할 수 없으나, 데이터베이스의 객체(레코드, 필드)는 상호 관련되어 있어 데이터베이스 사용자는 하나의 데이터 요소를 읽고서 다른 데이터의 내용을 결정할 수 있으며 객체의 크기도 상이하다.

보안 모델

보안 모델링의 목적은 고수준이면서 사용할 소프트웨어와는 무관한 개념적 모델을 만드는 것인데, 보안 모델은 크게 임의적 모델과 강제적 모델로 나눌 수 있다.

◉ 임의적 보안 모델(Discretionary Security Model)

임의적 보안 모델에서는 사용자의 신분(identity)에 기초하여 시스템에 있는 각 사용자나 객체에 대해 사용자가 객체에 허용된 접근 유형을 명세하는 규칙에 근거하여 정보에 대한 사용자의 접근을 통제한다. 한 객체에 접근하려는 사용자의 요청은 이미 명세된 권한부여에 의해서 체크되는데 만약 사용자가 특정모드로 객체에 접근할 수 있다는 권한이 존재하면 허용되고 그렇지 않으면 거부된다.

임의적 보호모델에서는 사용자들이 객체에 대한 접근 권한을 다른 사용자들에게 허가할 수 있다. 가장 일반적인 관리형태는 소유권(ownership) 정책인데 객체 생성자는 그 객체에 대한 다른 사용자들의 접근을 허가하거나 철회할 수 있다. 임의적 접근 제어는 다양한 보호 요구사항을 시행하는데 유연한 방법을 표현하는데, 대표적인 모델은 접근행렬(access matrix) 모델이다.

◉ 강제적 보안 모델(Mandatory Security Model)

강제적 보안 모델에서는 시스템에 있는 주체(subject)와 객체(object)의 분류등급에 근거해서 개별적으로 정보에 대한 접근을 통제한다. 객체는 데이터 파일, 레코드, 필드와 같은 정보를 저장하고 있는 개체이고, 주체는 객체를 접근하는 사용자나 프로세스 같은 개체이다. 접근등급은 시스템 내부에 있는 모든 주체 및 객체들과 연관되는데 주체와 객체 분류등급 사이에 어떤 연관성이 만족될 때 주체가 그 객체에 접근할 수 있다. 대표적인 모델은 Bell_Lapadula 모델과 Biba 모델이 있다.

◉ 데이터베이스 보안모델

관계형 데이터베이스 보안모델에는 Ingress, Sybase, Informix에서 사용하고 있는 DAC기반관계형 데이터베이스, 다단계보안(multilevel security) 관계형 데이터베이스가 있고, 객체지향 데이터베이스 보안모델에는 Gemstone, Versant, O2와 UniSQL에서 사용하는 DAC기반 접근제어 객체지향 데이터베이스와 다단계 보안 객체지향 데이터베이스가 있다.

데이터베이스 보안관련 제품은 Hughes Corporation사의 nTerfort와 오라클사의 Oracle7 Advanced Networking Option이 있으며, 데이터베이스를 개발하는 오라클, Informix, Sybase 등 관계형 데이터베이스들은 접근제어방법으로 판매하고 있다.

7.2.5. 보안 DBMS

보안 DBMS를 설계하고 구현하는 주요 접근 방법은 접근 통제를 수행하는 시스템구성 요소와 보안 커널(security kernel)의 위치에 따라 크게 신뢰 필터 구조, 커널 구조, 중복구조 등으로 구분된다.

신뢰 필터(Trusted Filter) 구조

신뢰 필터 구조는 무결성 로크(integrity lock) 구조라고도 하며, 신뢰할 수 없는 전위 사용자 인터페이스와 후위 데이터베이스 사이에 신뢰 필터를 사용하여 데이터에 대한 접근 통제 및 보안 서비스를 제공하는데 신뢰 필터의 구조는 〈그림 7-9〉와 같다.

보안을 지원하기 위해 신뢰 필터는 저장 객체에 보안 레이블을 부착하고, 무결성 로크를 사용하여 데이터에 대한 모든 접근을 조정하는데, 보안 레이블은 스탬프(stamp) 형태로써 보안 레이블에 관계된 내용을 저장하는 특별한 필드이며, 무결성 로크는 암호 메커니즘을 이용하여 데이터를 암호화하는데 관련된 제어 데이터를 저장하는 필드이다.

신뢰 필터는 하부의 보안 운영체제가 제공하는 보안 서비스 및 메커니즘에 의존하는데, 커널 구조나 이중 커널 구조에 비해 간단하며 충분히 작기 때문에 보안 기능의 검증 및 평가가 매우 용이하다. 그러나 데이터의 보안을 침해하는 일부의 위협에 대해서는 취약점을 지니고 있다.

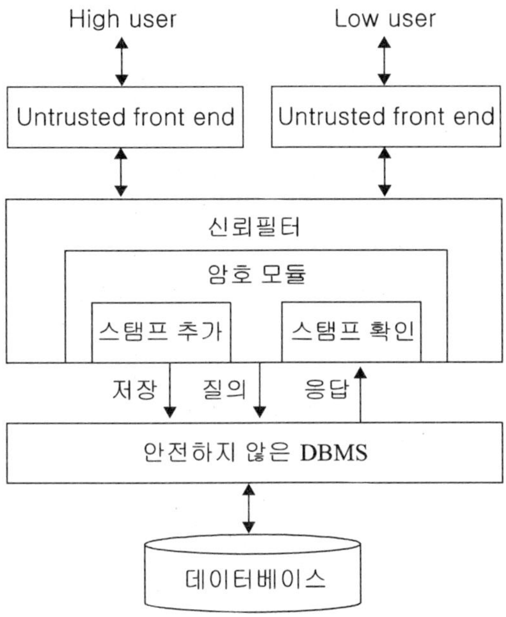

〈그림 7-9〉 신뢰 필터 구조

커널(Kernelized) 구조

커널 구조는 hinke/schafer 구조 또는 균형 보증(balanced assurance) 구조라고도 하며, TCB(Trusted Computing Base) 분할(subsetting) 개념에 의하여 구현된다. TCB는 보안 정책의 시행을 책임지는 하드웨어, 펌웨어, 소프트웨어 및 이들의 조합을 포함하는 컴퓨터 시스템 내의 모든 보호 메커니즘을 의미하는데, TCB 분할은 TCB를 계층화 구조로 구현하는 것으로써 각 계층은 고유의 보안 정책을 정의하기 때문에 기존의 TCB를 재사용할 수 있고 TCB의 확장이 용이하게 된다. 이는 강제적 보안을 관리하기 위한 보안 커널이나 참조 모니터는 검증 및 분석이 용이하도록 가급적이면 작아야 한다는 요구사항에 따른 개념이다.

TCB 분할을 택하는 커널 구조에 의하면 데이터베이스 시스템은 보안 커널 외부에 존재하면서 임의적 보안만을 관리한다. 즉, 데이터베이스 객체에 대한 임의적 접근 통제는 데이터베이스 관리 시스템에 의해 수행되지만, 데이터베이스 파일에 대한 임의적 접근통제 및 모든 강제적 접근 통제는 하부의 보안 운영체제에 의하여 제공된다. 따라서 커널 구조의 보안 DBMS는 데이터베이스 객체를 위한 보안을 지원하기 위해 보안 운영체제가 제공하는 보안 서비스에 의존한다. 커널 구조는 〈그림 7-10〉과 같다.

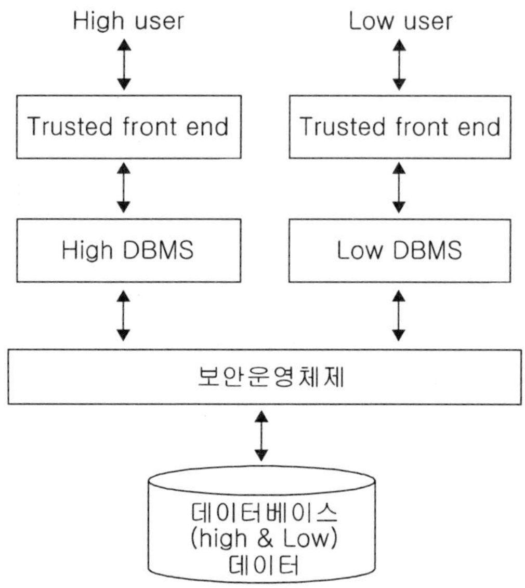

〈그림 7-10〉 커널 구조

커널 구조와 유사한 이중 커널 구조는 동일 보증(uniform assurance) 구조라고도 하며, 보안을 위한 모든 책임을 데이터베이스 시스템이 갖기 때문에 데이터베이스 자체에 보안 커널을 보유한다. 따라서 강제적 보안 기능을 갖는 데이터베이스 시스템을 구현하고, 이를 보안 운영체제와 함께 시스템의 TCB로 간주하여 보안 시스템을 평가하는데 보안 커널의 최소화를 요구하는 보안 요구사항에는 부적합한 방식으로 보안 기능의 검증 및 평가가 어려워진다.

중복(Replicated) 구조

중복 구조는 낮은 보호 수준의 데이터를 데이터베이스에 중복하여 저장하는 방식이므로 데이터베이스 중복의 일치성을 보장하기 위한 안전한 동기화 알고리즘이 필요하며, 데이터의 중복으로 인하여 전체적인 비용도 증가한다. 이 방식에서 낮은 보호 수준의 사용자는 단지 낮은 보호 수준의 데이터베이스에만 접근할 수 있으며, 높은 보호 수준의 데이터는 수정할 수 없다.

8. 네트워크 정보보호와 웹 보안

8.1. 네트워크 보안 서비스와 보안 메커니즘

8.2. 네트워크 시스템 정보보호 기술

8.3. 웹 보안

8. 네트워크 정보보호와 웹 보안

정보화 사회로의 발전이 빠르게 진행되며 인터넷 등의 네트워크를 통한 정보 활용이 활발해짐에 따라 불특정 다수에 의한 네트워크 침해 위협이 점점 커져가고 있다. 이에 통신 회선상의 정보를 보호할 수 있는 네트워크 보안의 중요성에 대한 인식도 더욱 커지고 있다.

이 장에서는 네트워크에 대한 보안 서비스와 보안 메커니즘을 살펴보고, 네트워크를 통한 침입으로부터 정보를 보호하기 위한 침입차단시스템, 침입탐지시스템, 침입방지시스템, 가상사설망 그리고 최근 보안 위협이 증가하고 있는 웹 보안에 대해 알아보도록 하겠다.

8.1. 네트워크 보안 서비스와 보안 메커니즘

네트워크에 대한 보안 위협은 네트워크 시스템의 직접적인 파괴나 도난 같은 물리적 위협과 네트워크에 대한 지식을 가진 사람에 의한 기술적 위협이 있는데 기술적 위협은 수동적 공격과 능동적 공격으로 나누어진다.

수동적 공격은 통신회선 상의 정보를 무단으로 취득하는 행위인데 통신회선에 제 3자의 접속시도를 방지하는 방법과 데이터를 암호화하여 기밀성을 보장하는 방법으로 방어할 수 있다. 능동적 공격은 통신회선 상의 정보를 변조, 위조하는 행위인데 암호화와 함께 데이터의 무결성을 확인하는 방법을 사용하여 방어할 수 있다.

8.1.1. 네트워크 보안 서비스

X.800에서는 보안 서비스란 시스템의 적절한 보안이나 데이터 전송의 보안을 보장하는 개방 통신 시스템의 프로토콜 계층에 의해서 제공되는 서비스라 정의되어 있다. 보다 자세한 내용은 RFC 2828에 있으며, 여기서는 시스템 자원보호를 위해 시스템이 제공하는 처리 서비스나 통신서비스라고 정의하고 있다. 보안 서비스는 보안 정책(security policy)을 구현하며, 보안 메커니즘(security mechanism)에 의해 구현된다.[43)]

인증 서비스

인증은 네트워크에 접속을 시도한 대상이 사전에 허가된 대상인지를 확인하여 불법적인 대상으로부터 네트워크와 정보를 보호하게 하는 것이다.

데이터 기밀성 서비스

기밀성은 전송되는 데이터가 인가되지 않은 상대방에게 노출되지 않게 하는 것으로 네트워크 보안기술의 가장 기본적인 목표이다.

데이터 무결성 서비스

무결성은 송・수신 내용이 불법적으로 생성되거나 변경・삭제되지 않게 보호하는 것을 의미하는데 정보가 변조된 경우 이를 인식할 수 있게 하여 정당한 사용자에게 변경되었음을 알려주는 기능을 한다.

부인방지 서비스

부인방지는 네트워크 상의 송신측이나 수신측에서 통신에 참여했던 사실을 부인하지 못하도록 하는 방법으로 통신경로 및 행위추적을 위한 중요한 기능이다.

가용성 서비스

가용성의 향상은 네트워크에 접속된 전체 시스템의 성능을 안정적으로 유지하며 효율성을 보장하는 것이다.

8.1.2. 네트워크 보안 메커니즘

네트워크 보안 메커니즘은 보안서비스를 구현하기 위해 구현되는데 암호화, 전자서명, 접근통제, 데이터 무결성 등이 있다.

암호화

암호화는 기밀성, 인증, 무결성 및 데이터에 대한 제한적 접근을 제공하는 강력한 수단으로 네트워크 환경 하에서 두 개의 호스트간 혹은 두 개의 응용시스템간에 적용될

43) 이봉환외3 공역, 네트워크 보안 에센셜, 미래컴, 2004. p11

수 있는데 링크 암호화와 단대단 암호화로 구분된다.

전자서명

전자서명은 서명자의 개인키를 사용하여 데이터의 암호화 및 검사 값을 생성하는 서명과 서명자의 공개키를 사용하여 정보 송신자를 알아내는 검증 절차로 정의된다. 서명은 서명자의 공개키 암호 알고리즘의 개인키를 사용함으로써 데이터의 암호화 및 검사 값을 생성하는 과정이고, 검증은 서명자의 공개키를 사용하여 정보를 보낸 사람을 알아내는 과정이다.

접근통제

접근통제는 사용자의 접근 권한 결정과 권한 부여를 위해 사용자의 고유성, 사용자에 관한 정보 또는 사용자의 자격 등을 이용한다. 접근통제 메커니즘은 접근 통제 정보, 패스워드 등의 인증 정보, 자격 등의 부가 표시, 보안 레이블 등을 사용한다.

데이터 무결성

네트워크상에서 데이터의 정확성을 점검하는 메커니즘으로 송·수신자가 각각 무결성을 결정한다. 송신자는 데이터 자체에 대한 특정 값을 계산하여 무결성 기능을 제공하는데, 메시지 인증 코드가 많이 사용된다. 수신자는 수신한 데이터와 관계있는 무결성 정보를 계산하여 수신한 정보와 비교해 데이터의 변경 유무를 확인할 수 있게 된다.

이 외에도 인증교환, 공증, 트래픽 패딩, 라우팅 통제, 신뢰기능, 보안레이블, 사건감시, 보안감사추적, 보안복구 등의 메커니즘이 존재한다.

8.2. 네트워크 시스템 정보보호 기술

8.2.1. 침입차단시스템(Firewall)

침입차단시스템은 외부 망에서 내부 망으로 접근하는 입구나 주요 서버 앞단에 위치하여 허가되지 않은 사용자가 내부 네트워크의 정보에 접근하는 것을 방지하고, 허가된 사용자들이 방해받지 않고 내부 네트워크에 접근하는 것을 보장해 주는 역할을 하는 S/W 및 H/W로 구성된다. 즉, 내부적으로는 제어할 수 있는 링크를 구성하고 외부로부터 보호하기 위한 보안외벽을 치기 위해서 내부 네트워크와 인터넷 사이에 설치된다. 이 보안외벽의 목적은 인터넷기반 공격들로부터 내부 네트워크를 보호하고 보안과 감사를 할 수 있는 길목(choke point)을 한 군데로 모으는 기능을 수행한다.

기존의 침입차단시스템은 어떤 조직의 내부 네트워크와 인터넷간의 접근을 제어하기 위해 사용되어 왔으나, 최근 네트워크 경계가 흐려지고(무선 네트워크, VPN 그리고 extranet 같은 부가적 요소), 악의적인 코드가 증가하여 방화벽은 모든 네트워크 가용 호스트에 추가 기본적인 기능을 수행하는 장치가 되어가고 있다.

이 절에서는 침입차단시스템의 기능과 역할을 살펴보고, 현재 통상적으로 설치되는 유형과 장·단점을 살펴보겠다.

방화벽의 기능

불법적인 사용자나 비인가자가 내부 네트워크에 연결되어 있는 자원을 불법적으로 접근하지 못하게 하기 위해 침입차단시스템은 다음과 같은 기능을 제공한다.

◉ **패킷필터링**

ACL(Access Control List)를 생성해 두고 네트워크 패킷 헤더 내의 정보(발신지/목적지 주소, 프로토콜 형태(TCP, UDP, ICMP), 발신지/목적지 포트)를 기초로 지나가는 임의의 패킷에 대해 선택적으로 허용/거부함으로써 트래픽을 제어한다.

◉ **사용자 신분 확인**

침입차단시스템은 내부 네트워크에 접속하려고 할 때 반드시 통과해야 하는 곳이므로 인증소프트웨어를 설치하기에 적합하다. 따라서 내·외부 네트워크에 접속을 시도하는 사용자에 대한 식별과 인증을 통해 사용자 신분 확인이 이루어진다.

◉ 로깅(logging) 및 감사 추적

인터넷으로부터의 모든 접근이 침입차단시스템을 통과한다면, 침입차단시스템은 접근 내용을 기록하여 접속 정보 및 네트워크 사용에 따른 유용한 통계 정보들을 제공하는 감사 추적 기능을 제공하고, 망사용에 대한 가치 있는 통계치를 제공할 수 있다.

◉ NAT(Network Address Translation)

NAT는 비공인 IP를 사용하는 내부 망에 있는 사용자가 외부 서비스 접속 시 사설 IP 주소를 공인 IP주소로 변환시킴으로써 침입차단시스템 내부에 존재하는 시스템들의 IP 주소가 외부에 공개되지 않게 하여 침입차단시스템 내부 네트워크 구성 은닉이 가능하게 하고 내부에 다양한 네트워크 구성이 가능하게 하는 효율성을 제공한다.

<u>방화벽의 역할</u>

◉ 취약한 서비스로부터의 보호

비인가된 서비스를 필터링(filtering)하여 선택된 프로토콜만이 침입차단시스템을 통과할 수 있게 하기 때문에 네트워크 환경은 위험에 덜 노출되고 외부 공격자가 서비스를 파괴시키는 것을 막으며, 취약한 서비스를 파괴위험이 매우 감소된 상태로 만들어 준다.

◉ 집중된 보안

많은 호스트로 다양한 보안 소프트웨어들을 분산시키지 않고 침입차단시스템 상에 집중적으로 탑재하면 관리의 관점에서 더욱 효율적이다. 특히, 인터넷으로부터 접근될 필요가 있는 일회적 패스워드 시스템(one-time password system)과 인증 소프트웨어는 침입차단시스템에 설치되는 것이 효과적이다.

◉ 비밀성(Privacy) 향상

특정 사이트에서는 일반적인 정보가 공격자에게 유용한 정보가 될 수 있기 때문에 비밀성 유지에 커다란 관심을 둔다. 침입차단시스템을 사용하면 내부 네트워크 정보가 노출이 될 수 있는 finger나 DNS(Domain Name Service)와 같은 서비스를 차단할 수 있고, 라우팅 통제 기능 등을 제공함으로써 공격자에게 유용한 정보들을 숨긴다.

방화벽의 구성형태

단일 패킷 필터 라우터나 단일 배스천 호스트 같은 단일 시스템으로 구성된 단순구성을 사용한 설치는 구성은 간단하지만 보안성을 증대시키기 위해서는 보다 복잡한 구성들이 가능하며, 이러한 구성이 더욱 일반적이다.

◉ 스크리닝 라우터 구조(Screening Router)

스크리닝 라우터는 <그림 8-1>과 같이 라우터를 이용해 각 인터페이스에 들어오고 나가는 패킷을 필터링하여 내부 서버로의 접근을 가려내는 역할을 한다.

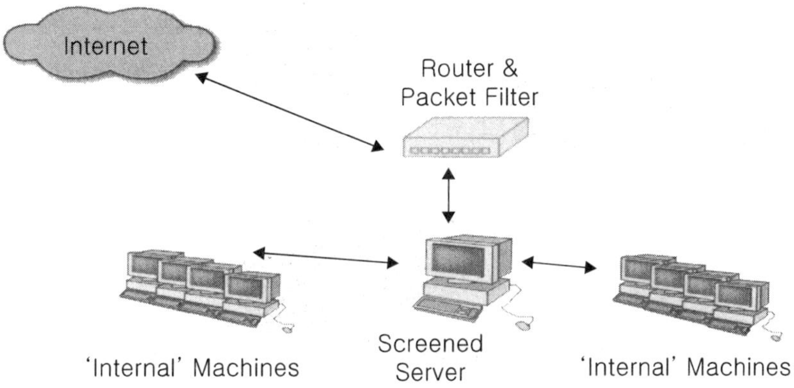

<그림 8-1> 스크리닝 라우터

이 방법은 구조가 간단하고, 장비 추가 비용소요가 없다는 장점을 가지나 라우터에, 복잡한 필터링 규칙 설정이 필요하고 인증 기능 수행은 불가능하며 내부구조를 숨기기 어렵고, 1개의 장애물밖에 없어 방어의 깊이가 약하다는 단점을 가진다.

◉ 듀얼-홈드 게이트웨이(Dual-Homed Gateway)

듀얼-홈드 게이트웨이는 〈그림 8-2〉과 같이 내·외부로 각각 연결되는 두 개의 네트워크 인터페이스를 가지고 있는 듀얼-홈드 게이트웨이가 배스천 호스트[44]역할을 수행하며 네트워크들이 서로 데이터를 공유할 수 있게 도와줌으로써, 여러 개의 네트워크가 동시에 통신할 수 있도록 지원하는 변환기 역할을 한다.

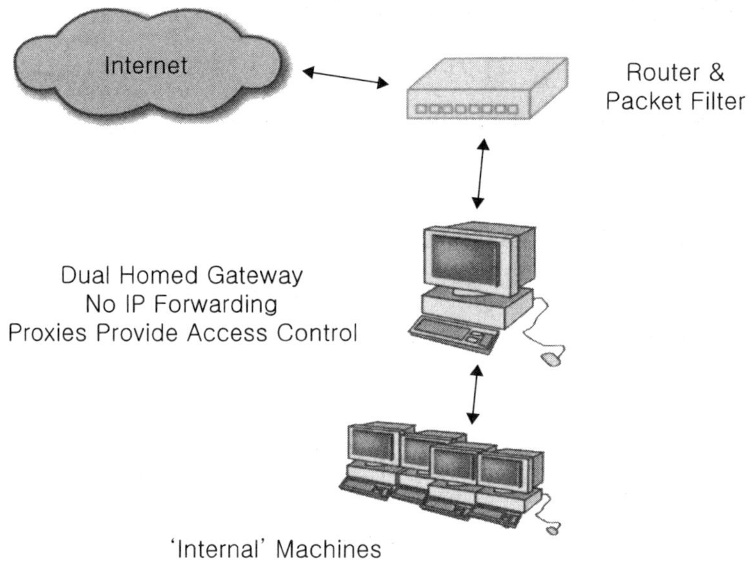

〈그림 8-2〉 듀얼-홈드 게이트웨이

듀얼-홈드 게이트웨이는 각종 기록정보를 생성하고 침입차단시스템의 관리와 설치, 유지보수가 비교적 용이하며 내부 네트워크를 숨길 수 있다는 장점을 가지지만 사용자 정보 입력이 필요하고, 배스천 호스트가 손상되거나 로그인 정보가 누출되면 내부 네트워크를 보호할 수 없다는 단점을 가지고 있다.

44) 배스천 호스트(Bastion Host) : 침입차단 S/W가 설치되어 내·외부 네트워크 사이에서 게이트웨이 역할을 수행하는 철저한 보안 방어기능이 구축되어 있는 컴퓨터시스템을 말한다. 배스천 호스트는 내부 네트워크 사용자들의 주요 접속점으로 인터넷에 노출되어 공격에 취약하므로 불필요한 사용자 계정, 중요하지 않는 명령 및 파일은 삭제하고 운영하는 것이 좋다.

◉ 스크린드 호스트 게이트웨이(Screened Host Gateway)

스크린드 호스트 게이트웨이는 듀얼-홈드 게이트웨이와 스크리닝 라우터를 결합한 형태로 내부 네트워크에 놓여있는 배스천 호스트와 외부 네트워크 사이에 스크리닝 라우터를 설치하여 〈그림 8-3〉과 같이 구성한다.

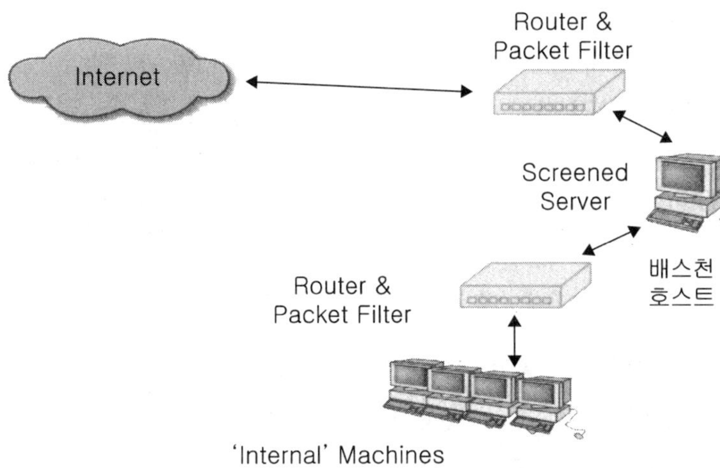

〈그림 8-3〉 스크린드 호스트 게이트웨이

이 방식은 네트워크계층(스크리닝 라우터)과 응용계층(배스천 호스트)에서 방어하기 때문에 2단계 방어가 가능하고 기본필터구조 보다 필터링 규칙이 단순하며, 방어의 깊이(3개의 장애물)가 개선되어 해커의 공격에 잘 대처할 수 있다. 그러나 다른 종류의 라우터 사용시 복잡해지고, 배스천 호스트 침해시 보안에 취약하며 해커나 악의의 내부자에 의해 스크린 라우터의 라우팅 테이블이 변경되면 외부 트래픽이 배스천 호스트로 입력되지 않고 곧바로 내부 네트워크로 진입하여 내부 네트워크 방어가 불가하다는 단점을 가진다.

◉ 스크린드 서브넷 게이트웨이(Screened Subnet Gateway)

흔히 DMZ(DeMilitarized Zone)라 불리는 스크린드 서브넷 게이트웨이의 구성은 〈그림 8-4〉과 같다. 이 방식에서 서브넷에 진입하는 지점은 보통 배스천 호스트를 이용하고, 스크리닝 라우터는 외부 네트워크와 서브넷 사이, 서브넷과 내부 네트워크 사이에 각각 위치한다. 여기서 DMZ는 내부 네트워크를 보호하기 위한 보안층 역할을 하게 된다.

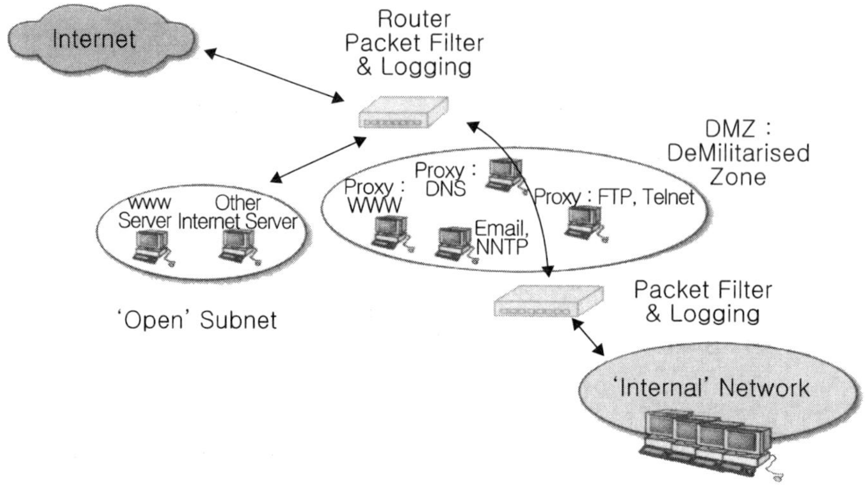

〈그림 8-4〉 스크린드 서브넷 게이트웨이

이 방식은 타 방식의 장점들을 그대로 계승하고 DMZ와 같은 보안층을 가지고 있어 매우 안전하며 모듈러하고 유연하고 높은 방어의 깊이를 가진다. 그러나 다른 침입차단 시스템 방식에 비해 설치와 관리가 어렵고 구축비용이 많이 들며, 서비스 속도가 느려진다는 단점을 갖고 있다.

방화벽의 장·단점

일반적인 침입차단시스템의 장·단점은 〈표 8-1〉과 같다.

〈표 8-1〉 침입차단시스템의 장·단점

장 점	단 점
ㅇ 취약한 서비스 보호 가능 ㅇ 호스트 시스템 접근 제어 가능 ㅇ 로그와 통계자료 유지 ㅇ 내부 네트워크의 모든 자원에 일관된 보안 정책 적용 가능	ㅇ 제한된 서비스 제공 ㅇ 우회하는 트래픽은 제어 불가 ㅇ 악의적인 내부 사용자로부터 시스템 보호 곤란 ㅇ 바이러스 및 새로운 형태의 위험에 대한 방어 곤란

8.2.2. 침입탐지시스템(IDS: Intrusion Detection System)

IDS의 개요

IDS는 내·외부망의 접속점에 위치하여 내·외부 망을 오가는 모든 트래픽을 감당해야 하는 만큼 그 성능상의 제한으로 인해 트래픽에 대한 많은 분석을 하기는 어렵고, 내부자의 침해에 의한 컴퓨터/네트워크 자원에 대한 보호에 있어서는 전혀 역할을 할 수가 없다. 이러한 방화벽의 부족한 부분을 보강하기 위해 사용되는 것이 침입탐지시스템이다.

IDS는 컴퓨터/네트워크에서 발생하는 이벤트들을 모니터링(monitoring)하고, 침입 발생 여부를 탐지(detection)하고, 대응(response)하는 자동화된 시스템으로, 로컬 네트워크나 호스트에 위치하여 컴퓨터가 사용하는 자원의 무결성, 기밀성, 가용성을 저해하는 행위를 가능한 실시간으로 탐지하여 네트워크를 통한 공격이나 시스템에 대한 불법행위 등에 대해 대응방안을 세울 수 있게 하는 역할을 한다.

전통적으로 IDS는 공격의 증거를 찾기 위해 네트워크 트래픽을 분석하는 하는 역할을 한다. 하지만 점차적으로 IDS는 시스템이 침해여부를 보기 위해서 엑세스 로그들을 조사하여 파일을 분석하는 것으로 변하였으며, 또한 honeypot(꿀단지)[45]개념으로 점차 확장/변화하고 있다.[46]

IDS의 실행단계

침입탐지시스템은 〈그림 8-5〉와 같이 4단계 실행단계를 갖는다.

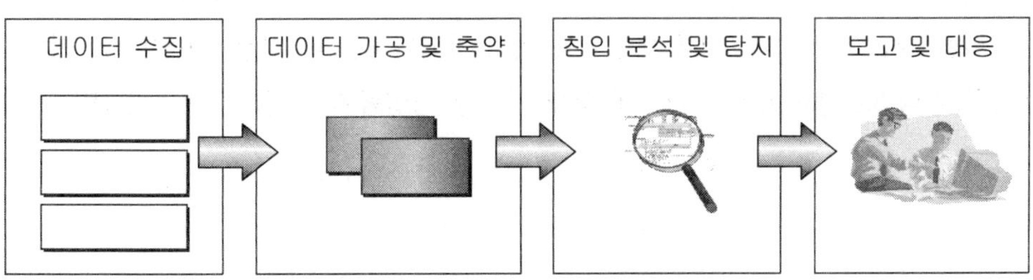

〈그림 8-5〉 침입탐지시스템 실행단계

45) 실제 네트워크에서 크래커들을 유인하고 혼란스럽게 하기 위해 사용되는 가짜 네트워크로 해킹 행위들을 감시한다.

46) 박종서외1 공역, 네트워크보안, 미래컴, 2004. p266

◉ 데이터 수집(Raw Data Collection) 단계

침입탐지시스템이 침입탐지 대상 시스템에서 제공하는 탐지대상(시스템 사용 내역, 컴퓨터 통신에 사용되는 패킷 등)으로부터 생성되는 데이터를 수집하는 감사 데이터(audit data) 수집 단계이다.

◉ 데이터 가공 및 축약(Data Reduction and Filtering) 단계

수집된 감사데이터가 침입 판정이 가능할 수 있도록 의미 있는 정보로 전환시킨다.

◉ 침입분석 및 탐지 단계

데이터를 분석하여 침입 여부를 판정하는 침입탐지시스템의 핵심 단계이며, 시스템의 비정상적인 사용에 대한 탐지를 목적으로 하는지, 시스템의 취약점이나 응용 프로그램의 버그를 이용한 침입에 대한 탐지를 목적으로 하는지에 따라 비정상적 행위 탐지 기술과 오용 탐지 기술로 나누어진다.

◉ 보고 및 대응(Reporting and Response) 단계

침입탐지시스템이 시스템의 침입 여부를 판정한 결과 침입으로 판단된 경우 이에 대한 적절한 대응을 자동으로 취하거나, 보안관리자에게 침입 사실을 보고하여 보안관리자에 의해 조치를 취하게 한다. 최근 들어서는 침입탐지 및 대응에 대한 요구가 증가되고 있으며, 침입을 추적하는 기능에 대한 연구가 시도되고 있다.

IDS의 분류

침입탐지시스템에 대한 분류 방법에는 여러 가지가 있으나 가장 일반적으로 이용되는 것은 독일의 NB(National Body)에 의해 제안된 침입탐지 분류기준으로 〈그림 8-6〉과 같다.

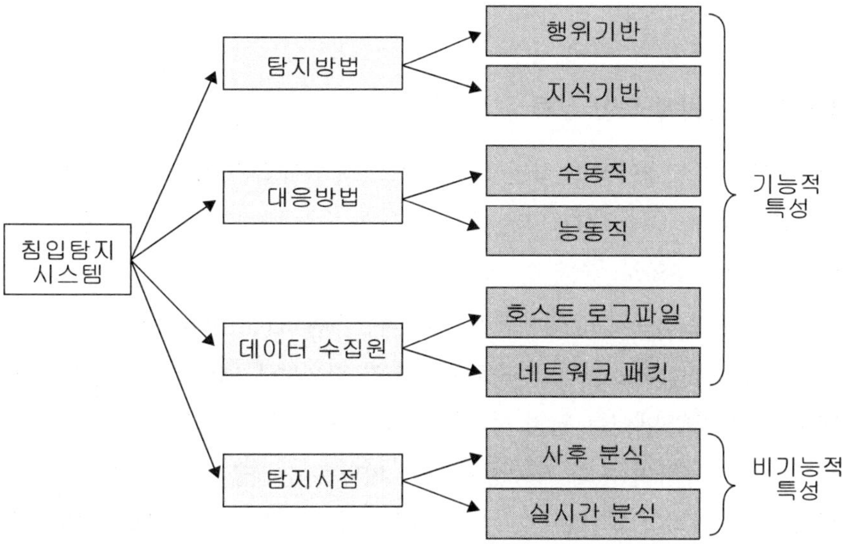

〈그림 8-6〉 침입탐지시스템 분류

◉ 탐지방법에 의한 분류

침입탐지시스템은 침입탐지 방법에 따라 행위기반 침입탐지시스템과 지식기반 침입탐지시스템으로 분류할 수 있다. 행위기반 침입탐지(비정상행위 탐지) 방법은 사용자의 패턴을 분석한 후, 입력 패턴과 비교하여 침입을 탐지하는데, 이러한 방법에는 통계적(statistical) 방법, 예측 가능한 패턴 생성, 신경망(neural network), 컴퓨터 면역학(computer immunology), 데이터마이닝(data mining), HMM(Hidden Markov Model), 기계학습(machine learning) 등이 있다.

지식기반 침입탐지(오용탐지) 방법은 알려진 침입행위를 이용하여 침입을 탐지하고, 정해진 모델과 일치하는 경우를 침입으로 간주한다. 이러한 방법에는 전문가시스템(expert system), 상태전이분석(state transition analysis), 패턴 매칭, 시그너쳐 분석(signature analysis), 페트리넷(petri-net), 유전 알고리즘(genetic algorithm) 등이 있다.

◉ 대응방법에 의한 분류

침입탐지시스템은 침입 탐지이후 대응방법에 따라 수동적인 대응방법과 능동적인 대응방법으로 분류할 수 있다. 수동적인 대응방법은 침입을 탐지하였을 때 별도의 대응 없이 침입사실을 관리자에게 경보하는 시스템이고, 능동적인 대응방법의 시스템은 침입을 탐지하였을 때 스스로 대응행동을 수행하여 침입자의 공격을 막거나 방해하는 시스템이다.

◉ 데이터 수집원에 의한 분류

침입탐지시스템은 데이터 수집원에 따라 호스트의 불법 액세스를 탐지하는데 초점을 맞추는 HIDS(Host-based IDS)와 네트워크 공격을 탐지하는데 초점을 두는 NIDS (Network-based IDS)로 나눌 수 있다.

HIDS는 개별 호스트의 운영체제가 제공하는 security audit log나 system log, accounting information 등의 정보를 이용하여 호스트에 대한 공격을 탐지하는데, 트로이 목마 같이 NIDS에서는 탐지 불가능한 침입 탐지가 가능하고 고부하/스위치 네트워크에도 적용 가능하며 우회 가능성이 거의 없다는 장점을 가지나, 모든 개별 호스트에 대한 설치 및 관리가 어렵고 IDS가 설치된 플랫폼의 성능이 저하되고 네트워크 전체에 대한 탐색행위를 탐지하기에 부적합하며 IDS가 설치된 플랫폼 자체가 침입이나 DoS(Denial-of-Service)공격을 받아 IDS가 무력화 될 수 있다는 단점을 가진다.

대부분의 상업용 IDS에서 적용하는 NIDS는 네트워크 패킷을 데이터 소스로 활용하는데, 포트 스캐닝 공격 같이 HIDS에서는 탐지 불가능한 침입을 탐지 할 수 있고, 전체 네트워크에 대한 침입 탐지가 가능하며 기존 네트워크 환경을 변경할 필요가 없다는 장점을 가지고 있으나 탐지된 침입의 실제 공격 성공 여부를 알지 못하고 고부하(high traffic)/스위치(switch) 네트워크에는 적용이 어려우며 암호화된 정보는 분석할 수 없다는 단점을 가진다.

◉ 탐지시점에 의한 분류

침입탐지시스템은 침입을 탐지하는 시점에 따라 사후분석 시스템과 실시간 탐지시스템으로 분류할 수 있다. 사후분석시스템은 고전적인 형태의 침입탐지시스템으로서 수집된 감사데이터를 정해진 시간에만 분석하여 침입여부를 판정하는 시스템으로 침입이 발생하더라도 즉시 대응하지 못하는 한계가 있다. 따라서 최근의 침입탐지시스템 개발 경향은 실시간 정보수집과 동시에 감사데이터 발생과 침입탐지가 이루어지고 이에 대응하는 대비책을 실행시킨다.

IDS의 장 · 단점

침입탐지시스템의 장 · 단점은 〈표 8-2〉과 같다.

〈표 8-2〉 침입탐지시스템의 장 · 단점

장 점	단 점
ㅇ 해킹에 대하여 침입차단시스템보다 적극적인 방어 가능	ㅇ 대규모 네트워크에서 사용곤란 ㅇ 관리 및 운영 어려움
ㅇ 내부 사용자의 오 · 남용 탐지 및 방어 가능	ㅇ 새로운 침입기법에 대한 즉각적인 대응 곤란
ㅇ 해킹사고 발생시 어느 정도의 근원지 추적 가능	ㅇ 보안사고에 대한 근본적인 해결책은 되지 못함

8.2.3. 침입방지시스템(IPS: Intrusion Prevention System)

IPS 개요

침입방지시스템은 다양하고 지능적인 침입 기술에 대해서 다양한 방법의 보안 기술을 이용하여 침입을 일어나기 전에 실시간으로 침입을 막고, 인터넷 웜, 악성코드 및 해킹에 기인한 유해 트래픽을 차단하기 위한 능동형 보안 솔루션이다. 침입탐지가 주목적인 IDS의 기능을 넘어서, 침입을 탐지했을 경우에 대한 대처까지 수행한다.

Firewall, IDS, Secure-OS 등의 보안 기술에 기반을 둔 IPS는 취약점을 능동적으로 사전에 보완하고 웜이나 버퍼오버플로우, 특히 비정상적인 트래픽이나 알려지지 않은 공격까지 차단함으로써 한층 높은 보안을 제공한다.

IPS의 필요성

IPS는 단순한 네트워크단에서의 탐지가 제공하지 못하는 각종 서버를 위해 알려지지 않은 공격까지도 방어할 수 있는 실시간 침입 방지 시스템으로, OS 차원에서 실시간 방어와 탐지 기능을 제공하고 있다. 방화벽이나 침입탐지시스템은 같은 기존 보안 제품의 문제점으로 최근에 발생한 무단 해킹유형을 분석해 보면 기존 보안 솔루션이 더 이상 시스템이나 서버를 완벽하게 보호해 주지 못함을 알 수 있으며 기존 보안제품의 한계는 〈표 8-3〉와 같다.

〈표 8-3〉 기존 보안제품의 한계

구 분	내 용
침입차단시스템	○ 대규모 네트워크에서 사용곤란 ○ 신뢰/비신뢰 구간을 명확히 분리할 수 있는 환경에 적용 ○ 비인가된 사용자의 정보 및 시스템 접근을 효율적으로 차단 ○ 인가된 사용자/시스템의 악의적인 행위 차단이 어려움
침입탐지시스템	○ 인가된 사용자의 악의적인 행동 감시가 필요한 환경에 적용 ○ 세션기반의 악의적인 행동에 대한 효율적인 탐지 및 차단 ○ 탐지 이후, 방화벽 연동에 의한 차단 외에는 적절한 차단 대책 없음
바이러스 월	○ 특정 파일에 기생하여 이동하는 악성 프로그램 제거 ○ 메일 또는 파일 공유 등을 통해 전파되는 악성코드를 효과적으로 제거 ○ 취약성을 통해 전파(technical attack)되는 공격에 대응 불능
L7 스위치[47]	○ 방화벽 전단에 위치하여 DoS/DDoS 공격 mitigation용 으로 사용 ○ 최종적인 session 기반 탐지/차단 및 세밀한 차단정책 적용 불가

[48]

이런 현실 속에서 새롭게 떠오르고 있는 것이 바로 서버 보안이며, 이 중에서도 특히 실시간으로 진행되고 있는 공격을 막아내는 IPS 기술이 부각되고 있다. 이와 같은 변화가 일어나고 있는 이유는 기존의 보안 시스템인 방화벽의 경우, 단순 차단 기능, 이미 알려진 공격 패턴을 기반으로 공격 감지 시 관리자에게 알려주는 기능만을 제공할 뿐, 님다나 코드레드 같은 새로운 공격을 막아내는 데는 역부족 이었다. 즉, 실시간 공격 방어 기능을 제공하는 IPS는 IDS와 비슷한 기능을 가지고 있는 것처럼 보이지만 IDS가 공격에 대해 즉각 대응하지 못하는 데 비해 IPS는 수상한 활동을 감시하다가 서버에서 비정상적인 행동을 실행하고자 하면 그 즉시 중지시켜 버리기 때문에 다양한 해킹 공격에 실시간 대응이 가능하다.

47) 기존 L4 스위치가 제공하는 기본 기능 이외에 최근 사회적인 문제가 되고 있는 웜바이러스, 이메일 바이러스, DoS/DDoS 공격 등의 네트워크 보안문제를 일부 지원하고 있으며, 이는 주 보안장비를 보조하는 네트워크 장비 역할이며, 주 역할은 각 서버들에 트래픽을 부하분산하여 배분하는데 있다. 파이오링크, F5 네트웍스, 라드웨어코리아, LG-노텔 등의 업체가 주를 이루고 있다.

48) 정보시스템 보안론 네트워크 보호 시스템 PPT 자료

IPS의 요구사항[49)]

◉ 정확성

지금까지 IDS 제품의 가장 중요한 문제는 탐지 방법에 의해 발생된 수많은 오류 결과고, 이는 IDS의 경우 매우 심각한 문제가 되지만, IPS의 경우에는 절대 허용될 수 없는 사항이다. 부정확한 탐지는 정당한 트래픽에 영향을 미치는 대응 메커니즘을 실행시켜 불필요한 트래픽을 유발하는 결과를 초래함으로써 사용자의 업무를 방해하고 불평을 일으킬 수 있다.

◉ 완벽성

완벽성이란 모든 가능한 대응 메커니즘을 최대한 포함하고 있다는 것을 의미하며, 특정의 새로운 공격 뿐 아니라 전혀 다른 클래스의 공격은 물론 적절한 대응을 펌웨어 업그레이드를 통해 업데이트할 수 있는 방법을 포함하고 있어야 한다는 것을 의미한다.

완벽성의 핵심은 모든 클래스의 공격을 인식할 수 있도록 적절하게 대응하여 다양한 공격으로부터 보호 받는데 있다.

◉ 고성능

IPS는 네트워크의 주변부가 아니라 네트워크의 핵심 부분으로 모든 트래픽을 감시할 수 있어야 한다. 따라서 IPS는 조직에서 그 어떠한 압력을 견딜 수 있어야 하며, 이는 성능, 신뢰성 및 가용성에 의해 평가될 수 있다. 성능은 네트워크 상에서 트래픽의 흐름을 유지할 수 있는 능력이며, 과도한 트래픽 환경하의 낮은 성능은 결국 트래픽 성능의 저하를 초래 할 뿐만 아니라 심지어 패킷 손실을 가져 오게 될 것이다.

◉ 신뢰성

신뢰성이란 네트워크 상의 다른 시스템에 지장을 주지 않으면서 IPS 고유 기능을 수행할 수 있는 능력을 의미한다.

◉ 가용성

가용성의 향상은 네트워크에 접속된 전체 시스템의 성능을 안정적으로 유지하며 효

49) 홍승필외1 공역, 정보보호의 이해, 길벗, 2004. p231~p232

율성을 보장하는 것으로 이는 폐쇄, 다운 또는 수리로 인한 제품의 정지 시간으로 나타낼 수 있다.

◉ 관리

IPS는 많은 네트워크 보안 관리 기능을 수행할 수 있기 때문에 네트워크 보안 관리자에게 많은 옵션을 제공한다. 따라서 IPS는 관리자가 손쉽게 센서 구성을 설정하고 변경할 수 있는 인터페이스를 제공해야 할 것이다. 뿐만 아니라, 진정한 IPS 솔루션은 독립적으로 존재하는 것이 아니라, 통합 보안 관리(security integrated management) 스위트의 중앙 허브로서의 역할을 수행함으로써 궁극적으로는 방화벽, IDS, 안티바이러스, 취약성 평가 제품 및 기능을 모두 통합할 수 있어야 한다.

IPS의 발전방향

앞에서 살펴본 바와 같이 IPS는 기존 시스템의 오탐지가 발생하는 것을 피할 수 있도록 정확하게 침입을 구별하고 패킷을 감시함으로써 빠른 성능으로 실시간 반응이 가능하도록 개발된 솔루션으로, 관리자의 업무를 줄여줄 수 있다는 장점을 가진다.

웹 해킹 기술을 다향성으로 조만간 IPS가 IDS를 대체할 것이며 미국은 이미 2001년부터 AIPS(Advanced IPS)개발에 착수하였으며 이는 다중 노드와 다중 도메인의 침입을 방지하는 기술로서, 이 기술의 근간은 분산 처리, 협동 처리와 이동형 에이전트를 통한 침입 방지와 침입에 대한 원천추적, 침입에 대한 공조 방어를 목표로 하고 있다. 또한, 기존의 정보 시스템의 방어뿐만 아니라 통신 시스템의 도청, 전력, 통신 인프라에 대한 공격, 절도와 같은 물리적인 침입에 대한 탐지와 대응까지 포함하고 있다.

하지만 IPS는 현재 대용량의 유해 트래픽을 한꺼번에 처리하기에는 성능이 떨어진다는 단점이 있다. 이러한 이유로 최근 들어 외국 업체는 물론 일부 국내 업체들까지 잇따라 주문형 반도체(ASIC)를 기반으로 하드웨어 일체형 IPS를 출시하고 있다.

8.2.4. 가상사설망(VPN: Virtual Private Network)

VPN의 정의

공용망을 경유하지 않는 사설망은 외부로의 데이터 유출이나 외부로부터의 공격을 받지 않는다. 하지만, 이러한 사설망을 확장하여 본사와 지사간 또는 본사와 출장 중인 구성원들간의 연결시에는 경제적인 이유로 전용선 대신에 공용망을 경유하게 되는데, 이 공용망에서의 데이터 유출이나 외부로부터의 공격에 취약하게 되는 문제점이 있다.

VPN은 공중 통신망 기반시설을 터널링 프로토콜과 암호화기법 등을 사용하여 물리적인 네트워크의 구성과 무관하게 사용자의 목적에 맞게 공용망을 마치 자신의 전용회선처럼 사용 할 수 있게 구성하는 네트워크를 의미이다. VPN의 원 개념은 자체의 전용회선을 보유하지 않은 사용자도 공용망을 이용해 마치 개인이 구축한 통신망인 것처럼, 이를 직접 운용, 관리할 수 있도록 한 개념을 말한다. 즉, 정보 공유를 위한 네트워크의 손쉬운 확장성, 원격지 사무실이나 이동 사용자의 사내자원 접속, 경제적인 네트워크 구축 및 유지보수, 데이터 암호화 전송으로 해킹으로부터의 안전 제공 등의 사용자 요구에 부응하여 최소의 비용으로 네트워크를 구축할 수 있는 네트워크 솔류션을 의미한다.

공용망 기반의 VPN은 통신망 사용료 절감, 보다 넓은 지역을 수용할 수 있도록 하는 네트워크 확장성, 이동 근무자 생산성 향상의 효과가 있고, 전용망 기반의 VPN은 민감한 내부 시스템이나 traffic을 내부의 다른 사용자들로부터 보호할 수 있게 하여 전용망 내부 보안을 강화할 수 있다는 장점이 있다.

VPN의 구현형태

VPN은 접속범위, 이용회선, 구현방식 등에 따라서 다양한 형태로 구분된다.

접속범위에 따라서는 기업 내부의 부서를 LAN을 통해 연결하거나 넓게는 지방의 지사까지 연결하는 형태의 인트라넷 VPN, 기업과 리모트/원격지 사용자간의 접속 형태인 리모트 액세스 VPN, 자사 근무자 뿐 아니라 파트너나 고객, 공급업체까지 연결하는 형태인 익스트라넷 VPN으로 나누어진다.

이용회선에 따라서는 기간 사업자의 POP(Point of Presence, 지역전화 접속지점)까지 해당기업의 전용회선을 연결하고 이후 회선은 기간 사업자의 기존 망을 임대해 이용하는 방식인 전용회선 기반의 VPN, 기존 전화회선을 이용하는 VDPN(Vitual Dial-up Private Network), 인터넷 기반의 VPN으로 나누지며, 구현방식에 따른 분류는 〈표 8-4〉과 같다.

〈표 8-4〉 구현방식에 따른 VPN 분류

적용방식	구현	장점	단점
Firewall	○ 기존 firewall에 VPN 부가 서비스 탑재 ○ Firewall + VPN 일체형 어플라이 언스	○ 비용 저렴 ○ 구현 용이 ○ 중소규모 사업장	○ 성능 문제 ○ 확장성 문제 ○ 기능 단순 ○ 정책적용문제
VPN 전용 장비	○ 독립적인 VPN 장비로 구축	○ 확장성 우수 ○ 성능 우수 ○ 다양한 정책적용 ○ 대규모 사업장	○ 비용 고가 ○ 설계, 구축 ○ 운영, 관리
라우터	○ 라우터에 VPN 기능 탑재	○ 비용 저렴 ○ 구현 용이 ○ 중소규모 사업장	○ 보안 문제 ○ 성능 문제 ○ 기능 단순 ○ 정책적용문제

VPN의 적용기술

데이터 보안을 보장하기 위한 VPN 구현 기술은 크게 터널링, 암호화/인증, 그리고 접근 제어로 나뉘어 진다. 터널링은 VPN내의 두 호스트간에 가상경로를 설정해 주고, 암호화/인증은 이 가상경로를 다른 인터넷 사용자들로부터 격리시켜 안전한 채널로 만들어 준다. 접근 제어는 VPN내의 자원에 대한 접근 통제를 통해 보안 정책을 구현하게 해 준다. 만일 Cisco 라우터를 이용하여 VPN 터널의 양 끝을 구성한다면, 그것들은 IPSec을 지원할 것이고, 또한 Diffie-Hellman 인증과 128비트의 3DES(Triple Data Encryption Standard) 암호화를 제공한다.[50)]

◉ 터널링

터널링은 상용망 상에서 전용망과 같은 보안 효과를 주기 위한 기법으로 VPN 내의 두 호스트간에 가상경로를 설정해 주어 사용자에게 투명한 통신 서비스를 제공하고 인터넷과 같은 안전하지 못한 네트워크 환경에서 전용선과 같은 강력한 보안을 제공하는 것으로 IP 패킷이 공중망을 통과할 때 사용자간에 마치 터널이 뚫린 것처럼 통로를 마련, 이 통로를 통해 데이터를 안전하게 전송하는 것이다.

터널링에 사용되는 표준 프로토콜은 IETF가 주도하는 2계층의 L2TP(Layer 2

50) 박종서외1 공역, 네트워크보안, 미래컴, 2004, p335

Tunneling Protocol), 3계층의 IPSec(IP Security Protocol)과 MPLS(MultiProtocol Label Switching)로 대표될 수 있다. L2TP는 자체적으로 터널 인증 기술은 제공하지만 패킷 인증과 패킷 암호화, 키관리 기능을 제공하지 못하기 때문에 IPSec ESP를 이용해 보안기능을 제공한다. IPSec은 AH, ESP 프로토콜을 이용하여 패킷 인증과 패킷 암호화를 제공하며, IKE(Internet Key Exchange)와 같은 자동화된 키 관리를 제공한다. MPLS는 패킷 전송 처리와 경로계산 처리를 분리하여 패킷의 고속전송을 실현하는 기술로서 기존의 라우팅 방식을 기반으로 ATM의 고속 전송 교환 기능을 결합하여 IP 패킷을 전달하는 기술이다.

◉ 암호화 및 인증

네트워크를 통해 전달되는 IP패킷은 spoofing, session hijacking, eavesdropping 및 sniffing을 통해 패킷 정보가 유출될 수 있는데 정보의 기밀성을 제공하기 위해 VPN에서는 대칭키 암호를 사용한다. 암호화에 사용되는 대칭키는 공개키 암호 방식을 사용한 키 교환을 통해 공유된다.

메시지인증은 수신된 메시지가 주장된 출처에서 왔고, 변경되지 않았다는 것을 확인하기 위한 절차이다. 메시지 인증 방법은 메시지 전체의 암호문이 인증자로 제공되는 메시지 암호화, 메시지에 암호학적 점검 값을 추가하여 인증자로 제공하는 메시지 인증코드(MAC, Message Authentication Codes), 임의 길이의 메시지를 고정된 길이의 해쉬값에 대응시키는 해쉬함수에 의한 방법으로 나누어진다. 사용자 인증은 VPN 접속 요구 시 요구주체(시스템 혹은 사용자)의 신원을 확인하는 프로세스인데 보안서버로부터 인증을 받아야 접속이 허가된다. VPN에서는 사용자를 인증하기 위해서 공유키, 공개키, 인증서, 전자서명 등을 사용할 수 있다.

◉ 접근제어

패킷 필터링은 통과하는 임의의 패킷에 대한 허용/거부에 대한 판단을 수행하는 것으로 IP 데이터그램의 IP 헤더, TCP 헤더, 발신지 주소, 목적지 주소, 프로토콜 형태, 발신지 및 목적지 포트번호 등을 조사하여 미리 지정된 필터링 규칙에 따라 패킷의 수용 혹은 거부를 결정한다. 필터링은 세밀하게 접근 제어를 결정할 수 있지만 암호화하지 않은 IP 패킷 정보에서만 필터링 수행이 가능하므로 암호화된 패킷에는 적용이 불가능하다.

NAT(Network Address Translation)은 포트 번호를 IP처럼 사용하여 내부 IP주소를 외부 IP 주소와 맵핑 시켜주는 기술로 인터넷 IP 주소의 부족을 해결해 줄 수 있는 방법이다. 내부로 접속이 허가된 외부 IP주소에 대해서만 내부 IP주소로 변환 작업을 수행하고, 내부 LAN에서는 사설 IP 주소를 사용하고 인터넷으로 나가는 경우엔 인터넷 주소로 변환하여 전달함으로써 외부 인터넷에 내부 LAN에 대한 정보를 비밀로 할 수 있고 공인 IP 사용에 대한 비용을 절감시킬 수 있으나, IP 패킷의 주소 영역을 변경하기 때문에 IPSec을 통해 단-대-단 인증에 사용되는 경우엔 AH 프로토콜에서 제공하는 데이터 무결성에 위배되어 데이터 인증을 할 수 없게 된다.

8.3. 웹 보안

8.3.1. 웹 보안 개요

1990년에 Berners-Lee에 의해 처음으로 제안된 월드 와이드 웹(WWW : World Wide Web)은 다양한 형태의 데이터를 손쉽게 보여주며 사용자 인터페이스를 편리하게 설계한 웹브라우저의 출현과 인터넷 사용의 증가로 확산되었다. 최근 웹을 이용한 광고, 전자출판, 사이버 쇼핑, 인터넷 뱅킹 등 다양한 서비스가 네트워크를 통해 제공되면서 웹 보안에 대한 필요성이 증가하고 있다. 현재 대부분의 인터넷 쇼핑몰을 이용하는 사용자는 구매물품에 대한 지불을 위해 신용카드를 사용하게 되는데, 이 때 신용카드 번호 및 개인 정보가 불법적인 제3자에게 유출되거나 위변조 가능성이 점차 커지고 있다. 이러한 문제들은 인터넷의 근간이 되는 TCP/IP와 웹 프로토콜인 HTTP가 데이터에 대한 보안 서비스를 제공하지 않는데서 비롯된다고 할 수 있다. 이에 따라 인터넷을 통해 전송되는 모든 데이터에 대해 무결성, 기밀성, 사용자 인증, 부인봉쇄, 접근통제, 보안감사 등의 보안 서비스를 제공하여 안전하고 편리한 인터넷 환경을 구축하기 위한 노력이 활발하게 진행되고 있다.

안전한 웹 환경을 구축하기 위해서는 웹서버, 웹브라우저 및 호스트 등이 안전하게 운용되어야 하는데 웹서버와 웹 브라우저간의 안전한 통신을 위해서는 웹 보안 프로토콜을 사용한다. Layer별 웹 보안은 분류는 〈그림 8-7〉과 같다.

<table>
<tr><td rowspan="2">응용계층</td><td rowspan="2">TELNET,
HTTP, FTP</td><td rowspan="2">SHTTP</td><td>PGP</td><td>S/MIME</td><td>PEM</td></tr>
<tr><td colspan="3">SMTP</td></tr>
<tr><td rowspan="2">트랜스포트계층</td><td colspan="5">SSL, SET</td></tr>
<tr><td colspan="5">TCP</td></tr>
<tr><td>네트워크계층</td><td colspan="5">IPSec</td></tr>
<tr><td>링크계층</td><td colspan="5">Ethernet Driver</td></tr>
</table>

〈그림 8-7〉 Layer별 웹보안 적용현황

이 절에서는 응용계층의 PGP, S/MIME와 트랜스포트계층의 SSL, 네트워크 계층의 IPSec에 대해 알아보겠다.

8.3.2. 웹 보안 요구사항[51)]

시스템 보안

클라이언트와 서버 어플리케이션이 동작하는 시스템 자체에 대한 보안을 말하며 시스템에 의해 다양한 서비스가 제공될 경우 중요한 정보의 파괴는 치명적인 피해를 초래한다.

클라이언트 인증

서버의 정보에 접근하는 사용자들을 통제하기 위해 클라이언트를 식별할 수 있는 기법을 의미하며 대부분의 시스템에서 불법적인 사용자의 이용을 일차적으로 차단하기 위해 가장 일반적으로 이용되고 있다.

서버 인증

인터넷은 서로를 직접 확인할 수 없는 가상 공간이라는 특성을 지니고 있어서 사용자는 서비스 제공자에 대한 신뢰확보를 위해 인증이 필요한다. 따라서 구매 주문서나 공문서와 같은 중요한 정보를 교환하고자 할 때, 클라이언트 인증뿐만 아니라 서버 인증을 포함하여 상호 인증 서비스를 제공해야 한다.

51) 이만영외4 공역, 인터넷 보안기술, 생능출판사, 2002, p50~p51

전송되는 데이터의 인증, 기밀성, 무결성 보장

인터넷의 이용이 일반화되고, 사용량이 많아지면서 중요한 정보의 전송 시 인증, 기밀성 및 무결성 등의 보장이 요구된다. 그렇지 않을 경우 TCP/IP 보안의 취약성으로 인해 네트워크를 통해 전송되는 모든 데이터는 도청 및 변조가 가능하다. 따라서 제3자에 의해서 불법적인 도청 및 변조를 막을 수 있는 기밀성과 무결성을 제공해야 한다. 또한 데이터의 송수신자를 확인할 수 있도록 데이터에 대한 인증이 함께 필요하다. 이러한 기능이 없을 경우 송수신을 부인할 수 있기 때문이다.

접근 제어

서로 다른 중요도를 가지는 정보 및 시스템에 대해서 각 사용자별 접근 권한을 달리 부여할 수 있어야 한다. 즉, 읽기만 또는 읽기와 쓰기도 가능하게 할 수 있어야 한다.

이러한 보안요구사항들은 모든 어플리케이션에서 반드시 공통적으로 만족해야 하는 것은 아니지만 인터넷을 통해 중요한 데이터를 주고받는 환경에서 데이터에 대한 기밀성 및 무결성은 반드시 필요하다.

8.3.3. 전자우편 보안기술

인터넷의 발달과 더불어 정보교환을 위해 빈번히 사용되는 응용프로그램인 전자우편은 보안상에 있어 너무나도 취약한 면을 가지고 있다. 전자우편은 목적지에 도달할 때까지 무수한 라우터(router)들을 거치게 되며, 보내는 곳의 주소뿐만 아니라 내용까지도 그대로 보이는 엽서와 같은 구조를 가지고 있기 때문에 쉽게 내용이 노출되거나 탈취, 위・변조될 가능성이 있다. 전자우편에서의 보안 요구사항은 기밀성, 메시지 인증, 사용자 인증, 송・수신 부인 방지, 메시지 재생 방지인데, 전자우편 보안을 위해 사용되는 대표적인 방법은 PGP와 S/MIME이다.

PGP는 개인이 제작한 보안도구라는 것이 인터넷 사용자들에게 큰 장점으로 받아들여지면서 많은 사용자 층을 확보하고 있는데, CA를 사용하지 않고 공개키의 인증을 사용자 개개인에게 일임함으로써 각 사용자에게 책임을 주고 있는 것이 특징이다. 그러나 공개키 인증에 관한 책임 소재가 불분명하게 공개키의 인증에 관련한 사고 발생 시 수습에 약점이 있는 단점을 내포하고 있다.

S/MIME은 X.509 형태의 인증서를 사용하여 공개키 인증에 관련한 사항에서는 PGP보다 더욱 강력한 보안성을 제공한다. 또한, Netscape, MS-explorer 등의 대중성 있

는 프로그램에서 플러그-인하여 사용할 수 있는 것이 큰 장점이다. 하지만, 상용 인증서를 얻기 위해서는 CA에 요금을 지불해야 하는 것이 부담으로 작용한다. 그에 반해, PGP는 각 공개키의 인증을 사용자 스스로 결정하는 것이 가능하므로 폐쇄된 환경에서의 사용에 더욱 적합하다고 볼 수 있다.

PGP(Pretty Good Privacy)

PGP는 필립 짐머만(Philip Zimmermann)에 의해 1991년에 제안된 전자우편용 보안 프로토콜로, 메시지를 속도가 빠른 대칭 알고리즘을 사용해 암호화하며, 대칭 알고리즘에 사용된 비밀키를 공개키 암호방식을 이용해 암호화하여 전달하는 키 분배 방식을 사용하고 있다. 2002년 8.0버전이 출시되었으며[52], 보내고자 하는 내용을 암호 알고리즘을 이용하여 암호화함으로서 전자우편을 엽서가 아닌 밀봉 된 봉투에 넣어서 보내는 개념으로, 키가 있어야만 내용을 볼 수 있도록 하기 때문에 기밀성, 인증, 무결성, 부인방지 등의 기능을 지원한다. 그러나 수신부인 방지 및 replay 공격 방지 기능 등은 PGP 자체로는 해결해주지 못 하고, 메일 프로토콜의 수정을 요구한다.

PGP에서 기본적으로 지원하는 서비스는 〈표 8-5〉과 같다.

〈표 8-5〉 PGP 지원 서비스

기능	알고리즘	설명
기밀성 (메시지 암호화)	IDEA, RSA	IDEA의 세션키로 메시지를 암호화, RSA는 세션키를 암호화
인증(디지털 서명)	RSA, MD5	MD5로 메시지 해쉬코드 생성, RSA로 해쉬 코드를 서명
압축	ZIP	ZIP으로 메시지 압축
전자 우편 호환성	Radix 64 변환	Radix 64 변환을 이용해 ASCII 부호로 변환
분할	·	분할을 통해 메시지 크기 조정

PGP를 다른 암호화 도구와 구별해 주는 가장 큰 사항은 공개키 인증으로서 공개키 인증에 대한 권한이 모든 사용자에게 주어져 있다. 이러한 이유는 곧 구현의 용이성으로 이어져서 X.509 인증서 시스템과 비교해 볼 때 큰 장점으로 작용 한다. PGP 알고리즘에서 사용되는 용어는 〈표 8-6〉과 같다.

52) http://www.pgpi.org/

〈표 8-6〉 PGP 알고리즘 용어표기

구 분	내 용
KS	관용암호에서 사용하는 세션키
KRa	공개키 암호 방식에서 사용되는 사용자 A의 개인키
KUa	공개키 암호 방식에서 사용되는 사용자 A의 공개키
ER	RSA를 이용한 공개키 암호화
DR	RSA알고리즘을 이용한 공개키 복호화
EI	IDEA를 이용한 암호화
DI	IDEA를 이용한 복호화
H	해쉬 함수
||	연결
Z	ZIP 알고리즘을 이용한 압축
R64	기수 64 ASCII형식으로 변환

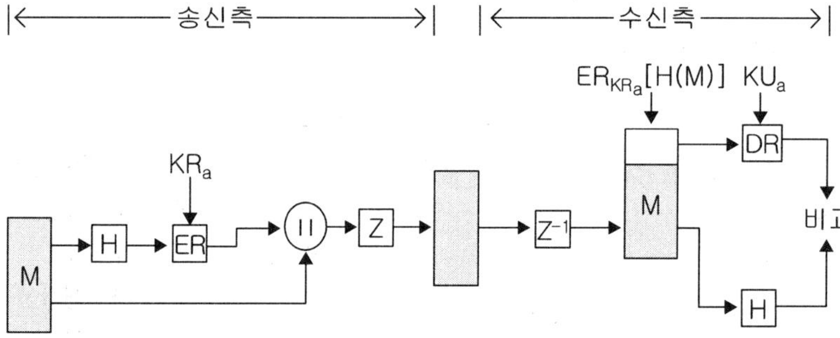

〈그림 8-8〉 PGP 전자서명 알고리즘

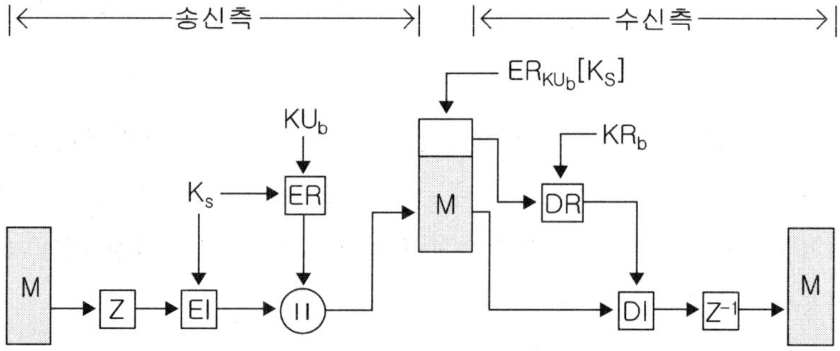

〈그림 8-9〉 PGP 기밀성 알고리즘

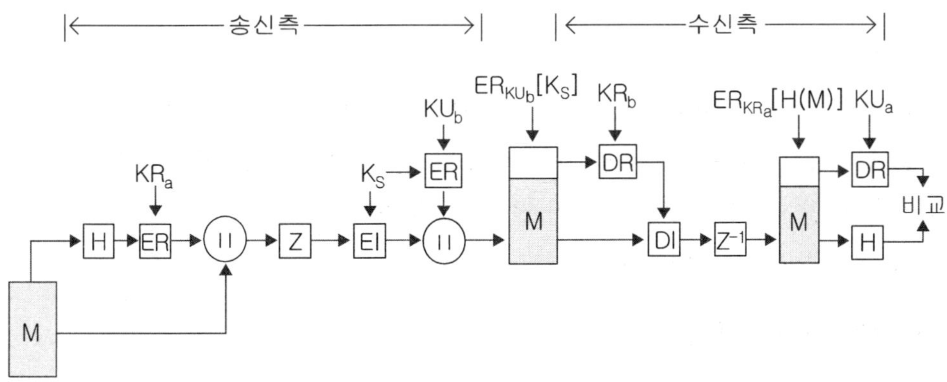

〈그림 8-10〉 PGP 전자서명과 기밀성 알고리즘

◉ **전자서명**

메시지 인증과 전자서명을 위해서는 공개키 암호와 해쉬함수가 사용되고 있다. 메시지를 해쉬함수(H)의 입력으로 넣어 128비트로 표현한 다음, 이를 송신자의 개인키로 암호화한다. 암호화된 부분을 원래의 메시지에 붙여서 보낸다. 수신자는 송신자의 공개키로 전자서명 부분을 복호화한 후에 이 부분과 원래의 메시지를 다시 해쉬함수로 돌려서 얻은 부분을 비교한다. 이 두 값이 일치할 경우, 전송 도중에 변경이 발생하지 않았다는 것을 의미한다.

◉ **기밀성**

메시지의 기밀성을 위해서는 비밀키 암호와 공개키 암호가 함께 쓰인다.

비밀키 암호에 사용될 키를 송신자가 생성(PGP가 자동생성)하여 메시지를 암호화시킨 후, 사용된 암호키는 수신자의 공개키(KUb)로 암호화하여 함께 보낸다. 수신자는 자신의 개인키(KRb)를 이용하여 암호키를 알아낸 후 그 암호키로 메시지를 복호화한다. 수신자의 개인키는 수신자 이외의 사람은 모르기 때문에 암호키를 알아낼 수 없고, 결국 메시지의 내용도 읽을 수 없으므로 기밀성이 보장된다. Z는 압축 알고리즘을 말하고, EI와 DI는 IDEA를 사용한 암호화와 복호화를, ER과 DR은 공개키 암호방식을 사용한 암호화와 복호화를 뜻한다.

◉ **전자서명과 기밀성**

기밀성과 메시지 인증을 모두 사용하려면 먼저 인증을 위한 동작을 먼저하고 그 결과에 기밀성을 위한 동작을 해주면 된다.

◉ 압축

메시지의 압축을 위해서는 ZIP 알고리즘을 사용한다. 압축 알고리즘을 사용하느냐 안하느냐 하는 것은 PGP를 직접 사용할 때 config 파일에서 사용자가 지정해 줄 수 있다. 압축을 할 때에는 암호화를 하기 전에 함으로써 암호화된 결과를 가지고 평문을 추측하는 행동을 더욱 어렵게 한다.

◉ 전자우편과의 호환

PGP를 사용해 생성된 모든 파일들은 연속적인 8비트의 흐름으로 이루어지지만 대개의 전자우편 시스템은 ASCII 문자만을 인식한다. Radix-64 변환은 세 개의 8비트을 4개의 ASCII 문자로 변환시킨다. 결국 약 33%정도 크기가 커지지만 압축 알고리즘을 사용하게 되면 결과적으로는 약 66%정도로 줄어들게 된다. PGP 메시지 형식은 〈그림 8-11〉과 같다.

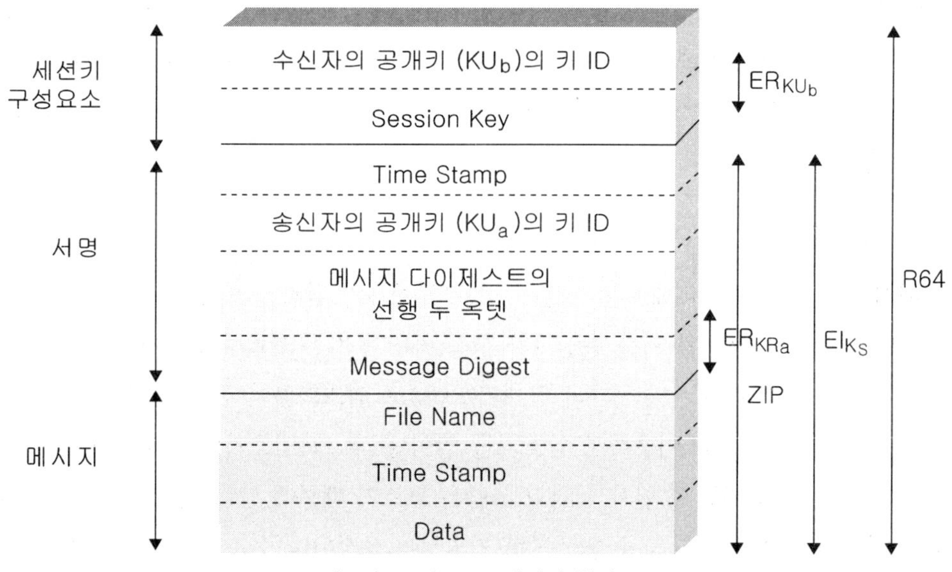

〈그림 8-11〉 PGP 메시지 형식

Message component의 time stamp는 데이터가 만들어진 시각이 들어가고 signature component의 time stamp는 서명이 생성된 시각을 나타내고 있다. 메시지 다이제스트의 선행 두 옥텟은 바로 밑의 암호화된 message digest를 모두 비교하면 시간이 오래 걸리므로 앞의 16비트만 비교하기 위해서 필요한 부분이다.

S/MIME(Secure/Multipurpose Internet Mail Extension)

S/MIME(Secure/Multipurpose Internet Mail Extension)은 RSA사에 의해 발표된 PKCS(Public Key Cryptography System)에 기반을 둔 강력한 암호 기능과 유연성 있는 확장 능력을 갖고 있는 대표적인 MIME 프로토콜로 현재 Netscape, Explorer 등의 메일 프로그램에서 지원하고 있는데 PGP와는 달리 사용되는 공개키는 X.509 인증서를 사용해야 한다. 2004년 3.1버전이 출시되었으며 RFC 3850~3851 문서에 세부적인 내용이 명시되어 있다.[53)]

S/MIME은 기존 전자 우편 보안 시스템의 문제점인 PEM 구현의 복잡성, PGP의 낮은 보안성과 기존 시스템과의 통합이 용이하지 않다는 단점을 보완하기 위해 IETF의 작업 그룹에서 RSADSI(RSA Data Security Incorportion)의 기술을 기반으로 개발된 전자 우편 보안 시스템이다. 이러한 S/MIME이 달성하고자 하는 목표는 강력한 암호화, 디지털 서명, 사용의 용이성, 융통성, 상호 운용성 등이다.

S/MIME은 네트워크를 통해 주고받는 메시지에 대해 송수신자에게 전자 우편 보안 서비스를 제공할 뿐만 아니라 MIME 객체를 전송할 수 있는 모든 프로토콜에서 보안 서비스를 이용할 수 있게 한다. 이러한 예로서 HTTP 프로토콜이 있으며 HTTP 지원하는 서비스는 〈표8-7〉과 같다.

〈표 8-7〉 S/MIME 지원 서비스

보안 서비스	보안 메커니즘	암호 알고리즘
메시지 기밀성	암호화	triple-DES, Diffie-Hellman
메시지 무결성	해쉬함수	SHA-1
사용자 인증	인증서	X.509 v3 인증서
송신 부인 방지	전자 서명	DSA

◉ S/MIME의 동작

우선, 사용자는 수신자에게 보낼 메시지를 작성한다. 메시지는 RFC 822에 정의되어 있는 MIME 형태로 작성된다. 사용자는 전자우편을 보내기 전에 메시지에 대해 전자 서명을 할 것인지, 암호화를 할 것인지 또는 전자서명과 암호화를 모두 할 것인지를 선택

53) http://www.ietf.org/html.charters/smime-charter.html

한 후 S/MIME 어플리케이션은 MIME 헤더와 바디로 구성되는 MIME 형태의 메시지를 S/MIME 메시지로 변환을 하게 된다.

이후 사용자는 메시지 보내기를 선택하면 메일 클라이언트는 전자 우편 서버에 메일을 전송하고, 수신자는 메일 서버에 메시지가 전송되어 수신자는 S/MIME 클라이언트에 의해 메시지를 받게 된다. 이때 보안 기능이 없는 SMTP 프로토콜이 사용되지만 이미 메시지에 암호화 또는 전자서명이 되었으므로 네트워크로 전송되는 도중에 메시지의 도청 및 변조 등의 위험으로부터 안전하게 되는 것이다.

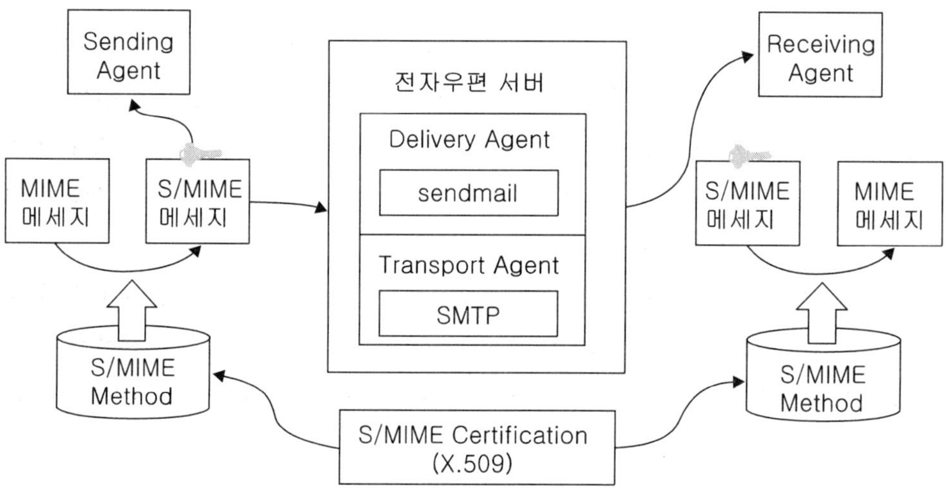

〈그림 8-12〉 S/MIME의 동작

◉ S/MIME 기능

S/MIME은 다음 기능들을 제공한다.

① 봉인된 데이터(Enveloped Data) : 암호화된 내용과, 내용을 암호화할 때 사용한 암호키로 구성된다.

② 서명된 데이터(Signed Data) : 서명할 내용의 메시지 다이제스트에 서명자의 개인키로 암호화해 만든다. 내용과 서명을 Radix64 부호화를 사용해 암호화하는데 서명된 데이터 메시지는 S/MIME 능력을 가진 수신자에게만 보여진다.

③ 순수한 서명 데이터(Clear-Signed Data) : 서명된 데이터를 가짐으로써 내용의 전자서명이 만들어진다. 전자서명만 Radix64로 암호화한다. S/MIME 능력이 없는 수신자도 메시지 내용은 볼 수 있다.(서명 확인 불가)

④ 서명과 봉인된 데이터(Signed and Enveloped Data) : 서명과 암호는 중첩될 수 있으

므로 암호화된 데이터는 서명되고, 서명된 데이터 또는 순수한 서명 데이터는 암호화 될 수 있다.

◉ 봉인된 데이터 생성 절차

S/MIME을 이용하여 봉인된 데이터를 생성하는 절차는 다음과 같다.

① 의사난수 세션키 생성 : 메시지 암호화를 위한 대칭 암호화 알고리즘(RC2나 3DES)에 사용
② 각 수신자를 위해 수신자 RSA 공개키를 가지고 세션키를 암호화
③ 각 수신자를 위해 RecipientInfo 블록(송신자의 공개키 인증서, 세션키의 암호화를 위해 사용된 알고리즘의 식별자, 그리고 암호화된 세션키를 포함)을 준비
④ ①에서 만들어진 세션키를 가지고 메시지 내용 암호화
⑤ ③에서 만들어진 RecipientInfo 블록과 ④에서 암호화된 MIME Entity가 합해져 봉인된 메시지가 만들어지며, 그 결과는 Radix64로 인코딩 되어 application /pkcs7 -mime MIME Entity에 삽입된다.

수신자는 Radix64부호화를 벗기고 수신자의 개인키로 세션키를 복원한 후 세션키로 메시지 내용을 복원한다.

◉ 서명된 데이터 생성 절차

S/MIME 이용하여 서명된 데이터를 생성하는 절차는 다음과 같다.

① 메시지 다이제스트 알고리즘을 선택(SHA 또는 MD-5)
② ①의 알고리즘을 이용하여 서명될 내용의 메시지 다이제스트 또는 해쉬함수를 계산
③ 서명자의 개인키로 메시지 다이제스트를 암호화(서명)
④ 서명자의 SignerInfo 블록을 만든다.(서명자의 공개키 인증서, MD 알고리즘 식별자, MD를 암호화하기 위한 알고리즘 식별자, 암호화된 MD)
⑤ SignedDATA(SignerInfo블록, 메시지)가 Radix64로 인코딩되어, application/pkcs7 -mime MIME Entity에 삽입된다.

수신자는 Radix64부호화를 벗기고 서명자의 공개키로 암호화된 MD를 복호화 한다. 수신자는 별도로 MD를 계산하여 복호화된 MD값과 비교해 서명을 검증한다.

8.3.4. 네트워크 계층 보안 기술

IPSec(Internet Protocol Security protocol)

IPSec은 IETF(Internet Engineering Task Force)에서 응용계층과 독립적인 네트워크 보안을 가능하게 하기 위해 IP 계층에 표준 기반의 인증 및 암호화를 추가하고자 만든 것으로 RFC가 인증한 프로토콜이며 RFC 4301~4309문서에 2005년 작성된 세부내용이 명시되어 있다.[54] IPSec은 데이터 무결성·기밀성 보장, 데이터 기원 인증, 재생 공격 방지 등의 네트워크 보안 기능을 제공하고, 안전하고 견고한 VPN이 구성되어지도록 지원하는 융통성 있는 구성 요소를 지원하는데 전반적인 구조는 〈그림 8-13〉와 같다.

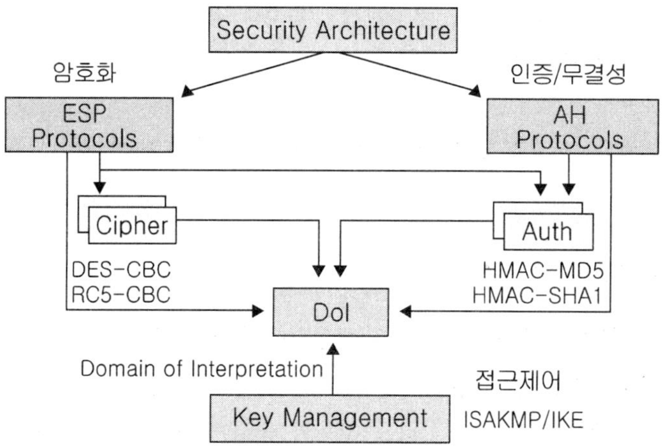

〈그림 8-13〉 IPSec Roadmap

IPSec은 모든 트래픽을 IP 계층에서 암호화하거나 무결성보호를 수행하며, IPSec 지원 서비스는 〈표 8-8〉과 같다.

〈표 8-8〉 IPSec 지원 서비스

보안 서비스	알고리즘
암호화	56비트 DES, 168비트 3-DES
무결성	HMAC-SHA-1, HMAC-MD5
보안 파라미터 협상 프로토콜	Internet Key Exchange(IKE)
공유 비밀키 분배 프로토콜	ephemeral Diffie-Hellman

54) http://en.wikipedia.org/wiki/IPSec

◉ AH(Authentication Header)

AH는 IP 패킷의 데이터 무결성과 인증을 제공한다. 데이터 무결성 특성은 전송되는 패킷 내용이 불법적으로 변경되는 것을 쉽게 발견할 수 있게 하는데 MAC(Message Authentication Code)에 의해 계산된 각 필드의 합을 수신자가 확인함으로써 보장된다. 인증은 인증시 필요한 키와 인증 알고리즘을 SA(Security Association)와 연계하여 지정하고 지정된 알고리즘을 수행함으로써 최종 시스템이나 네트워크 장비가 인증할 수 있게 하고, 필요에 따라 트래픽을 필터링할 수 있게 한다. AH는 주소 스푸핑(address spoofing) 공격과 재전송공격(Replay Attack)을 보호해 주는데 구조는 〈그림 8-14〉과 같다.

0	16	31
Next Header	Payload Length	Reserved
Security Parameter Index(SPI)		
Sequence Number		
Authentication Data(variable)		

〈그림 8-14〉 IPSec AH 구조

SPI(Security Parameters Index)는 송신자가 사용하는 보안 프로토콜에 대한 정보를 알려주고 순서번호(sequence number)는 재전송 공격을 방지하기 위해 사용되고, 인증데이터(authentication data)는 SPI에서 정의된 알고리즘으로 패킷에 대한 무결성을 점검한 값(ICV, Integrity Check Value)을 포함하고 있는 가변길이 필드이다. IANA(Internet Assigned Numbers Authority)에서는 AH를 나타내기 위해 51번을 지정했다. AH는 단독으로 사용될 수도 있으나 ESP와 결합하거나 다른 AH에 포함되어 사용되어질 수 있다.

◉ ESP(Encapsulation Security Payload)

ESP는 암호화 기법을 사용하여 데이터의 무결성, 기밀성의 기능을 제공하는 프로토콜로 사용하는 형태와 모드에 따라 인증기능도 제공한다. ESP는 대칭키를 사용한 암호화를 수행하는데, AH와 달리 IP 헤더에 대한 인증서비스는 제공하지 못하므로 트래픽 분석을 통한 공격에 대한 보호는 제공하지 못한다. 세부 ESP 구조는 아래 〈그림 8-15〉과 같다.

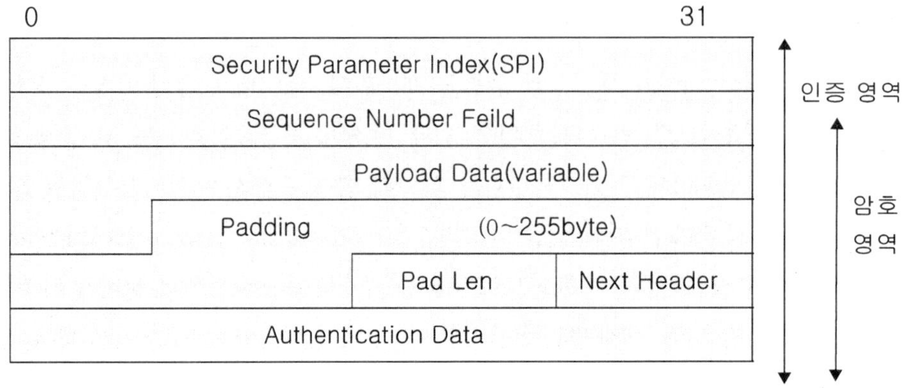

〈그림 8-15〉 IPSec ESP 구조

SPI는 송신자가 사용하는 보안 프로토콜에 대한 정보를 알려주고 순서번호(sequence number)는 재전송 공격을 방지하기 위해 사용된다. 페이로드 데이터(payload data)는 전송레벨 세그먼트(전송모드) 또는 암호화로 보호되는 IP 패킷이고, 인증데이터(authentication data)는 ESP 패킷에 대한 무결성을 점검한 값(ICV, Integrity Check Value)을 포함하고 있는 가변길이 필드이다.

ESP는 DES, 3DES, SEED 등의 다양한 암호화 알고리즘을 지원하며 사용자는 상대방에 따라 서로 다른 암호알고리즘을 사용할 수 있는데 IANA에서는 ESP를 나타내기 위해 50번을 지정했다. ESP는 단독으로 사용될 수도 있으나 AH와 결합하거나 다른 ESP에 포함되어 사용되어질 수 있다.

◉ 전송(Transport)모드와 터널(Tunnel)모드

AH와 ESP는 전송모드와 터널모드를 지원한다. 전송모드는 IP와 TCP 헤더사이에 AH와 ESP 헤더가 들어가는 구조이고, 터널모드는 기존의 IP 패킷의 내용전부를 AH 또는 ESP 헤더 안에 넣고, 이 자료를 전송하기 위한 새로운 IP 헤더를 형성하는 구조로 되어 있다.

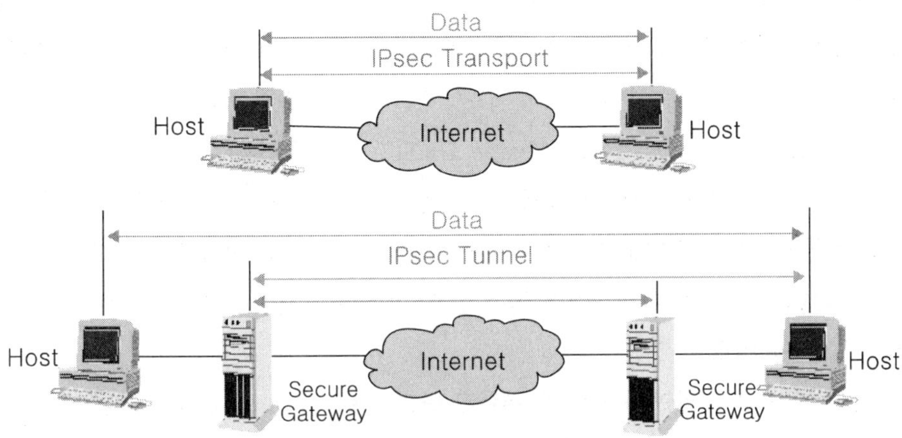

〈그림 8-16〉 전송모드와 터널모드

전송모드는 두 대의 호스트간 종단 대 종단 통신에 사용되어 상위계층 프로토콜에 대한 암호화와 선택적 인증을 제공하는데 IP header를 제외한 IP payload가 보호되므로 전송되는 패킷의 트래픽 분석에는 노출된다.

터널모드는 한쪽 또는 양쪽 종단이 IPSec이 실행되는 방화벽이나 라우터 같은 보안 게이트웨이일 때 사용되어 전체 IP 패킷에 대한 보호를 제공하는데, 안쪽 IP헤더는 source와 destination 주소를 가지고 바깥 IP헤더는 보안 게이트웨이 주소를 가짐으로써 트래픽 분석에 의한 공격을 방지할 수 있다.

◉ SA(Security Associations), SAD, SPD

IPSec은 SA를 통해 AH와 ESP의 암호화, 무결성 및 인증 서비스를 제공하는데 SA는 통신 양단간에 IPSec 보호 방법과 보호 절차에 대한 내용이다.

애플리케이션은 통신 상대와 새로운 SA를 확립하기를 원할 때, 통신 상대에게 한 개 이상의 제안을 하고 상호간 협상을 수행하게 되고, 상호간의 협상이 완료되면 사용되어 질 SA가 결정되어 진다. SA는 해당 보안서비스와 메커니즘을 정의하는 보안 프로토콜을 결정하는 매개변수들의 집합으로 3개의 보안 변수인 IP 목적지 주소, IPSec 프로토콜(AH 혹은 ESP), SPI값을 통해서 보안연결의 양 종단을 유일하게 인식하고 식별한다.

SAD는 SA와 관련된 매개변수를 보유하고 있는 데이터베이스로 데이터 교환 전에 통일되어야 할 요소들을 정의한다. SA 매개변수에는 AH나 ESP 헤더 순서번호 필드 생성에 사용되는 순서번호계수기, 순서번호계수기 오버플로우, AH와 ESP의 재전송 유무

판별에 사용되는 반-재전송 윈도우(Anti-Replay Window), AH와 함께 사용되는 인증 알고리즘과 키 및 키의 사용주기 등에 관한 AH정보, ESP와 함께 사용되는 암호화알고리즘과 키 및 초기 값 등에 관한 ESP정보, 보안연관의 사용주기, IPSec 프로토콜의 모드, 경로 MTU(Maximum Transmission Unit)가 있다.

SPD는 보안 정책에 대한 데이터베이스로 IP 트래픽의 서브셋을 정의하는 각 엔트리와 그 트래픽을 위한 SA에 대한 포인트를 포함하므로 IP 데이터그램에 적용될 보안서비스를 규정한다. IP 데이터그램에 적용될 수 있는 보안서비스 정책으로는 통과, 폐기, IPSec 적용 등이 있다.

SPI는 SA 변수를 확인하기 위해 SAD에 연결되게 하는 index 값으로 관계되는 어떤 보안 프로토콜의 특정 SA에 대한 포인터이다. SA를 확인하기 위해서는 DOI[55]를 따르는 추가적인 정보가 필요하다.

◉ IKE(Internet Key Exchange)

IKE는 상대방 인증, SA 협상과 키 교환에 대한 framework를 지원하는 ISAKMP와 Diffie-Hellman 알고리즘을 기반으로 하는 키 교환의 다양한 mode를 기술하는 프로토콜인 Oakley, 빠른 키 재생 등의 다양한 키 교환방법을 제공하는 SKEME를 결합한 것으로 통신 상대가 정당한 사용자임을 확인하는 사용자 인증기능, 통신 양단의 엔티티 사이의 안전한 터널 형성, IPSec에서 사용될 프로토콜 및 알고리즘을 협상하는 IPSec SA협상, 공유키의 생성뿐만 아니라 생성된 키의 소멸과 재생성(re-keying)과 같은 키 관리 기능 등을 동시에 제공한다.

IKE는 두 단계로 나누어지는데 첫 단계는 두 번째 단계 교환을 보호하는데 사용하기 위해 양방향 특성의 ISAKMP SA를 협상하고, IKE 터널 암호화를 위한 키를 교환하여 안전한 채널을 형성하는 단계이다. ISAKMP SA에서는 암호화 알고리즘, 인증 알고리즘, 인증 방법, Diffie-Hellman을 수행하는 그룹정보 협상이 반드시 포함된다. 두 번째 단계에서 통신 양단은 첫 단계에서 형성된 안전한 채널에 의해 보호되므로 키 생성 관련 자료는 비 인가자의 eavesdropping으로부터 보호되는데, 인증된 상호간에 단방

55) DOI(Domain of Interpertation) : payload 형식, 교환 type, 보안정책이나 암호알고리즘 및 모드 같은 보안 관련 정보를 정의한 것으로 ISAKMP에 의해 SA를 협상할 때 사용된다. RFC에서 지정된 번호들은 IANA(Internet Assigned Numbers Authority)에 등록되어 관리되어지는데, IPSEC을 위해 IANA에서 지정한 번호가 IPSEC DOI 이다.

향 특성의 IPSec SA를 협상하고 PFS[56]를 선택사항으로 지원하는 IPSec을 위한 암호화키를 생성·교환한다.

8.3.5. 전송 계층 보안 기술

SSL(Secure Sockets Layer)

SSL은 클라이언트와 서버 인증, 무결성 검사, 압축 및 암호화를 제공하는 보안 프로토콜로 넷스케이프(Netscape)사에서 1994년 처음으로 제안되었는데, 인터넷 WWW 상용 응용프로그램에서 사용되도록 설계되었고, 1996년 버전 3.0이 출시되었다.[57] LAN에서도 사용할 수 있다. SSL은 TCP/IP 계층과 어플리케이션 계층(HTTP, FTP 등) 사이에 위치하여 두 컴퓨터 사이 즉, 종단간 보안 서비스를 제공한다.

SSL은 〈그림 8-17〉에 나타나 있듯이 두 계층의 프로토콜로 이루어져 있다.

<table>
<tr><td>SSL Handshake Protocol</td><td>SSL Change Cipher Spec Protocol</td><td>SSL Alert Protocol</td><td>HTTP</td></tr>
<tr><td colspan="4">SSL Record Protocal</td></tr>
<tr><td colspan="4">TCP</td></tr>
<tr><td colspan="4">IP</td></tr>
</table>

〈그림 8-17〉 SSL 프로토콜 스택

웹 클라이언트/서버에서의 전송 서비스를 제공하는 HTTP(Hypertext Transfer Protocol)는 SSL 위에서 동작이 가능하다. 3개의 상위-계층 프로토콜들을 SSL의 일부로 정의되고 이 3가지는 핸드세이크(Handshake) 프로토콜, 암호 명세 변경(Change Cipher Sepc.) 프로토콜, 그리고 경고(Alert) 프로토콜이 있다.

---

56) PFS(Perfect Forward Secrecy) : 공격을 방지하기 위해선 암호키를 자주 변경하게 되는데, 누군가가 현재의 키를 알게 되더라도 현재의 키와 연관이 없는 새로운 키를 생성함으로써 security를 높일 수 있다는 개념

57) http://en.wikipedia.org/wiki/Secure_Sockets_Layer

SSL 프로토콜

◉ SSL 레코드 프로토콜

SSL 레코드 프로토콜의 상위계층인 Handshake, Change Cipher Spec, Alert 등의 제어 메시지와의 응용계층 메시지를 보안성이 유지되며 전송될 수 있도록 하며, 메시지 분할, 압축, 메시지 인증, 메시지 암호의 기능을 수행한다.

◉ Handshake 프로토콜

서버와 클라이언트간 상호인증 기능을 수행하고, 암호화 알고리즘과 이에 따른 키 교환시 사용되며 상호협상 내용은 다음과 같다.

① 관용키 교환방식
② 관용키 암호방식
③ HMAC 방식
④ 압축 방식

◉ Change Cipher Spec 프로토콜

Handshake 프로토콜에 의해 협상된 압축, MAC, 암호화 방식이 이후부터 적용됨을 상대방에게 알려주는 프로토콜이다.

◉ Alert 프로토콜

Handshake 과정에서, 상대방이 제시한 암호화 방식을 지원할 수 없는 경우 등에 대한 오류 정보를 상대방에게 알릴 때 사용되는 프로토콜이다.

SSL 수행 알고리즘

- 클라이언트는 서버에 연결해 지원되는 암호화 알고리즘 목록을 보낸다.
- 서버는 알고리즘 이름, 공개 키, 공용 키 및 해쉬 알고리즘 이름으로 응답한다.
- 클라이언트는 공개키가 진짜 그 서버의 것인지를 검사할 수 있다. 클라이언트는 세션키를 생성해서 서버의 공개키로 암호화, 서버에게 전송한다.
- 서버는 이 세션키를 (자신의 비밀키로) 해독하고, 이를 사용하여 그 세션동안 전송되는 데이터를 암호화한다.
- 클라이언트는 임의의 문자열을 세션키로 암호화하여 서버에게 보내 서버를 검사한다.
- 서버는 수신을 확인한다.

SSL 보안 서비스

◉ 기밀성 서비스

DES, RC4등과 같은 대칭키 암호화 알고리즘을 사용하여 제공되며, 이때 사용되는 비밀키는 핸드쉐이크 프로토콜(Handshake Protocol)을 통해 생성된다.

◉ 클라이언트와 서버 상호 인증

연결 설정 과정에서 서로간에 신뢰할 수 있도록 인증을 사용하는데, 인증에는 RSA와 같은 비대칭 키 암호 알고리즘, DSS와 같은 전자 서명 알고리즘과 X.509 공개키 인증서가 사용된다.

◉ 메시지 무결성 서비스

안전한 해쉬 알고리즘을 사용하여 메시지 인증 코드를 만들어 메시지에 포함시키기 때문에 신뢰성 있는 통신이 가능하다.

8.3.6. 웹 2.0 보안

웹 2.0 개요

인터넷의 핵심은 정보의 개방과 공유이다. 인터넷 초창기는 이 새로운 매체를 활용하는 방법을 고민하는 기업들과 개발자들로 소란스러웠다. 그 당시의 기본 개념은 사용자들에게 정보를 전달하는 것이었다. 다양한 종류의 콘텐츠 관리 시스템이 개발되어 정보를 적시에 전달하는 일을 관리하는 데 사용되었다. 뿐만 아니라 개인 웹 사이트는 사용자들이 자신을 표현하는 일반적인 수단이었다. 하지만 웹과 웹의 기술이 발전하면서 상황이 바뀌었다. 사용자들은 단순한 콘텐츠 소비자에서 콘텐츠 제작자로 발전했고 웹은 데이터 꾸러미와 서비스로 조각나게 되었다. 그리고 그렇게 조각난 웹은 다른 사이트들에서 쉽게 접근할 수 있게 되었다.[58)]

최근에는 웹 2.0이 대두함에 따라 '참여'가 새 화두로 떠오르고 있다. 뉴스에 덧글이나 댓글을 다는 것으로 자신의 의견을 드러내던 사용자들은 그에 만족하지 않고 스스로 콘텐츠를 생산하는 주체로 나서기에 이르렀다.

58) ZDNet Korea, 웹의 진화 어디까지 왔나?, 2006. 12. 28.

그런데 웹 2.0의 낯섦이 채 가시기도 전에 벌써 웹 3.0이 회자되고 있다. 웹 3.0은 '가치를 담은 맞춤 답안'을 제공하는 '인공지능'을 갖춘 것이 특징이라고 한다. 가령 "나는 이번 주말에 아내, 아이 셋과 함께 서울에서 그다지 멀지 않은 곳에서 휴식하고 싶은데 예산은 30만 원이다"는 질문을 하면 마치 여행사 에이전트가 꼼꼼하게 작성한 것과 같은 완벽한 휴가 프로그램을 만들어준다는 것이다.

단순한 컨텐츠 제공에서 사용자 중심의 플랫폼을 제공으로, 그리고 이제는 뉴욕타임스의 표현을 빌자면 '상식을 갖춘 웹(A Web guided by common sense)'이 부각되고 있는 것이다. 이런 점 때문에 전문가들은 문서끼리 연결된 월드와이드웹(WWW) 시대는 가고 데이터끼리 연결된 월드와이드데이터(WWD) 시대가 온다고 예측한다.[59)]

웹 2.0 보안위협

네티즌들이 콘텐츠를 직접 만들어 웹을 통해 배포하고, 이를 공유하는 등 웹 2.0의 개념이 확산됨에 따라 사용자들의 사용에 대한 자유가 보장됨에 비례하여 보안상의 위협은 갈수록 늘어나고 있다.

보안 업체인 시만텍은 2006년 9월 '시만텍 인터넷 보안 위협 보고서'에서 앞으로는 바이러스들이 기존 패턴 인식 방식의 백신으로는 검출하기 어려운, 다형성(polymorphic)을 전망하면서 이에 대한 대책을 지적했다.

사용자들의 참가와 공유가 주 테마인 웹 2.0이기 때문에 콘텐츠 공유가 늘어나면서 악의적인 의도를 가진 콘텐츠 또한 그만큼 쉽고 빠르게 확산될 수 있으며, 이러한 웹 2.0으로부터 파생될 수 있는 보안 위협을 구체적으로 살펴보면 다음과 같다.[60)]

◉ 개인 정보 유출을 통한 프라이버시 보안 위협

검색 엔진 기술의 발전은 정보가 조금이라도 노출되면 전 세계 어디에서도 쉽게 찾아낸다. 관련 정보를 1~2초 이내에 검출해 내는 검색 기술은 오싹할 정도다. 이론적으로 인터넷 상에 나타난 어떤 정보도 검색 대상이다. 따라서, 개인의 신상 정보나 금융 정보를 보호할 의무가 있는 기업이나 기관은 인터넷 상으로 노출되지 않도록 내외적으로 철저한 보안 대책을 세워야 한다.[61)]

59) ZDNet Korea, 웹 2.0 시대에 맞는 보안 의식, 2006. 12. 01.
60) 매일경제, 웹 2.0 시대, 보안 위협은 늘어난다, 2006. 09. 26.
61) 디지털 타임스, 웹 2.0과 정보보호, 2006. 12. 20.

◉ 웹 2.0 고유의 보안 문제

UCC(User Created Contents)의 개념처럼 사용자가 쉽게 정보를 올릴 수 있게 되면서 특정의 바이러스나 위협을 사이트에 관련된 이들에게 전파할 수 있게 되는 것이다. 웹 2.0 기술은 대화형 웹 응용프로그램을 구현하기 위해 자바스크립트[62]의 사용량이 급증하고 있으며, 이러한 자바스크립트를 이용하여 해커가 특정 사이트에 악성코드를 삽입하여 외부 웹사이트에서 스크립트를 실행하는 크로스사이트스크립팅(XSS) 위협 및 취약점이 담긴 콘텐츠를 임의로 삽입하는 콘텐트 인젝션(content injection)과 같은 기법으로 사용자 PC가 공격받을 가능성이 높아지는 것이다.

62) 자바스크립트의 인코딩하는 방법은 무려 100가지가 넘으며, 이 때문에 사용자들이 직접 웹사이트에 올리는 수많은 코드 중에서 악성코드를 골라내는 것은 매우 어렵다.

9. 전자상거래 정보보호

9.1. 전자상거래 개요

9.2. 전자상거래 정보보호 개요

9.3. 전자지불시스템

9.4. SET(Secure Electronic Transaction)

9. 전자상거래 정보보호

9.1. 전자상거래 개요

9.1.1. 전자상거래 개념

전자상거래(electronic commerce)는 크게 광의적 개념과 협의적 개념의 전자상거래로 구분 할 수 있다. 광의적 개념의 전자상거래는 전자상거래 주체인 정부, 기업, 개인 간에 전자정보를 통하여 이루어지는 상거래 전반을 의미하고 광고, 수·발주, 개발, 구매, 결제 등 모든 경제활동을 포함하며, 인터넷 전자상거래뿐 아니라 전자문서교환(EDI : Electronic Data Interchange), CALS(Commerce At Light Speed)도 포함된다. 협의적 개념의 전자상거래는 일반소비자를 대상으로 인터넷이나 통신망을 이용한 상품관련 정보 제공, 협상, 주문, 납품, 대금지불, 자금이체 등을 통해 마케팅, 판매활동을 수행하는 것을 말한다. 일반적인 전자상거래는 협의의 개념을 수렴한 것으로 그 수행과정은 〈그림 9-1〉과 같다.

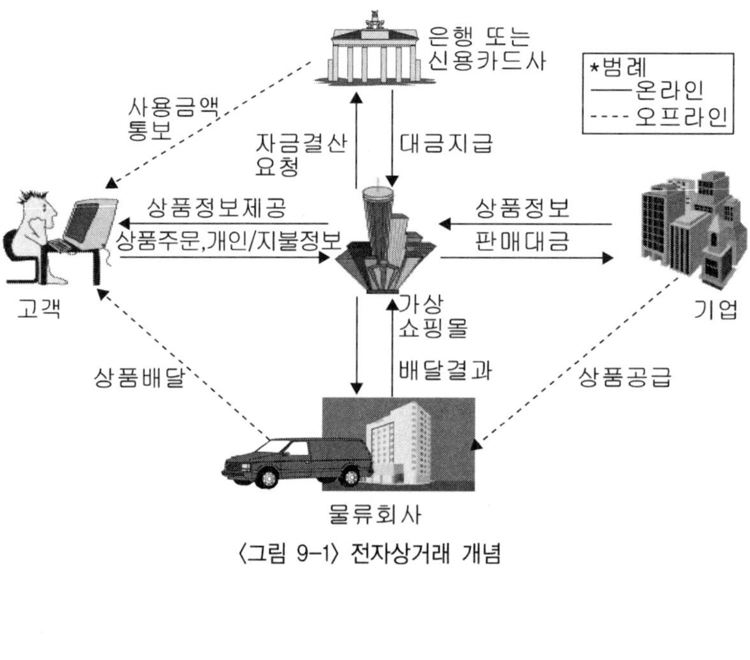

〈그림 9-1〉 전자상거래 개념

9.1.2. 전자상거래 구성요소[63)]

전자상거래는 여러 가지 구성요소로 이루어지며, 〈그림 9-2〉는 전자상거래가 구성하고 있는 요소들을 나타낸다.

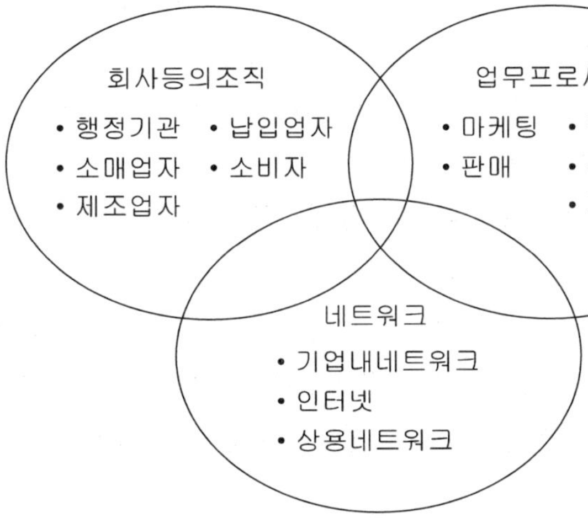

〈그림 9-2〉 전자상거래 구성요소

〈그림 9-2〉는 전자시장 기반을 형성하는 전자상거래 프레임워크를 나타내고 있다. 전자상거래의 외부환경에서 정부의 정책적, 법률적 및 프라이버시 이슈들에 대한 고려가 있어야 할 것이며 전자문서의 기술표준, 멀티미디어 및 네트워크 표준이 유지되어야 한다. 전자상거래 구축에 필요한 요구사항을 다음과 같이 계층화하여 전자상거래의 개념적 구조를 설명한다. 첫째, 전자상거래의 네트워크 하부구조로서 전화, 케이블 TV, 무선통신, 인터넷 등이 필요하고 둘째, 멀티미디어 콘텐츠 및 네트워크 출판 하부구조로서 HTML, JAVA, WWW 등이 필요하다. 셋째, 메시지 및 정보분배 하부구조로서 E-mail, HTTP 등과 마지막으로, 공통 비즈니스 서비스 하부구조로서 보안/인증, 전자지불, 디렉토리/카탈로그 등이 필요하다. 이러한 하부구조를 기반으로 하는 전자상거래 응용서비스, 예를 들면 공급체인 관리, 주문형 비디오, 원격 은행, 조달 및 구매, 온라인 마케팅과 광고, 홈쇼핑 등을 제공할 수 있다.

63) 이만영외5 공저, 전자상거래 보안 기술, 생능출판사, 1999. p15~p16

9.2. 전자상거래 정보보호 개요

인터넷이 발전하면서 전자상거래를 위한 다양한 서비스들이 등장하고 있으나 대부분이 기밀성, 메시지 인증, 구매자 및 판매자 인증, 송수신 부인방지 등과 같이 사용자가 거래 정보 위협에 대한 완벽한 대책 수립이 없는 실정이다. 이러한, 전자상거래 등의 응용서비스를 안전하게 제공하기 위해서 정보보호 서비스를 지원하면서 사용자에게 신뢰성을 보장해 주는 정보보호 기술이 필요하다.

전자상거래는 인터넷상의 불특정 다수 간에 다양한 거래를 가능하게 하는 반면, 정보보호의 측면에서는 커다란 불안을 안고 있다. 예를 들면, 인터넷상에서 상품을 발주하거나, 결제를 위해 신용카드 번호를 보내는 경우 인터넷을 통하여 신용카드 번호가 전송되기 때문에 제3자에게 도청, 개조될 우려가 있다. 그리고 전자화폐 등의 디지털정보가 국경을 넘어 유통되거나 익명성을 갖는 경우에는 범죄 수사의 곤란, 금융 정책에의 영향도 염려된다.

본 절에서는 인터넷을 통한 전상상거래를 수행할 때 어떤 보안위협이 존재하고, 이를 막기 위한 해결책에 대해 살펴본다.

9.2.1. 전자상거래 위협요소

시스템 공격

일반적인 네트워크에 연결된 컴퓨터는 외부의 특정인의 불법 접근으로 컴퓨터를 침입하여 부당하게 컴퓨터 시스템을 사용하거나, 정보를 유출 또는, 정보를 파괴할 위협이 있다. 일반적으로 이런 위협을 방지하기 위해 방화벽 같은 시스템을 사용하지만, 전자 상거래는 불특정 다수인의 접근을 허용하는 응용시스템으로서 방화벽을 사용하는데 있어서 제약을 받을 수도 있다. 특히 시스템을 불법적으로 사용하는 통계를 보면 외부에서의 침입보다는 내부사용자의 불법적 사용이 더 많기 때문에 적절한 시스템의 운영지침과 신뢰성 있는 보안 시스템을 구성, 내부사용자에 대한 보안대책이 중요한 요소가 된다.

데이터 공격

전자 상거래에 있어서 데이터의 공격은 시스템 내에 저장된 데이터, 또 하나는 네트워크상에 흘러 다니는 데이터에 대한 공격으로 구분 할 수 있다. 시스템에 저장된 데이터의 경우는 앞의 시스템 공격에서 언급되었고, 특히 데이터를 시스템에 저장할 때도 암호화를 통한 저장이 필요하다. 네트워크상에 흘러 다니는 데이터에 대한 공격을 막기 위해 기밀성, 자료의 무결성 등에 대한 보증이 필요하다.

Business 공격

앞에서 언급한 두 가지 공격은 모두 일반적인 컴퓨터 시스템의 보안침해와 동일하다. 하지만, 전자상거래에 있어서는 상거래라는 특징 때문에 발생하는 제 3의 공격이 있을 수 있으며, 이를 비즈니스공격이라 부른다. 오프라인의 상거래에만 일어날 수 있는 사기가 전자적 상거래에도 일어날 가능성이 있다. 이런 요소들을 사전에 막기 위한 보안 고려사항들이 추가적으로 필요하게 되며, 암호학 혹은 시스템으로만 모든 것을 다 막을 수는 없기 때문에 제도적인 장치, 법적인 보장 등의 전자적 시스템외적인 보완도 이루어져야 가능하다. 이런 취지에서 지난 96년 6월에 UN의 국제상거래법 위원회 (UNCITRAL, United Nations Commission on International Trade Law) 는 "전자상거래 모델법 (model law on electronic commerce)" 이라는 법을 통과시켜 공표했다.

인터넷 뱅킹 시스템의 위협요소

- **클라이언트 보안에서의 위협요소 :** Virus, Trojan Horse
- **거래처리 보안에서의 위협요소 :** Weak encryption, Server spoof
- **서버보안에서의 위협요소 :** Unix/NT security holes, Improper administration
- **어플리케이션 보안에서의 위협요소 :** Poor programming, Weak authentication
- **내부적인 보안에서의 위협요소 :** Virus & Trojan Horse, Unix/NT security holes, Improper administration

9.2.2. 전자상거래 보안 요구사항[64)]

신분 확인 및 인증(Identification and Authentication)

거래를 하는 당사자 간 상대방의 신분을 확인하고 인증할 수 있어야 한다. 이것은 결국 서로간의 상호인증이 안전하게 이루어져야 함을 의미하며, 신분을 확인하기 위한 절차로는 ID/패스워드 기반의 인증이나 공개키 암호화 기법에 기반한 인증(certification) 시스템 PKI를 예로 들 수 있다. 신분인증은 접근통제, 기밀성, 무결성, 거래 부인 방지, 관리 등 모든 보안 요건을 구현하기 위한 가장 기본적이고 중요한 보안 요건이다.

기밀성(Confidentiality)

정보 시스템에 저장되어 있거나 네트워크를 통해 전송되는 전자상거래를 위한 데이터가 허가되지 않은 사람에게의 노출을 방지해야 한다. 특히, 전자상거래는 지불, 주문 정보가 전송되므로 더욱 중요하다. 기밀성은 정보를 제삼자가 볼 수 없도록 암호화를 통해 가능하다.

무결성(Integrity)

정보 시스템에 저장되어 있거나 네트워크를 통해 전송되는 전자상거래를 위한 데이터가 정당하지 않은 사용자에 의해 위・변조 되거나 파괴되지 않도록 해야 한다. 전송된 데이터의 무단 변경을 감지하기 하기 위해 전자서명을 이용한다.

가용성(Availability)

업무가 중단되지 않고 사용자가 원할 때 지속적으로 서비스를 수행할 수 있도록 해야 한다. 해킹과 같은 공격으로부터 보호되어야 하며 문제가 생겼을 경우 대처할 수 있는 대안이 있어야 한다.

---

64) 이임영, 전자상거래 보안 입문, 생능출판사, 2005. p76~p77

거래 부인 방지(Nonrepudiation)

거래 당사자간에 정보 제공 및 행위에 대한에 대한 부인을 방지하는 것이다. 특히, 네트워크를 이용한 전자상거래나 법률 행위에서는 매우 중요한 요소로서 무결성 보장과 마찬가지로 전자서명에 의해 해결할 수 있다.

접근통제(Access Control)

정보 자원에 대한 읽기나 변경 등의 모든 접근 행위에 대해 그 권한을 명백히 구분함으로써 하가되지 않은 접근 시도를 사전에 차단할 수 있도록 하는 통제가 필요하다. 시스템에서는 운영체제의 접근통제 기능을 사용하며 네트워크에서는 침입차단 시스템을 사용하여 접근통제 수준을 높일 수 있다.

보안 관리(Security Management)

모든 보안 활동들에 대한 체계적인 관리가 필요하며, 이를 위해 보안 정책/표준/프로세스의 제정, 보안 기술 요소들에 대한 실제적인 관리가 수행되어야 하며, 보안 사고에 대한 처리 및 보안 감사 활동이 이루어져야 한다.

9.3. 전자지불시스템

9.3.1. 전자지불시스템 개요

전자상거래에서 가장 핵심적인 수단인 전자지불시스템은 〈그림 9-3〉와 같이 은행, 고객, 상점, 인증기관으로 구성되어 있으며, 각 구성요소의 역할은 다음과 같다.

- **은행** : 전자화폐를 발행하고 결제하는 기관
- **고객** : 전자화폐를 은행으로부터 발급 받아 사용하는 주체
- **상점** : 상품을 공급하고 전자화폐를 구매대금으로 받는 자
- **인증기관** : 신분 인증, 거래내용 부인방지 등을 위한 기관(상점과 고객의 신용평가 기능까지 포함)

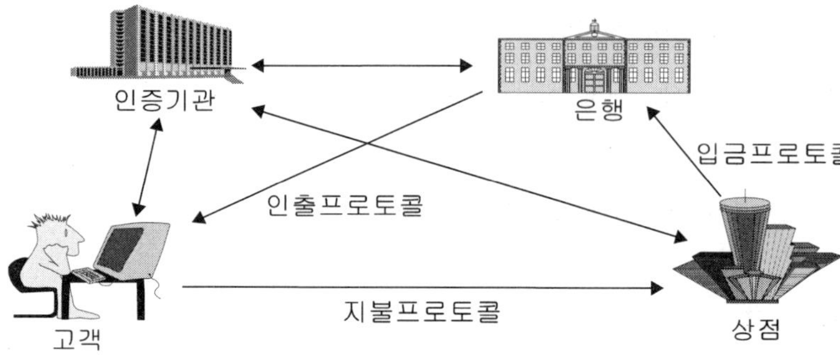

〈그림 9-3〉 전자지불시스템 구성

또한, 각 구성요소 간에 사용되는 프로토콜은 사용자가 은행으로부터 전자화폐를 인출하는 인출 프로토콜, 고객이 상점으로부터 상품을 구매하고 은행으로부터 받은 전자화폐를 상점에 지불하는 지불 프로토콜, 상점이 고객으로부터 받은 전자화폐를 은행에 입금하고 실제화폐를 지급 받는 입금 프로토콜 등이 있으며, 인증기관은 중간과정에서 각 구성요소 및 거래내용을 인증하기 위한 프로토콜을 수행한다.

9.3.2. 전자지불시스템의 종류

최근 다양한 전자지불 수단이 등장하고 있는데 전자지불시스템을 기술적으로 분류해 보면 신용카드, 전자화폐, 계좌이체, 모바일 지불수단 등 크게 4가지로 나눌 수 있고, 지불 브로커의 유・무에 따라서 payment broker 시스템과 전자화폐 시스템으로 나눌 수 있다.

기술적인 분류

◉ 신용카드를 이용한 지불

신용카드를 이용한 지불은 가맹점의 카드 단말기에서 사용자를 인증한 후 대금을 지불하는 오프라인 방식과, 고객이 웹상의 계산서에 신용카드 번호, 유효기간, 주민번호 및 비밀번호 2자리를 입력하면 지불대행회사가 이 정보로 해당 신용카드사에 승인을 요청하여 지불하는 방식으로 나뉠 수 있다.

◉ 전자화폐를 이용한 지불

전자화폐는 일정한 화폐가치를 IC 카드나 PC 등에 디지털 데이터 형태로 저장하였다가 온라인이나 오프라인 형태로 상품을 구매하거나 운임 등을 지불할 때 사용하는 전자적인 지급수단으로서, 실물형태의 돈으로 존재하던 화폐를 디지털 정보로 바꾼 것이라 할 수 있으며, 이를 이용함으로 전자지갑, 또는 컴퓨터와 휴대용 통신 단말기를 통해 상호간의 대금결재도 가능하다. 오늘날 주로 사용되고 있는 전자화폐로는 크게 하드웨어형 전자화폐와 네트워크형 전자화폐가 있는데, 하드웨어형 전자화폐는 매체 종류에 따라 IC 카드형과 CD형으로 분류되기도 한다.

IC 카드형은 IC 카드에 화폐가치를 충전하여 결제하는 방식으로 몬덱스, 비자캐시, 프로톤, 케이캐시 등이 그 예에 해당되며, CD형은 IC 카드대신 CD를 이용하는 것으로 하이브리드 카드와 CD캐시 등이 있다. 한편, 네트워크형 전자화폐는 인터넷에 연결된 PC에 화폐가치를 저장하여 사용하며, 사용방식에 따라 전자지갑형과 선불카드형으로 분류된다. 전자지갑형은 PC상에 가상의 전자지갑을 만들어 가치를 충전하여 사용하는 것으로, 그 예로는 이캐시와 넷캐시, 그리고 사이버캐시 등을 들 수 있으며, 선불카드 뒷면에 있는 고유번호를 사용하는 선불카드형의 예로는 이코인과 비트캐시, 그리고 웹머니 등을 들 수 있다.

◉ 계좌이체를 이용한 지불

통신망을 이용한 계좌이체 지불은 텔레뱅킹(폰뱅킹)과 PC뱅킹(인터넷 뱅킹)이 있는데 초기에는 텔레뱅킹이 주로 이용되었으나 PC 및 초고속통신망 보급의 확대와 정부의 전자서명용 인증서 발급 시책 등에 힘입어 PC뱅킹(인터넷뱅킹) 이용자 수가 날로 증가하고 있다.

◉ 모바일을 이용한 지불

최근에는 휴대폰이나 PDA 등 개인 휴대통신 단말기를 이용한 모바일 상거래가 활성화됨에 따라 모바일 지불기술이 활발히 개발되고 있다. 모바일 지불방식에는 휴대폰 번호를 이용한 지불방식과 UIM(User Identity Module)을 이용하는 지불방식 등이 있다. 휴대폰 번호를 이용한 지불방식은 유무선 인터넷상에서 상품을 구매한 후, 휴대폰 번호를 이용하여 대금을 지불하게 되며, 차후 휴대폰 사용료의 청구서에 상품 구매가가 함께 청구되게 된다. UIM을 이용한 지불방식은 스마트카드에서 사용되는 칩을 이용하여 사용자 인증 및 각종 응용 서비스와 관련된 지불정보를 탑재함으로써 지불사고의 방지 기능을 강화할 수 있을 뿐 아니라, 신용카드나 전자화폐, 휴대폰 번호 등으로 지불이 가능하기 때문에 경우에 따라서 사용자가 지불방법을 선택할 수 있다.

지불브로커의 유 · 무에 따른 분류

◉ Payment Broker 시스템

Payment broker 시스템은 독립적인 신용구조와는 달리 신용카드나 은행계좌를 이용한 전자적 지불을 말하며 그 종류로는 SET(Secure Electronic Transaction), cyber cash, first virtual 등과 SSL/TLS, S-HTTP 등의 보안 프로토콜을 이용한 지불이 있다. 〈그림 9-4〉

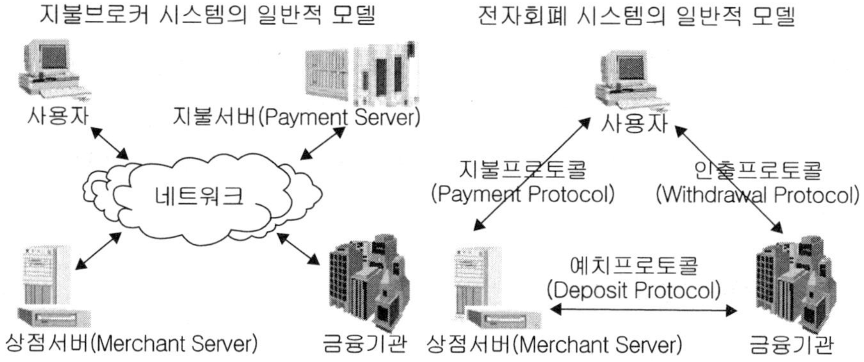

〈그림 9-4〉 지불브로커/전자화폐 시스템의 일반적 모델

◉ 전자화폐 시스템

전자화폐 시스템은 지불브로커 없이 독립적인 신용구조를 가지는, 현금과 유사한 개념의 전자적 지불수단을 말하는데 그 종류로는 Mondex(IC 카드형), E-cash(네트워크형), Millicent(소액지불), Proton(선불형) 등이 있다.

9.3.3. 전자지불시스템의 정보보호 요구사항

안전한 전자지불시스템을 구성하기 위해서는 다음과 같은 정보보호 요구사항을 만족하여야 한다.

- **위조불가능(Unforgeability)** : 전자화폐는 위조가 불가능해야 한다. 위조가 가능하다는 것은 이중사용과 같은 범죄에 이용됨으로써 사회적 혼란을 초래할 수 있다.
- **부인방지(Non-Repudiation)** : 어느 한쪽이 거래 사실을 부인하고 있음을 판별할 수 있어야 한다.
- **누명면제(Framing-Freeness)** : 전자지불시스템을 구성하는 구성요소 간에 연합하여 특정 구성요소에게 누명을 씌울 수 없어야 한다.
- **무결성(Integrity)/인증(Authentication)** : 주고받는 메시지가 전송 도중 변경되지 않았다는 사실을 확인할 수 있어야 하고, 송신자와 수신자가 전자지불시스템의 합법적인 사용자임을 확인할 수 있어야 한다.
- **프라이버시(Privacy)/익명성(Anonymity)** : 통신망상에서는 정보 수집이 용이하므로 개인의 신상관련 정보들을 보호하는 것은 대단히 중요하다.

이 외에도 원자성, 감사, 분할성, 양도성, 효율적인 규모(scalability), 상호운용성/교환성, 효율성, 무효화 등이 있다. 물론 이러한 조건들을 모두 만족하는 시스템은 불가능하며 거래의 종류나 지불 메커니즘에 따라 요구 조건이 달라질 수 있다. 보안성, 구현에 드는 비용, 용이성, 거래액, 거래 상품의 유형 등에 따라 적절한 타협이 필요하다.

9.4. SET(Secure Electronic Transaction)

SET은 신용카드회사인 비자와 마스터카드가 합동으로, 인터넷상에서 신용카드를 이용한 상품구매시 안전한 대금결제과정 처리를 위해 RSA 암호화와 인증기술을 이용하여 네트워크상에서 민감한 개인금융정보를 안전하게 전송하기 위해 개발된 프로토콜인데 현재까지 가장 안전한 전자결재방안으로 평가되고 있어 향후 SET이 전자결재를 위한 세계 표준으로 자리 잡을 것으로 전망된다.

9.4.1. SET 참여주체

SET의 구성요소는 〈그림 9-5〉와 같으며 각 참여주체는 다음과 같다.

- **사용자**(Cardholder) : 지불카드를 사용하여 인터넷에서 상품, 서비스를 구매하는 자
- **가상 상점** (Merchant) : 인터넷 상에서 카드소지자에게 상품, 서비스를 제공하는 자
- **카드 발급사** (Issuer) : 카드소지자의 계좌 개설, 지불카드를 발행하는 금융기관
- **지불처리 은행** (Acquier) : 상점과 계좌를 개설한 금융기관
- **지불 게이트웨이** (Payment Gateway) : 지불처리 은행 또는 제 삼자에 의해 운영되는 장치로서 상점이 요청한 카드소지자의 지급 정보를 이용하여 해당 금융기관에 승인 및 결제를 요청하는 기존의 카드 지불 네트워크로의 통로
- **인증기관** (CA:Certification Authority) : SET 참여자에게 공개키 인증서를 발행하는 기관

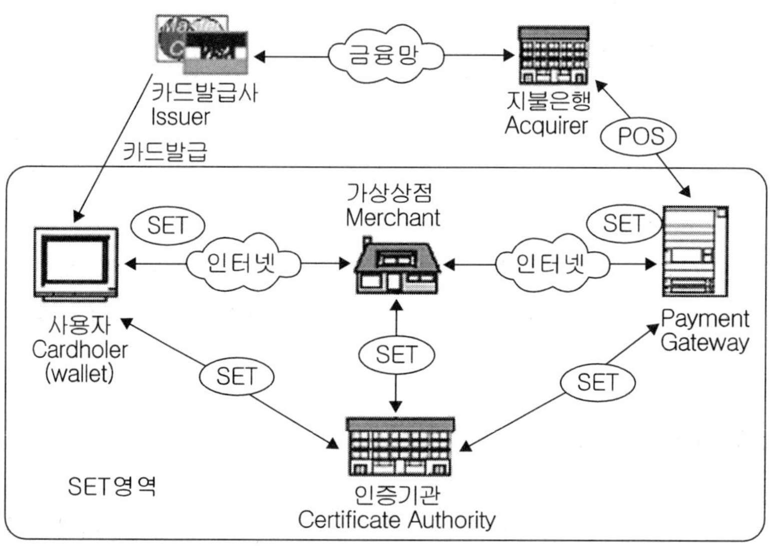

〈그림 9-5〉 SET의 구성 요소

9.4.2. SET의 쇼핑 시나리오

SET의 쇼핑 시나리오는 〈그림 9-6〉에서 보는 바와 같이 사용자가 인터넷 상에서 구매요구를 하면 가상 상점에서는 사용자에게 구매형식을 제공하고 구매자는 다시 제공

된 형식에 따라 개인정보 및 결제정보를 암호화하여 가상 상점으로 전송한다. 가상 상점은 지불게이트웨이를 통해 구매자의 결제정보를 이용, 지불인가 여부를 요청하여 인가를 받으면 그 결과를 포함한 영수증을 사용자에게 전송하고 상품을 배달하며, 지불게이트웨이를 통해 대금 지급을 요청하여 지불 받는다.

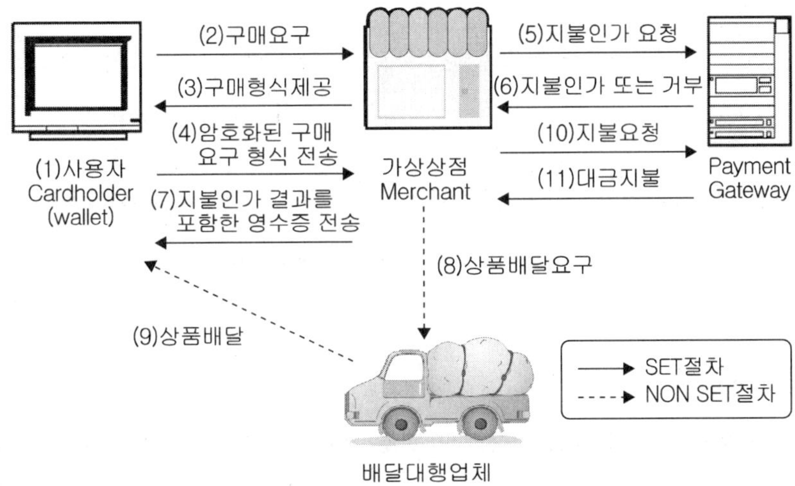

〈그림 9-6〉 SET의 쇼핑 시나리오

9.4.3. SET의 암·복호화 절차

송신자 측의 암호화 절차는 〈그림 9-7〉과 같다.

① 송신자는 메시지를 압축하고, 압축된 메시지를 다시 송신자의 비밀키로 암호화하여 전자서명을 만든다.

② 원문 메시지에 전자서명을 첨부한 다음, 이를 대칭키로 암호화한다.

③ 그 다음 사용된 대칭키를 다시 수신자의 RSA 공개키로 암호화한 후 암호문(②의 결과)과 함께 전송한다(전자봉투).

메시지를 전송받은 수신자의 복호화절차는 다음과 같다

④ 우선 전자봉투에서 수신자의 RSA 비밀키로 암호를 복호화하여 대칭키를 알아낸다.

⑤ 그 후 수신자는 대칭키로 암호화된 메시지를 복호화 하여, 메시지는 원문 메시지와 전자서명을 구한다.

⑥ 전자서명을 송신자의 공개키로 복호화 하여 메시지 다이제스트 값을 구한다.

⑦ 수신자는 원문메시지를 압축하여 메시지 다이제스트를 구한다.

⑧ ⑦의 결과와 ⑥의 결과를 비교하여 메시지의 무결성을 확인한다.

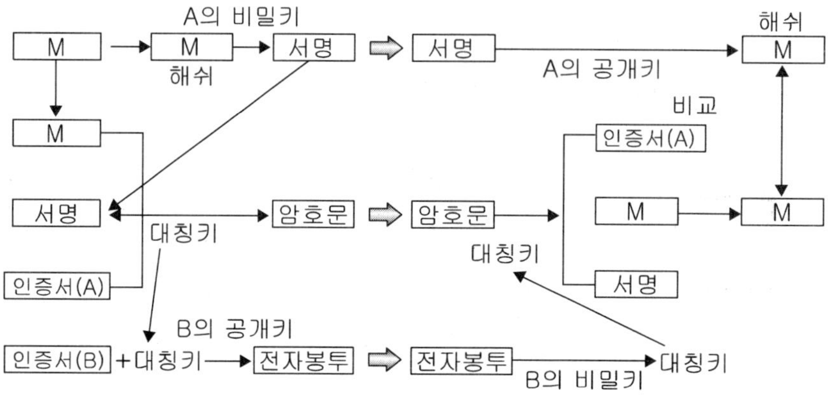

〈그림 9-7〉 SET의 암·복호화 절차

9.4.4. 이중서명 프로토콜

SET은 사용자가 지불 정보(신용카드 번호 등)는 상점에게 숨기고 주문 정보는 은행에게 숨기는 기능을 제공하여 사용자의 프라이버시가 보호되도록 하는 것이다. 이러한 SET을 구현하기 위한 이중서명의 개념을 알아보면 〈그림 9-8〉에 나타난 것과 같다. 사용자는 주문 정보(O)는 상점의 공개키로 암호화하고 지불 정보(P)는 은행의 공개키로 암호화하여 전송함으로써 상점은 지불 정보만을, 그리고 은행은 주문 정보만을 볼 수 있도록 한다. 그리고 해쉬와 서명을 사용하여 전송된 데이터가 올바른지를 점검할 수 있다.

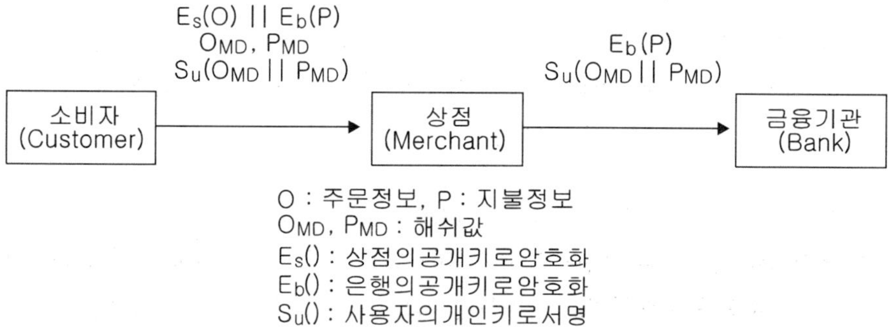

〈그림 9-8〉 이중서명 정보의 흐름도

10. 정보보호 관리 및 감리

10. 정보보호 관리 및 감리

지금까지의 컴퓨터시스템에 대한 정보보호는 위협에 대한 보안기능을 제공하는 기술적 위주의 대책이 주로 이루어져 왔다. 그러나 한 조직의 자산은 그 조직에게 가치가 있으며 따라서 보호되어야 하는 모든 것을 의미하는 것으로 변화되었다. 이제 모든 조직은 단지 컴퓨터시스템에 대한 컴퓨터시스템 위협 대응의 정보보호로부터 조직이 수행해야하는 본연의 업무가 정보보호 문제로 인하여 중단되는 일이 없도록 하기위한 관리방안의 정보보호 관리에 관심을 갖게 되었다. 이와 더불어 정보보호 감리[65]라고 하는 것은 정보시스템의 정보보호 분야의 감리라고 할 수 있는데 이는 정보시스템 감리와 함께 정보보호 차원의 정보보호 감리도 이루어지는 것이 정보시스템의 안정적인 운용을 위해 반드시 필요하다고 볼 수 있기 때문이다. 따라서 본 장에서는 정보보호 관리와 정보보호 감리에 대해 알아보도록 한다.

10.1. 정보보호 관리

조직의 정보시스템에 대한 의존도 향상과 정보시스템에 대한 보안대책의 미비는 정보보호 관리의 필요성을 증가시키고 있다. 지금까지의 정보보호는 해킹 및 바이러스의 침해에 대응하기 위한 기술적 문제에 초점이 맞추어져 이루어졌다. 그러나 앞으로는 이러한 기술적인 정보보호 대책들을 통합 관리할 수 있는 관리적 대책이 중요하다고 하겠다.

'보안은 제품(product)이 아니라 과정(process)이다'라는 말처럼 이제는 하나하나의 보안제품들이 가지고 있는 위협에 대한 대응책들을 하나로 묶는 과정이 필요한 것이다. 〈그림 10-1〉은 정보보호 관리체계에 대한 개념을 나타내고 있다.

65) 남길현, 정보보호와 정보보호감리, 국방대학교, 2003, p16

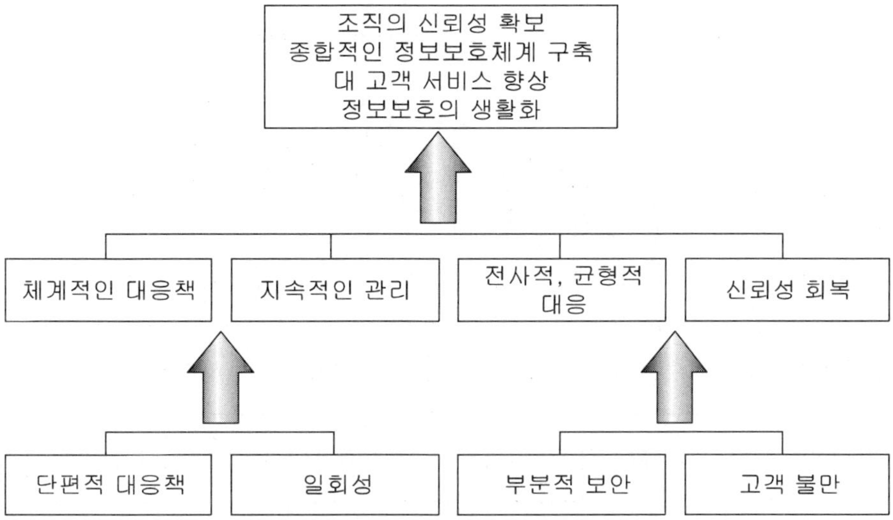

〈그림 10-1〉 정보보호관리체계의 개념

정보보호 관리라고 하는 것은 정보시스템이 제공하는 정보와 서비스에 대한 적절한 수준의 비밀성, 무결성, 가용성, 인증성, 부인봉쇄의 정보보호 목표를 유지하는 과정으로 위험분석, 정책 및 계획의 수립, 조직 및 인사관리, 교육이나 홍보, 문서관리 그리고 보안감사 등이 있다. 최고 경영자의 입장에서 조직 전체 수준이 달성해야 할 정보보호의 목표와 그 목표를 달성하기 위한 전략과 방침이 정해지면 정보시스템의 자산에 대한 위협을 식별하고, 위협의 크기와 빈도를 측정하는 위험 분석을 시행한다. 적절한 위험 수준을 유지하기 위한 정보보호 대책을 마련하기 위해 정보보호 계획을 수립하고, 이에 따라 대책을 구현한다. 정보보호 시스템이 효과적으로 유지되기 위해서는 사용자의 정보보호 기능이 무시되면 효과적인 정보보호 목표 달성이 어려우므로 사용자의 정보보호 인식 제고 및 교육은 매우 중요하다. 보안관리의 마지막 활동인 보안감사는 사후 관리적 측면을 강조한다.

정보보호체계 구성요소간의 계층적 구조는 〈그림 10-2〉와 같다.

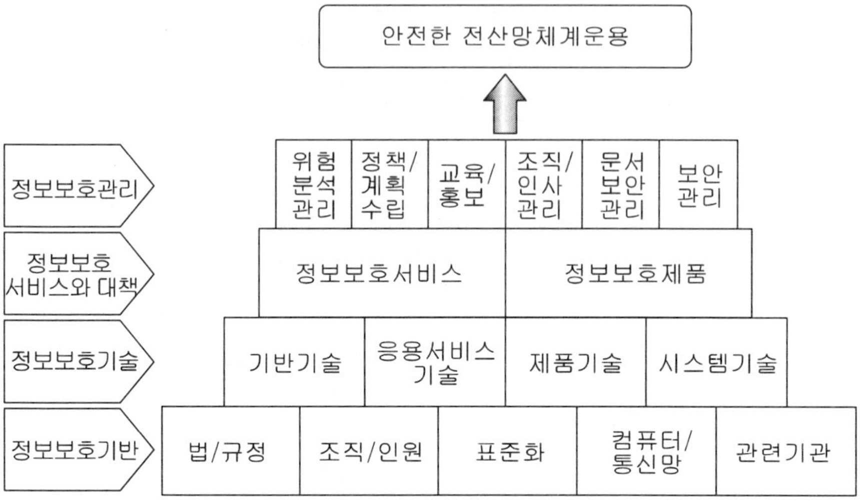

〈그림 10-2〉 정보보호체계 구성요소간 계층적 구조

본 장에서는 정보시스템 보안통제의 발전과정을 개괄적으로 살펴본 후 정보보호 정책, 위험분석관리, 정보보호 관리체계에 대해 알아보도록 한다.

10.1.1. 정보시스템 정보보호의 발전과정

정보시스템에서 정보보호의 발전과정은 크게 세 가지 단계로 나누어 볼 수 있다. 〈그림 10-3〉은 정보시스템 정보보호의 발전과정 세 단계를 보여주고 있다.[66]

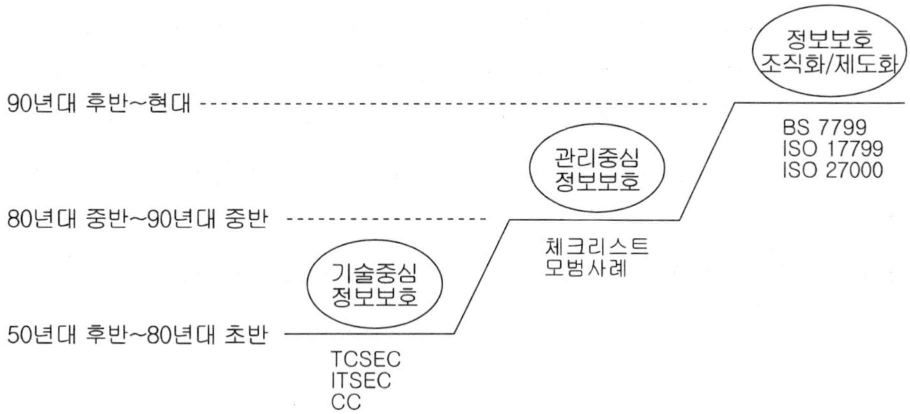

〈그림 10-3〉 정보시스템 정보보호의 발전과정

66) 황경태, 이용근, 김정덕, 정보시스템 통제・감사, 삼영사, 2005. p294

첫 번째 단계는 정보시스템의 비약적인 발전과 더불어 그 역기능도 심각해진 시기로 해커와 크래커가 생겨나기 시작하던 1950년대 초부터 1990년대 초반까지 정보시스템의 취약점이 발견되고 이에 대한 효과적인 대응책을 제시하는 기술 중심의 정보보호가 주를 이루던 시기라고 할 수 있다.

즉, 메인플랫폼의 운영체제를 중심으로 구현된 접근통제를 기반으로 하는 보안 및 통제 기술에 중점을 두었고 1981년 미 국방성의 TCSEC[67]은 이러한 통제 기술들에 대한 평가 기준이 되었으며 유럽을 중심으로 하는 ITSEC[68]과 유사한 공통평가기준 CC(주기표시)가 1990년대 중반에 국제표준으로 개발되어 보안기술을 CC[69]등과 같은 보안 기술을 탑재한 제품 및 시스템에 대한 평가방법론이 나타나게 되었다.

두 번째 단계는 정보화 역기능이 불법침입과 컴퓨터범죄로까지 이어지던 1980년대 중반부터 1990년대 중반까지 나타난 새로운 흐름으로서 관리 및 조직적인 보안 대책의 중요성이 기술적인 보안보다 더 중요하게 인식되던 시기라고 할 수 있다.

기업이나 조직의 정보기술에 대한 의존도가 높아짐에 따라 정보시스템 보안의 중요성이 증가하게 됨으로써 기술적인 해법만으로는 그 목표를 달성할 수 없게 되었고 이는 보안 정책 및 보안 조직의 수립을 이슈로 하는 인식을 낳게 되었다. 그 결과 체크리스트나 모범 사례 등이 활용되었다.

세 번째는 1990년대 후반 이후 현재까지 진행되고 있는 변화로써 조직화와 제도화의 인식이라고 말할 수 있다. 즉, 정보시스템의 정보보호는 정보보호 조직이나 정보보호 담당자만의 문제가 아니라 조직 전체 구성원의 참여와 정보보호의 생활화를 바탕으로 정보보호 관리를 실현할 때 효과적인 정보보호가 구현될 수 있다는 인식이다.

이러한 흐름을 반영하여 현재에는 각국별로 국가 표준 또는 국제표준의 보안 관리 프레임워크를 개발하여 사용하고 있으며 우리도 KISA-ISMS와 KS등의 국가 표준을 개발하여 사용하고 2006년에는 국제기구인 CCRA[70]의 인증서 발행국으로 가입하였다.

67) TCSEC : Trusted Computer System Evaluation Criteria 미국의 보안성 평가기준
68) ITSEC : Information Technology Security Evaluation Criteria 유럽의 보안성 평가기준
69) CC : Common Criteria 국제표준 공통 보안성 평가기준
70) CCRA : 국제상호인정협정

10.1.2. 정보보호 정책

정보보호 정책은 조직의 내·외부 환경과 업무성격에 맞는 효과적인 정보보호를 위하여 기본적으로 무엇이 수행되어야 하는가를 일목요연하게 기술한 지침과 규약으로서 정보자산을 어떻게 관리하고 보호 할 것인가에 대한 지침 및 절차를 문서로 기술해 놓은 것이다. 이러한 정보보호 정책은 조직의 효과적인 정보보호 활동을 위해 수립된 것이며 이는 조직의 필요에 의해 적절한 수준으로 정보보호를 규정하고 이를 전체 조직원들에게 알리기 위해 정보보호 정책을 수립하게 된다. 정보보호 정책은 조직과 조직체의 수행 임무와 관련이 있으며 이는 임무 수행에 대한 전반적인 위협에 기반을 둔다. 이러한 보안 요구사항은 조직의 정보 및 기타 정보시스템 자원에 대한 조직이 요구하는 총괄적인 자산의 보호를 의미한다. 정보보호 정책은 우선 보호되어야 할 조직의 정보시스템을 식별하고 정보시스템 운영을 위한 운영 요구사항을 기술하고, 정보 가치를 평가하여 정보시스템에 대한 잠재적인 위협을 식별한다. 그 후 조직을 위한 혹은 임무 수행을 위한 정보보호 정책을 수립할 수 있다.

정보보호 정책은 조직의 정보보호 임무를 관리하기 위한 수단이다. 그러므로 모든 조직에 일괄적으로 적용할 수 있는 정형화된 해결책이라고 할 수는 없다. 다양한 유형의 정책 중에서 최고 관리자의 결정사항이 기록되고 정보보호를 위한 전략이 수립된다는 점은 다른 정책과의 공통점이라고 할 수 있다.

다음은 정보보호 정책의 유형과 정보보호 정책을 수립하는 절차를 알아보도록 한다.

정보보호 정책의 유형

정보보호 정책의 수립은 조직의 최고 관리자에 의한 결정사항이 모든 유형의 정책에 반영되어 수립된다. 조직의 절차나 표준, 지침 등은 이러한 정책이 조직 내에서 어떻게 실행되어야 하는지를 설명하는 문서이다. 이러한 최고관리자의 결정사항은 다음의 세 가지 유형으로 구분할 수 있다.

◉ 프로그램 정책

어떤 조직의 정보보호 프로그램을 처음으로 만들 때 사용하는 것으로, 정보 시스템 보안구조 등과 같이 전체적인 정보보호 방법을 포함한다. 여기에는 정보보호 프로그램이 수립되는 이유를 설명하며, 프로그램의 목표를 설정한다. 정보보호 요구사항인 무결성,

가용성, 비밀성, 인증성 등은 정보보호 프로그램의 목표의 근간을 이룬다. 프로그램 정책은 정보보호 프로그램을 수립하고 프로그램 관리 책임을 부여하는 중요한 기능을 수행하게 된다. 이외에 조직의 부서별 혹은 개인별 책임도 기술 할 수 있다.

◉ 문제지향 정책

프로그램 정책은 전사적인 정보보호 프로그램을 다루는 반면에 문제지향 정책은 조직마다 특별히 관심 있는 문제를 다루는 것을 말한다. 조직의 비상 조치 계획이나 정보시스템의 위험관리를 위한 별도의 정책을 수립할 때 문제지향 정책을 활용 할 수 있다. 프로그램 정책은 전사적인 문제를 다루므로 잦은 수정이 필요 없지만 문제지향 정책은 기술 변화와 법률의 변화에 민감하게 반응하는 특징을 가지고 있으므로 잦은 수정을 필요로 한다.

◉ 시스템지향 정책

특정한 시스템을 관리하는데 수반되는 여러 가지 결정사항을 중심으로 정보보호 정책의 세부사항을 기술하는 것을 말한다. 이는 시스템 수준에서만 적용될 수 있는 것들이 많으며 동일한 조직 내에서도 상이한 시스템에서는 다르게 정의되어 질 수 있다. 시스템지향 정책은 시스템의 기술적인 부분을 나타내지만 기술자에 의해 결정되어지는 것이 아니라 관리자에 의해 결정되는 사항이다. 여기에 포함할 수 있는 것은 접근권한, 접근절차, 데이터 접근 조건 등의 보안 목적을 이루기 위한 세부 이행 규칙이라고 할 수 있다.

정보보호 정책 수립

정보보호 정책 수립은 정보보호 관리를 위한 전체적인 틀을 제시하며 조직이 선택하는 정보보호 관리 방향을 제시하기 위한 상위개념의 정보보호 정책을 수립하는 것이다. 정보보호 정책의 효과적인 수립은 조직의 시스템과 정보를 적절히 보호할 수 있는 하나의 대책이 되어야 한다. 정책을 수립할 시에는 우선적으로 조직의 특성을 고려하여야 하며 정책을 만드는 사람들은 조직의 최고관리자를 포함한 시스템 관리자, 보안 전문가, 일반 사용자, 감사인, 물리적 보안요원 등이 서로 긴밀하게 협력하여 정책을 개발하여야 한다. 개발이 완료된 정책은 그것의 검토, 해석, 개정 등을 수행할 담당자나 위원회가 필요하며, 이러한 과정을 거치면서 정책은 표준(standard), 지침(guide), 절차(procedure)등으로 구현될 수 있다.

10.1.3. 위험분석관리

정보기술의 자산은 어떠한 방법으로든 보호를 필요로 한다. 자산에는 물리적 자산, 소프트웨어, 무형의 자산, 조직의 인원, 정보자산 등이 포함된다. 자산에 대한 보호를 체계적으로 수행하기 위해서는 자산을 식별하고, 이 자산이 어떠한 형태의 위협으로부터 어느 정도 위험에 처해 있는지를 측정하여, 위험수준을 적절한 정도로 낮추기 위해 보안대책을 선정하는 활동이 필요하다. 이러한 활동을 위험관리라 하며, 위험관리는 〈그림 10-4〉에서 보는 보안관리 활동에 있어 가장 핵심적인 부분이다.

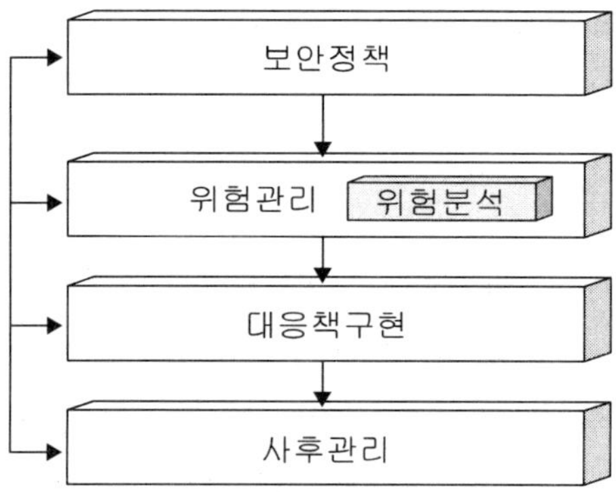

〈그림 10-4〉 보안관리 활동

위험분석은 정보기술 보안관리(IT Security Management)를 수행하기 위해서 필수적인 과정중의 하나이다. 〈그림 10-5〉에서 보듯이 시스템의 위험을 평가하고 비용에 대한 효과적인 대응책을 제시하여 시스템 보안정책과 보안대응책을 구현하고 발전시키며, 계획을 수립하는 위험관리가 보안관리에 있어서 가장 핵심이 되는 과정임을 알 수 있다. 위험관리 과정 중 80% 이상을 위험분석 과정이 차지하고 있으므로 실질적으로 가장 핵심은 위험분석 과정이라고 할 수 있다.

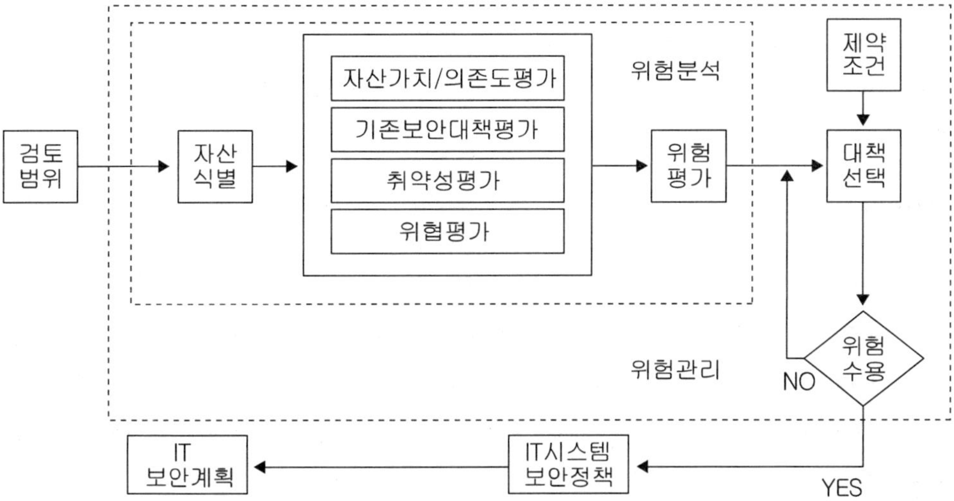

〈그림 10-5〉 위험분석과 위험관리의 개념

위험관리

위험관리는 시스템의 위험을 평가하고 그 결과를 바탕으로 비용 및 효과와 비교하여 조직의 보안방침과 목적에 일치하는 구현전략과 시스템 보안방침을 도출하는 일련의 과정이다. 비용 및 효과를 고려하는 것은 너무나도 완벽한 보안관리의 비용은 오히려 기술적·경제적으로 큰 부담이 될 수 있기 때문이다. 그러므로 위험관리는 조직의 환경과 능력에 맞추어 대응책을 운영하도록 지원하는데 가장 큰 특징이 있다.

위험관리는 조직의 정보시스템을 설계하는 단계에서 고려될 때 가장 큰 효과를 발휘할 수 있다. 시스템이 구축되기 전에 위험관리를 수행함으로써 시스템이 갖추어야할 비용 대 효과적인 대응책을 사전에 구현할 수 있게 된다. 그리고 위험관리는 시스템이 변경되거나 운영되는 과정에 적용하면 안정된 시스템의 운영에 기여할 수 있다.

위험관리는 정보체계의 특징상 적정한 주기로 반복되어 실시되어야 한다. 이미 구현된 대응책들도 고유의 취약성을 내포할 수 있기 때문에 적정한 주기를 두고 위험관리 과정을 반복함으로써 새로운 위협을 발견하고 이미 측정된 위험을 재평가하여 새로운 대응책을 보안정책에 반영하는 일련의 과정이 필요한 것이다. 위험관리의 반복주기는 조직의 규모에 따라 매우 다르지만 일반적으로 1년에 1~2회 정도가 바람직한 것으로 받아들여지고 있다. 잦은 위험관리의 수행은 시간과 인력, 비용 등을 증가시키므로 조직의 고유 업무 수행에 부담을 줄 수 있기 때문이다.

위험분석이 정확하게 수행되지 않았거나, 그에 따른 위험 관리가 적절하게 이루어지지 않았다면 각종 보안 대책은 제대로 된 성능을 발휘하기 어렵다. 이러한 측면에서 위험관리는 조직의 효과적인 보안정책을 수립하기 위한 필수적인 요소로 점차 인식되어 수행되고 있다.

위험분석

위험분석은 보안관리를 수행하기 위한 필수적인 과정으로 시스템의 위험을 평가하고 비용 대 효과 면에서 조직에 가장 적합한 대응책을 제시하는 것으로써 시스템 보안정책과 보안 대응책 구현계획을 수립하는 위험관리의 핵심이 되는 역할을 담당한다. 위험분석의 목적은 보호되어야 할 대상 정보시스템과 조직의 위험을 측정하고 이 측정된 위험이 허용가능한 수준인지 아닌지 판단할 수 있는 근거를 제공하는 것이다.

위험분석의 핵심요소로는 자산, 가치, 보호요구사항, 대책, 위협, 취약성, 위험의 7가지가 있고 이러한 위험분석 요소간의 연관관계는 〈그림 10-6〉에서 잘 나타내고 있다.

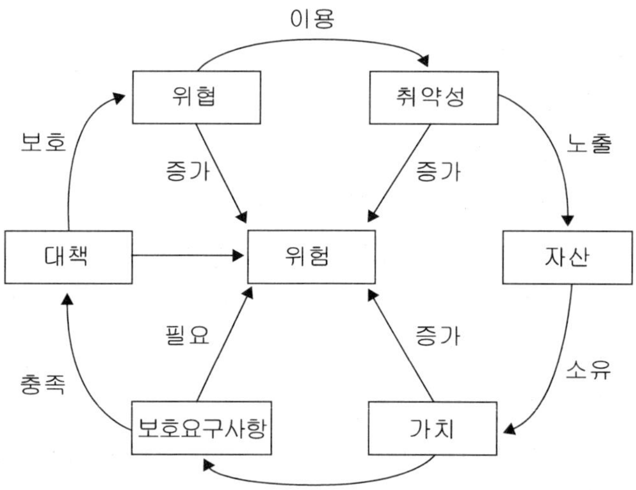

〈그림 10-6〉 위험분석 요소간의 연관성

다음은 대표적인 위험분석 핵심요소에 대한 설명이다.

- **자산** : 위험분석에서의 자산은 보호되어야 할 데이터, 정보, 하드웨어, 소프트웨어 등을 포함한다. 일반적으로 조직의 자산은 물리적인 자산, 정보 자산, 각종 소프트웨어, 인력 및 각종의 무형 자산까지를 포함한다. 또한 자산은 중요도와 함께 비밀성, 무결성, 인증성, 가용성과 같은 항상 유지되어야하는 속성을 가질 수 있다.

○ **위협** : 위협은 일반적으로 내부자 위협이나 자연재해와 같이 손실을 발생시키는 원인으로 보안성 분석을 통해 파악된 위협원, 예상 공격 방법, 공격의 근원이 되는 취약성, 공격대상이 되는 자산의 식별 등이 있다.

○ **취약성** : 취약성의 존재는 위협의 유무에 따라서 위험의 수준이 달라진다. 즉, 위협이 존재한다면 취약성은 위협 요소들이 침입할 수 있는 근거가 되며 위협이 존재하지 않는다면 취약성으로 인한 손실은 일어나지 않을 것이다.

○ **보호대책** : 취약성을 위협으로부터 보호하기 위해 수립하는 대책으로 물리적 대책, 기술적 대책, 절차적 대책으로 나눌 수 있다.

○ **위험** : 위험은 크게 이득 기회가 없는 순수 위험과 이득 기회가 있는 투기적 위험으로 구분하는데, 보안에서의 위험은 순수 위험에 속한다. 위험관리에서 위험은 위협과 자산의 함수관계로 나타내며 일반적으로 위협이 자산에 손실을 발생시킬 가능성과 기대손실[71]로 나타낼 수 있다.

위험분석 모델

위험분석을 효과적으로 수행하기 위해서는 수행하기 전에 우선 조직의 정보시스템의 중요도를 파악하여 위험 분석 실시 범위와 깊이를 결정해야 한다. 위험분석은 수준에 따라서 수행절차가 복잡하고 시간과 인력 소모가 크므로 시스템 환경에 맞는 위험분석 수준을 선택하는 것이 중요하다.

위험분석모델의 시초는 1979년 초 미국의 NIST(National Institute of Standards and Technology)에서 발행한 자동화된 데이터 처리에 관한 위험분석이다.[72] 〈그림 10-7〉은 NIST의 초기 위험분석모델의 흐름을 보여준다.

71) 기대손실 : 그 사건이 일어났을 때의 자산 손실의 곱.
72) 조완수, 정보 시스템 보안, 홍릉과학출판사. 2003. p404

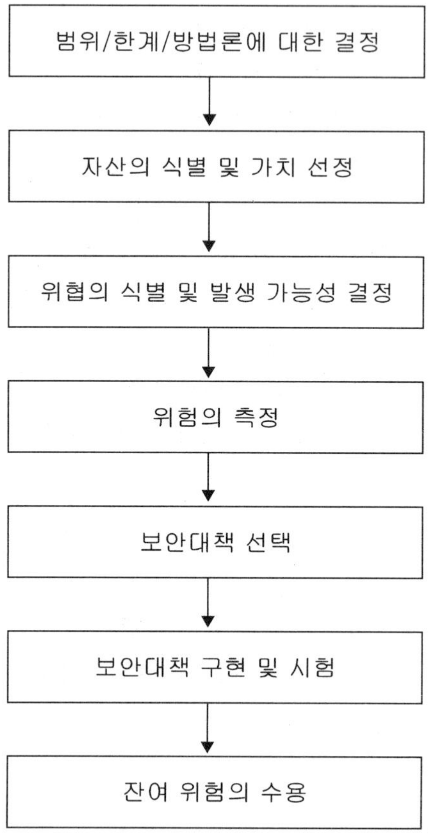

〈그림 10-7〉 NIST의 초기 위험분석모델

NIST의 초기 위험분석모델에서는 정보시스템 보안정책을 기준으로 사전위험분석을 실시하여 기본통제로 보안통제가 가능한지를 판단하고 불가하다고 판단된 경우에는 상세위험분석을 실시하여 자산, 위협, 취약성 및 대응책을 마련하게 된다. 그 결과로 위험요소를 식별해내며 보안정책과 보안상의 각종 제약 규제를 적용하여 대응책을 도출하게 된다. 이런 대응책을 도출하는 범위가 위험분석이며 대응책에 대한 잔류위험평가를 실시하여 위험이 모두 제거되는 경우에는 대응책을 구현하도록 제안하고 있다.

〈그림 10-8〉은 순서흐름도를 이용해 위험분석모델의 전반적인 흐름을 보여주고 있다.

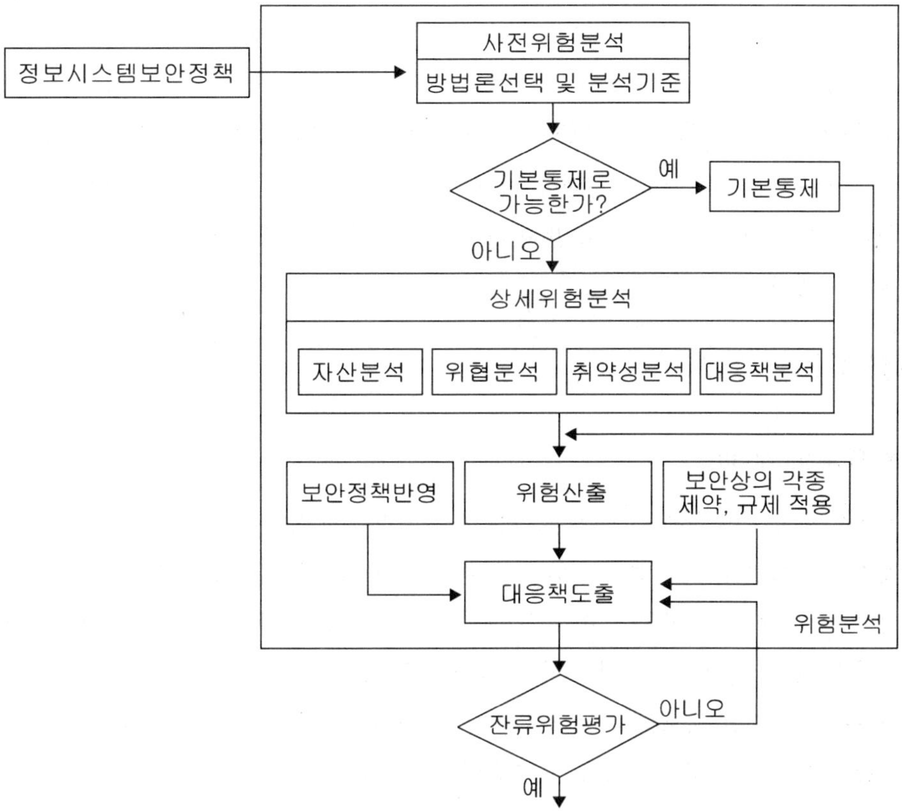

〈그림 10-8〉 위험 분석 모델

위험분석의 발달과정[73)]

미국의 NIST(National Institute of Standards and Technology)는 정보보호 관리에 대한 위험분석의 필요성을 인식하고 1974년 최초로 위험평가에 대한 지침을 발표하며 정보보호 프로그램 개발 시 위험분석 과정부터 시작해야 한다고 제안하였다. 그 후 1978년 미국 예산처 OMB(Office of Management and Budget)는 모든 공공기관 컴퓨터 시스템에 대하여 주기적인 위험분석을 실시해야한다는 조례를 만들어 따르도록 하였다.

1980년대 초까지는 수작업에 의한 위험분석이 수행됨에 따라 이런 과정은 상당한 시간이 소요되었는데 이런 문제를 해결하기 위해 자동화된 위험관리 프로그램들이 필요하게 되었고 그 결과 BDSS(Bayesian Decision Support System), LRAM(Lawrence

73) 김세헌, 정보보호 관리 및 정책, 생능출판사, 2002. p68

Livermor elaboratory Risk Analysis) 등의 기술적으로 발달된 위험분석 전문가 시스템들이 나타나게 되었다.

최근에는 위험분석을 한 번의 분석으로 종료하는 것이 아니라 실시간으로 각 위협별 시나리오에 맞춰 분석할 수 있도록 하고 있고 일부는 조직의 정보시스템에 맞도록 설계된 맞춤형 위험분석 모델로 발전해 가고 있는 추세이다.

위험분석은 이제 공공기관 뿐만 아니라 대부분의 기관에서 필수적인 사항이 되었다고 할 수 있다.

위험분석기법

◉ Questionnaire

위험분석 수행에 있어 자동화 도구를 사용하거나 수작업을 통하여 작업하는 방식에 관계없이 분석에 필요한 정보를 얻기 위해서는 인터뷰 과정이 매우 중요하다. 인터뷰를 적절하게 수행하기 위하여 필요한 기술이 questionnaire 질문법이다. 질문법은 인터뷰 대상자의 직위, 근무 부서, 경력 등을 참조하고 심리학적인 방법을 동원하여 인터뷰 대상자로부터 정확한 정보를 얻어내기 위한 방법이다. 이와는 달리 위험분석에 질문법을 적용할 경우 인터뷰하는 기술보다 중요한 점이 몇 가지 있다.

- 질문은 가급적 짧고 명확해야 한다.
- 질문에 대한 답변은 YES 또는 NO로 답변 될 수 있도록 질문을 구성 한다.
- 답변의 책임소재를 명확히 한다.
- 가급적 checklist를 활용한다.
- 자산 또는 분야별로 질문 항목을 구성하여 기본통제(baseline control) 등에 활용될 수 있도록 한다.
- 기술 분야와 관련된 질문은 가급적 짧게 나눈다.

◉ 델파이

Delphi란 각 분야의 전문가 그룹을 구성하여 특정 분야에 대한 의사 결정에 이용하는 것을 가리킨다. 특히 설문방식을 도입하여 특정분야의 의사결정을 보다 손쉽게 하는데 사용되는데 델파이 기법은 전문가들의 know-how를 반영할 수 있다는 점에서 많이 사용되나 전문가들의 주관적인 의견이 필요 이상으로 강하게 작용될 수 있는 단점도 있다.

◉ Ranking Matrix

어떤 항목에 대한 순위를 Matrix 방식을 써서 나타낸 것으로 여러 가지 방식이 있지만 여기서는 Rank-It 위험분석 소프트웨어에 적용된 방법을 예로 들어 보았다. 이는 각 항목을 특정 위험으로 보고 항목에 대한 점수를 전문가들에게 의견을 물어 답변을 도출하는 방식으로 정확하게 Matrix + Delphi + Ranking을 종합한 방식이다.

◉ Matrix

Matrix는 주로 정성적으로 위험을 측정할 때 사용하는 방법으로 서술적으로 위험을 평가하기에 용이하다.(BS7799와 ISO TR-13335)

〈그림 10-9〉는 서브시스템의 데이터 흐름과 관련하여 Matrix를 이용한 정성적인 위험 측정의 예를 보여준다.

	입력	처리	저장
재무관리시스템	높음	중간	낮음
회계관리시스템	●	●	없음
고객관리시스템	●	●	●

〈그림 10-9〉 Matrix 사용의 예

◉ Fuzzy

퍼지이론은 UC.Berkeley(1965년)에서 처음 창안된 이래 여러 분야에 적용되어 왔다. 기존의 통계나 확률 그리고 T/F theory등을 통하여 얻을 수 없었던 상대적 불확실성에 대한 결정과 추론을 하는데 있어 보다 정확한 결과를 산출해 준다.

◉ Tree Analysis

Tree analysis는 일반적으로 특정 가상 사고를 시나리오로 작성하고 이를 분석하여 특정 사고에 대한 위험을 측정하기 위하여 사용된다. 주로 핵발전소, 국방 분야에서 널리 사용 되어온 방법으로 IT 위험분석 분야에도 널리 적용되고 있다. 단 tree analysis를 적용할 경우 사용될 위험 시나리오의 구성은 여러 가지 가능성을 고려하여 작성되어야 하며 발생 확률이 적은 위험 시나리오를 적용할 경우 분석결과의 신뢰성은 물론 대응책 구현에도 적지 않은 영향을 미치게 된다.

10.1.4. 정보보호 관리체계 인증

정보보호 관리라고 하는 것은 대내적으로 조직 자체적인 정보보호 관리체계를 수립 운영하고 있더라도 조직 전반적인 차원에서 그 신뢰성과 효과에 대한 의문이 발생할 수 있기 때문에 내부적인 평가만으로는 대외 신뢰도를 제고하기 어렵다는 문제를 해결하기 위해 개발되었다. 이는 대부분의 정보보호 및 내부통제 관리에 관한 전문성을 갖고 있는 내부조직원은 이미 그 업무에 종사하고 있으므로 객관적인 입장에서 적절한 판단이나 평가가 사실상 불가능하기 때문이다. 대외적인 측면으로는 전자거래, 개인정보관리 등의 사업 분야에서 우수고객과 거래 파트너의 확보가 매우 중요하며 조직의 정보보호 수준에 대한 대외적 신뢰도는 이런 우수 고객의 확보에 있어 중요한 변수가 된다. 그러므로 정보보호 관리체계 인증이라고 하는 것은 대내적으로는 조직 내부의 자체 평가의 제한성과 대외적으로는 정보보호 관리 능력에 대한 보증을 위해 필요하다고 할 수 있다.

정보보호 관리체계 인증은 아래의 세 가지 이점을 제공한다.

첫째, 전문 공공기관에 의한 평가 수행으로 정보보호 수준의 객관성 확보가능
둘째, 비용 및 효과 측면에서 실질적 이익[74]
셋째, 조직의 정보보호 관리 능력의 신뢰성 확보

다음은 정보보호 관리체계 인증의 종류에 대해 간략히 알아보도록 한다.

BS7799(ISO/IEC 17799)

1995년 영국에서는 효율적인 정보보호 관리체계 구축에 대한 하나의 국제 표준으로서 BS7799(British Standard 7799)를 제정하였는데 이 정보보호 관리체계 표준은 정보보호 관리체계 구축을 위한 하나의 지침뿐만 아니라 한 조직이 정보보호 관리체계를 제대로 운영하고 있는지를 평가하고 인증하는 표준으로 사용되고 있다. 국제적으로는

74) 정보통신망법 제46조 '정보보호 관리체계 인증을 받은 때에는 인증을 받은 당해 연도에 있어서는 정보보호안전진단을 받은 것으로 본다.'

BS7799가 널리 사용되고 있으며 이중 제 1부는 국제 표준화기구인 ISO의 표준으로 채택되어 ISO/IEC 17799가 되었고 이후 영국을 포함한 여러 나라의 여러 기업들이 인증을 획득하였거나 추진 중이며 이와 유사한 정보보호관리 표준을 그 나라 나름대로 제정하여 운영하고 있다.

◉ BS7799의 역사

- 1993년 1월 영국 산업관련 검토 그룹 결성
- 1993년 9월 실행 지침 발행
- 1995년 2월 BS7799 Part One 발간
- 1998년 2월 BS7799 Part Two 발간
- 1999년 4월 BS7799 Part One/Two 발간
- 2000년 ISO/IEC 17799 발간(Part 1은 국제표준으로 채택)
- 2006~2007년 ISO 27000 Family(정보보안에 대한 범위 확대) 작업 중

◉ BS7799의 구성

BS7799는 두 부분으로 구성된다. 1부는 정보보호 관리체계(Information Security Management System: ISMS) 구축을 통한 정보자산의 기밀성, 무결성, 인증성, 가용성을 보호하기 위한 예방에 초점을 둔 표준적인 실무지침으로 종합적인 보안통제목록을 제시하고 있고, 제 2부는 정보보호 관리체계에 대한 표준적인 명세로서 국제 인증용 규격이다.

BS7799의 1부에서는 조직의 고유 특성을 고려한 ISMS를 구축 할 수 있도록 보안관리 항목 10개 영역에 대하여 36개 통제목표 및 127개의 세부 통제방안을 제시한다. 〈표 10-1〉은 10개 영역에 대한 세부내용을 설명하고 있다.

〈표 10-1〉 BS7799의 영역 구분

영 역	세 부 내 용
1. 보안정책	위험평가를 토대로 한, 문서화된 ISMS를 구축하고 유지하여야 함
2. 보안조직	경영층은 정보보안정책을 수립하고 주기적인 검토를 토대로 개선
3. 자산의 분류 및 통제	정보자산의 현황을 유지하고 적절히 분류하여 취급
4. 인적보안	직무정의 및 자원 배정, 사용자 교육훈련, 보안사고에 대한 대응
5. 물리적, 환경적 보안	안전지역 및 장비에 대한 보안 유지, 청결한 책상 및 화면 정책

영 역	세 부 내 용
	수립, 이행
6. 의사소통 및 운영관리	운영절차 수립 및 책임 배정, 시스템 용량 계획 수립, 유해 소프트 웨어로부터 보호 등
7. 접근통제	접근통제정책 수립, 사용자접근관리, 네크워크/운영체제/어플리케 이션 접근통제 등
8. 시스템 개발 및 유지 보수	정보보안 요구사항 분석 및 기능 구현(암호화 등), 파일/라이브러 리 접근 통제
9. 업무 연속성 관리	폭탄공격/화재/지진/홍수/태풍/번개 등 자연적/인위적 재난에 대 한 대응계획 수립
10. 준거성	관련 법률 및 정책에 대한 부합성 유지(전자서명인증제도, 개인 기밀보호법 등)

BS7799 2부에서는 정보보호 관리체계의 구축절차를 제시하며 그 적용단계를 〈그림 10-10〉에서 여섯 단계로 구분하여 보여주고 있다.

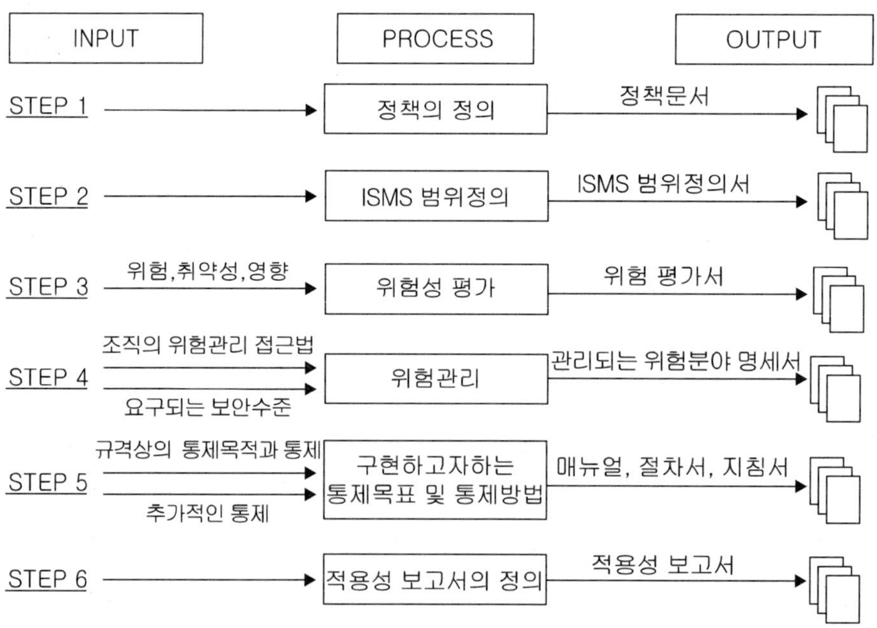

〈그림 10-10〉 BS7799 적용단계

KISA-ISMS 인증

ISMS(Information Security Management System: 정보보호 관리체계)의 법률적 정의는 국가 정보통신망의 안정성 및 정보의 신뢰성을 확보하고 조직의 정보자산을 보호하기 위해 기술적, 관리적, 물리적 보호대책을 구현하여 지속적으로 관리 운영하는 종합적 관리시스템이다. 반면 기술적 정의는 조직의 자산에 대한 안전성 및 신뢰성을 향상시키기 위한 절차와 과정을 체계적으로 수립, 문서화하고 지속적으로 관리, 운영하여 정보보호 목표인 정보의 기밀성, 무결성 가용성을 실현하기 위한 일련의 과정을 말한다. 따라서 ISMS 인증제도란[75] 정보통신서비스제공자, 정보통신서비스를 위해 물리적 시설을 제공하는 자, 민간사업자 등 인증대상기관이 수립・운영하고 있는 ISMS의 기술, 물리, 관리적 정보보호대책이 인증심사기준에 적합한지를 한국정보보호진흥원(Korea Information Security Agency : KISA)(현 한국인터넷진흥원)이 객관적으로 평가하여 인증하는 제도를 말한다. ISMS 인증제도는 정보통신망이용촉진및정보보호등에관한법률 제47조에 근거를 두고 2002년부터 시행해오고 있다.

ISMS는 정보보호정책 수립, ISMS 범위 설정, 위험관리, 구현, 사후관리의 5단계 과정을 거쳐 수립・운영된다. 〈그림 10-11〉은 이런 5단계와 그 세부 사항을 그림으로 나타내고 있다.

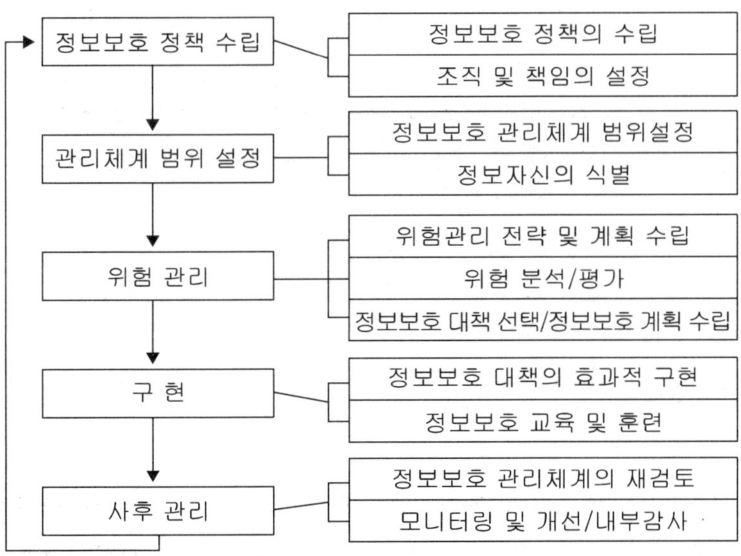

〈그림 10-11〉 KISA-ISMS의 단계

75) KISA의 ISMS 소개 자료. 2006.

ISMS는 정보보호에 관련된 위험을 통제하기 위한 대책을 수립하고 관리하기 위해 ISMS 인증심사기준으로 15개 통제분야에 대하여 120개 통제사항을 제시하고 있다. 15개 통제 분야는 <표 10-2>와 같다.

<표 10-2> ISMS 인증심사기준 15개 통제분야

통제분야	세부통제사항	통제사항 수
1. 정보보호 정책	정책의 승인 및 공표, 정책의 체계, 정책의 유지관리	5
2. 정보보호 조직	조직의 체계, 책임과 역할	4
3. 외부자 보안	계약 및 서비스 수준협약, 외부자 보안	4
4. 정보자산 분류	정보자산의 조사 및 책임할당, 정보자산의 분류 및 취급	4
5. 정보보호 교육 및 훈련	교육 및 훈련프로그램 수립, 교육훈련의 시행 및 평가	4
6. 인적보안	책임할당 및 규정화, 직원의 적격 심사, 주요직무 담당자 관리, 비밀유지	5
7. 물리적 보안	물리적 보호구역, 물리적 접근통제, 데이터 센터 보안, 장비보호, 사무실 보호	12
8. 시스템개발 보안	분석 및 설계, 구현 및 이행, 변경관리	13
9. 암호통제	암호정책, 암호사용, 키관리	3
10. 접근통제	접근통제 정책, 사용자 접근 관리, 접근통제 영역	14
11. 운영관리	운영절차와 책임, 시스템 운영, 네트워크 운영 및 문서관리, 악성소프트웨어 통제, 원격 컴퓨터 및 원격 작업	22
12. 전자거래 보안	교환합의서, 전자거래, 전자우편, 공개서버의 보안관리, 이용자 공지사항	5
13. 보안사고 관리	대응계획 및 체계, 대응 및 복구, 사후관리	7
14. 검토, 모니터링 및 감사	법적 요구사항 준수 검토, 정보보호정책 및 대책 준수 검토, 모니터링, 보안감사	11
15. 업무연속성 관리	업무연속성 관리체계 수립, 업무연속성 계획 수립과 구현, 업무연속성 계획 시험 및 유지관리	7

KISA-ISMS 인증제도는 BS7799의 인증체계의 많은 부분을 수용하였으나, 관리 체계의 분류와 통제사항을 BS7799보다 명확하게 구분하고 국내 사정을 반영하였다는 특징을 가지고 있다. KISA-ISMS와 BS7799를 <표 10-3>에서 인증업무, 인증심사, 인증 대상을 기준으로 간략하게 비교하여 나타내고 있다.

〈표 10-3〉 KISA-ISMS VS BS7799

구분	KISA-ISMS	BS7799
개요	- BS7799를 기반으로 한 ISO17799의 인증 체계 대부분 수용 - 관리체계의 분류와 통제사항을 국내 실정에 맞도록 세분화	- 영국 BSI에서 정보보호관리 표준 실무규약 10개 관리통제영역, 36개 통제목적, 127개 통제항목 제공 - ISO17799로 국제 표준화 - ISO27002 규격작업
인증 업무	- 유효기간 : 3년 - 심사종류 : 인증/갱신/재심사 - 사후관리 : 1회/1년, 방문점검	- 유효기간 : 3년 - 심사종류 : 인증/갱신 - 사후관리 : 6개월마다 사후심사
인증 심사	- 문서심사 : 심사기준 적합성 ○ 정보보호 정책서, 위험분석 및 평가보고서 ○ 정보보호 계획서, 정보보호 대책 명세서 ○ 관리체계 내부감사 결과 보고서 - 기술심사 : 수행결과 확인 및 검증 ○ 세부정책서/지침서/절차서 ○ 매뉴얼/운영기록/계약서	- 문서심사 : 심사기준 적합성 ○ 정보보호 정책, 범위, 위험평가 및 관리 ○ 관리방법 선정, 적용성 검토서 ○ 상기 내용 내부 검토서 - 기술심사 : 수행결과 확인 및 검증 ○ 실행/문서화/문서관리/기록확인
인증 대상	- 국내 정보통신 서비스 제공업체 ISP, ISP에 물리적 시설을 제공하는 자, 컨설팅	- 무역업체, 해외 서비스 제공업체 등 국제 정보보호 기준의 도입이 요구되는 업체 - 전세계적으로 600여개 기업이 인증 획득

이러한 인증을 취득한 효과는 다음과 같이 말할 수 있다.

첫째, 각종 피해사고로부터 예상되는 피해액을 방지하거나 감소

둘째, 조직의 정보자산 보호 기술 및 정보보호를 위한 관리기술의 향상

셋째, 인증 취득기업에 대한 이용자 신뢰성 및 기업 이미지와 경쟁력 강화

넷째, 조직의 경영자 및 시스템 관리자, 이용자에 대한 정보보호 인식 제고

SSE-CMM[76)]

SSE-CMM은 기본적으로 정보보호 관리기준인 BS7799의 보안 관리를 위한 지침의 성격과는 조금 차이가 있다. 우선 적용 대상이 정보기술에 대한 사항으로 전체적인 구

76) 이홍섭, 박진섭, 정보보호 관리, 생능출판사, 2003. p481

조는 소프트웨어 생명주기에 관한 국제표준인 ISO/IEC 12207에 기초하며, 조직이 구현한 정보보호 프로세스를 맵핑시켜 성숙도를 측정하는 수단이다. 따라서 이들 정보보호 관리와 관련된 지침 등에 추가적이며 보조적으로 사용할 수 있는 도구라고 할 수 있다. 즉, 이들 지침에 의하여 구현된 체계가 얼마나 성숙되어 있는지를 확인하고 조직의 성숙도를 좀 더 향상시키는데 활용 할 수 있는 도구인 것이다.

SSE-CMM은 매트릭스 형태를 이루는데 능력과 영역으로 구분된다. SSE-CMM은 각 영역에서의 프로세스를 결정하고 이에 대한 능력 수준을 평가하고 개선하기 위해 사용할 수 있다. 〈그림 10-12〉는 SSE-CMM의 구조를 나타내고 있다.

SSE-CMM은 영역이 가지고 있는 22개의 공정영역에 대한 정보보호의 성숙도 수준을 평가하여 정보보호 관리체계의 진화를 추구하자는 취지에서 작성되었다. 영역에 있는 공정영역은 조직의 특성에 따라 추가하거나 삭제하여 적용할 수도 있다.

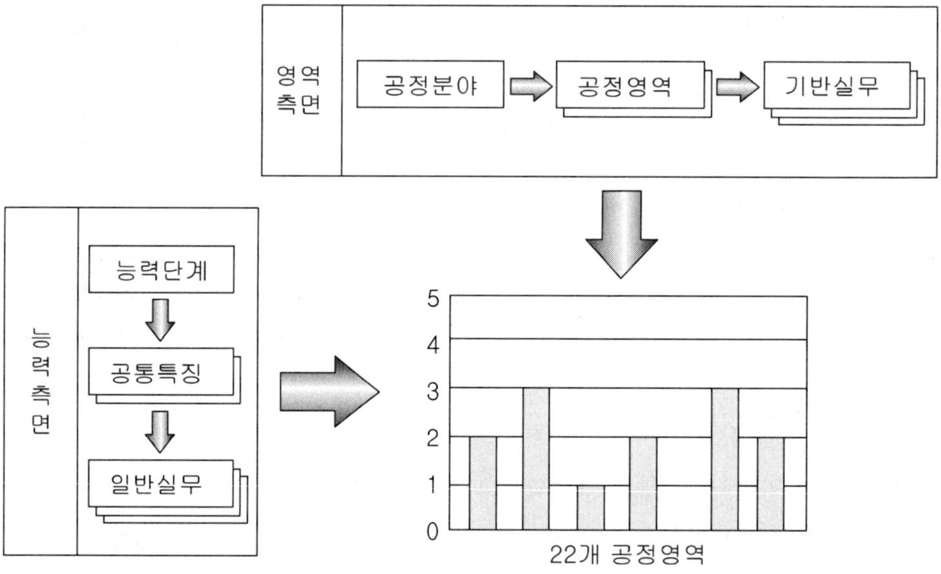

〈그림 10-12〉 SSE-CMM 구조

SSE-CMM은 각 영역별 능력의 성숙도를 다섯 개의 단계로 나누어 정의한다.

- 1단계는 비공식적인 수행으로 기본적인 실무를 수행하는 수준을 의미
- 2단계는 계획되고 추적 가능한 단계를 의미
- 3단계는 잘 정의된 단계를 의미하며, 표준공정의 정의와 정의된 공정의 수행 및 보안 실무의 조정 등이 이루어진다.

- 4단계는 계량적으로 통제되는 단계로 측정 가능한 품질목표를 수립하고 성과의 객관적인 관리가 이루어진다.
- 5단계는 지속적으로 향상되는 단계로 조직 능력의 향상과 공정 효과성의 향상이 이루어진다.

10.2. 정보보호 감리

10.2.1. 정보보호와 보안의 개념 구분

지금까지 정보보호와 보안이란 용어는 거의 동일개념으로 혼용되고 있으므로 명확한 구분이 어렵지만 정보보호라 함은 정보의 수집·가공·저장·검색·송신·수신 중에 정보의 훼손·변조·유출 등을 방지하기 위한 관리적·기술적 수단을 강구하는 것을 말한다.[77] 즉, 정보보호의 정의는 사용목적에 따라 다소 차이는 있으나 "정보화 역기능을 방지하기 위하여 정보 및 정보시스템을 보호하고, 정보의 비밀성, 무결성, 인증성, 부인봉쇄, 가용성을 보장해 줄 수 있도록 관리적, 물리적, 기술적 수단을 강구하는 것"이라고 할 수 있으며 포괄적인 개념을 갖고 있다.

정보보안은 정보보호와 유사하게 사용되지만 군 관련 사항에서 많이 사용되고 있으며, 주로 비밀성에 초점을 맞추어 국방상의 비밀자료 혹은 기업의 사업비밀이나 개인의 프라이버시를 보호하기 위해서 주로 사람에 의하여 고의적으로 발생하는 정보의 유출, 도청, 파괴에 대한 대응을 강조하는 것이라 할 수 있다. 현재 시행되고 있는 각종 보안 관련 규정이나 지침을 보더라도 보안의 비중이 비밀성 유지에 치우쳐 있다는 것을 알 수 있다.

따라서 본장에서는 보안보다는 정보보호라는 용어를 사용하고 정보보호감리의 범위를 비밀성뿐만 아니라 무결성, 인증성, 가용성까지 모두 포함하는 개념으로 사용한다.

많은 사람들이 혼용하여 사용하거나 명확한 구분없이 사용하는 개념 중에 감리와 감사가 있다. 두 개의 개념을 사전적 의미로 구분해 본다면 감리는 "감독하고 관리하는 것"이라고 할 수 있고 감사는 "감독하고 검사하는 것"이라고 정의할 수 있다. 그러나 이보다 일반적인 정의를 본다면 감리는 어떠한 사업이나 프로젝트가 기본 계획과 설계대로 되었으며 효율성, 신뢰성, 품질보증 등 기술적 요건이 보장되고 있는가를 감독하고

77) 남길현, 정보시스템 감리방법론, 국방대학교, 2003. p193

지도하고 평가하는데 목적을 두고 있는 것이며, 감사는 감사대상의 행동이나 사건들에 관한 피감사인의 주장이 사전에 설정된 기준과 일치하는가의 여부를 확인하기 위하여 독립적인 제3자가 객관적으로 증거를 수집하여 평가하고, 그 결과를 이해관계가 있는 이용자들에게 전달하는 체계적인 과정이라고 할 수 있다. 〈표 10-4〉는 감리와 감사의 개념을 비교하여 나타내고 있다.

〈표 10-4〉 감리와 감사 개념의 비교

구 분	감리(Audit + Improvement)	감사(Audit)
법률적 정의	ㅇ 사업이 기본계획대로 설계되고 기술적 요건이 보장되고 있는지를 감독, 지도, 평가하는 것	ㅇ 법률에 근거 재정적 활동과 그 결과에 관한 사실을 확인, 검증, 검사, 보고하는 행위
특징	ㅇ 관리 및 공학에 역점 ㅇ 기획, 계획, 설계, 공학적 측면 강조 ㅇ 적합성/정당성/적정성 강조 ㅇ 부적합 사항 식별	ㅇ 오류의 지적과 시정에 역점 ㅇ 계약 및 회계측면 강조 ㅇ 합법성, 정당성 강조 ㅇ 부정행위 적발
결과 활용	ㅇ 부적합 사항 해결 ㅇ 사업성공으로 관리 ㅇ 공학적 의사결정에 활용 ㅇ 사전, 집행, 사후평가 방식	ㅇ 법에 의한 처벌 ㅇ 의사결정 활용 ㅇ 사후평가 방식

10.2.2. 정보보호감리의 필요성

정보시스템 감리가 이루어지고 있지만 2003년 1월 25일 발생한 1.25 인터넷 대란, 블래스터 웜 등의 발생에 의한 정보시스템의 피해상황을 볼 때, 정보시스템 내의 정보보호의 비중이 앞으로 더욱 증가할 것으로 예상된다. 그러나 현 정보시스템 감리에서는 정보보호에 대한 부분을 소홀히 취급하고 있고 점검항목도 충분치 못한 것이 현실이다. 따라서 정보시스템 감리와 함께 정보보호 차원의 정보보호감리도 이루어지는 것이 정보시스템의 안정적인 운용을 위해 반드시 필요하다고 볼 수 있다.

특히, 군뿐만 아니라 공공기관을 포함한 기업에서도 정보보호가 잘되지 못하면 정보자산이 유출 혹은 변조되어 정보화사업이나 정보시스템 운영의 안전성과 효율성을 기대할 수 없다. 따라서 정보시스템 감리를 수행할 때 정보보호 분야에 대한 감리를 강화한다거나 별도의 정보보호감리를 수행하여 정보시스템의 구축과 운영에 대한 기밀성,

무결성, 인증성, 부인봉쇄, 가용성 등을 보장할 수 있도록 하여야 한다.

<표 10-5>는 정보보호 감리의 필요성을 현상과 문제점에 대한 감리의 역할과 효과를 비교함으로써 나타내고 있다.

<표 10-5> 정보보호 감리의 필요성

현 상	문 제 점	감리의 역할	감리의 효과
정보화 방향이 경영 방침을 따르지 않음	기업운영에 비경제성 유발	조직정보화 방향의 타당성 검증	조직의 전략도 상승 및 경쟁력 강화
계획의 타당성 부족	목표를 달성하지 못함	기획업무의 타당성 검토	정보시스템의 효과 증진
방법론, 도구, 정보 및 기술의 미적용	비효율적 시스템 개발 및 운영	정보시스템 개발과 운영상의 효율성 검토 및 권고	효율적 시스템 개발 및 운영
부적절한 데이터 관리	데이터 무결성 상실	데이터 무결성 검토	데이터 무결성 확보
사용자와 개발/운영자간 의견 불일치	사용자 요구사항이 반영되지 않은 시스템 개발	사용자와 개발자간 상호 이해 차이 및 의견격차 조정	사용자 요구사항의 충분한 반영

* 출처 : www.itaf.or.kr 정보시스템감리

10.2.3. 정보시스템 감리와 정보보호감리의 개념

정보시스템 감리의 개념

정보시스템 감리의 개념과 이에 대한 정의를 살펴보면, 먼저 정보사회진흥원의 「사업관리방안」 에서는 "감리라 함은 전산망의 구축 및 운용에 있어서 시스템의 합목적성, 적용 기술의 적합성, 자원사용의 적정성을 검토, 평가 및 확인하는 것"을 말하며 진행감리, 사후감리로 구분한다고 규정하고 있다. 한편 Weber는 정보시스템 감리를 "컴퓨터시스템이 자산을 보호하고 자료의 무결성을 유지하며 시스템의 효율성과 효과성을 확보하는지를 결정하기 위하여 증거를 수집하고 평가하는 활동"으로 정의하고 있다. 그리고 미국 ISACA(EDPAA)에서는 정보시스템 감리를 "자동화된 정보처리시스템의 모든 측면 또는 특정 부분을 검토하고 평가하는 각종 활동"이라고 정의하면서 시스템적 성격 즉, 상호접속성, 신뢰성, 유용성 및 합법성 측면을 강조하고 있다. 이러한 정의들을 종합해 보면, 정보시스템 감리라 함은 감리대상으로부터 독립된 감리인이 정보시스템의 안전성, 효율성 향상을 위하여 정보시스템의 구축·운영에 관한 사항을 종합적으로 점검·평가하고 감리의뢰인 및 피감리인에게 개선이 필요한 사항을 권고하는 것으로 정의내릴 수 있다.

정보보호 감리의 개념

일반적인 정보보호감리의 개념은 정보시스템의 정보보호 분야에 대한 감리를 수행하는 것으로 간단하게 정의를 내릴 수 있다. 현재 정보보호 분야에 대한 감리는 일반적으로 정보시스템 운영을 중심으로 행해져 오고 있는데 이는 시스템 운영과정에서 정보보호 분야가 포함된 일반적인 운영감리를 수행하거나 정보보호 분야를 위주로 하는 운영감리를 수행하는 것으로 크게 구분할 수 있다. 그러나 한 시스템의 정보보호 문제 분석과 평가는 정보시스템의 개발단계에서부터 행해졌을 때 조직이나 시스템의 정보보호관리의 효율성 향상을 기대할 수 있기 때문에 최근에는 시스템 개발단계에서의 정보보호 중요성을 감안하여 정보사회진흥원을 중심으로 개발단계에 대한 정보보호감리지침을 연구하거나 시스템 개발 공정별로 정보보호 분야에 대한 감리지침 연구가 진행되고 있다.

이런 점을 고려하여 정보보호감리의 개념을 다시 정의하면 정보시스템의 안전성과 신뢰성을 보장하고 정보보호 목표 달성을 위하여 정보시스템의 구축과 운영을 포함한 전 과정에 걸쳐 정보보호 문제점을 식별하고 개선사항을 도출하여 시정토록 하는 것이라고 할 수 있다.

10.2.4. 사업 정보보호 감리

사업 정보보호 감리의 개념

정보화는 국가, 조직 혹은 개인에게 편리와 이점을 가져다주고 있지만 정보화 역기능으로 인한 위협이 점차 증가되면서 이를 방지하기 위한 정보보호의 중요성 또한 커지게 되었다. 뿐만 아니라 정보시스템의 역할 증대에 따른 정보시스템 의존도가 심화되면서 한 조직에서 정보시스템을 획득하여 운용하는 과정과 절차의 중요성이 더욱 커지고 있다. 특히 정보시스템은 개발이 완료된 후 사용자가 이를 운영하거나 활용하는 단계에서 야기되는 정보보호 문제점이나 결함은 시스템 운영 자체를 위협하기도 하며 유지보수에 있어서도 장기화 혹은 막대한 추가 예산이 소요될 수도 있다. 따라서 정보화사업을 수행함에 있어서 정보보호 측면에서의 감리 즉 정보보호 관점에서 예상되는 문제점을 시스템 활용의 사전단계에서 분석하고 시정 조치사항을 개발과정에 반영하여 검증함으로써 궁극적으로 시스템의 안정적인 운영을 보장할 수 있도록 해야 한다.

사업 정보보호 감리 절차

일반적인 정보시스템 감리 절차는 감리계약의 체결로부터 시작하여 계획수립 단계를 거쳐 감리착수회의, 감리시행, 종료회의, 보고서 작성, 감리결과 검토의 단계로 나누어 진행이 된다. 정보보호감리의 수행에 있어서도 계약의 체결에서부터 감리계획의 수립과 보고 단계는 일반적인 감리 절차에 준하여 적용할 수 있으며 감리계획 수립과 시행은 정보보호의 관점에서 분야별로 세부적인 검토를 실시하게 된다. 일반적인 감리절차와 정보보호감리절차는 〈그림 10-13〉과 같이 나타낼 수 있다.

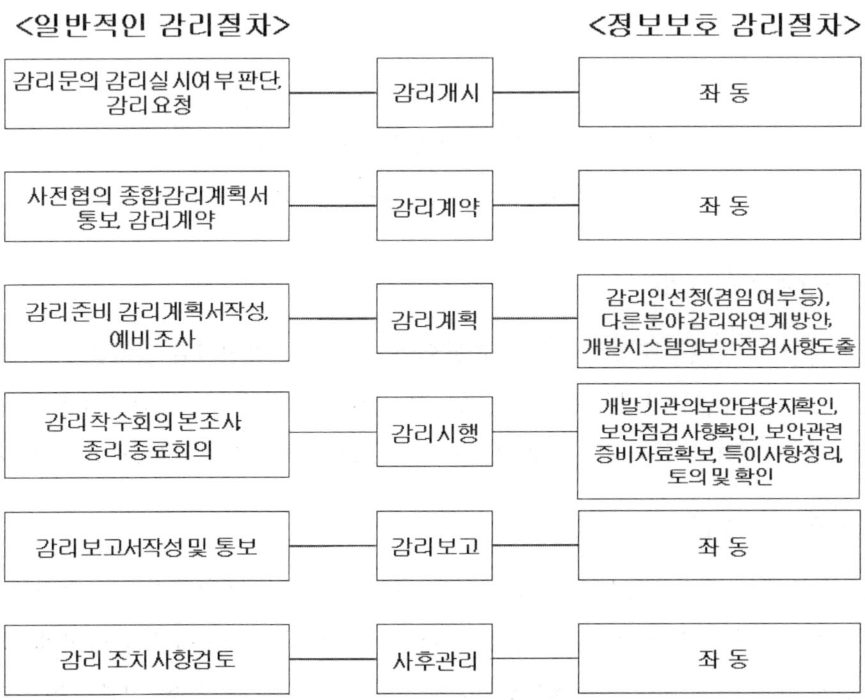

〈그림 10-13〉 사업정보보호 감리 절차

◉ 감리 수행 주체

정보보호감리의 수행주체는 일반적으로 행해지는 감리와 동일하게 감리인, 감리의뢰인, 피감리인으로 구성된다. 감리인은 정보시스템에 대한 정보보호감리를 수행하는 자를 말하며 감리의뢰인은 정보보호의 감리대상이 되는 정보시스템의 구축 또는 운영을 주관하는 자로 감리를 요청한 자를 말한다. 피감리인은 감리의뢰인의 요청에 의해 정보보호감리의 대상이 되는 정보시스템을 구축 운영하는 조직이나 단체가 된다.

〈그림 10-14〉는 감리주체와의 상관관계를 나타내고 있다.

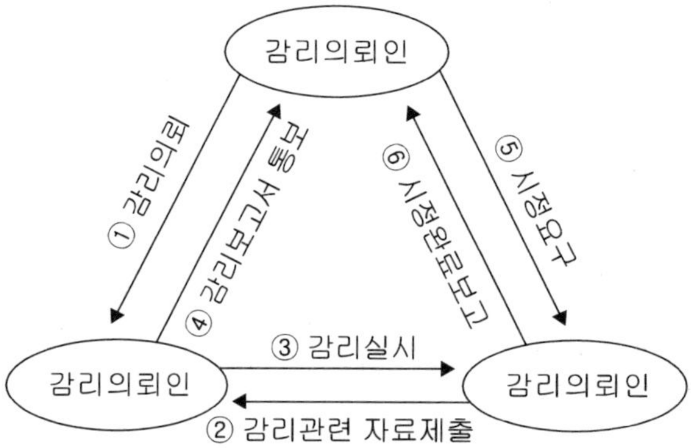

〈그림 10-14〉 감리주체와의 상관관계

◉ 감리개시 및 계약

최초 감리 가능여부를 판단하는 감리문의와 공식적인 감리의뢰 절차를 거쳐 감리기관에서 작성한 종합감리계획서를 바탕으로 감리계약이 성립하는 단계로서 본격적인 감리 활동을 수행하기 위한 준비단계로 볼 수 있으며 일반적인 감리절차와 동일하다.

◉ 감리계획 수립

감리기관에서는 정보시스템 개발 일정 등을 고려하여 감리수행계획을 수립한다. 감리수행계획을 수립할 때에는 정보보호와 관련한 감리 중점사항을 도출하여야 하며 사업특성에 따라 예상되는 모든 정보보호문제를 선정해야 한다. 특히 정보보호 분야에서의 새로운 문제나 정보시스템을 구축할 때 고려되어야 할 사항들을 예상하고 준비한다. 또한 대상사업의 규모와 특성에 따라 정보보호감리를 수행할 수 있는 감리인을 적절하게 구성하여야 하는데, 타 분야 감리인이 겸임하여 정보보호감리가 가능한지 등의 여부를 검토하는 것 등이 여기에 해당한다.

◉ 감리시행

감리계획이 수립되고 난 이후에는 비밀성, 무결성, 가용성 측면에서 사업특성, 조직문화, 현 상태 및 향후 구축을 고려하여 개발사업 즉 감리 대상이 되는 정보시스템에 적합한 정보보호체계 구현을 위한 계획을 수립하고 이를 바탕으로 공정별 감리를 시행한다.

◉ 감리보고 및 사후관리

본 조사가 끝나면 감리기관에서는 감리결과의 초안을 작성하고 종료회의를 실시하게 된다. 종료회의 시 반영된 내용을 바탕으로 감리수행의 최종단계인 감리보고서를 작성하여 검토 분야별로 진행된 감리 실시결과에 따라 개별 보고서를 작성하며 이를 바탕으로 최종적인 통합보고서를 작성한다. 보고서 작성 단계에서는 정보보호감리 부분이 따로 작성되어야 하지만 그렇지 않은 경우에는 검토 과정에서 도출된 정보보호문제가 각 분야별로 개별 감리보고서에 반영이 되어 있는지 등을 파악하고 누락된 사항이 없는지를 확인하여야 한다.

◉ 평가

정보보호감리를 수행할 때 점검사항은 점검 리스트로 표현이 되며 각 점검항목은 이에 대한 수준을 지정하여 중요도를 표시할 수 있다. 또한 각 항목에 대한 평가 결과에 대해서도 수치화하거나 필요시 평가 결과를 상, 중, 하 등으로 구분할 수도 있을 것이다. 평가는 단지 적합, 부적합을 판정하는 것이 아니라 이를 통해 차기 감리시 이행하여야 할 항목을 권고함으로서 궁극적으로 비밀성, 무결성, 가용성으로 표현되는 보안목표를 달성하도록 하는데 목적을 두어야 한다.

공정별 점검사항

국내에서 정보시스템에 대한 감리활동을 수행할 때 적용할 수 있는 가장 기본적인 기준은 정통부에서 고시한 정보시스템 감리절차라 할 수 있으며 이는 생명주기 공정을 바탕으로 기획, 개발, 운영, 유지보수 공정으로 구분하고 있다. 정보보호감리를 수행할 때에도 이렇게 구분된 각 공정별로 점검사항을 도출하여 감리를 수행하는 것이 바람직하다. 〈그림 10-15〉는 정보화사업 공정별 단계와 공정별 세부 단계를 나타내고 있다.

이러한 정보화사업 4개 공정 단계는 8개의 세부 공정단계로 나누어진다.

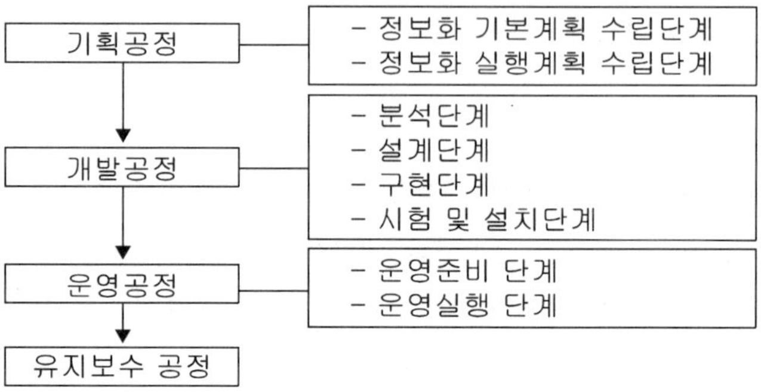

〈그림 10-15〉 정보화사업공정의 단계

◉ 기획공정

기획공정은 먼저 정보화 기본계획 수립단계와 정보화 실행계획 수립단계의 두 가지로 구분될 수 있다 각각의 하위 단계는 다시 네 개의 감리영역으로 구분되는데 이는 응용시스템 및 데이터, 정보기술, 조직, 공통으로 나뉜다. 각 감리영역별 점검사항은 〈표 10-6〉에 나타나있다.

〈표 10-6〉 기획공정 감리 점검사항

구분	감리영역	점 검 사 항
정보화 기본계획 수립단계	응용시스템 및 데이터	○ 정보보호 요구사항 문서화 ○ 접근권한 및 정책
	정보기술	○ 정보기술 및 정보보호 대책 분석 및 평가 ○ 정보보호기술에 대한 동향 파악, 타당성 조사 및 대안 분석
	조직	○ 정보보호 및 정보전 운용조직(CERT)의 임무 ○ 보안프로젝트 수행을 위한 보안조직, 혹은 담당자 선임
	공통	○ 주요 보호대상체계 식별 및 정보보호 대책 수립 ○ 주요 자산에 대한 정보보호 우선순위 ○ 정기, 수시 취약점 분석 및 수행 조직 구성
정보화 실행계획 수립단계	응용시스템 및 데이터	○ 정보보호 요구사항이 명확히 포함되어 있는지 여부 확인 ○ 정보보호 요구사항의 변경 필요성, 변경 검토 실시 여부 검증
	정보기술	○ 정보보호와 관련된 기술사항이 포함되었는지 확인
	조직	○ 정보보호 운영을 위한 교육훈련 및 전문인력확보 계획
	공통	○ 현 정보수준 진단. ○ 보호대상업무 선정 및 문서화 ○ 정보보호 프로젝트 계획서 ○ 프로젝트 수행과정에 대한 보안대책

◉ 개발공정

개발공정은 분석단계, 설계단계, 구현단계, 시험 및 설치단계로 구분되며 각각은 응용시스템 및 데이터, 데이터베이스, 시스템 구조, 공통 혹은 사용자·운영자 교육, 소프트웨어 통합시험, 시스템 설치, 인수시험의 감리영역으로 나뉜다. 정보보호 감리의 개발공정 세부 점검사항은 〈표 10-7〉에서 각 단계별로 구분하여 나타내고 있다.

◉ 운영공정

운영공정은 운영준비단계, 운영실행단계로 구분된다. 운영준비단계는 운영계획 및 절차와 운영시험에 대한 감리 점검사항을 수행하며, 운영실행단계는 운영 관리, 데이터 관리, 소프트웨어 관리, 하드웨어 관리, 네트워크 관리, 건물 및 설비관리, 안전 관리에 대해 감리를 수행하게 된다. 〈표 10-8〉은 운영공정 감리의 세부적인 점검사항을 나타내고 있다.

〈표 10-7〉 개발공정 감리 점검사항

단계구분	감리영역	점 검 사 항
분석 단계	응용시스템 및 데이터	○ 사용자 요구사항 수집 과정에 정보보호 관련자 참여 ○ 업무절차서에 실무자에 의해 발생 가능한 정보보호위협사항 반영
	데이터베이스	○ 데이터모델링에 관한 정보보호 요구사항 반영여부 검증
	시스템 구조	○ 시스템요구사항 명세서에 의한 시스템 구성항목, 정보보호대책 식별 ○ 개발 시스템 구조의 적정 설계 및 적절한 설치
	공통	○ 관리적, 물리적, 기술적 정보보호 사항에 대한 상세분석 ○ 계획단계에서 선정된 보호 대상 업무들에 대한 상세분석 ○ 계획단계에서 선정된 보호 대상 자산에 대한 자산 분류도 작성
설계 단계	응용시스템 및 데이터	○ 입출력 요구사항, 내부처리 검증에 관한 보안요구사항 문서화 ○ 사용자 인증에 대한 보안 요구사항 ○ 중요 메시지에 대한 인증기법 및 암호화 적용 ○ 로그, 감사 추적들을 확보할 수 있는 기록
	데이터베이스	○ 데이터베이스 설계 자체에 대한 점검 ○ 응용시스템 설계와의 일괄성 점검

단계구분	감리영역	점 검 사 항
구현 단계	시스템 구조	○ 서버시스템에 대한 접근통제 계획 ○ 서버시스템 사용 및 운영에 대한 감사 추적성 확보 기능 ○ 네트워크 정보보호운영 방안 설계서 반영 ○ 외부망 통제대책 ○ 클라이언트 보호방안
	공통	○ 정보보호 모델도 작성 ○ 설계 과정에서 정보보호정책 수립 여부 확인 ○ 비상사태, 자연재해 대비 예방 대책 및 비상복구 대책 ○ 사용자 및 운영자 정보보호교육 방안 ○ 출입통제 정보보호대책 ○ 각종 장비들에 대한 물리적 정보보호 대책
	응용시스템 및 데이터	○ 소스코드의 정보보호 취약점 방지대책 ○ 운영시스템에 대한 적절한 권한부여 ○ 운영시스템은 실행코드만 부여
	데이터베이스	○ 변환계획 및 절차에 정보보호 취약점 내포 여부 점검 ○ 백업 및 운영절차의 정보보호 취약점 여부 점검
	시스템 구조	○ 향후 운영단계에 대한 안전 신뢰성 확보 방안 및 관리방안 도출
	사용자/운영자 교육	○ 수행 역할에 따른 정보보호 교육
시험 및 설치 단계	소프트웨어 통합시험	○ 통합 정보보호 모델 설계서에 의한 요소별 정보보호기능 테스트, 검증 및 평가
	시스템 설치	○ 운영데이터에 준한 시험 데이터 보호, 통제 ○ 시험환경에도 동일한 접근통제 절차 적용 ○ 운영시스템별 소스 프로그램 관리자 지정 ○ 소스프로그램에 대한 통제절차
	인수시험	○ 새로운 정보시스템의 설치 및 수정에 따른 인수기준 수립 및 시스템 구매 계약서에 반영

〈표 10-8〉 운영공정 감리 점검사항

구분	감리영역	점 검 사 항
운영 준비 단계	운영계획 및 절차	○ 정보보호정책에 의해 정의된 운영지침과 절차의 문서화 ○ 관련 자산에 대한 관리책임 및 절차 ○ 부주의에 의한 또는 고의적인 시스템 오용의 위험을 감소시키기 위한 직무 분리 ○ 정보자원의 도입, 사용 및 통제, 정보시스템의 유지보수, 복구 및 백업, 정보보호 등에 대한 정기적인 점검 방침
	운영시험	○ 소스코드 변경시의 정보보호 취약점 방지대책 ○ 시험환경에서 테스트 완료후, 변경 승인절차를 통한 실제 운영환경 적용
운영 실행 단계	운영관리	○ 지속적인 성능관리
	데이터 관리	○ 데이터에 대한 정보보호 대책 ○ 효율적인 접근제어 및 감시 ○ 데이터 백업의 범위 및 시기가 업무내용, 업무처리형태, 복구방법 ○ 데이터변환, 이동 절차
	소프트웨어 관리	○ 불법 소프트웨어 차단 정책 ○ 접근제어 및 감시 기능 ○ 소프트웨어 변경에 대한 통제 절차 ○ 백업 범위 및 시기 ○ 복사, 보관 및 폐기 절차 ○ 바이러스 대책
	하드웨어 관리	○ 접근제어 및 감시기능
	네트워크 관리	○ 위험 식별 및 운영환경 반영 ○ 네트워크 이용현황 정기적 기록/분석 ○ 접근제어 및 감시기능 ○ 네트워크 관리 소프트웨어에 대한 접근의 권한 설정 ○ 네트워크 관리지침
	건물 및 설비 관리	○ 안전, 신뢰성 요구사항에 대한 운영환경 반영 ○ 건물 및 데이터센터 출입관리 절차
	안전관리	○ 정보자원의 도입, 사용 및 통제, 정보시스템의 유지보수, 복구 및 백업 등에 대한 정기적인 점검 ○ 재난 재해 유형 식별 및 영향 범위 정의 ○ 재난 재해의 예방 및 복구 계획 또는 절차 ○ 시스템 및 업무 운영을 재개하기 위한 절차 ○ 시스템 및 업무 운영을 재개하기 전까지 정보시스템 부서에서 이루어지는 수작업 절차 설정

◉ 유지보수공정

유지보수공정은 유지보수 계획, 변경요청 분석, 유지보수 실시, 시험 및 승인, 유지보수 전환의 다섯 개 감리영역으로 구분되며 각 감리영역에서는 감리 세부 점검사항을 수행한다. 〈표 10-9〉는 유지보수공정의 감리 점검사항을 나타내고 있다.

〈표 10-9〉 유지보수공정 감리 점검사항

감리영역	점 검 사 항
유지보수계획	○ 정보보호 관리체계의 효율성, 범위적절성, 잔류위험 수준, 절차 등의 문서에 대한 공식적이고 정기적인 재검토
변경요청 분석	○ 변경요청사항에 대한 정보보호관련 영향 분석 및 평가 ○ 변경대상에 대한 정보보호 요구사항 변경 유무 파악 및 상세분석
유지보수 실시	○ 변경 프로그램의 정보보호 요구사항에 대한 유지보수 책임자 승인 여부 ○ 시험계획과 무결성 시험계획 수립
시험 및 승인	○ 변경 프로그램 시험 책임자 승인 ○ 변경 완료사항에 대한 운영자, 유지보수자, 사용자의 승인, 기록, 관리
유지보수 전환	○ 타 시스템에 미치는 영향 ○ 사용자 및 운영자 교육

◉ 산출물

신규 정보화사업 시행 시 필요한 사업정보보호감리 결과의 산출물은 정보보호 계획, 정보보호 분석, 정보보호 설계, 정보보호 구축단계로 나누어 총 12종의 산출물로 〈표 10-10〉과 같이 요약할 수 있다.

〈표 10-10〉 사업정보보호감리 산출물

정 보 보 호 계 획	
정보보호 프로젝트 추진 조직도	정보보호 프로젝트 추진조직과 조직원의 역할 및 책임
정보보호 점검 요구항목	주관기관의 상위수준의 정보보호 요구항목, 프로젝트 수행 시 고려사항 및 선결과제를 명시
주관기관 정보보호 현상 보고서	현재의 정보보호 수준을 진단한 내용/자산, 정보보호 문제점, 세부분석이 필요한 분야 선정 상세분석의 기초 마련
정보보호 프로젝트 이행계획서	정보시스템 개발부서와의 작업연계 및 선후관계, 각 단계별 mile stone 명시
정 보 보 호 분 석	
관리적/물리적 정보보호 분석보고서	주관기관의 관리적/물리적 정보보호 상태를 파악하여 수정 및 보완되어야 할 사항들을 명시하며 각각 작성
정보보호 점검항목	계획단계에서 작성된 정보보호점검 요구항목과 함께 분석 과정을 통해 도출되어진 정보보호쟁점사항, 정보보호 고려사항, 주관기관 점검사항, 개발기관 점검사항 등을 포함
정 보 보 호 설 계	
정보보호 모델도	사용자에 대한 정보자산의 접근권한 및 접근이 허용되지 않는 사용자를 차단하기 위한 방안 반영
정보보호 정책	정보보호 기준에 적합한 정보보호 정책, 보안지침 및 보안절차 및 기술적인 정보보호 기능을 관리할 수 있는 관리적 사항 명시
주관기관 정보보호 조직도(option)	구축될 정보시스템에 적절하게 정보보호관리를 수행할 주관기관의 정보보호조직 방안
정보보호 교육 방안	사용자 및 운영자 대상의 정보보호교육 방안 및 내용
정 보 보 호 구 축 단 계	
통합 정보보호체계 설계서	분야별(응용시스템, 데이터베이스, 서버, 네트워크 및 관리적 방안)로 마련되어진 정보보호 대응책들을 하나의 통합 설계안으로 작성하여 서로를 보완할 수 있는 다단계 정보보호 구조를 완성시킬 수 있는 설계안이 되어야 함
정보보호도구 선정 및 설치 보고서	정보보호도구 선정 사유 및 설치 결과의 예상목적 부합성

10.2.5. 운영 정보보호 감리

정보보호 컨설팅 개념

지금까지의 정보보호 컨설팅(information security consulting)은 주로 대기업들이 IT감사차원에서 외부 전문 컨설팅업계의 도움을 받아 정보보호조직과 체계정비를 목적으로 추진하였다. 그리고 침입차단시스템 등 정보보호 제품 판매업체들이 고객의 IT 보안 취약요소를 파악하고 자신의 제품을 적정하게 도입할 수 있도록 정당성을 제공하는 방향에서 진행되었다. 그러나 나날이 발전되는 E-Business에서의 정보보호 요구사항은 더욱 복잡하여져서 기존의 단순한 정보보호 방법과 구현으로는 문제해결이 쉽지 않고, 또한 정보보호 솔루션에 대한 인식이 확산되어 가면서 고객들은 비로소 정보보호를 위한 기술적 측면과 함께 전사적 정보보호관리 측면에서 점차 이해도를 높여 나가게 되었으며 인터넷 시대의 새로운 자산 유형인 정보자산의 보호를 위한 다각적인 대책의 하나로 전문적이고 종합적인 정보보호 컨설팅에 대한 요구가 증가하고 있다.

미국은 2000년 1월 연방정부의 정보시스템에 대한 표준, 제품 및 컨설팅 분야에서 정보시스템 보호를 위한 연방계획을 발표하였고, 미 연방조달청(GSA)이 주관하는 정보보호서비스 포괄조달제도를 통하여 공공부분의 정보보호 업무를 민간에 위탁하여 정보보호 컨설팅을 포함한 정보보호 서비스의 효율성 및 전문성을 제고하고 있다. 그 외 영국의 BS779 및 C-cure, 독일 GISA의 Baseline Protection Manual, ISO/IEC TR13331-5 등 정보보호 컨설팅에서 가장 기본적으로 요구되는 표준이나 지침을 다각적으로 연구개발 중이다. 국내에서도 최근 정보보호 컨설팅 산업이 활성화되고 있지만, 체계적인 정보보호 컨설팅 방법론 미흡, 소비자의 만족도·신뢰성 미비, 정보보호 컨설팅 전문 인력 부족, 컨설팅 시장 협소 등의 현실적인 면과 제도적인 면에서 다소 미흡한 편이다.

정보보호 컨설팅은 기존의 단편적이고 개별적인 내용에서 더 나아가 경영정보(MIS) 기술, 비즈니스프로세스(business process), 정보보호(security)기술, 시스템제조업체들이 보유하고 있는 정보기술(IT), 인터넷서비스업체(ISP)들이 가지고 있는 인터넷서비스 기술, 교육 및 훈련 (education & training), 정책 및 절차 등을 고려한 관리기술 등이 종합적으로 구성되어 조직의 정보보호 상황을 체계적으로 진단·분석하여 문제를 해결하는 방향으로 변화되고 있다. 즉, 기존의 제품위주의 정보보호 인증체계에서 네트워크 및 시스템 보안감사 업무, 전문적인 정보보호 진단 및 경영전반에 걸친 진단업무 등이 협력제휴 형태로 이루어져 종합적인 글로벌 정보보호 지원시스템을 지향하고 있다.

따라서 정보보호 컨설팅의 개념은 조직의 정보시스템에 관한 관리적, 기술적, 물리적 각 부문에 이르는 정보보호 전략을 수립하여 조직의 특성이나 업무 목적에 맞게 신뢰성 있는 정보시스템 인프라를 확립할 수 있는 방안을 제시하는 것이라고 할 수 있다.

정보보호 컨설팅 필요성

조직의 정보보호에 관한 환경변화는 첫째, 인터넷을 이용한 전자상거래가 활성화되면서 자연스럽게 on-line 형태의 비즈니스가 차지하는 비율이 높아짐에 따라 정보보호가 중요시됨에 따라 단순한 보안제품 도입이나 부분적인 정보보호 대책의 한계성을 느끼게 되고, 정보시스템 투자의 효율성 및 적정성 판단 기준 마련을 위해 기업 전반의 체계적인 통합정보보호체계 구축이 필요하게 되었고, 둘째, 국제적으로 글로벌 경영을 추구하는 기업들의 경영전략과 맞물려서 정보보호 관리체계가 국제적인 인증규격(ISO 17799)으로 자리잡아감에 따라, 품질인증이나 환경인증과 같은 기업품질을 나타내는 하나의 수단으로 인식되고, 국내에서도 BS7799와 한국정보보호진흥원의 ISMS와 같이 기준을 제정하는 등 정보보호가 정보시스템 인프라의 품질 척도임을 자각하게 되었고, 셋째, 정보통신 기반 보호법 제정(2001. 7 시행)에 따라 기반이 되는 주요 정보통신 시설에 대해서 취약성 진단 등을 의무화 하고 있다.

이러한 조직의 정보보호 환경이 변화함에 따라, 조직의 특성이나 업무목적, 사용 편리성 등을 고려한 효율적인 정보보호 대책을 마련하기 위해, 정보보호 정책과 지침을 통해 투자의 효율성을 확대시키기 위해, 또한 조직은 정보통신 기반 보호법이 제정됨에 따라 감독 당국의 규제에 대응하여 조직의 신뢰성을 확립하기 위해 정보보호 컨설팅이 필요하게 되었다.

정보보호 감리 영역 구분78)

감리의 범위와 영역을 정립하는 것은 구체적인 감리시행에 있어서 효율적이고 체계적인 감리를 가능케 해주는 기본 틀로서 작용하며, 감리기준정립의 시작점이 되고, 감리 전문 인력이 보유해야 될 기본지식과도 깊은 연관을 지니게 된다. 그러나 정보보호 관리 영역의 설정 기준은 문헌에 따라 다양하며 그 명칭도 일정하지 않지만 그 내용은

78) 남길현, 정보시스템 감리방법론, 국방대학교, 2003. p216

대동소이하여 근본적인 차이가 있다고는 볼 수 없다.

각 기관별 정보보호 감리 영역에 대한 견해를 살펴보면, BS7799에서 비롯된 ISO/IEC 17799에서는 감사 영역을 정책의 정의, ISMS 범위정의, 위험성 평가, 위험관리, 구현하고자 하는 통제목표 및 통제방법, 적용성 보고서의 정의로 6단계의 프로세스로 나누고 각 프로세스에서 물리적, 기술적, 물리적 영역으로 구분한 10개 영역과 127개 세부항목을 정의하고 있으며, 한국정보보호진흥원(KISA)의 정보보호 관리체계 인증의 정보보호관리 과정은 정보보호 정책 및 조직 수립, 범위설정 및 정보자산 식별, 위험관리, 구현, 형상관리의 5 단계로 나누고 관리적, 기술적, 물리적 영역으로 구분한 15개 영역과 120개 세부항목을 정의하고 있다.

〈표 10-11〉은 기관별 영역 구분을 비교해 나타내고 있다.

〈표 10-11〉 기관별 영역 구분 비교

영역	ISO 17799(BS 7799)	KISA ISMS	감리인협회
	10개 영역127개 세부항목	15개 영역 120개 세부항목	11개 영역 141개 세부항목
관리적	1. 정보보호 정책 2. 정보보호조직	1. 정보보호 정책 2. 정보보호 조직	1. 정보보호 정책 및 조직
	3. 의사소통 및 운영 관리 4. 자산 분류 및 관리	3. 운영관리 4. 정보자산 관리	2. 보안운영관리
	5. 직원의 보안	5. 인적보안 6. 외부자 보안 7. 정보보호 교육 및 훈련	3. 인원보안
	6. 부합성	8. 검토, 모니터링 및 감사	4. 준거성
	7. 사업지속성 관리	9. 업무연속성 관리	5. 업무 연속성
기술적	8. 시스템 개발 및 유지 9. 접근 통제	10. 시스템 개발 보안 11. 보안사고 관리 12. 암호 통제 13. 접근 통제 14. 전자거래 보안	6. 응용시스템 보안 7. 데이터 보안 8. 네트워크 보안 9. 서버 보안 10. 클라이언트 보안
물리적	10. 물리적 환경에 대한 보안	15. 물리적 보안	11. 물리적 환경적 보안
- 항목간 상호조정 및 소폭 변경			

한국정보시스템 감리인협회에서는 관리적, 기술적, 물리적 영역으로 구분하여 11개 영역 141개 세부항목으로 정의하고 있다.

이상과 같이 정보보호 감리 영역으로 여러 가지 견해를 들 수 있지만 감리의 목적 및 주안점에 따라 그 세부 내용을 구체화 할 수 있을 것이다.

운영정보보호감리(감리인협회)

운영정보보호감리는 사업정보보호감리의 뒷부분인 운영 및 유지보수단계와 일부 중첩된다고 볼 수 있으며 본장에서는 한국 정보시스템 감리인협회에서 제시한 내용을 예로 설명하도록 한다.

한국 정보시스템 감리인협회에서는 〈표 10-12〉, 〈표 10-13〉에 보는 바와 같이 기본적인 영역 중 관리적 영역은 정보보호 정책 및 조직, 인원보안, 보안 운영 관리, 준거성, 업무 연속성의 5개 영역과 15개의 세부영역, 64개의 점검항목, 116개의 세부점검항목으로 나누고, 기술적 영역은 응용시스템 보안, 데이터 보안, 네트워크 보안, 서버보안, 클라이언트 보안의 5개 영역과 20개의 세부영역, 62개의 점검항목, 148개의 세부점검항목으로 나누며, 물리적 영역은 물리적·환경적 보안의 1개 영역과 3개의 세부영역, 15개의 점검항목, 35개의 세부점검항목으로 나누어 총 11개 영역, 38개의 세부영역, 141개의 점검항목, 299개의 세부점검항목으로 정의하고 있다.

〈표 10-12〉 감리인협회의 정보보호감리영역 - ISO 17799 비교

영역그룹	정보보호감리영역	ISO 17799와 Mapping
관리적 영역	보안 정책 및 조직	보안 정책, 보안 조직
	인원보안	인적보안
	보안 운영 관리	자산 분류 및 통제, 통신 및 운영관리
	준거성	준거성
	업무 연속성	업무 연속성
기술적 영역	응용시스템 보안	접근 통제, 통신 및 운영관리
	데이터 보안	접근 통제, 통신 및 운영관리
	네트워크 보안	접근 통제, 통신 및 운영관리
	서버 보안	접근 통제, 통신 및 운영관리
	클라이언트 보안	접근 통제, 통신 및 운영관리
물리적 영역	물리적 환경적 보안	준거성

〈표 10-13〉 기본 영역 및 점검항목 수

영 역	영역수	세부영역수	점검항목수	세부점검항목수
계	11	38	141	299
관리적 영역	5	15	64	116
기술적 영역	5	20	62	148
물리적 영역	1	3	15	35

이러한 세 가지 영역은 각각의 세부점검항목을 토대로 점검표를 작성하게 된다. 점검표는 점검항목, 세부점검항목, 참조[79], 중요도[80], 점검방법, 점검결과, 점검의견으로 구분하여 작성되며 종합적인 평가는 중요도와 점검 결과를 이용하여 판정한다.

〈표 10-14〉는 점검표 작성의 예를 보여주고 있다.

〈표 10-14〉 점검표 작성 예

영역	세부영역	점검항목	세부점검항목	참조	중요도	점검방법	점검결과	점검의견
보안 정책 및 조직	보안 정책	정보보안 정책문서	주요정보통신시설의 안정성 및 정보의 신뢰성 확보를 위한 자체 정보보호 정책 및 지침이 수립되고 문서화하여 이행되고 있는가?	ISO4.1.1.1	상			
			정보보안 정책문서는 경영진의 승인을 받고 변경 관리되는가?					
			개선된 정보보호 정책은 정형화된 절차 에 따라, 관계자에게 적절하게 제공되 고 있는가?					
			보안사고 발생시 보고를 위한 적절한 절차가 포함되어 있는가?					

79) ISO 표준, 정보통신기반보호법의 관련항목 번호 표기 예) ISO 4.1.1.1

80) 중요도 : 상, 중, 하로 구분 표시

영역	세부 영역	점검항목	세 부 점 검 항 목	참 조	중요도	점검방법	점검결과	점검의견
		검토과 평가	정보보호 정책은 IT환경의 변화를 반영 하도록 주기적으로 검토되고 있는가?	ISO4. 1.1.2				
		경영층 정보보호 협의회	경영진의 정보보호에 대한 지원과 방향 설정을 보장하기 위하 경영진 협의회는 있는가? 정보보호 담당조직의 구성과 정보보호 활동의 주도에 대한 동의 및 지원이 문서상으로 명확하게 정의되어 있는가?	ISO4. 2.1.1				
	보안 조직	정보보호 전담 조직 및 담당자	정보보호를 전담하는 정보보호 조직이 있는가? 정보보호에 대한 계획, 구현, 승인 및 감독을 담당할 수 있는 정보보호 책임자가 임명되어 있는가? 정보보호 관련 시스템 등을 관리/운영 하는 정보보호 담당자가 지정되어 있는가?	ISO4. 2.1.4				
		정보보안 조정	정보보호 통제수단을 적용하기 위해 각 관련부서의 관리자들이 참여하는 정보 보호 협의회가 있는가?	ISO4. 2.1.2				
		정보보호 책임배정	개별적 자산보호 및 특정 보안프로세스 의 실행에 대한 담당별 책임이 명확히 정의되어 있는가?	ISO4. 2.1.3				

11. 정보보호 표준 및 평가

11. 정보보호 표준 및 평가

11.1. 정보보호 표준

11.1.1. 정보보호 표준화체계

국제적인 정보보호 관련 표준화 기구에는 ISO/IEC-JTC1/SC27(정보보호기술) 및 ITU-T SG7(데이터통신망과 개방시스템 통신), 인터넷에 관련된 표준을 개발하는 IETF (Internet Engineering Task Force), 유럽의 ETSI(European Telecommunications Standards Institute) 등이 있다. 국내에서는 산업자원부 기술표준원과 한국정보통신기술협회(TTA)가 주도적으로 국내 정보보호 관련 표준화를 하고 있다. 〈그림 11-1〉은 국내외 정보보호 표준화 추진체계를 나타낸다.

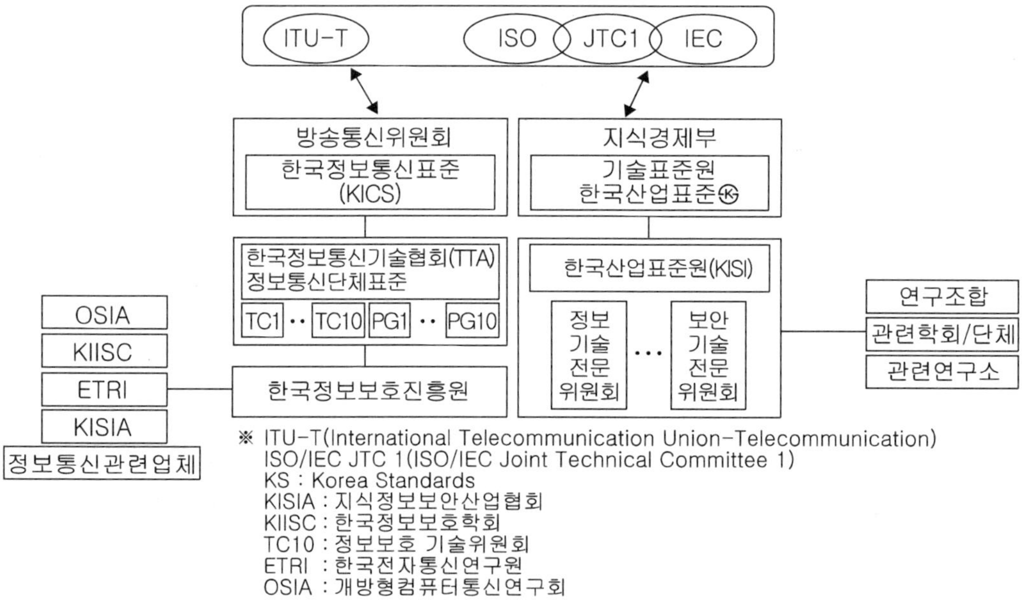

〈그림 11-1〉 국내외 정보보호 표준화 추진체계

11.1.2. 국외 정보보호 표준화기관

국제적으로 정보보호를 연구 및 개발하는 주요 국제적인 표준화 기구에는 ISO/IEC-JTC1, ITU-T, IETF등이 있고 유럽의 표준화 기구에는 CEN(European Committee for Standardization, 유럽표준화위원회), CENELEC(European Committee for Electrotechnical Standardization, 유럽전기기술표준화위원회), ETSI(European Telecommunications Standards Institute, 유럽전기통신표준협회), ECMA(European Computer Manufacturers Association, 유럽 컴퓨터제조자협회)등이 있으며 단체・사실 표준 관련 기구에는 TTC (Telecommunication Technology Committee, 전신 전화 기술위원회), IEEE(Institute of Electrical and Electronics Engineers, 전기전자기술자협회), DAVIC(Digital Audio-Visual Council, 디지털 음성 화상 회의) 등이 있다.

ISO/IEC-JTC1

ISO 의 TC97(정보기술 표준화 담당)과 IEC의 TC83(정보처리기기 표준화 활동 담당)이 통합하여 1987년 11월 새로운 합동기술위원회 JTC1(Joint Technical Committee 1)을 설립하였다. ISO/IEC-JTC1의 주요 업무는 일반 정보기술표준의 개발과 다른 국제표준화 산업체와 사용자 그룹과 적절한 연락을 유지하며 장기계획을 책임지는 업무를 하고 있으며 또한, 정보기술 표준화를 위한 일반적인 ISO/IEC 조치를 개발하는 일을 담당한다.

정보보호 관련 분과위원회는 SC27(Sub-Committee)로서 SC27의 주요 업무는 정보시스템의 보안서비스를 위한 일반적인 요구사항을 포함하는 보안기술과 메커니즘을 개발하고 또한, 보안지침 및 보안관리기법 등을 개발하는 업무를 담당한다. SC27은 3개의 작업그룹(WG : Working Group)으로 작업을 진행한다.

- WG1 : 정보보호 관리 분야로서 정보보호 관리 관련 모델, 과정 및 기법 개발, 보안대책의 선택기법, 인증기관 관리 및 사용 지침, 정보보안 사건처리 지침 등에 관한 지침 및 표준 개발
- WG2 : 정보보호 기술 및 메커니즘분야로서 데이터 무결성, 실체 인증, 전자서명, 부인방지, 해쉬 알고리즘, 키 관리 등을 위한 메커니즘 개발
- WG3 : 정보보호 기준 및 평가분야로서 평가 기준, 기준의 응용을 위한 방법, 평가, 검증 및 인증 등을 위한 관리적 절차 등을 개발

ITU-T

ITU-T는 유선 전신에 관한 국제협력을 위해 설립된 만국전신연합과 무선 분야의 협력을 위해 설립된 국제무선전신연합이 1932년에 마드리드 회의에서 통합하여 탄생된 국제기구로서 1947년 10월부터 전기통신, 전파통신, 위성통신, 방송 등의 국제정보통신 분야를 총괄하는 국제연합의 전문기구이다. 우리나라는 1952년에 ITU에 가입하였다.

전기통신 표준화 부문을 담당하고 있는 ITU-T(ITU-Telecommunication, 전기통신표준화부문)는 CCITT(International Telegraph and Telephone Consultative Committee)와 CCIR(International Radio Consultative Committee)의 일부를 통합, 조정하여 1993년 세계전기통신표준화 회의에서 개칭된 조직으로 전기통신 표준에 대한 연구를 수행하고 있다. 정보보호관련 연구 그룹은 SG7(Study Group)에서 데이터 통신망과 개방시스템의 통신에 관한 업무를 하고 있다.

IETF

IETF(Internet Engineering Task Force)는 인터넷의 통일성과 표준을 유지하기위해 설립된 조직으로 인터넷의 운영, 기술상의 문제점을 해결하기 위하여 프로토콜 및 구조에 대한 표준을 제안하고 개발하는 일을 담당한다.

IETF는 IAB(Internet Architecture Board)의 태스크포스 중의 하나로 인터넷에서 발생하는 단기적 기술 문제를 해결하는 것을 책임지고 있다. 이 태스크 포스는 60개 이상의 작업 그룹으로 구성되어 있다. IETF는 TCP/IP와 같은 인터넷 운영 프로토콜의 표준을 정의하는 주체이다. IETF는 IAB의 감독을 받으며, IETF 구성원들은 Internet Society의 개인 또는 조직의 구성원들로부터 선발된다. 표준들은 RFC (Requests for Comments)의 형태로 나타내어진다.

IETF의 구성은 ISOC(Internet Society), IAB, IESG(Internet Engeneering Steering Group), IRSG로 되어 있으며 〈그림 11-2〉는 IETF의 구성을 나타낸다.

IETF의 정보보호관련 작업반은 공개키 기반구조, 단순 공개키 기반구조, 도메인네임 시스템 보안, S/MIME, PGP를 위한 개방 규격, 공통인증기술, 일회용 패스워드 인증, 보안 쉘, 웹트랜잭션, 인증된 침입차단시스템 고찰, 트랜스포트 계층보안, IP 보안프로토콜, 침입탐지시스템 데이터 교환, XML 전자서명 등의 작업을 하고 있다.

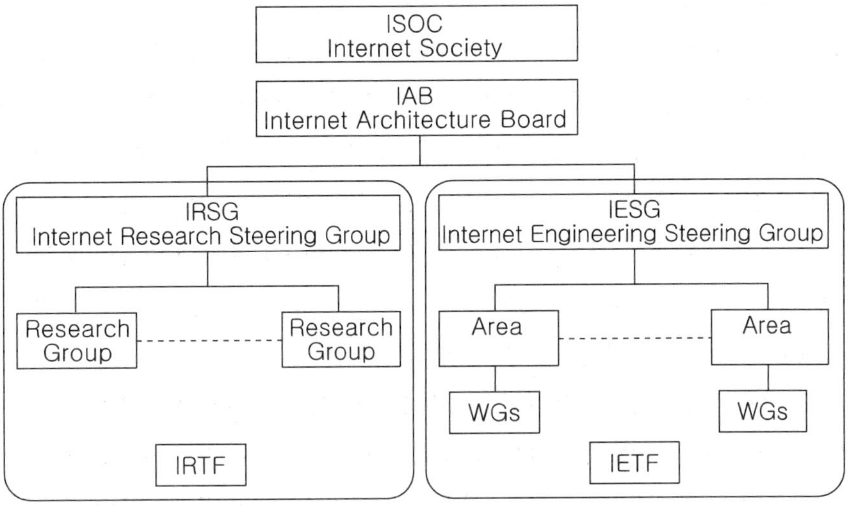

〈그림 11-2〉 IETF의 구성

11.1.3. 국내 정보보호 표준화기관

한국기술표준원(KISI)

한국기술표준원은 산업표준의 연구개발을 효율적으로 추진함으로써 기술의 진흥과 산업의 활성화를 촉진하여 경제발전 및 국민 생활수준 향상에 기여하고자 산업표준화법 제31조에 의거 1993년8월6일 설립된 산업표준 연구개발 기관이다. 또한, 한국기술표준원은 국가, 기업, 사업자 단체 등의 표준화 활동을 선도하고 있을 뿐만 아니라, 국제 표준화 활동에 참여하여 국제 표준 제정 작업에 국가 이익을 반영하고 있으며, 선진기술 동향 및 기술 규제 정보를 습득하여 국내 산업계에 제공하고 있다. 현재, 한국기술표준원은 자본재 표준화, 정보산업 표준화, 북한 표준 연구 등 주요 국가표준화 사업을 추진하고 있으며, 국가표준의 심의기구인 산업표준심의회의 주요 산업 분야별 전문위원회에 대한 사무국 역할을 수행하여 민간 표준화 역량의 결집 장소가 되고 있다.[81]

한국정보통신기술협회(TTA: Telecommunication Technology Association)

TTA는 '전기통신 설비의 기술기준에 관한 규칙' 제8조에 규정하고 있는 전기통신 관

81) http://www.kisi.or.kr

련 표준화 활동을 민간 주도로 전환하여 모든 이해 당사자 간의 의견을 수렴한 표준화 활동을 장려하기 위하여 국내통신 산업계의 발의에 의하여 전기통신기본법 제30조에 근거하여 1988년 12월에 설립되었다. 1989년 2월부터 한국통신기술협회로 업무를 개시하여 1997년 1월부로 한국정보통신기술협회로 명칭을 변경하고 통신사업자, 산업체, 학계, 연구기관 및 단체 등의 상호협력과 유대를 강화하고 국내·외 정보통신 분야의 최신기술 및 표준에 관한 각종 정보를 수집·조사 연구 및 보급·활용하게 하며 정보통신 관련 표준화에 관한 업무를 효율적으로 추진함으로써 정보통신 산업 및 기술 진흥과 국민경제의 발전에 기여함을 목적으로 하고 있다.

TTA는 1997년 전기통신분야에서 정보통신 전분야로 표준화 업무영역을 확대하였으며, 정보통신 관련 표준의 제·개정 및 보급, 정보통신 표준 기획 및 대응전략 연구, 정보통신 제품에 대한 시험 및 인증, 국제표준 전문가 양성 및 표준화포럼 활동지원 등의 역할을 수행하고 있다.

TTA산하 TC1(공통기반 기술위원회)에서는 정보보호기반, 인터넷 보안, 생체인식 등 8개의 프로젝트그룹이 있으며 그 중 3개의 프로젝트 그룹에서 정보보호 관련 표준화를 진행하고 있다. 〈표 11-1〉[82]은 한국정보통신기술협회의 2006년도 표준화 추진현황을 한 예로 보여주고 있다.

〈표 11-1〉 한국정보통신기술협회 2006년도 표준화 추진현황

표준번호	제목
TTAS.OT-10.0075	웹 서비스 보안: SAML 토큰 프로파일 1.1
TTAS.KO-10.0214	웹 서비스 메시지 보안 제품에 대한 평가 가이드라인
TTAE.OT-12.0006	웹 서비스 보안 X.509 인증 토큰 프로파일 1.1
TTAE.OT-12.0005	웹 서비스 보안 : SOAP 메시지 보안 1.1
TTAE.OT-12.0004	웹 서비스 보안 유저네임토큰 프로파일 1.1
TTAS.KO-12.0048	바이오인식 용어
TTAS.KO-12.0045	사용자 인증, 권한부여, 과금징수를 위한 Diameter와 RADIUS간 연동 프로토콜
TTAS.KO-12.0044	네트워크 보안 장비에 대한 성능 측정 방법
TTAS.KO-12.0041	스트림암호알고리즘 TSC-4
TTAS.KO-12.0040	64비트 블록암호알고리즘 HIGHT
TTAS.KO-12.0039	해쉬함수 알고리즘 FORK-256

표준번호	제목
TTAS.KO-12.0043	IPv6 네트워크를 위한 침입탐지 및 방지 기능 요구사항
TTAS.KO-12.0038	본인확인서비스 중복가입 확인정보
TTAS.KO-12.0037	홈네트워크 보안 정책 기술 언어
TTAS.IF-RFC4162	TLS를 위한 SEED 암호알고리즘
TTAS.IF-RFC4196	IPsec을 위한 SEED 암호알고리즘
TTAI.KO-12.0035	홈네트워크를 위한 보안기술 프레임워크
TTAS.OT-10.0076	웹서비스 보안: 첨부를 갖는 SOAP 메시지 프로파일 1.1
TTAS.KO-12.0047	온라인 인증 시스템을 위한 지문 센서 인터페이스
TTAS.IF-RFC3369	암호 메시지 규격
TTAS.KO-12.0046	지문 영상 품질 분류 방법
TTAS.IF-RFC3565	CMS를 위한 추가암호 알고리즘 : Part2 AES
TTAS.IF-RFC4010	CMS를 위한 추가암호 알고리즘 : Part1 SEED
TTAE.IT-H234	시청각 서비스를 위한 암호키 관리와 인증 시스템
TTAE.IT-H233	시청각 서비스를 위한 안전한 시스템

한국전자통신연구원 표준연구센터(PEC)

한국전자통신연구원 표준연구센터는 정보통신표준의 신속한 개발 보급을 위한 연구개발을 통하여 통신개방 환경에 적극적으로 대처함과 동시에 국내 정보통신산업을 육성하기 위한 목적으로 1989년에 ETRI내에 설립되었다.

한국전자통신연구원 표준연구센터는 표준기획연구팀, 연동표준연구팀, 표준시험연구팀, 표준기반연구팀, 기술기준연구팀의 5개 팀으로 구성되어 있으며 다음과 같은 연구업무를 수행하고 있다.[83)]

- 표준체계 및 표준화활동 분야
- 핵심기술 선행연구 분야
- 시험기술연구 분야
- 표준기반기술 분야
- 무선 및 기술기준 분야

82) http://www.tta.or.kr
83) http://pec.etri.re.kr

11.2. 정보보호 시스템 평가기준 및 제도

인터넷 사회에서 컴퓨터 시스템에 대한 정보보호의 필요성은 나날이 증가하고 있다. 정보보호분야의 활성화에 따라 국가기관 및 일반 회사에서의 정보보호시스템에 대한 수요가 증가하고, 정보보호시스템을 개발하는 업체의 수와 종류가 늘어나게 됨에 따라 다수의 정보보호시스템에 대한 보안성을 평가하기 위한 평가기준이 필요하게 되었다.

평가제도는 정보시스템의 안전한 운영에 필요한 보안요구사항을 만족하고 신뢰성 있는 정보보호 시스템의 보급을 확대하기 위한 것이다. 또한 정보보호 시스템의 성능과 신뢰도에 대한 평가기준을 제공하여 사용자의 인지도 및 선택상의 편리함을 주기 위한 것이라고 할 수 있다.

정보보호평가 기준에는 TCSEC, ITSEC, CC의 국외 평가기준과 정보화촉진 기본법에 의거하여 1997년에 작성된 침입차단시스템, 침입탐지시스템에 관한 국내 평가기준이 있다. 〈그림 11-3〉[84]은 국가별 평가기준의 개발연혁을 보여주고 있다.

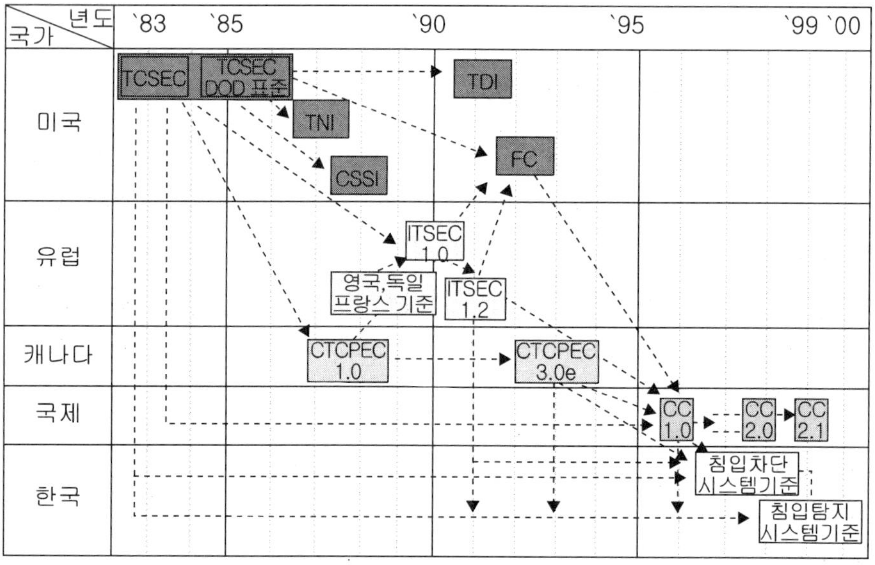

TCSEC : Trusted Computer System Evaluation Crieria
TNI : Trusted Network Interpretation of TCSEC
TDI : Trusted DBMS Interpretation of TCSEC
CSSI : Computer Security Subsystem Interpretation
FC : Federal Criteria
ITSEC : Information Technology Security Evaluation Criteria
CTCPEC : Canadian Trusted Computer Product Evaluation Criteria
CC : Common Criteria

〈그림 11-3〉 국가별 평가기준 개발연혁

84) 남길현, 평가기준 및 인증체계. ppt, 국방대학교, 2006. p2

11.2.1. 미국의 정보보호시스템 평가기준 및 제도

TCSEC

미국에서는 컴퓨터 시스템이 처리하는 비밀정보를 보호하기 위한 대책을 수용하고 있는 국방부 지침(DoD Directive 5200.28)이 1972년 발표 된 이후로 1981년 국방부 컴퓨터보안센터(DoD Computer Security Center)가 설립되었다. 이에 따른 국방부 지침 5125.1에 안전한 컴퓨터 평가기준 제정 및 평가 업무에 대한 내용이 명시되면서 1983년 TCSEC의 초안(Orange Book) 및 TPEP(Trusted Product Evaluation Program)가 시행되었다. 이후로 국방부 표준(DoD 5200.28-STD)이 채택되면서 1987년 네트워크 제품에 대한 평가기준인 TNI(Trusted Network Interpretation of the TCSEC)가 제정되고 1991년에는 DBMS에 관한 평가기준인 TDI(Trusted DBMS Interpretation of the TCSEC)가 제정되었으며 TCSEC의 평가기준을 모두 만족시키지 못하고 일부분만을 만족시키는 서브시스템을 위한 평가기준인 CSSI(Computer Security Subsystem Interpretation of the TCSEC) 등을 제정하였다. 또한 1992년에 NSA와 NIST에서는 여러 형태로 운영되던 평가기준들을 단일화하기 위하여 연방표준 FC(Federal Criteria)를 제정하였으나 시행은 되지 않고, CC(Common Criteria)를 제정하기 위한 노력의 일환으로 대치되었다.

TCSEC에서는 안전한 컴퓨터 시스템이 가지고 있어야할 기능을 보안 정책, 보안정책을 지원하는 책임성, 그리고 보증 및 문서부분으로 나누어서 각 등급별 요구사항을 정의해 놓고 있다.

TCSEC의 기본적 보안 요구사항은 총 여섯 가지로 구분되며 그 내용은 아래와 같다.

- **보안정책** : 명백하고 잘 정의된 보안정책 존재
- **보안등급** : 접근통제를 위한 보안 레이블이 주체나 객체에 결합
- **신분확인** : 각 주체의 신분 확인
- **감사·기록** : 감사기록 정보를 안전하게 유지, 보호
- **보증** : 독립적인 하드웨어, 소프트웨어 보증 메커니즘 존재
- **지속적인 보호** : 독립적인 외부 공격 및 불법 변경으로부터 지속적 보호

TCSEC의 평가 등급은 7등급(D, C1, C2, B1, B2, B3, A1) 으로 분류되며 〈그림 11-4〉에서 각각의 특성을 보여주고 있다.

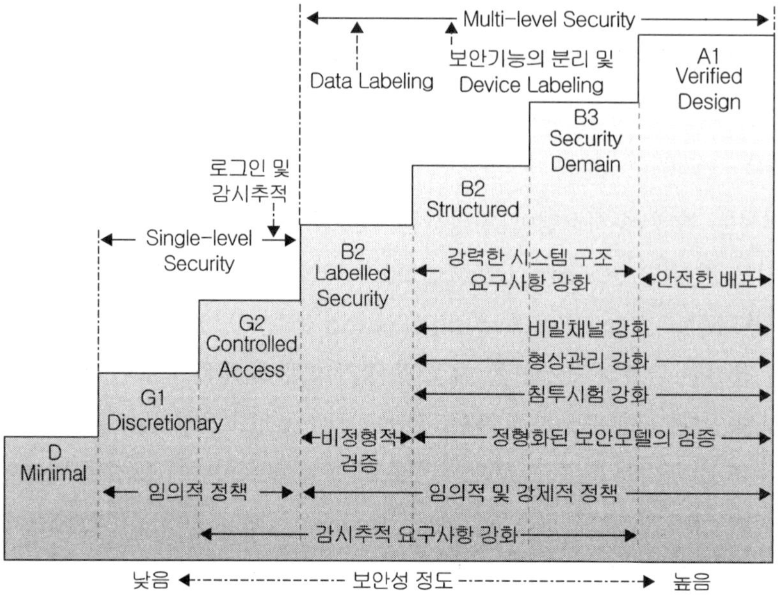

〈그림 11-4〉 TCSEC의 평가등급별 특성

〈그림 11-4〉의 각 등급별 내용을 살펴보면 아래와 같다.

○ D – **최소보호**(Minimal)

D등급의 제품은 보안 평가를 위해 제출되었지만, TCSEC 보안 등급의 요구사항을 충족시키지 못한 제품이다.

○ C1 – **임의적 정보보호**(Discretionary)

C1 시스템은 협동하는 사용자들이 동일한 무결성 등급에서 데이터를 처리하는 환경을 제공한다.

○ C2 – **통제된 접근보호**(Controlled Access)

C2 시스템은 사용자를 각각의 행위에 대하여 개별적으로 책임을 추적할 수 있도록 한다. 단일 사용자 단위로 임의적 접근통제가 가능하며, 객체 재사용을 이용한다.

일반적으로, C2는 본질적으로는 취약할지라도 상용 응용을 위한 가장 적당한 등급으로 간주되고 있다.

○ B1 – **레이블된 정보보호**(Labeled Security)

B 보안 범주는 비밀 데이터를 다루는 제품을 위한 것이며, 강제적인 접근통제가 이루어진다. 각각의 주체와 객체에는 계층적인 비밀등급과 비계층적인 범주의 레이블이 존재한다. B1등급은 다단계 보안 UNIX 시스템이나 데이터베이스 관리시스템 등과 같은 복잡한 시스템에서 인증을 받고 있다.

○ B2 – **구조화된 보호**(Structured)

B2 등급은 시스템 설계에 대한 요구사항을 추가함으로써 보증을 증가시킨다.

- B3 - **보안 영역**(Sucurity Domain)

  B3 시스템은 매우 높은 수준에서 침입에 대항하며 보안관리자를 지원하는 등 주로 보안관리에 주안점을 두고 있다.
- A1 - **검증된 정보보호**(Verified Design)

  A1 등급은 기능적으로 B3와 동등하며, 형식 모델의 사용을 통하여 가장 높은 보증 수준을 달성한다.

〈표 11-2〉는 TCSEC의 6개 등급별 27개 요구사항을 보여주고 있다.

〈표 11-2〉 TCSEC 등급별 요구사항

요 구 사 항	C1	C2	B1	B2	B3	A1	기능
임의적 접근통제							보안정책
객체 재사용							
레이블							
레이블 무결성							
레이블 부착 정보의 전송							
다단계 보안 장치로의 전송							
단일 등급 보안 장치로의 전송							
판독 가능한 출력물의 레이블							
강제적 접근통제							
주체의 보안레이블							
장치 레이블							
신분 확인							책임성
감사 추적							
안전한 경로							
시스템 구조							보증
시스템 무결성							
보안 기능 시험							
설계 명세서 및 검증							
비밀 채널 분석							
보안 관리							
형상 관리							
신뢰성 있는 복구							
안전한 배포							
사용자 설명서							문서
보안 기능 명세서							
시험 문서							
설계 문서							

범례 : 요구사항없음 / 추가요구사항 / 추가요구사항없음

TCSEC의 22개 요구사항의 주요 내용은 아래와 같다.

- **임의적 접근통제** : 주체의 신분을 기반으로 하는 접근통제이다.
- **객체재사용** : 시스템 저장 영역 내에 남아 있는 데이터가 없도록 모든 저장 영역을 우선적으로 재할당한다.
- **레이블** : 비밀 등급을 표현한다.
- **레이블 무결성** : 비밀 레이블은 주체 및 객체의 비밀 등급과 정확하게 부합되어야 한다.
- **레이블 부착정보의 전송** : TCB(Trusted Computing Base)와 통신채널 혹은 TCB와 장치 사이의 정보 교환은 TCB가 다중 등급과 단일 등급 장치를 구분하여 허용한다. TCB는 보안정책의 시행을 책임지는 하드웨어, 펌웨어, 소프트웨어 및 이들의 조합을 포함하는 컴퓨터시스템 내의 모든 보호 메커니즘을 의미한다.
- **다단계 보안장치로의 전송** : TCB는 객체의 비밀 등급이 허용된 범위 내인지를 확인한 후 객체와 비밀 등급을 함께 전송한다.
- **단일 등급 보안 장치로의 전송** : 객체만 전송한다.
- **판독 가능한 출력물에 대한 레이블** : 출력물에 객체의 비밀 등급을 표현한다.
- **강제적 접근통제** : 비밀 등급의 비교에 의한 접근통제이다.
- **주체의 보안레이블** : TCB는 단말 사용자의 '현재 비밀 등급'의 변화를 유지한다.
- **장치레이블** : TCB는 물리적으로 접속된 장치에 지정된 최고 및 최저 비밀 등급을 유지한다.
- **신분 확인** : 사용자의 신분을 식별하고 인증한다.
- **감사 추적** : TCB는 모든 보안 관련 사건의 기록을 TCB 보호영역에 유지하여야 한다.
- **안전한 경로** : TCB는 사용자에게 TCB 자신을 식별하기 위한 수단을 제공하여야 한다.
- **시스템 구조** : TCB 프로세스와 사용자 프로세스를 분리하여야 한다.
- **시스템 무결성** : TCB 메커니즘의 정확한 동작을 위하여 주기적인 조사를 실시한다.
- **보안 기능 시험** : 보안 기능을 검증한다.
- **설계 명세서 및 검증** : 보안 정책 모델과 설계 명세 사이의 일치성을 유지한다.
- **비밀 채널 분석** : 비밀 채널을 식별하고 감사한다.
- **보안 관리** : 시스템 운용자와 관리자의 기능을 분리한다.
- **형상 관리** : 시스템의 변화를 통제한다.
- **신뢰성 있는 복구** : 시스템이 고장 후 안전한 처리 환경으로 복구할 수 있어야 한다.
- **안전한 배포** : TCB를 사용자에게 안전하게 전달하여야 한다.
- **사용자 설명서** : 시스템 사용자 및 개발자를 위한 보안기능을 설명하고 사용 방법을 제시하여야 한다.
- **보안기능 설명서** : 시스템 관리자, 보안 관리자, 사용자 및 운용자를 위한 보안기능을 상세히 설명하여야 한다.

○ **시험 문서** : TCB 보안 특성을 시험하기 위한 시험 계획, 절차 및 결과 등을 문서화하여야 한다.
○ **설계 문서** : 보안기능의 설계 내역을 문서화하여야 한다.

TPEP

미국은 TCSEC에 의거한 정보보호시스템의 평가를 위하여 TPEP(Trusted Product Evaluation Program)을 시행하고 있다. TPEP의 목적은 다음과 같다.

○ 사용자의 운용상 요구를 만족하는 유용한 보안제품의 안정적 공급
○ 안전한 시스템을 구축할 시 사용되는 보안제품의 공급
○ 보안제품 활용에 대한 특정 지침 제공
○ 개별적으로 평가받은 제품을 위하여 보안특성 및 특정 특성과 관련된 보증수준의 상호운용을 위한 지침 제공
○ 국가 및 국방 정보 기반을 위하여 INFOSEC 관련 컴퓨터 및 통신업체 육성

TPEP의 절차는 크게 사전평가(pre-evaluation), 평가(evaluation), 등급유지계획(Rating Maintenance Program, RAMP)의 세단계로 구분되어 있다. TPEP 평가절차에서는 사전평가와 본 평가가 끝나는 시점에서 기술검토위원회(Technical Review Board, TRB)를 두어 평가결과를 심의하고 평가결과를 인정할 것인가를 결정하여 평가인증을 실시한다. 미국의 평가 관련 기관은 현재 NSA(National Security Agency), NSA 내의 ISSO(Information Systems Security Organization)와 ISSO의 산하기관인 NCSC(National Computer Security Center)가 있다.

사전평가 단계에서는 보안제품 및 이와 관련된 증거물이 평가를 위하여 준비되었는지를 조사하는 것으로 다음과 같은 활동을 포함한다.

○ **제안서 접수(Receipt of Proposal)** : NSA는 제품 공급자로부터 제품이 TCSEC 요구사항을 만족하며 잠재적 시장성을 가지고 있으며 제품 설계가 등급에 적절한지를 조사하기 위하여 제품 제안서를 검토한다.
○ **기술적 검토(Technical Assessment)** : 기술적 검토는 제품과 증거물에 대한 첫 번째 조사로 공급자의 시연, Q&A 및 정보교환으로 구성된다. 기술적 검토의 결과는 자문을 받아야 하는지, IPTR(Intensive Preliminary Technical Review) 일정 수립 혹은 평가거절중의 하나이다.
○ **자문(Advice)** : 공급자의 평가 준비를 돕기 위하여 NSA는 NSA 혹은 외부 전문가의 자문을 제공할 수 있다.

○ **강력한 예비기술 검토(IPTR)** : IPTR의 목적은 제품과 평가 증거물의 완전성을 정확히 검토하고 공급자의 평가준비 상태를 점검하는 것이다.

평가 단계에서는 공급자는 평가팀에게 제품에 대한 교육을 실시하며 평가팀은 하드웨어 혹은 소프트웨어 설계에 대한 보안 특성 분석을 수행하고 제품 검토 보고서(Initial Product Assessment Report, IPAR)를 작성하여 기술검토위원회에 제출한다. 이후 제품에 대한 보안 시험을 수행한 후 IPAR의 결과를 포함한 보안시험 수행 결과를 최종 평가 보고서(Final Evaluation Report, FER)로 작성한 후 최종 기술검토위원회(Final TRB)에 제출하며 TRB는 FER을 검토하여 TRB의 견해를 NSA에 제출하여 이것을 근거로 평가에 대한 최종 결정이 이루어진다.

등급유지 단계에서의 RAMP(Rating Maintenance Program)는 제품의 생명주기동안 TCSEC의 등급을 유지하기 위한 것으로 TPEP에 참여한 모든 제품에 대하여 강제적으로 적용된다. RAMP는 변경과정을 관리하고 보안분석을 수행하여 제품의 유지와 계속적인 개발에 관계하는 인원을 참여시킴으로써 평가시간과 노력을 줄일 수 있다. 이상에서 설명한 평가 절차는 <그림 11-5>와 같다.

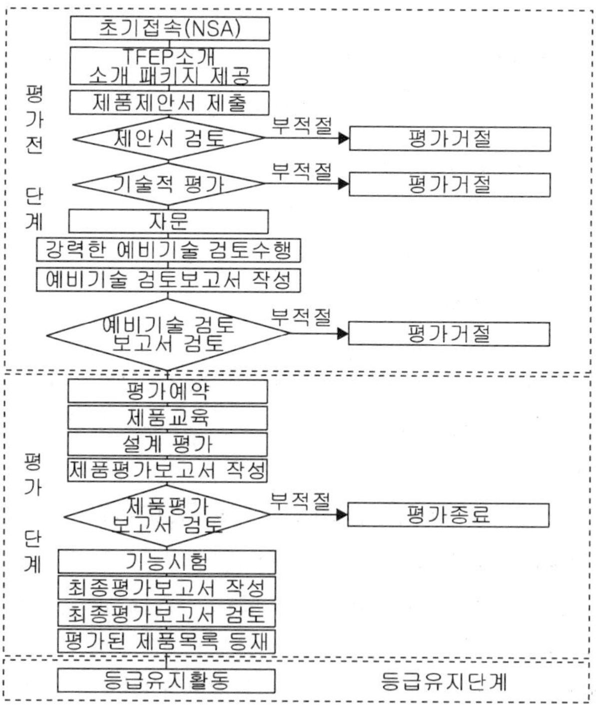

<그림 11-5> TPEP의 평가 절차도

TTAP

정보보호제품의 증가에 따라 사용자에게 다양한 정보보호제품의 선택기회를 제공하고 공급자에게 평가 참여 기회를 확대하며 추후의 CC(Common Criteria) 평가체제로의 전환을 용이하게 하기 위하여 NIST와 NSA는 낮은 등급(C2급 이하)의 보안제품 평가를 다수의 민간기관에서 수행하도록 하는 TTAP를 시행하고 있다. 현재 TTAP(The Trust Technology Assessment Program)는 TCSEC의 B1이하의 정보보호시스템 평가를 하고 있으며 TTAP의 경험이 누적되고 공통평가기준 평가를 위한 여건이 성숙되면 다른 종류의 보안제품도 포함시킬 예정이다. TTAP체제하에서 평가를 수행하기 위해서는 TTAP 평가기관(TTAP Evaluation Facility, TEF)으로 승인 받아야만 한다. TEF에 대한 인정은 NIST의 NVLAP(National Voluntary Laboratory Accreditation Program)에서 수행한다. TTAP 관리 위원회(oversight board)는 TEF가 평가를 수행하는 동안 평가의 품질과 일관성이 유지되는지를 감시한다. NSA와 NIST의 직원으로 구성되는 TTAP 관리 위원회의 임무는 TTAP 정책을 수립하고 TTAP를 관리하며 국제적인 평가 활동에 참여하는 것으로 나누어진다. 평가는 평가신청인이 TEF를 선정하여 평가비용 및 지불조건, 평가기간 및 일정 등을 논의하고 평가계약서에 서명함으로써 시작된다.

평가전단계는 평가 시작 전에 수행하고 제품과 관련된 평가 증거물을 보증하기 위해 TEF에 권고하는 행위들로 구성된다. 부적절하게 시험된 제품이나 불완전한 문서는 일정을 지연시키고 평가비용을 증가시킨다.

평가전단계의 목적은 판매자에게는 평가를 위한 제품을 준비할 수 있도록 필요한 정보를 제공하고 TEF에게는 판매자들과 계약협상을 하기 위해 평가를 위한 제품 준비의 충분한 이해를 제공한다. TTAP는 평가전단계의 요구사항을 강요하지 않는다. 요구되지 않더라도, TEF는 언제 제품분석이 완료되고, 실제로 TTAP 감독위원회와 IPAR/Test TRB 일정을 잡을 것인지를 결정하기 위하여 판매자와의 계약에 앞서 제품의 형태에 대해 TTAP 감독위원회와의 대화를 필요로 한다.

평가단계에서의 평가는 판매자와 TEF 사이에 공식적인 협의와 함께 시작된다. 모든 평가비용을 고려한 토의, 지불의 성격 또는 조건, 그리고 평가에 대한 일정을 포함하는 계약의 협상들은 전적으로 TEF와 판매자에게 달려있다. 판매자와 TEF가 계약을 체결하고 나면, TEF는 판매회사명, 제품명, 제품형태, 일정, 평가팀원 등을 TTAP 감독위원회에 제출한다. 평가는 계약의 체결과 동시에 가능한 한 빨리 시작한다. TTAP 감독위원회로의 공지는 단지 위원회가 TRB 자원을 할당하고 일정을 잡기 위한 것이다. 자세한 절차는 다음과 같다.

- 계약이 체결되면 평가가 시작된다.
- 평가팀은 TCSEC C2 요구사항을 평가한다. 평가내용을 초기제품 평가보고서(Initial Product Assessment Report, IPAR)에 기재한다.
- 판매자는 평가팀에게 제품 문서(설계, 시험, 사용자등), 시스템 수준, 개발자 근거 훈련을 제공한다. 훈련은 평가팀의 시스템 설계의 포괄적인 검토가 끝난 후 시행한다.
- 평가팀은 시스템의 하드웨어, 소프트웨어 구성요소를 포함하는 제품설계의 보안분석을 시행한다.
- 평가팀은 시스템 설계분석, 사용자, 시험, 등급유지문서를 검토한다.
- 설계분석시 수집된 정보는 IPAR에 기록되고 평가팀은 이것을 기술검토위원회(Technical Review Board, TRB)에 제출한다.
- 팀은 제품의 시험에 대하여 판매자와 팀의 계획을 TRB에 요약 보고한다.
- IPAR/Test 회의 후, 팀은 제품의 보안시험을 수행한다. 시험결과는 IPAR과 결합되어 최종평가보고서(Final Evaluation Report, FER)에 편집된다.
- 팀은 시험의 결과와 문제를 공개하기 위해 최종 응답을 TRB에 제출한다.
- TRB는 제품의 요구되는 신용등급을 고려하여 TTAP 관리위원회로의 권고사항을 만든다.
- 관리위원회는 요구되는 수준에서의 EPL(Evaluated Products List)에 기록하기 위해 최종적으로 결정한다.
- 마지막으로, EPL 목록들과 최종평가보고서에 공표하고 평가문서는 공문화 한다.

등급 유지단계에서는 판매자가 제품을 변경할 경우, 판매자는 NSA의 등급유지(Rating Maintenance Phase, RAMP) 프로그램을 통하여 신용등급을 유지하거나 재평가를 위해 변경된 제품을 TEF에 제출할 수 있다. TTAP은 RAMP동안 추가적인 요구사항을 강요하지 않는다.

이상에서 살펴본 TTAP는 민간 평가기관(TEF)을 선정하여 평가결과에 대한 공정성과 객관성을 유지하기 위하여 기존의 TPEP가 지니는 특징을 유지하며 영국, 프랑스, 독일 등에서 시행하고 있는 유럽의 평가제도와 유사한 제도이다. 현재 운영중인 평가기관은 다음과 같다.

- Arca Systems
- Computer Sciences Corporation
- Cygnacom Solutions
- National Software Testing Laboratories
- Science Applications International Corporation

TNI/TDI

1980년대 말과 1990년대부터는 단일 컴퓨터 시스템의 보안 커널에 연동하여 수행되고 있던 DBMS와 네트워크를 독자의 보안을 탑재한 서브시스템 운영체제로 개발하기 위한 보안 연구에 착수하여 그 결과 미국에서 네트워크 보안 표준지침인 TNI(Trusted Network Interpretation)가 발간되었다. 이는 TCSEC에서 소개된 개념과 용어를 이용하여 네트워크 보안에 적용한 사례로써 1987년 4월 미국 NCSC가 주관하였다.

TNI에는 비밀정보 및 중요 정보를 처리하는 컴퓨터 네트워크의 설계자나 보안 평가자, 그리고 보안 제품 생산업자들을 위한 네트워크 보안성 평가기준의 해설서이며, 이 해설서에서는 신뢰성 있는 컴퓨터 네트워크 및 그 구성요소(H/W, S/W, F/W)의 설계, 개발, 생산 및 평가를 위한 내용이 수록되었다.

보통 레드 북(Red Book)이라고도 하는 TNI는 네트워크의 제한된 등급으로 제한되며, TCSEC에서 제시되지 않은 부분도 다루어야 하고, ISO 보안 아키텍처와 경합하기도 한다. 즉, TNI는 TCSEC과 그 이후에 제안된 ITSEC 등과 같은 새로운 평가기준간의 링크라고 할 수 있다.

TNI는 단일의 인정 권한, 정책 및 NTCB(Network Trusted Computing Base)를 갖는 중앙 집중적인 네트워크만을 고려한다. TNI는 네트워크에서 통신 경로의 취약성과 네트워크 컴포넌트의 병행적, 비동기적 운영의 문제를 다룬다.

세부적인 내용으로는 TCSEC의 7단계 보안 등급(D, C1, C2, B1, B2, B3, A1)을 네트워크상에 적용시키기 위한 상세한 해석을 제공하고 있으며 추가로 TCSEC에서는 다루지 않는 보안 서비스에 대한 내용이 기술되어 있다.

TNI에서의 특정 보안 서비스는 〈표 11-3〉[85]과 같이 정의되어 있다.

85) 이승호, 전산망 보안성 평가기준에 관한 연구, 한국전산원, 1993. p11

〈표 11-3〉 TNI에서의 특정 보안 서비스

통신 무결성	서비스 부인	위협으로부터의 보호
◦ 인증(Authentication)	◦ 운용의 지속성	◦ 데이터 비밀 보장
◦ 통신 필드 무결성	◦ 프로토콜에 근거한 보호	◦ 트래픽 흐름 비밀 보장
◦ 부인봉쇄	◦ 네트워크 관리	◦ 선택적 경로 배정

TNI와 함께 네트워크 뿐 만아니라 신뢰성있는 데이터베이스 관리시스템에도 관심을 가지게 되는데 1970년대에 다단계 보안 데이터베이스 관리시스템에 대한 연구가 시작되어 1980년대 중반에 이르러 상업적으로 개발됨에 따라 1986년부터 안전한 데이터베이스 관리시스템의 평가를 위한 본격적인 작업이 시작되어 1991년 TCSEC을 안전한 데이터베이스 관리시스템의 평가에 적용하기 위한 'TCSEC의 안전한 데이터베이스 관리시스템 해석'(Trusted Database Management System Interpretation of The Trusted Computer Systems Evaluation Criteria;TDI)이 발표되었다. 그러므로 TDI는 TCSEC을 기준으로 하는 DBMS에 관한 평가기준이라고 정의할 수 있다.

11.2.2. 유럽의 정보보호시스템 평가기준 및 제도

유럽의 정보보호시스템 평가기준인 ITSEC(Information Technology Security Evaluation Criteria)은 영국, 독일, 프랑스 및 네덜란드 등 자국의 정보보호 시스템 평가 기준을 제정하여 시행하던 4개국이 평가 제품을 상호 인정하고, 상이한 평가 기준에 따른 정보보안 제품의 평가에 소요되는 시간, 인력 및 소요 비용을 줄이기 위해 "조화로운 기준(harmonized criteria)"을 작성하기로 합의하고 1991년에 제정하였다.

ITSEC

유럽의 각국이 정보보호시스템 평가기준을 각각 제정하여 시행하는 동안 이들 간의 평가기준이 상이함에 따라 평가 제품의 상호인증이 어렵게 되고 이에 따라 정보보호 제품의 중복 평가에 소요되는 시간, 인력 및 소요 비용이 커지게 되었다. 이런 문제로 인하여 영국, 독일, 프랑스 및 네덜란드 등 4개국이 이러한 문제를 해결하기 위해 공동의 기준인 ITSEC을 개발하게 되었다.

ITSEC은 보안기능요구사항과 보증요구사항으로 구성되어있으나 기본적으로 보안기능에 대한 정의는 하고 있지 않으며 제품에 대한 평가는 보증 부분만을 가지고 수행한다.

ITSEC의 보안기능요구사항은 TCSEC과의 호환을 위해 F-C1, F-C2, F-B1, F-B2, F-B3와 독일의 ZSIEC(Criteria for the Evaluation of Trustworthiness of Information Technology System)의 보안기능을 이용한 F-IN(무결성), F-AV(가용성), F-DI(전송데이터무결성), F-DC(비밀성), F-DX(전송데이터 비밀성)등의 보안기능을 제공한다.

ITSEC의 보증 요구사항의 구조는 〈표 11-4〉와 같다.

〈표 11-4〉 ITSEC의 보증 요구사항 구조

<table>
<tr><th>기능의 적절성</th><th>기능의 바인딩</th><th>메커니즘의 강도</th><th>개발 취약성 분석</th><th>사용의 용이성</th><th>운영 취약성 분석</th><th>요구사항</th><th>구조설계</th><th>상세설계</th><th>구현</th><th>형상관리</th><th>프로그래밍 및 컴파일러 언어</th><th>개발자 보안</th><th>사용자 문서</th><th>관리자 문서</th><th>배달 및 구성</th><th>시동 및 운영</th></tr>
<tr><td colspan="4" rowspan="2">개발</td><td colspan="2" rowspan="2">운영</td><td colspan="4">개발과정</td><td colspan="3">개발환경</td><td colspan="2">운영 문서</td><td colspan="2">운영 환경</td></tr>
<tr><td colspan="7">개발</td><td colspan="4">운영</td></tr>
<tr><td colspan="6">효용성 기준</td><td colspan="11">정확성 기준</td></tr>
<tr><td colspan="17">보 증</td></tr>
</table>

ITSEC의 보증 요구사항은 효용성 기준과 정확성 기준 2가지로 나누어진다. 효용성 기준은 세부적으로 다음과 같이 나누어진다.

- **적절성 분석** : 보안기능이 보안위협을 잘 대처하는지를 분석
- **바인딩 분석** : 보안기능과 메커니즘이 상호 연동하여 통합적이고 효과적으로 잘 동작하는지를 분석
- **메커니즘의 강도 분석** : 보안위협을 방지하기 위한 보안 메커니즘의 강도를 분석
- **개발시의 취약성 분석** : 개발 중의 취약성을 분석하고 이에 대한 대처가 적절한지를 분석
- **사용의 용이성** : 시스템 관리자 혹은 사용자가 시스템이 안전하다고 믿을지라도 시스템이 안전하지 않게 구성되거나 사용될 수 있는지의 여부를 조사
- **운영중의 취약성 분석** : 운영 중에 발견된 취약성이 시스템의 보안을 얼마나 위협하는지를 평가

정확성 기준은 요구사항, 구조설계, 상세설계, 구현, 형상관리, 프로그래밍 언어 및 컴파일러, 개발자 보안, 운영문서, 배달절차 및 구성 그리고 시동 및 운영에 대한 요구사항과 같은 구현된 보안기능의 신뢰성을 소프트웨어 공학적인 측면에서 평가하고자 하는 것이다.

ITSEC의 등급은 E1(최저), E2, E3, E4, E5 및 E6(최고)의 6등급으로 나누어지며 E0 등급은 부적합 판정을 의미한다. 또한, 위에서 기술된 효용성 보증을 하나라도 만족하지 못하면 E0 등급 판정을 받게 된다.

〈표 11-5〉는 TCSEC과 ITSEC 등급간의 대응관계를 나타내고 있다.

〈표 11-5〉 TCSEC 과 ITSEC 등급간의 대응 관계

TCSEC	ITSEC
D	E0
C1	F1 + E2
C2	F2 + E2
B1	F3 + E3
B2	F4 + E4
B3	F5 + E5
A1	F5 + E6

ITSEC의 등급 중 처음 다섯 개 등급인 F1~F5는 TCSEC 등급의 기능 측면을 그대로 반영하며 나머지 기능 등급은 다음과 같이 특정 분야를 위한 것이다.

- **F6** : 데이터베이스 등과 같은 높은 수준의 무결성을 위한 등급
- **F7** : 높은 수준의 가용성을 위한 등급
- **F8** : 통신의 데이터 무결성을 위한 등급
- **F9** : 높은 수준의 비밀성을 위한 등급
- **F10** : 높은 수준의 비밀성과 무결성을 갖는 네트워크를 위한 등급

ITSEM

ITSEC의 지침서인 ITSEM(Information Technology Security Evaluation Manual) 은 ITSEC에 의거한 평가 수행에 필요한 원칙, 절차 및 평가방법론을 제시하고 있다.

ITSEM은 ITSEC을 운영하는 유럽의 4개국이 ITSEC 기준 및 평가 철학을 통일함으로써

국가 간 평가업무와 평가결과에 대한 상호 교류 및 인정을 쉽게 하고자 개발된 것이다.

ITSEM의 경우 유럽 공통의 지침서로 유럽의 각국은 이에 따라 평가를 하고 있지만 평가체계는 각국 나름대로 체계를 구성하여 수행되므로 ITSEM에는 상세한 절차나 체계를 규정하지 않는 대신에 평가방법론 및 해설을 중시하여 조금씩 다른 체계에서 수행되더라도 같은 결과가 나올 수 있도록 평가의 의미를 규정하는 데 목표를 두고 있다.

ITSEM의 평가원칙은 다음과 같은 내용을 강조하고 있다.

- **공정성**(Impartiality) : 평가자의 편견을 배제
- **객관성**(Objectivity) : 평가자의 주관적 요소 및 사견을 최소화
- **반복성**(Repeatability) : 동일한 평가기관에서 같은 평가대상물을 반복하여 평가해도 똑같은 평가결과를 산출
- **재생성**(Reproducibility) : 여러 개의 평가기관에서 하나의 평가대상물을 반복하여 평가해도 똑같은 평가결과를 산출

ITSEM의 평가원칙에 따라 정보보호제품의 평가 및 인증에 참여하는 조직은 다음과 같다.

- **개발자**(Developer) : 평가대상물을 개발하는 개인 혹은 조직
- **평가의뢰자**(Sponsor) : 개발자의 의뢰를 받아 평가대상물의 평가를 의뢰하는 개인 혹은 조직
- **평가기관**(IT Security Evaluation Facility, ITSEF) : 평가대상물이 보안목표(Security Target)를 정확히 구현하였는지 보안 취약성은 없는지를 조사하며 평가결과의 기밀성 및 공정성을 유지해야 함
- **인증기관**(Certification Body) : 평가기관의 인가, 평가 작업 및 평가결과를 감독하여 인증서를 발부하는 기관

평가자는 평가원칙 및 평가에 참여하는 기관의 유기적인 협조체제 하에서 준비단계, 평가단계, 결론단계의 3단계를 거쳐 평가를 시행한다.

준비단계에서는 평가신청인이 유관기관에 접촉하여 평가와 제출물에 관한 조언을 받을 수 있다. 평가단계에서는 평가신청인과 ITSEF간에 계약이 체결되고 제출물에 대한 평가가 이루어진다. 평가과정에서 ITSEF는 평가보고서를 작성한다. 결론단계에서는 ITSEF가 보고서를 인증기관에게 제공하고 인증기관이 이 보고서를 검토하여 평가등급을 결정한다.

이러한 절차가 완료되면 사용자는 평가된 제품을 사용할 수 있으나 평가된 제품을 사

용하는 도중에 평가대상의 보안기능이 추가되거나 평가대상의 목표 평가등급이 변경되었을 시에는 재평가를 수행한다. 〈그림 11-6〉은 ITSEM의 평가 절차를 설명한다.

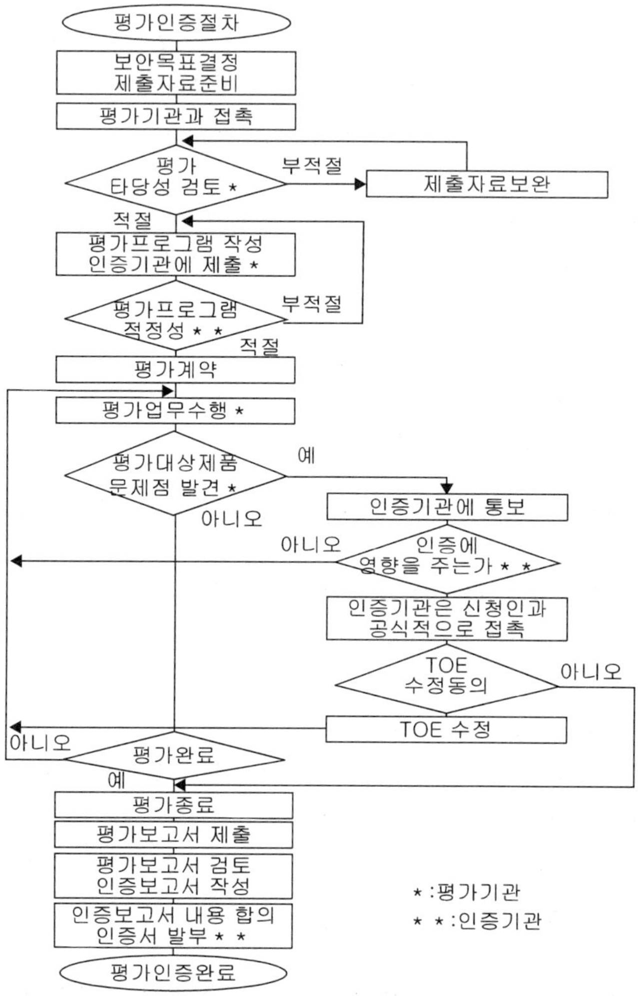

〈그림 11-6〉 ITSEM의 평가 절차도

11.2.3. 국제공통 평가기준 및 제도

CC(Common Criteria)

정보보호시스템의 보안성에 대한 안전·신뢰성을 보장하기 위하여 TCSEC, ITSEC 등으로 평가되어온 각국의 평가기준들은 평가에 대한 상호인정에 있어서 평가기준의 상이한 특성에 따른 평가비용과 시간의 낭비를 줄이기 위하여 통합의 필요성을 느끼게 되었다. 이에 따라, 미국(NSA, NIST), 캐나다(CSE), 프랑스(SCSSI), 독일(BSI), 네덜란드(NL-NCSA) 및 영국(CESG)의 6개국이 1993년 국제 공통평가기준을 개발하기로 합의하고 1996년 버전 1.0을 시작으로 1999년에 나온 버전 2.1이 국제표준 ISO 15408로 제정되었다. 공통평가기준(ISO 15408)의 구성은 크게 3개의 파트로 구성되어 있다. 첫 번째 부분은 평가의 일반 개념과 원리를 정의하면서 보안기능 요구사항과 보증요구사항을 나타내기 위한 두개의 폼(보호프로파일, 보안목표명세서)을 정의하고 있고 두 번째 부분에서는 보호프로파일과 보안목표명세서의 11개의 보안기능 요구사항과 구조를 정의하고 있으며 세 번째 부분에서는 TOE(평가대상)의 보증평가를 위해 EAL1~EAL7으로 분류되는 7개의 평가 보증 등급들이 정의되고 보증요구사항을 표준화된 방법으로 표현하였다.

공통평가기준에서의 등급별 보안수준[86]은 〈표 11-6〉과 같이 나타낼 수 있다.

〈표 11-6〉 공통평가기준 등급별 보안수준

등급	목 적	설 명
EAL1	기능시험	보안행동을 이해하기 위한 기능·인터페이스 명세서나 설명서를 이용하여 보안기능을 분석하여 기초적인 보증을 제공
EAL2	구조적인 시험	개발자의 시험, 취약성 분석, 더 상세한 TOE 명세에 기초한 독립적인 시험 요구
EAL3	조직적인 시험 및 검사	EAL2 보다 더 완전한 범위의 보안기능 시험, TOE가 개발과정에서 변경되지 않도록 하는 메커니즘 또는 절차를 요구
EAL4	조직적인 설계, 시험, 검토	EAL3 보다 더 많은 설계 설명, TSF 일부에 대한 구현의 표현, TOE가 개발과정에서 변경되지 않도록 하는 개선된 메카니즘 또는 절차 요구
EAL5	준정형적 설계 및 시험	준정형화된 설계 설명, 완전한 구현, 더 구조화된 구조, 비밀 채널 분석, TOE가 개발과정에서 변경되지 않도록 하는 개선된 메카니즘 또는 절차 요구
EAL6	준정형적으로 설계 검증 및 시험	EAL4 보다 더 포괄적인 분석, 구조화된 구현의 표현, 더 체계적인 구조, 더 포괄적이고 독립적인 취약성 분석, 체계적인 비밀채널 식별, 개선된 형상관리와 개발환경 통제 요구
EAL7	정형적으로 설계 검증 및 시험	정형화된 표현, 정형화된 일치성 입증, 포괄적 시험을 이용한 포괄적 분석 요구

86) 정통부, 민간부문 정보보호 정책 연혁, 정통부, 2004. p181

〈표 11-7〉은 보안프로파일과 보안목표명세서의 비교를 보여주고 있다.

〈표 11-7〉 보호프로파일과 보안목표명세서의 비교

구 분	보호프로파일(PP)	보안목표명세서(ST)
구현성	구현에 독립적임	구현에 종속적임
제품구분	제품군(예 : 침입탐지시스템)	특정제품(예 : A사의 침입탐지시스템)
수용성	여러제품/시스템이 동일한 유형의 보호프로파일을 수용 할 수 있음	하나의 제품/시스템은 하나의 보안목표명세서를 수용해야함
PP/ST 수용성	보호프로파일은 보안목표명세서를 수용하지 않을 수도 있음	보안목표명세서는 보호프로파일을 수용할 수 있어야 함

공통평가기준은 〈그림 11-7〉과 같이 여러 단계의 표현들로 계층화 되어있으며 이와 같은 표현들의 상호작용에 의해 보호프로파일 또는 보안목표명세서의 개발과정에서 보안요구사항과 보안명세를 도출한다. 다음은 각 단계별 요소에 대한 설명이다.

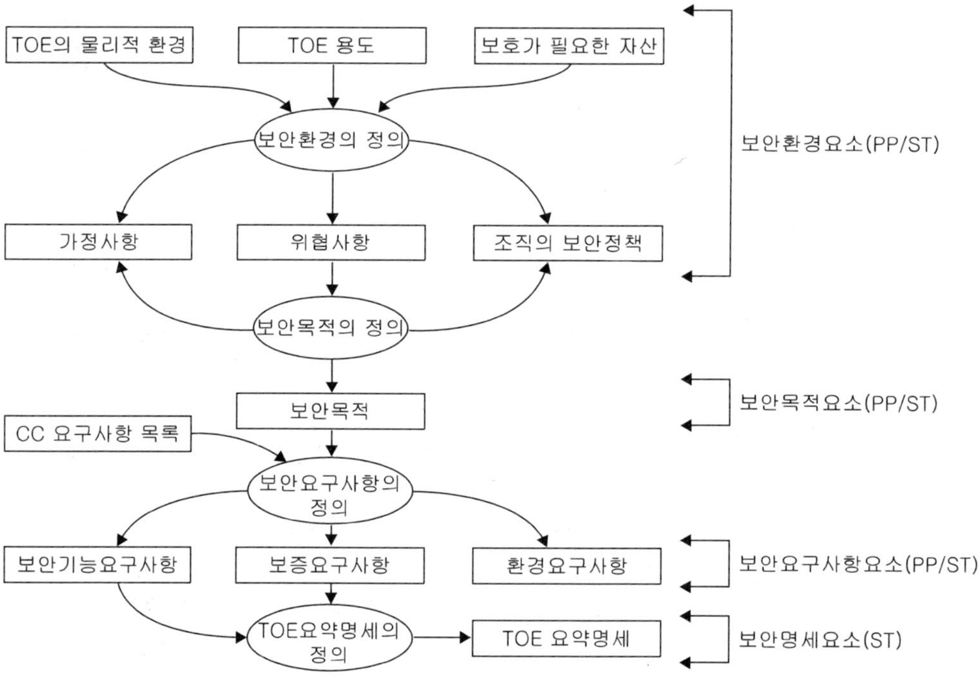

〈그림 11-7〉 보안요구사항과 TOE 요약명세의 도출

- **TOE 물리적 환경** : 이는 알려진 물리적, 인적 보안 사항을 포함하여 TOE보안과 관련 있는 TOE 운영환경의 모든 측면을 식별한다.
- **자산** : 파일 및 데이터베이스와 같이 직접적으로 연관된 자산과 인증서 및 IT 구현 자체와 같이 간접적으로 보안요구사항을 필요로 하는 자산을 포함한다.
- **TOE 용도** : 제품 유형 및 정해진 TOE 사용 및 사용방법을 다룬다.
- **가정 사항** : TOE 안전을 보장하기 위해 TOE 환경에 의해 만족되어야 할 항목으로 TOE 평가과정 동안 공리로 인정될 수 있다.
- **위협** : TOE에 관한 보안성 분석을 통해 파악된 모든 위협을 식별하는 것으로 공통평가기준은 위협원, 예상공격방법, 공격의 근원이 되는 취약성, 공격 대상이 되는 자산의 식별등으로 위협의 특성을 나타낸다. 보안 위험에 대한 사정이란 각 위협에 대해 실제 공격으로 발전할 가능성, 실제 공격이 성공할 가능성, 공격으로 인한 피해의 결과 등을 사정하여 규정한다.
- **조직의 보안정책** : 관련정책 및 규칙을 식별한다.
- **보안목적** : 보안 환경을 분석한 결과는 식별된 위협에 대응하고 식별된 조직의 보안정책 및 가정 사항을 다루는 보안 목적을 서술하는데 사용된다. 보안목적을 서술하는 이유는 모든 보안사항들이 서술되어 보안이 TOE 또는 TOE 환경 측면에서 직접적으로 다루어짐을 선언하기 위한 것이다.
- **TOE 요약명세** : TOE 보안요구사항의 실례를 제공한다. 보안기능요구사항을 만족시키기 위해 선언된 보안기능과 보증요구사항을 만족시키기 위해 선택된 보증수단에 대한 상위 수준의 정의를 제공한다.

공통평가기준에서는 보안감사, 통신, 암호지원, 사용자 데이터 보호, 식별 및 인증, 보안관리, 프라이버시, TOE 보안기능의 보호, 자원 활용, TOE 접근, 신뢰된 경로 및 채널의 11개 보안기능클래스와 형상관리, 배포 및 운영, 개발, 설명서, 생명주기 지원, 시험, 취약성 평가, 보호프로파일 평가, 보안목표명세서 평가, 보증유지의 10개 보증클래스를 설명하고 있다. 〈표 11-8〉은 보안기능클래스를 나타내며 〈표 11-9〉는 보증클래스를 나타낸다.

〈표 11-8〉 보안기능요구사항(클래스)

클래스명	클래스 제목	설 명
FAU	보안감사(Security Audit)	보안활동과 관련된 이벤트의 감지, 기록, 저장, 분리
FCO	통신(Communication)	데이터를 교환하는 주체의 신원을 감지
FCS	암호지원(Cryptographic Support)	암호 운용 및 키 관리
FDP	사용자데이터보호 (User Data Protection)	사용자의 데이터와 관련된 보안 기능
FIA	식별 및 인증 (Identification &Authentication)	사용자의 신원확인 및 인증기능
FMT	보안관리(Security Management)	TSF 데이터, 보안속성, 보안기능의 관리
FPR	프라이버시(Privacy)	허가되지 않은 사용자에 의한 개안의 신원 및 정보의 도용방지
FPT	TOE 보안기능의 보호(Protection of Trusted Security Function)	TSF 데이터의 보호 및 관리
FRU	자원 활용(Resource Utilization)	TOE의 가용자원을 확보하기위한 기능
FTA	TOE 접근(TOE Access)	TOE에 대한 사용자 세션의 보호
FTR	안전한 경로/채널 (Trusted Path/Channel)	사용자와 TSF간 혹은TSF 간의 안전한 통신 채널 확보

〈표 11-9〉 보증요구사항(클래스)

클래스명	제 목	설 명
ACM	형상관리 (Configuration Management)	TOE의 무결성 유지 확인
ADO	배포와 운영 (Delivery & Operation)	TOE의 안전한 배포, 설치 및 운영에 필요한 수단, 절차 및 표준을 확인
ADV	개발(Development)	TOE 개발과정의 일치성 및 완벽함을 확인
AGD	설명서(Guidance Documents)	TOE의 안전한 운영을 위한 지침서를 확인
ALC	생명주기 지원(Life Cycle Support)	TOE의 생명주기와 관련된 사항을 확인
ATE	시험(Tests)	TOE가 기술요구사항을 만족하는지를 확인
AVA	취약점분석(Vulnerability Analysis)	TOE 개발과정 중에 발견되지 않은 취약성, 사용자에 의한 오용 등 잠재적인 취약성을 확인
APE	보호프로파일평가(PP Evaluation)	보호프로파일이 완전하고 모순이 없으며 기술적으로 충분함을 보임
ASE	보안목표명세서평가(ST Evaluation)	보안목표 명세서가 완전하고 모순이 없으며 기술적으로 충분함을 보임
AMA	보증 유지 (Maintenance of Assurance)	TOE나 보안 환경이 변화해도 보안목표명세서를 지속적으로 만족시킴을 보임

CEM

CEM(Common Evaluation Methodology for Information Technology Security) 은 CC(Common Criteria)에 적용할 수 있는 평가방법론이고, CEMEB (Common Evaluation Methodology Editorial Board)는 CC에 적용할 CEM을 작성하기 위하여 미국, 캐나다, 영국, 독일, 프랑스, 네덜란드로 구성된 위원회이다.

CEM은 적절하고 비용·효과적인 평가를 수행할 수 있도록 하는 골격을 제시함으로써 효율적인 평가결과를 도출할 수 있도록 하며 평가받은 제품의 등급유지 및 평가결과의 상호인증을 목적으로 한다.

CEM은 평가자를 주 대상으로 하여 작성되어 있으나 개발자, 평가신청인, 감독자(overseer) 및 평가결과를 이용하는 다른 조직에서도 그 내용을 유용하게 사용할 수 있도록 기술되어 있다.

CEM의 평가절차는 평가방법론을 따르기 위하여 필요한 개발절차와 감독절차를 포함한 평가과정 동안에 수행되는 행동으로 구성된다. 그러나 CEM에서는 개발절차와 감독절차는 다루지 아니하며 평가원칙, 평가절차 및 평가방법에 대해서만 제시하고 있으며 이러한 방법론의 자세한 적용 체계 등 해당 국가에서 정하여야 할 사항 역시 다루지 않고 있다.

CEM은 평가에 참여하는 주체를 개발자, 평가신청인, 평가자 및 감독자로 분류하고 각 주체의 역할을 정의하였다. 평가에 참여하는 각 주체의 역할은 다음과 같다.

개발자는 평가지원 및 평가에 필요한 증거를 제공하고 유지할 책임이 있다. 평가신청인은 평가계약을 체결하고 평가에 필요한 제출물을 준비하여야 한다. 평가자는 평가에 필요한 증거를 접수하고 공통평가기준에서 규정한 평가자 활동을 수행하여야 한다. 또한 필요한 평가지원을 요구하고 받아들이며 평가활동 보고용 제출물을 마련하여 평가평결 활동에 참여한다. 감독자는 평가의 감독을 위하여 평가활동 보고용 제출물을 접수하여 검토하며 평가를 지원하고 전체 평가평결을 승인하거나 거부하며 평가관리위원회의 평결 활동에 참여한다. 이러한 평가 주체간의 평가 참여 상호관계는 〈그림 11-8〉과 같다.

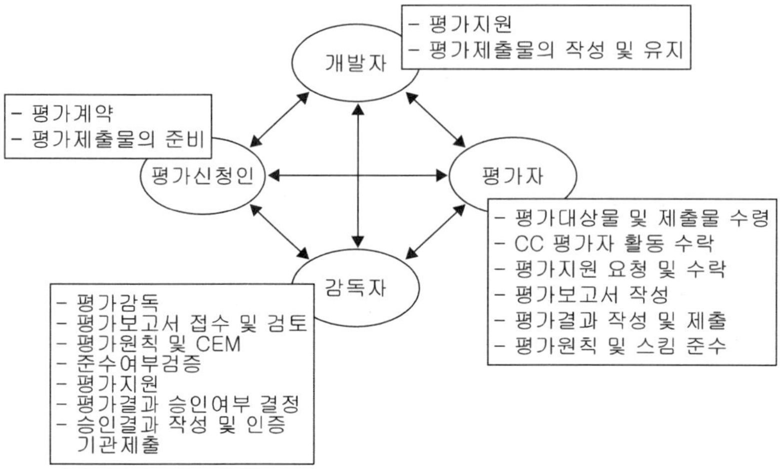

〈그림 11-8〉 CEM 참여주체간의 상호관계

CEM의 일반적인 평가원칙은 평가가 수행되는 동안 기본적으로 지켜져야 하는 것으로 다음과 같다.

- **평가의 적절성**(Appropriateness) : 평가에 참여하는 모든 평가자들이 대상 보증평가등급(EAL: Evaluation Assurance Level)의 요구사항에 정확하게 일치하는 평가행위만을 수행하여야 함을 의미한다.
- **평가의 공정성**(Impartiality) : 평가에 참여하는 모든 평가자들이 평가받고자하는 평가대상물 또는 보호프로파일에 대하여 편견을 가지고 있어서는 안 된다는 것을 의미한다.
- **평가의 객관성**(Objectivity) : 평가에 참여하는 모든 평가자들이 잘 정의된 평가방법론과 평가방법론의 정확한 해석을 토대로 평가하여야 함을 의미한다.
- **평가의 반복성**(Repeatability) **및 재생산성**(Reproducibility) : 누가 평가를 수행하는지에 관계없이 평가자 행동의 결과가 동일하여야 함을 의미한다. 재생산성과 반복성의 차이는 평가자에 있다. 즉, 재생산성은 동일한 평가대상물을 서로 다른 평가자가 각각 평가를 하여도 항상 동일한 평가결과가 산출되어야 한다는 것이며 반복성은 동일한 평가자가 동일한 평가대상물에 대하여 반복하여 평가를 수행하여도 항상 동일한 평가결과가 도출되어야 한다는 점이다.
- **평가의 완전성**(Soundness of Results) : 평가결과가 평가대상물 혹은 보호 프로파일에 대하여 기술적으로 정확하게 평가받았음을 보여야함을 의미한다.

CEM에서 제시하고 있는 평가절차는 위와 같은 평가주체의 참여하에 평가준비, 평가시행, 평가결과 승인의 세단계로 구성된다. 이에 따른 평가인증체계는 〈그림 11-9〉와 같다.

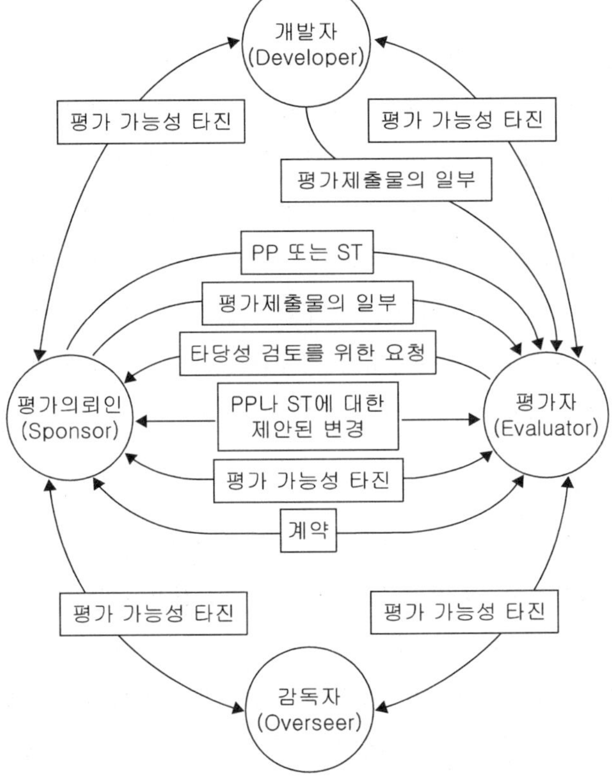

〈그림 11-9〉 CEM의 평가·인증체계도

◉ 평가준비

평가신청인은 평가자에게 보호프로파일(protection profile) 또는 보안목표명세서(security target)를 제공한다. 평가자는 성공적인 평가 가능성 여부를 분석하고 관련 정보를 평가신청인에게 요구한다. 평가신청인 또는 개발자는 요구받은 제출물을 평가자에게 제출하여야 한다. 평가자는 보호프로파일 혹은 보안목표명세서를 검토하고 평가신청인에게 평가가 제대로 수행될 수 있도록 보호프로파일 혹은 보안목표명세서의 보완 작성에 대하여 조언을 한다. 평가가능성 분석 결과에는 평가제출물의 목록, 평가자 행동 및 공통평가기준 요구사항이 포함되어야 하며 이 분석결과에 기술된 내용에 대하여 평가에 참여하는 모든 주체가 동의를 하여야 한다. 평가가능성 분석결과는 평가하여야할 대상 즉, 평가대상물 혹은 보호프로파일에 따라 다르다. 보통 이 단계에서 평가신청인과 평가자 사이에 평가계약을 체결한다. 이 계약은 국가별 평가체계, 법 및 관례 등을 고려하여야 한다.

◉ 평가시행

평가시행단계는 평가절차의 핵심부분으로 이 단계에서 평가자는 평가제출물을 검토하고 공통평가기준에서 정의한 평가자 활동을 수행한다. 평가를 수행하는 동안 평가자는 평가보고서(observation report)를 작성하며 감독자에게 평가보고서에 대한 설명을 하여야 한다. 평가자는 평가를 수행하면서 발견한 취약성 혹은 결점을 평가보고서에 명시하여야 하며 평가보고서를 작성하기 위하여 평가신청인 혹은 개발자에게 부가의 정보를 요구할 수 도 있다. 감독자는 평가체계에서 요구한 바대로 평가를 감독하며 평가자는 평가결과 및 평가결과의 정당성을 입증하는 내용이 포함되어 있는 평가기술보고서(evaluation technical report)를 작성하여야 한다.

◉ 평가결과 승인

이 단계에서 평가자는 평가기술보고서를 감독자에게 제출한다. 평가기술보고서를 처리하는 절차 및 평가기술보고서를 개발자 및 평가신청인에게 전달하는 절차는 각 국가별 평가체계에서 정의된다. 감독자는 평가기술보고서를 검토하고 분석하며 평가수행이 공통평가기준, CEM 및 각국의 평가체계의 요구사항에 맞게 수행되었는지를 확인한다. 감독자는 평가기술보고서 내의 평가결과의 승인여부에 대하여 최종 판정을 내리고 평가기술보고서를 이용하여 평가요약보고서를 작성한다. 이때 평가자는 감독자가 평가요약보고서를 작성하기 위하여 필요한 기술적 지원을 제공하여야 한다. 평가결과 승인단계의 마지막에서 감독자는 평가요약보고서를 인증기관에게 제출하게 되는데 이에 앞서 평가신청인, 개발자 및 평가자가 평가요약보고서의 내용을 검토할 권한을 갖는다.

CCEVP

CCEVP(Common Criteria Evaluation & Validation Program)는 공통평가기준(CC)에 기반한 평가·인증을 하기 위하여 NIAP(National Information Assurance Partnership)에서 수행하는 프로그램이다. 공통평가기준(CC)에 의한 평가체계는 〈그림 11-10〉과 같은 평가·인증 체계도와 같은 평가 절차로 설명되며 민간평가기관(CCTL : Common Criteria Testing Laboratory)을 승인하는 인정기관의 역할과 평가결과를 심사하고 확인하는 인증기관의 역할은 NIAP가 수행하며 제품에 대한 실제 평가는 CCTL에서 수행한다.

NIAP의 인원은 NIST와 NSA가 공동으로 구성하는데 공동 감독자, 기술전문가, 관리자,

계약담당자로 이루어진다. NIAP에서 제공하는 활동과 서비스는 다음과 같다.

- ㅇ 공통평가기준(CC) 평가 · 인증 체계와 평가기관 인정프로그램 개발
- ㅇ 공통평가기준(CC) 기반 시험평가 및 국제상호인정 체계 구축
- ㅇ 인정된 평가기관, 평가결과 보고서 및 평가제품 목록 관리
- ㅇ 인정된 평가기관에 대한 전반적인 전문 기술 및 자원 서비스 제공
- ㅇ 표준, 정보보호제품군에 대한 시험 및 검증 프로그램을 구축하고자 하는 기관 지원
- ㅇ IT 제품 개발자와 평가시험소에서 사용할 툴 개발
- ㅇ 정보보호시스템 평가 기술개발을 위하여 산업체와 평가기관 간의 협력 지원
- ㅇ 공통평가기준(CC)을 기반으로 한 보호프로파일 및 시험 방법 개발
- ㅇ 정보보호제품 시험평가 관련 워크샵 및 교육 프로그램 개발 및 제공
- ㅇ 성공적인 평가 완료 제품에 국제공통평가기준(CC) 평가인증서 발급

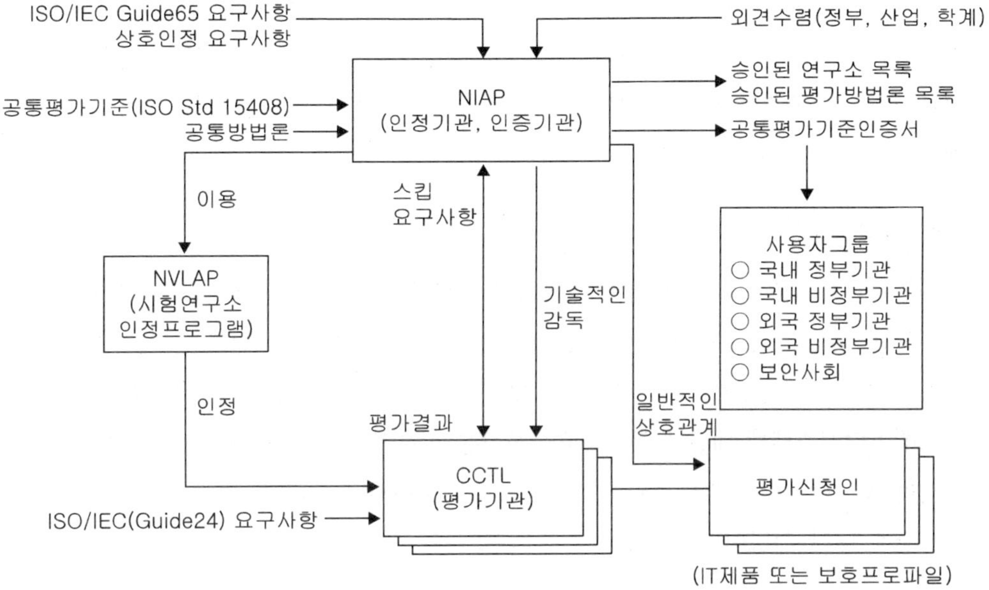

〈그림 11-10〉 공통평가기준에 의한 평가 · 인증체계도

보호프로파일(Protection Profile) 개발현황

CC기반의 PP(Protection Profile)는 1996년 1월 “Network/Transport Layer Packet Filter Firewall PP”라는 제목으로 EAL 1등급을 최초로 발표하면서 미국의 NSA · NIST[87] 등의 미정부기관이 주도하여 개발이 진행되었다. 현재 세계 각국에서

개발 중이거나 인증된 PP는 F/W, IDS, O/S, VPN 등 10여개 종으로 나뉘어 수백개의 PP가 있다.

국내에서는 CC기반으로 작성하여 국가정보원 소속의 IT 보안인증사무국에 의해 인증된 PP(주기)의 현황은 국가사이버안전센터의 홈페이지에 자세하게 개방되어 있다. 한편, 국제 CC 기구도 홈페이지를 통해 CC 기구에 의해 인증된 PP의 현황을 11개 대분류로 구분하여 항상 최신의 PP 리스트를 제공하고 있다.

11.2.4. 국내 평가 인증제도

기존 평가기준

국내 정보보호 시스템의 안전 운영에 필요한 보안 요구 수준에 상응하고 신뢰성 있는 정보보호시스템의 보급 확대와 정보보호시스템의 성능과 신뢰도에 대한 평가기준을 제공하여 이용자의 인지도 및 선택상의 편익 향상을 위하여 한국정보보호진흥원에서는 침입차단시스템(정보통신부 고시 1988-19호)과 침입탐지시스템(정보통신부 고시 2000-62호)에 대한 평가 기준을 제정하여 운영했다.

◉ 침입차단시스템

침입차단시스템의 평가기준은 보안기능요구사항과 보증요구사항으로 구성되어있으며 신분확인, 접근통제, 무결성, 비밀성, 감사 및 추적, 보안관리, 개발과정, 시험과정, 형상관리, 운영환경, 설명서, 취약성 등을 포함하고 K1~K7까지의 7등급으로 분류된다.

침입차단시스템에 대한 보안기능요구사항은 신분확인, 접근통제, 무결성, 비밀성, 감사기록 및 추적, 보안관리의 6가지 사항으로 이루어진다. 다음은 여섯 가지 보안기능요구사항에 대한 설명이다.

- **신분확인 :** 침입차단시스템에 접근하는 관리자 및 사용자의 신분을 증명하는 기능이다.
- **접근통제 :** 주체가 침입차단시스템을 통하여 객체에 접근을 시도하는 경우 미리 정해진 접근통제규칙을 적용하여 접근을 통제하는 기능이다. 접근통제 기능에 대한 요구사항은 임의적 접근통제, 강제적 접근통제 및 보안레이블에 대한 요구사항으로 이루어진다. 접근통제규칙은 침입차단시스템 관리자에 의하여 설정되는 것으로 객체에 대

87) NIST : 미국의 국립표준 기술원

한 주체의 접근을 통제하기 위한 규칙이다.

- **무결성** : 침입차단시스템의 중요한 데이터나 침입차단시스템을 통하여 전송되는 데이터에 변경이 발생하는 경우 이를 확인하는 기능이다. 무결성 기능에 대한 요구사항은 데이터 무결성과 전송 데이터 무결성에 대한 요구사항으로 이루어진다.
- **비밀성** : 비밀성은 침입차단시스템을 통하여 전송되는 데이터가 인가되지 않은 사용자에게 노출되는 경우 그 내용이 알려지는 것을 방지하는 기능이다. 비밀성 기능은 모든 등급에서 선택적으로 제공될 수 있다.
- **감사기록 및 추적** : 감사기록 및 추적은 침입차단시스템을 통하여 이루어지는 사용자의 보안관련 활동 및 사건을 기록·조사하고 침입사건의 발생을 탐지하는 기능이다.
- **보안관리** : 보안관리는 관리자가 침입차단시스템의 보안관련 데이터와 보안기능을 안전하게 유지하기 위하여 수행하는 기능이다.

보증요구사항은 개발과정, 시험과정, 형상관리, 운영환경, 설명서, 취약성의 6가지 사항으로 이루어진다. 다음은 보증요구사항에 대한 설명이다.

- **개발과정** : 기능명세, 기본설계, 상세설계 및 구현 단계로 이루어지며 각 단계별로 보안목표명세서, 보안모델명세서, 기능명세서, 기본설계, 상세설계서, 검증명세서, 원시프로그램, 하드웨어 도면 등의 문서를 작성하는 단계이다.
- **시험과정** : 침입차단시스템의 보안기능이 보안목표명세서에 서술된 보안목적에 부합하도록 동작하는지를 확인한다.
- **형상관리** : 침입차단시스템을 구성하고 있는 형상항목의 변화를 일관성 있게 통제하고 관리하기 위한 방법이다. 형상관리 문서에는 형상목록, 형상식별 방법, 형상관리 체계를 서술하여야 한다.
- **운영환경** : 침입차단시스템의 설치과정과 운용절차로 이루어진다.
- **설명서** : 일반 사용자를 위한 사용자설명서와 관리자를 위한 관리자설명서로 이루어진다. 일반 사용자가 침입차단시스템의 보안기능을 이해할 수 있도록 침입차단시스템 보안기능의 사용절차를 사용자설명서에 상세히 서술하여야 한다. 관리자가 침입차단시스템을 안전하게 운용 및 관리할 수 있도록 보안관리 방법, 보안기능 운용 방법, 침입차단시스템 설치 및 구성방법 등을 관리자설명서에 상세히 서술하여야한다
- **취약성** : 침입차단시스템의 취약성분석과 오용분석으로 이루어진다.

〈표 11-12〉는 침입차단시스템의 K등급별 평가기준 요구사항을 나타내고 있다.

〈표 11-10〉 침입차단시스템 평가기준 요구사항

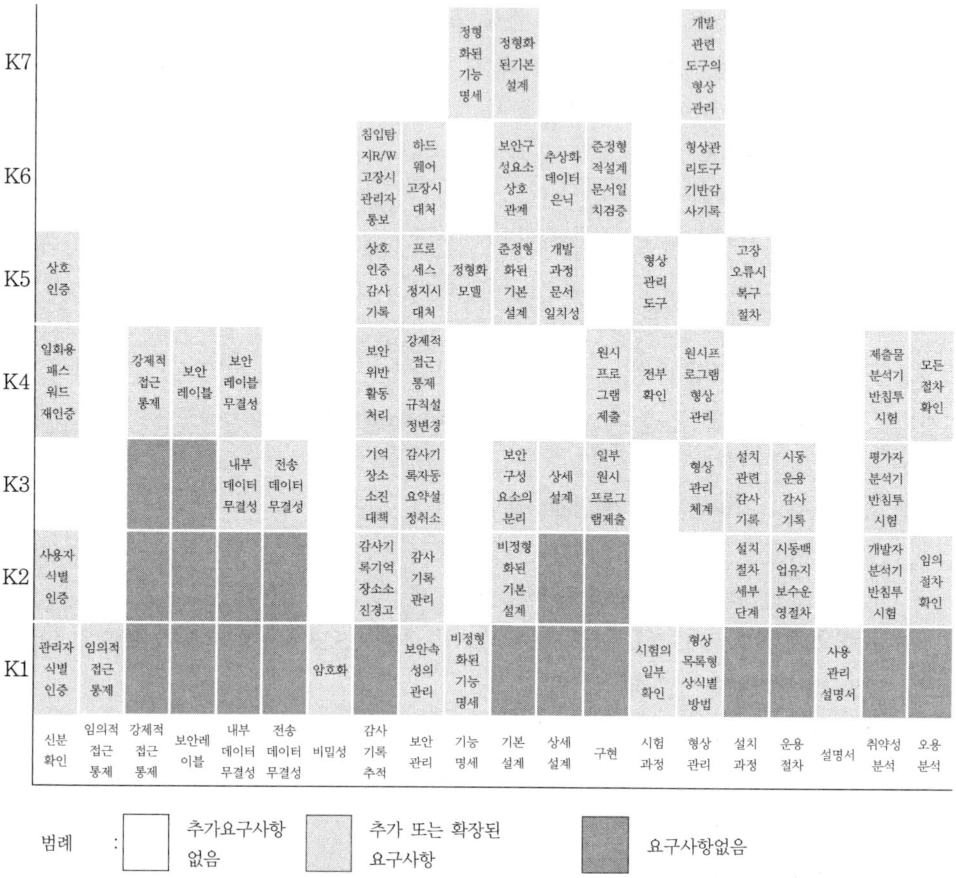

◉ 침입탐지시스템

침입탐지시스템에 대한 보안기능요구사항은 축약감사데이터 생성, 보안위반 분석, 보안감사 대응, 신분확인, 데이터 보호, 보안감사, 보안관리, 보안기능의 보호의 8가지 사항으로 이루어진다.

○ **축약감사데이터 생성** : 침입탐지시스템의 대상에서 보안위반 분석을 위한 데이터를 수집하여 축약 및 변환하는 기능이다.

○ **보안위반 분석** : 축약감사데이터와 침입사건 목록 및 프로파일을 분석하여 보안위반 사건을 탐지하는 기능이다.

○ **보안감사 대응** : 보안위반 분석에 의해 탐지된 보안위반 사건에 대한 대응행동을 실행하는 기능이다.

○ **신분확인** : 침입탐지시스템에 접근하는 관리자의 신분을 증명하는 기능이다. 신분확인 기능에 대한 요구사항은 식별, 인증, 인증 실패 관리에 대한 요구사항으로 이루어진다.

○ **데이터 보호** : 침입탐지시스템의 중요한 데이터나 침입탐지시스템 내부에서 전송되는 데이터에 변경이 발생하는 경우 이를 확인하는 기능이다. 데이터 보호 기능에 대한 요구사항은 저장된 데이터 무결성, 내부전송 데이터 무결성, 내부전송 데이터 보호에 대한 요구사항으로 이루어진다.

○ **보안감사** : 침입탐지시스템을 통하여 이루어지는 보안관련 활동 및 사건을 기록·조사하는 기능이다. 보안감사 기능에 대한 요구사항은 감사데이터 생성, 감사데이터 보호, 보안감사 검토에 대한 요구사항으로 이루어진다.

○ **보안관리** : 관리자가 침입탐지시스템의 보안관련 데이터와 보안기능을 안전하게 유지하기 위하여 수행하는 기능이다.

○ **보안기능의 보호** : 침입탐지시스템의 보안기능을 안전하게 유지하기 위하여 수행하는 기능이다. 보안기능의 보호 기능에 대한 요구사항은 시점확인, 안전한 경로에 대한 요구사항으로 이루어진다.

보증요구사항은 침입차단시스템의 보증요구사항과 동일한 개발과정, 시험과정, 형상관리, 운영환경, 설명서, 취약성의 여섯 가지 기준을 사용하고 있다.

〈표 11-13〉은 침입탐지시스템의 평가기준 요구사항을 보여주고 있다.

현재 우리나라는 2006년도에 CC를 기반으로 하는 국제상호인정협정(CCRA)에 인증서 발행국으로 가입함으로써 모든 평가는 CC를 기반으로만 하게 되었다.

〈표 11-11〉 침입탐지시스템 평가기준 요구사항

	축약 감사 데이터 생성	알려진 공격 탐지	보안 감사 대응	식별 및 인증	데이터 보호	보안 감사	보안 관리	보안 기능 보호	기능 명세	기본 설계	구현	시험 과정	형상 관리	형상 관리	설치 과정	운용 절차	설명서	취약성 분석	오용 분석
K7									정형화된기능명세	정형화된기본설계				개발관리도구의 형상관리					
K6										보안구성요소 상호관계	추상화 데이터 은닉	준정형적설계 문서 일자 검증		형상관리 도구 기반 감사 기록					
K5		알려지지 않은 공격 탐지		상호 인증				타임스 탬프 제공	정형화 모델	준정형 화된 기본 설계	준정형 화 및 구조화 된상세 설계	개발과 정문서 일치성		형상 관리 도구		고장 오류시 복구 절차			
K4			상세 정보 저장	재시도 공격 탐지	존속 데이터 보호							원시 프로 그램 제출	전부 확인	원시 프로 그램 형상 관리				제출물 분석 기반 침투 시행	모든 절차 확인
K3					데이터 무결성			안전한 경로		보안 구성 요소의 분리	상세 설계	일부 원시 프로 그램 제출		형상 관리 체계	설치 관련 감사 기록	시동운 용감사 기록		평가자 분석 기반 침투 시행	
K2			대응행 동수행	인증실 패관리		감사 데이터 보호				비정형 화된 기본 설계					설치 절차 세부 단계	시동백 업유지 보수운 영절차		개발자 분석 기반침 투시행	임의 절차 확인
K1	축약 감사 데이터 생성	알려진 공격 탐지	관리자 통보 기본 정보 저장	식별및 인증		감사 데이터 생성 및 보호	보안 관리		비정형 화된 기능명 세				시험의 일부 확인	형상 목록 형상식 별방법			시험 관리 설명서		

범례 : 추가요구사항없음 / 추가 또는 확장된 요구사항 / 선택사항 / 요구사항없음

국내 평가 및 인증제도

국내에서는 정보시스템의 안전 운영에 필요한 보안요구 수준에 상응하고 신뢰성 있는 정보보호시스템 보급 확대와 정보보호시스템의 성능과 신뢰도에 대한 평가기준을 제공하여 이용자의 인지도 및 선택상의 편익 향상을 목적으로 정보화촉진기본법 제15조에 의해 침입차단시스템과 침입탐지시스템의 평가기준인 K 인증을 시행하여 왔으나 정보

보호시스템 공통평가기준과 정보보호시스템 평가·인증지침이 2002년 8월에 고시됨으로써 정보보호제품에 대한 평가를 공통평가기준 기반으로 전환하여 수행하고 있다.

정보보호 시스템 평가·인증 지침은 정보화촉진기본법 제15조 및 동법 시행령 제16조 규정에 의하여 정보통신부 장관이 고시하는 정보보호시스템 평가기준에 따라 정보보호시스템 또는 보호프로파일의 평가 및 인증업무를 수행하는데 필요한 사항을 규정한다.

국내외 평가기준 등급을 비교하면 〈표 11-14〉와 같고 국내의 정보보호시스템 평가체계는 〈그림 11-11〉과 같다.

〈표 11-12〉 국내외 평가기준 등급비교

미국		유럽		국제		한국
TCSEC		ITSEC		CC		침입 차단/ 탐지 시스템 평가기준
D	최소한의 보호	E0	부적절한 보증	EAL0 EAL1	부적절한 보증 기능시험	K0 K1(E)
C1	임의적보호	E1 F-C1	비정형적 기본설계	EAL2	구조시험	K2(E)
C2	통제된 접근보호	E2 F-C2	비정형적 기본설계	EAL3	방법론적 시험과 점검	K3(E)
B1	레이블된 보호	E3 F-B1	소스코드와 하드웨어 도면제공	EAL4	방법론적 설계, 시험 및 검토	K4(E)
B2	구조적 보호	E4 F-B2	준정형적 기능명세서 기본설계 상세설계	EAL5	준 정형적 설계 및 시험	K5(E)
B3	보안 영역	E5 F-B3	보안요소 상호관계	EAL6	준 정형적 검증된 설계 및 시험	K6(E)
A1	검증된 설계	E6 F-B3	정형적 기능명세서 상세설계	EAL7	정형적 검증	K7(E)

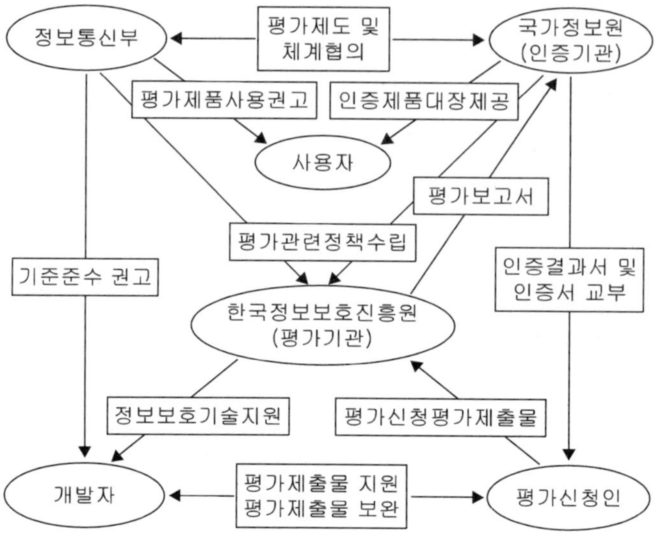

〈그림 11-11〉 국내의 정보보호시스템 평가체계도

11.2.5. 정보보호시스템 평가관련 표준화현황

국제상호인정협정(CCRA)

국제상호인정협정(CCRA)은 CC기반의 국제상호인정협정을 의미한다. 정보보호제품을 상호인정하자는 논의는 정보보호제품의 국가간 교역장벽을 낮추어 수출을 용이하게 하는 수단이라 할 수 있다.[88] 이는 국제상호인정협정 가입국간의 평가·인증 받은 제품은 협정에 참여한 어떤 국가에서도 다시 평가를 거치지 않고 동일한 효력을 가질 수 있도록 하자는 것으로 정보보호제품을 여러 국가에서 다시 평가해야 하는 경제적·시간적 부담감을 덜어주게 되어 글로벌 시장 형성을 촉진하게 되었다.

이러한 CC기반의 국제상호인정협정(CCRA)은 MRA라고 불리우던 CCMRA 체제가 그 모체이며, 이는 1998년 미국, 독일, 영국, 프랑스, 캐나다가 협정서에 서명함으로써 공식 체결되었다.

2000년 5월, 미국 볼티모어에서 개최된 제1회 ICCC 컨퍼런스에서는 CCMRA 체제를 대체하는 이른바 CCRA 체제로의 변화를 거치게 되었는데 이로써 CCRA 가입 회원국의 수는 종전의 CCMRA 가입 7개국 보다 7개국이 늘어난 14개국으로 증가되었으며, 이제

88) 정보시스템 평가인증가이드 2004. 한국정보보호진흥원, 2004. p82

는 일본, 한국, 헝가리, 체코 등이 가입하여 30여개 국가로 증가했으며 CCRA 회원국은 갈수록 증가하고 있는 추세이다.

CCRA 체제가 기존의 CCMRA 체제와 크게 다른 점은 참가국 형태가 기존의 일원화된 체제에서 인증서 발행국(CAP 국가)과 인증서 수용국(CCP 국가)으로 이원화 되었다는 것이다.

인증서 발행국인 CAP는 타국에서 발행된 인증서를 자국에서 사용할 경우 이를 인정해 주는 동시에 자국 내에 국제상호인정협정(CCRA)에 의해 공인된 평가 및 인증기관을 보유하는 국가를 의미한다. 반면, 인증서 수용국인 CCP는 타국에서 발행된 인증서를 자국 내에서 인정해 주지만 자국의 평가·인증제도에 의해 발행된 인증서는 타국에서 인정받지 못하는 국가를 의미한다.

국내동향

국내 표준화와 관련하여 지식경제부 기술표준원이 한국산업규격(KS)의 제·개정, 폐지와 관련하여 ISO 한국 대표기관으로 활동하고 있으며, 한국정보통신기술협회가 정보통신단체 표준 관련 업무를 담당하고 있다.

초기에는 한국정보통신기술협회가 만든 표준은 단체 표준으로서 국가 표준으로 인정받지 못하였으나 이제는 기술표준원과 협의하여 정보통신분야의 표준은 국가표준으로 인정하도록 하고 있다.

한편 정보보호제품 평가는 국제공통평가기준 CC를 준용하고 있으며, CCRA의 인증서 발행국으로서 국내 정보보호제품 평가기관은 한국인터넷진흥원이 맡고, 인증서 발행은 국가정보원이 수행하고 있다.

12. 사이버테러와 정보윤리

12. 사이버테러와 정보윤리

12.1. 사이버테러

20세기 후반기에 개발되기 시작한 컴퓨터와 정보통신 기술은 과거 수 천년동안 인간이 이루었던 문명사적 진보를 훨씬 능가하는 과학기술 발전과 생활양식을 변화시키는 원동력이 되고 있으며 그 발전 속도도 다른 어떤 기술이나 학문과 비교할 수 없을 만큼 빠르게 나아가고 있다. 정보통신기술을 기반으로 하는 인터넷의 세계적 확산은 전 세계를 한데 묶어 일각을 다투는 단일 생활권으로 압축시키고 전자상거래의 열풍은 국경선을 뛰어넘어 새로운 국제경제 질서를 모색하고 있다.

인터넷 인구 3천만을 넘어선 우리나라에서 컴퓨터와 정보통신은 경제・사회뿐만 아니라 국민 일상생활의 중요한 일부가 되고 있으며 선진국으로 도약하기 위한 국가경쟁력 확보를 위하여 정보기술(IT : Information Technology) 활성화는 정부가 주도하는 최우선 정책분야로 추진되고 있다. 이제 사회구성요소 모두의 정보시스템 의존도는 더욱더 높아만 가고 있으며 국가전체가 네트워크화 되고 있기 때문에 어느 한 분야의 정보시스템 손상이나 마비는 사회적 파급효과가 연쇄적으로 확산되는 구조가 되었다.

다행스럽게도 우리나라 초고속 정보통신망을 비롯한 정보기반구조 구축의 성과는 선진국에 뒤떨어지지 않고 있다는 평가를 받고 있다. 그러나 정보화가 급진전됨에 따라 파생되는 정보화 역기능 즉, 정보의 변조, 도청, 오남용 및 개인 프라이버시 침해 등의 부작용이 심각한 문제점으로 지적되고 있으며, 특히 금융・전력・운송・도로・항만・공공기관 등 주요사회 기반시설의 정보시스템에 대한 사이버테러 위협은 국가 안보적 차원에서 대비책을 강구해야하는 중요분야로 떠오르고 있다.

미국・일본・중국・러시아 등 세계 주요 국가들이 사이버테러 대응역량을 강화하고 있는 시점에서 우리나라도 사이버테러 위협의 심각성을 재조명하고 국가 안보적 시각에서 대응책을 강구해야 할 필요성이 제기되고 있다.

12.1.1. 사이버테러 개념

사이버테러는 사이버공간을 이용하여 사회기반을 구성하는 정보시스템을 대상으로 정치적, 사회적, 경제적 목적을 달성하기 위하여, 해킹, 바이러스 유포, 고에너지 전자기파 등을 이용하여 주요기반 시설의 정보시스템을 교란, 마비시켜 국가 및 경제사회 활동에 타격을 가하는 행위로 정의 될 수 있다.[89] 사이버테러의 대상영역에 있어서는 군사 및 비군사 분야의 정보 및 정보체계에 대한 해커와 바이러스에 의한 테러 행위를 국가 사이버테러의 개념으로 분류한다.

미국방성은 '사이버 테러에 의한 위협은 미사일이나 핵무기, 생물·화학무기 등에 의한 대량살상무기의 확산보다 중요하며, 동시에 미지수의 파괴력을 가지고 있다'고 정의하고 있다.[90] 그것은 사이버테러가 군사시설에 대해서만이 아니라, 현재의 정보화시대에는 네트워크와 컴퓨터로 제어되는 주요 기반시설은 모두가 대상이 되기 때문이다.

일반적 견해

사이버테러라는 용어는 새로운 테러의 형태로 소개되고 있다. 즉 테러행위가 사이버공간을 통해 사이버수단을 이용해 테러 목적을 달성하려고 하는 행위를 사이버테러라고 이해되고 있으며, 용어에 대한 공식적인 정의나 통일된 의견은 아직 결정되지 않고 있다. 그러나 이러한 사이버테러가 개인으로부터 집단, 국가에 이르기까지 다양한 주체로부터 행해질 수가 있고 그 결과가 국가기반시설에 초점이 맞추어 질 경우 엄청난 피해를 야기한다는 사실에는 모두 공감하고 있고 그에 따른 준비의 필요성도 절감하고 있다. 이러한 사이버테러는 정보전(information warfare)이라는 용어와 함께 유사한 의미로 불리며 선진국 위주로 국가기반시설 보호를 위해 널리 연구되고 있는 분야이다. 우리나라의 경우 아직 사이버테러라는 용어가 우리나라 법령에 사용된 예는 별로 없으나, "국가대테러활동지침(대통령훈령 제4호) 제2조 제1호 마 항"에 의하면 '컴퓨터 통신망을 이용한 정보조작 및 전산망 파괴'를 테러 유형의 하나로 규정하고 있다. 최근에는 국회에서 사이버테러 방지법에 대한 입법을 준비중에 있다.[91]

89) 남길현, 국외 국방 사이버테러 대응체계 분석에 관한 연구, 국방대학교, 2001. 11. p1
90) 안보카즈야, 사이버테러, 진한도서, 2003. p55
91) 국정원, 사이버테러 실태와 종합대책, 이진수, 2000.

군사적 견해

군에서의 사이버테러는 그 공격 행위의 주체가 개인에서부터 집단, 나아가 국가에 이르기까지 다양하더라도 이에 대한 대응은 군사적인 정보작전으로 이루어진다. 따라서 우리 군에서는 사이버테러가 흔히 말하는 마약과의 전쟁, 대테러 전쟁등과 같이 하나의 분쟁의 형태인 사이버전으로 이해되어야 할 것이다. 군사적인 분야에서도 민간분야에서와 마찬가지로 용어사용에 대한 의견이 다소 정리가 되지 않은 상황이나 정보작전으로 통합되어 정립될 것으로 전망되며 그 관계는 〈그림 12-1〉과 같이 요약할 수 있다.

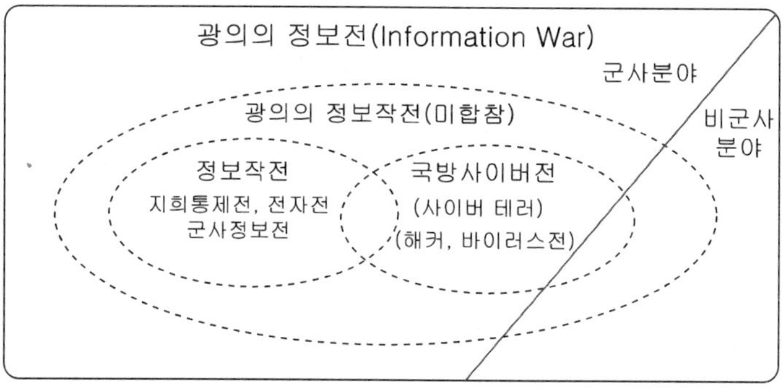

〈그림 12-1〉 정보작전 · 사이버전의 개념

일반적으로 군에서의 사이버전이란 "정보우세를 달성하기 위하여 사이버 공간에서 소프트한 무기를 이용하여 적의 정보 또는 정보체계에 영향을 미치고 아군의 정보 또는 정보체계는 보호, 방어, 복구하는 국가적 차원의 전쟁형태" 이며 이때, 정보 우세란 "적의 정보능력을 이용 혹은 거부하면서 아군은 방해받지 않고 정보를 수집, 분석, 분배할 수 있는 능력과, 정보영역에 대하여 통제력을 확보하는 것[92]"이며, 사이버 공간이란 "인터넷을 비롯한 다양한 컴퓨터 네트워크와 통신시스템 및 장비들이 서로 연결되어 작용하는 가상공간"을 의미한다.

사이버 테러리스트

문자 그대로 이해하자면 사이버공간에서 사이버수단에 의존하여 테러행위를 하는 자를 사이버테러리스트라고 호칭할 수가 있을 것이다. 따라서 그러한 테러리스트는 반드시 테러능력인 컴퓨터 해킹능력을 보유해야만 테러행위가 가능해진다. 이러한 해커는

92) 미 합동교범 3-13(정보작전), 1998.

보통 세 가지 부류로 나뉘어 지는데 첫째는 지적 호기심이나 영웅심리에 의한 단순히 개인적으로 활동하는 10대의 해커, 둘째는 스웨덴의 '국제해적단' 네델란드의 '트라이던트', 러시아의 '지하해킹마피아' 등의 범죄 조직화된 집단의 조직적인 해킹, 셋째는 정치적·민족적 혹은 종교적인 목적을 달성하기 위해 조직된 사이버전을 수행하는 단체나 주권국가이다. 통상 첫 번째 부류는 테러리스트 보다는 일반 해커라는 용어사용이 더욱 적합하다고 볼 수 있으나 두 번째와 세 번째 부류는 테러리스트라고 분류해도 무리가 없을 것이다.

이러한 사이버테러리스트는 상호 의존성이 갈수록 증폭되는 정보지식사회라는 새로운 환경에서 해킹이라는 새로운 기술을 사용하여 상상하기 힘든 결과를 초래하는 테러행위를 만들어 낼 수 있는 가능성을 증폭시켜가고 있다.

12.1.2. 사이버테러 특징 및 최근동향

사이버테러는 새로운 테러리즘으로서 정치적, 사회적, 경제적 목적을 달성하기 위한 테러집단의 공격수단으로 기존과는 다르게 눈에 보이지 않는 수단으로 공격이 이루어진다는 점에서 여러 가지 새로운 특징을 갖고 있다.

사이버테러 특징

사이버테러는 보이지 않는 사이버공간에서 해킹과 바이러스와 같은 수단으로 목적하는 대상의 정보시스템에 영향을 주어 목적하는 결과를 기대한다는 점에서 여러 가지 새로운 특성을 갖고 있다.

◉ 테러 수행비용이 저렴하면서도 막대한 피해

정보체계에 대한 전문지식만으로 기술과 무기를 연구 개발 할 수 있고, 네트워크를 통해 접근만 할 수 있으면 공격이 가능하다. 또한 정보체계들은 상호 의존성이 높기 때문에 어느 하나의 정보체계의 마비는 전체적으로 막대한 피해를 입히게 된다.

◉ 범행의 광역화와 익명성

공격대상에 접근해야 할 필요가 없이 네트워크가 연결된 곳이면 어디서나 공격이 가능하고, 증거 인멸이 쉬워 공격자와 공격장소의 추적이 어렵다.

◉ **사건예측의 불가능**

은밀한 공간에서 컴퓨터 조작만으로 공격이 가능하고, 신속한 공격이 가능하여 공격받은 전산망이나 기간시설이 완전 무력화되거나 정보유출·조작 등이 이루어진 후에야 공격받은 사실을 감지할 수 있다.

최근동향

최근의 사이버테러 동향을 살펴보면 다음과 같다.

- ○ 독자적인 공격보다는 네트워크를 통한 동시 다발적인 공격 증가
- ○ 우회 공격 방법 증가
- ○ 서버급 공격의 증가는 물론 개인용 PC에 대한 공격 증가
- ○ 해외 해커에 의한 국내 해킹사고의 급증
- ○ 정보보안 도구를 이용한 해킹 증가
- ○ 네트워크 성능 저하 및 시스템 마비를 목적으로 하는 공격 증가
- ○ 해킹 및 바이러스 기술의 통합화
- ○ 핵티비즘(Hacktivism[93]))확장 : 개인적 목적 → 정치/사회, 군사/상업적 목적
- ○ 해킹/바이러스는 자동화, 지능화, 대중화, 분산화, 대규모화, 은닉화 경향

〈그림 12-2〉는 사이버테러의 진화에 따른 해킹과 바이러스의 기술 변화를 나타내고 있다[94].

93) 핵티비즘(Hactivism) : 정치적·경제적 목적으로 해킹하거나 시스템을 파괴하는 행위
94) 손승원, "사이버테러 대응기술 발전방향", 사이버테러 심포지움 2001.

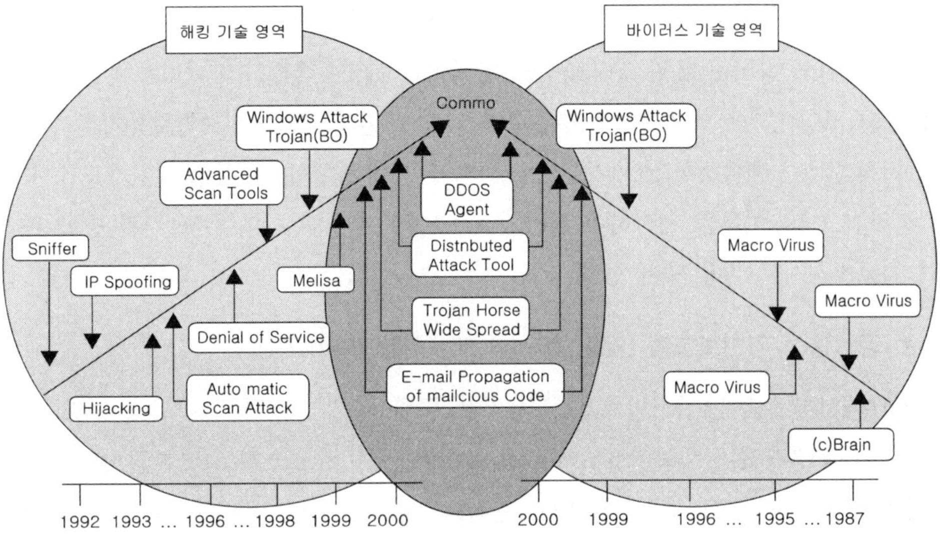

〈그림 12-2〉 해킹/바이러스 기술 변화

12.1.3. 사이버테러 대응책

<u>법 · 제도적 분야</u>

◉ 국가 정보보안업무 수행체계

국가 안전 보장에 관련되는 정보 · 보안 및 범죄수사에 관한 사항을 담당하게 하기 위하여 정부조직법에 따라 대통령 소속하에 국가정보원을 설치, 운용 중에 있으며, 국정원은 국가정보원법(80.12.31 제정), 정보 및 보안업무기획조정규정(81.3.2 제정), 보안업무규정(70.5.14 제정) 등에 따라 국외정보 및 국내보안정보(대공 · 대정부전복 · 방첩 · 대테러 및 국제범죄조직)의 수집 · 작성 및 배포, 국가기밀에 속하는 문서 · 자재 · 시설 및 지역에 대한 보안업무, 형법 중 내란의 죄, 외환의 죄, 군형법 중 반란의 죄, 암호 부정사용 죄, 군사기밀보호법에 규정된 죄, 국가보안법에 규정된 죄에 대한 수사, 정보 및 보안업무의 기획 · 조정 등의 직무를 수행하고 있다.

◉ 국가정보통신 보안 기본지침(국정원 지침/2000.1.1)

공공기관의 인터넷 사용 확대와 날로 증가하는 해킹, 컴퓨터 바이러스 등 사이버위협에 대한 보안대책을 효율적으로 추진하기 위해 기존의 국가통신보안활동기본지침 등 7개 지침을 통·폐합하여 21세기 정보보안환경에 맞게 신규 제정한 국가정보통신 보안기본지침 1,400여부를 제작하여 공공기관, 지방자치단체, 정부투자 기관 등에 배포하여 실무지침서로 활용 중에 있다.

◉ 정보통신 기반보호법 (제정 2001.1.26, 시행 2001.7.1)

정부에서는 "정보통신기반보호법" 제정을 통해 해킹, 컴퓨터 바이러스 유포, 전자기파 등 각종 전자적 침해행위로부터 주요사회기반시설을 보호하고 관련된 정보통신기반시설의 안정적 운용을 확보하기 위한 관리적, 물리적, 기술적 대책 등을 마련함으로써 국가적인 정보보호를 달성하기 위한 대책을 제시하였다.

"정보통신기반보호법"은 주요정보통신기반시설에 대한 보호계획 수립 및 운영체계, 주요 정보통신기반시설 운영·관리 기관의 지정 및 취약성 분석, 침해사고의 대응, 정보공유·분석센터의 설립 및 운영, 정보보호 전문업체의 지정, 기술지원 및 민간협력 등의 내용을 담고 있다.

◉ 정보통신망 이용촉진 및 정보보호 등에 관한 법률

(전문개정 2001.1.16, 시행 2001.7.1)

정부는 정보통신망의 이용을 촉진하고 정보통신서비스를 이용하는 자의 개인정보를 보호함과 아울러 정보통신망을 건전하고 안전하게 이용할 수 있는 환경을 조성함으로써 국민생활의 향상과 공공복리의 증진을 위하여 개인정보보호 및 건전한 정보통신질서 확립 등에 관한 법률(약칭 통신질서 확립 법)에서 정보통신망 이용촉진 및 정보보호 등에 관한 법률로 개정하여 시행 중에 있으며 주요 내용은 〈표 12-1〉과 같다.

〈표 12-1〉 정보통신망 이용촉진 및 정보보호 등에 관한법률 주요내용

구분	주요내용
정보통신망의 이용촉진	○ 정보통신망 관련 기술 개발 및 관리, 보급 ○ 정보통신망의 표준화 및 인증 ○ 인증기관 지정 ○ 정보통신망 응용서비스의 개발 촉진 ○ 정보통신망 이용촉진 등에 관한 사업 ○ 인터넷 이용의 확산 및 서비스 품질 개선
전자문서 중계자를 통한 전자문서의 활용	○ 전자문서 중계자에 의한 문서의 처리 ○ 전자문서의 송·수신 시기
개인정보의 보호	○ 개인정보의 수집 제한 ○ 개인정보의 이용 및 제공 ○ 개인정보의 보호조치 ○ 정보통신 서비스 이용자 및 대리인의 권리
정보통신망에서의 청소년 보호	○ 청소년 보호를 위한 시책 마련 ○ 청소년 유해 매체물 표시
정보통신망의 안정성 확보	○ 집적된 정보통신시설의 보호 ○ 정보통신망 침해행위 금지 ○ 광고성 정보전송의 제한 ○ 중요정보의 국외유출 제한 ○ 한국정보보호진흥원의 설립 및 기능

관리적 분야

◉ 사이버안전관리체계

국가적 차원에서의 사이버테러를 방지하기 위해서는 일원화된 정보보호 관리체계의 필요성이 크게 부각되었다.[95] 이에 따라 정부는 사이버테러를 방지하고 사이버안전을 도모하기 위한 국가적 조직체계의 확립을 목적으로 2004년 2월 국가정보원 소속으로 국가사이버안전센터를 설립하고, 중앙행정기관, 지방자치단체 및 주요 공공기관의 정보통신망을 적용 범위로 하는 "국가사이버안전관리규정"을 대통령훈령 제141호(2005.1.31)로 발령하였다. 이에 따라 '국가사이버안전전략회의'를 통해 국가 사이버안전체계의 수

95) 국가정보원, 정보통신부, 2006 국가정보보호백서, 2006. p59

립 및 개선, 기관간 역할 조정 등 국가사이버안전에 관한 중요 사항을 심의하고 있으며, '국가사이버안전대책회의'를 설치함으로써 사이버안전관리체계를 확립시켰다.

국가정보보호를 담당하는 기구에는 국가정보원, 국방부, 행정안전부, 대검찰청 및 경찰청이 있으며 각 기구별 상이한 임무를 다음과 같이 설명한다.

- **국가정보원(국가사이버안전센터)** : 국가(공공)기관 정보통신망 보안사고 발생시 사고 접수 및 분석, 복구, 예방 활동 및 정보보안 인증제품소개, 정보 보안 교육 등의 업무수행
- **국방부** : 정보전에 대비하여 우리 실정에 맞는 국방차원의 정보전 교리발전과 정보전을 수행할 수 있는 인력 확보, 조직정비 추진
- **대검찰청** : 해킹, 컴퓨터 바이러스 유포와 같은 신종범죄와 전자상거래를 이용한 사기, 개인정보침해에 대한 수사 기법 개발 및 관련 컴퓨터 범죄에 대한 총괄수사와 단속 업무 수행
- **경찰청** : 사이버 테러 사고 신고접수 상담 및 초동조치, 사이버 범죄 관련 인터넷고소, 고발 등 민원 처리, 해킹 바이러스 유포 전산부정조작 등 사이버 테러 범죄수사 및 지도

◉ 교육 및 홍보

○ 사이버테러 대응전문가 양성

최근 정보보호의 중요성이 부각되고 사이버테러에 대한 위협이 증가됨에 따라 학교기관, 한국인터넷진흥원을 비롯한 공공기관 및 단체, 정보보호 전문업체 등에서 정보보호 관련 교육이 활발히 이루어지고 있으며, 사이버테러 대응을 위한 전문가 양성을 위하여 정보보호 전문가 자격증 제도를 추진하고 있다. 미래예측 전문기관에서는 5-10년 후에는 정보보호 관련 직업이 가장 수요가 많고 선호하는 직업군으로 부상할 것으로 보도되었다.

○ 정보보호 교육

정보보호 전문인력 양성을 위해 대학교 학부 및 석·박사 과정에 정보보호전공을 신설하는 추세이고, 한국 인터넷 진흥원에서는 주기적으로 대학원생, 보안운영 실무자, 정보보호 관리자 등을 대상으로 정보보호 관련 교육을 하고 있으며, 보안전문 SI 업체인 ㈜NDS와 안철수연구소, 비씨큐어, STG씨큐리티코리아 등 전문 보안업체와 그리고 학계가 공동으로 정보보호 전문 교육기관인 한국정보보호교육센

터를 설립하여 10~24일 기간의 자격증 과정, 1~3개월의 전문가 과정을 개설, 매년 수회에 걸쳐 교육 중에 있다.

○ **정보보호 전문가 자격증 제도**

2001년 9월 한국정보통신자격협회에서 국내에서는 처음으로 정보보호 관련 자격증 중 하나인 인터넷 보안 전문가 자격증(1~3급) 제도를 시행하였고, 한국정보보호진흥원(현 한국인터넷진흥원)과 정보통신대학원대학교가 공동으로 21세기 지식정보사회의 안전을 담당하게 될 정보 보호 기술 전문가(SIS : Specialist on Information Security)를 검정하는 자격제도를 도입, 시행하는 등 공공기관 및 민간단체에서 정보보호 관련 자격증 제도 도입을 적극 추진 중에 있다.[96)]

○ **정보보안 및 암호관련 학술세미나**

국가보안기술연구소는 1989년부터 '정보보호와 암호에 관한 학술대회(WISC)'를 매년 개최하여 국가 공공기관의 정보보안업무 담당자를 대상으로 새로운 논문과 경험을 소개함으로써 우리나라 정보보안분야 발전에 크게 기여하고 있으며, 국방부도 2003년부터 '국방정보보호 컨퍼런스'를 매년 개최하고 있다. 또한 한국정보보호학회를 비롯한 학회와 관련 단체에서도 적극적인 학술세미나를 개최하여 정보보호 기술발전과 국민의 공감대 확산을 위한 노력이 꾸준히 전개되고 있다.

기술개발 분야

2000년 1월에는 한국전자통신연구원(ETRI)의 부호기술연구부와 국방과학연구소(ADD)의 정보보호부를 통합하여 한국전자통신연구원 부설 '국가보안기술연구소'가 설립되었고 이 연구소에서는 사이버테러 대응기술을 포함하여 국가 정보보안기술, 암호이론, 국가주요 정보화기반구조(National Critical Infrastructure)를 보호하는데 필요한 첨단 보안기술 개발업무를 수행토록 함으로써 미래 사이버전에 대비한 국가차원의 연구 개발업무 수행체제를 마련하였다.

이밖에 '과학기술분야 정부출연연구기관 등의 설립·운영 및 육성에 관한 법률' 제 8조 제1항의 규정에 의하여 설립된 국가보안기술연구소(NSRI)는 국가정보통신보안기본지침 및 국가정보보안기술연구개발지침 등을 비롯하여 국가사이버안전관리규정 제15조에 따

96) http://www.kisa.or.kr/ (한국인터넷진흥원)

라 공공분야의 사이버안전 관련 기술의 확보를 위하여 연구개발을 수행하고 있다.

사이버테러를 방지하기 위해 기술개발 분야에서는 구체적으로 어떠한 분야에서 어떤 일들을 수행하는지 알아본다.

◉ 시스템 정보보호기술

시스템 정보보호기술은 시스템의 약점을 이용하여 공격하는 해킹이나 컴퓨터 바이러스 등에 의한 자료의 변조, 유출, 파괴 등에 대해 대처하는 기술로서, 해킹방지 기술, 접근통제 기술, 바이러스 기술, Secure OS 기술 등이 있다.

◉ 네트워크 정보보호기술

네트워크 정보보호기술은 네트워크 상에서 정보의 안전한 운영을 보장하기 위한 기술이다. 네트워크 정보보호기술에는 데이터와 정보의 비밀성을 제공하는 암호화, 데이터에 대한 서명과 서명된 데이터에 대한 검증을 수행하는 전자서명, 네트워크 상에서 데이터의 정확성을 점검하는 데이터 무결성, 트래픽 해석을 방지하기 위해서 다양한 수준의 보안을 제공하는 트래픽 패딩(traffic padding), 보안요구를 충족시키기 위하여 물리적, 논리적 전송경로를 선택하는 경로제어 등이 있다.

◉ 데이터베이스 정보보호기술

데이터베이스 정보보호기술은 비밀성, 무결성, 가용성을 보장하기 위한 기술로 다단계 정보보호시스템, 보안데이터베이스 관리시스템(DBMS : Database Management System), 정보 흐름통제 및 추론통제기술 등이 있다.

12.1.4. 사이버테러 대응체계

국가 사이버테러 대응체계에 대하여 각 분야별 담당기구인 국가정보원, 국방부, 한국인터넷진흥원 및 경찰청의 대응체계의 일반현황 및 주요임무에 대해 알아본다.

국가사이버안전센터[97)]

국가사이버안전센터(National Cyber Security Center : NCSC)는 사이버공격을 포괄적인 국가위기관리 대상에 반영한 참여정부의 주요정책의 일환으로 2004년 2월20일

97) 2006 국가정보보호백서, 국가정보원, 정보통신부, 2006. p70

공식 출범하였다. 국가사이버안전센터의 출범은 국가안보 확보를 위해 국가안전보장회의(NSC), 국방부, 정보통신부 등과 합의에 의하여 범정부 차원의 종합적이고 체계적인 사이버위협 대응체계 구축을 의미하는 것이었다. 국가사이버안전센터는 정보통신망에 대한 24시간 사이버위협 정보를 수집, 분석, 전파하는 국가 종합상황실을 운영함은 물론, 각종 사이버공격에 대한 예방, 대응 활동과 피해 확산을 방지함으로써 국가 주요 전산망에 대한 안전성을 확보하는 체계를 구축하였다는 평가를 받고 있다.

국가사이버안전센터의 주요업무는 〈표 12-2〉과 같다.

〈표 12-2〉 국가사이버안전센터 주요업무

업무구분	주요내용
국가사이버안전 정책 및 관리 총괄	ㅇ 국가 유관기관과 협조 하에 국가차원의 사이버공격에 대한 예방 및 대응체계 정비 ㅇ 국가사이버안전매뉴얼 제정
국가사이버 안전 활동	ㅇ 국가 주요 전산망과 연동하여 침해사고, 트래픽 정보, 성능 정보를 수집/분석 ㅇ 사이버 위협과 공격을 실시간 감시 및 초동 조치
사이버위협 경보발령	ㅇ 사이버공격에 대한 체계적인 대응 및 대비 ㅇ 정상, 관심, 주의, 경계, 심각 등 수준별 경보 발령
침해사고 발생시 긴급대응/조사 및 복구지원	ㅇ 보안권고문 작성 및 보안기술 자료 등 사이버안전관련 정보 전파 ㅇ 사고원인 조사와 신속한 복구 지원 ㅇ 피해확산 방지와 안전진단을 통한 유사사고
국내외 사이버안전 전담 기구와 정보협력 및 공조체제 운영	ㅇ 사이버안전업무를 전담하는 전문기구를 운영하는 기관과 사이버안전 업무를 효율적으로 수행하기 위하여 상호 긴밀히 협력하도록 하는 조정자 역할 수행 ㅇ 사이버위협 정보의 공유 및 분석 등 사이버안전을 위한 국내·외 협력체계를 구축·운영 ㅇ 미국, 영국, 프랑스, 독일, 캐나다, 일본 등 선진국과 협력체계 구축 ㅇ 재정경제부, 국방부, 행정자치부, 정보통신부, 법무부 및 경찰청 등 6개 정부부처 파견 공무원과 국가보안기술연구소, 한국정보보호진흥원 파견연구원이 합동 근무체제 유지
사이버안전 관련 교육 및 홍보	ㅇ 사이버안전 관련 전문기술 인력의 확보와 양성을 위해 사이버안전 관련 교육 및 홍보활동 적극 수행

인터넷침해사고대응지원센터

2003년 1.25인터넷 대란 이후 정보통신부에서 설립한 한국정보보호진흥원(현 한국인터넷진흥원) 인터넷침해사고대응지원센터(KISC, Korea Internet Security Center)는 국가 인터넷망의 전자적 침해사고 조기탐지, 분석, 예·경보를 통한 피해확산 방지와 관련 기관과의 상시적인 정보공유, 신속한 공동대응체제 구축을 통하여 인터넷 망에 대한 안전·신뢰성 확보를 목적으로 운영하고 있다.

인터넷침해사고대응지원센터는 민간부문의 인터넷 침해사고에 대응하고, 인터넷 운영기관 등과의 긴밀한 협조체제를 구축하며, 국제적 침해사고 대응을 위한 창구 역할을 수행하기 위하여 2003년 12월 한국정보보호진흥원 내에 설치되었다. 센터는 주요 통신사업자 및 관제업체의 네트워크 정보를 실시간으로 제공받아 365일 24시간 모니터링을 실시하고, 신규 출현 취약점과 웜·바이러스의 영향력을 분석함으로써 침해사고에 조기 대응할 수 있는 체계를 갖추었다. 또한 해킹·바이러스의 동향을 파악하고, 최신 해킹 기법을 연구·분석하여 대응방안을 수립하고 인터넷침해사고 예방 및 대응 관련 기술지원을 담당하고 있으며, APCERT및 FIRST 등의 국제기구 참가를 통해 국제 정보교류의 창구역할을 하고있다.

인터넷침해사고대응지원센터의 주요업무로는 첫 번째, 해킹, 웜·바이러스 등 인터넷침해사고 대응이 있고, 두 번째, KrCERT/CC의 국제협력체제 구축이 있다.

국방정보전 대응센터

국군기무사령부는 국방부의 주요 정보체계에 대한 보호지원을 목적으로 지난 2003년 11월 1일 '국방정보전대응센터'를 구축·운영중에 있다. 1998년 7월 창설된 대정보전팀을 기반으로 미래 군 정보전에 대비하여 기무사 고유의 정보보호 업무 전문성과 첨단 기술을 바탕으로 정보전 대응 및 IT기반보호로 구성되어 있으며, 정보전 대응분야는 수사체계 운영과 침해사고 조사(합동조사)로 구성되어 있고, IT기반보호분야는 취약성 분석과 사이버전 대응훈련으로 구성되어 있다.

〈그림 12-2〉는 국방정보전대응센터의 조직 체계를 나타내고 있다.

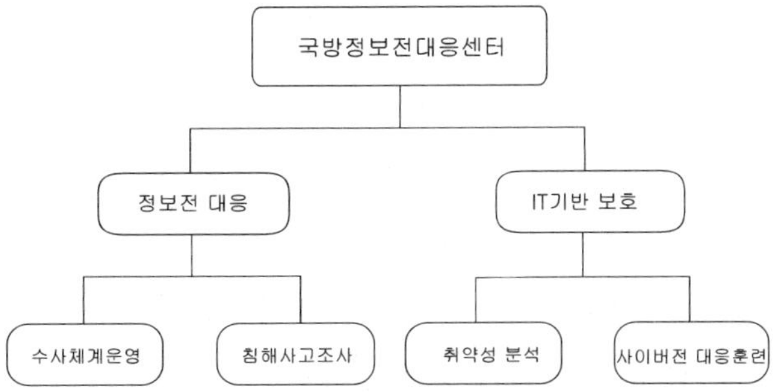

〈그림 12-2〉 국방정보전대응센터 조직 체계

국방정보전대응센터의 주요 업무는 국방주요 정보체계 취약성 진단, 탐지, 분석 임무와 국방전산망에 대한 침해사고 예방 및 사고조사, 수사 임무 등이 포함된다.

정보전대응분야에서는 국방전산망에 대한 24시간 침해정보 탐지, 분석, 각급부대 CERT에 대한 조정통제는 물론 예방 및 조사활동, 원격·현장 복구지원, 국내외 정보전 관련 정보 분석 등의 임무를 수행하고 있으며, 2004년 1월부터는 국가사이버안전센터와 연동하여 군 인터넷 홈페이지를 대상으로 보안관제 임무를 지원하고 있다.

IT기반 보호분야는 합참 주관 정보작전방호태세(INFOCON)훈련에 동참하여 사이버전 대응훈련을 실시하고 있으며, 보안점검용 소프트웨어를 자체 제작하여 중앙보안감사시 원격 전산보안진단 업무에 활용하고 있다. 특히 정보통신기반보호법 및 국방정보통신기반보호규정에 의거 군내 주요 정보통신시설에 대한 취약성 분석·평가실시 등 보안측정·진단과 정보통신보안 컨설팅 등의 임무를 수행하고 있다.

경찰청 사이버테러 대응센터

경찰청은 1995년 해커수사대를 시작으로 1997년 컴퓨터범죄수사대, 1999년 사이버범죄수사대 등 사이버 전담조직을 확대 개편해 왔으며, 그동안 MOV(Master Of Virus), Worm 등 바이러스 제작사범과 주요 사이트 해킹 사범을 검거하는 등 사이버테러 대응기관으로서 활발한 활동을 보여 왔다.[98] 그러나 해킹·바이러스의 급증과 날로 심각해지는 사이버테러의 위험성에 대한 범정부차원의 종합적 대응체제 필요성이 제기되어 옴에 따라, 2000년 7월 11일 사이버공간의 선제적 치안활동을 담당할 사이버테러 대응센터가 창설되었다.

98) 2006 국가정보보호백서, 국가정보원, 정보통신부, 2006. p95

경찰청 사이버테러 대응센터에서는 각종 사이버범죄사범 검거를 위한 활동을 수행하여 인터넷을 통한 조세포탈 피의자 검거, 사전선거운동 등의 인터넷상 선거법 위반 적발, 개인정보 인터넷 불법거래 및 카드 할인자 검거, 싱가포르 대사관 폭파협박 유학생 검거, 음란사이트 검거, 인터넷 성매매자 적발, 조직적으로 토익성적을 위조한 피의자를 검거하는 등 많은 성과를 달성하였다. 사이버범죄 수사 활동과 더불어 경찰청 사이버테러 대응센터는 '사이버테러 대응 공동 심포지엄'을 개최하여 사이버범죄관련 최신 기술정보를 학계 및 업계와 공유하는 기회를 마련하였다.

〈그림 12-3〉은 사이버수사 조직도를 나타내고 있다.

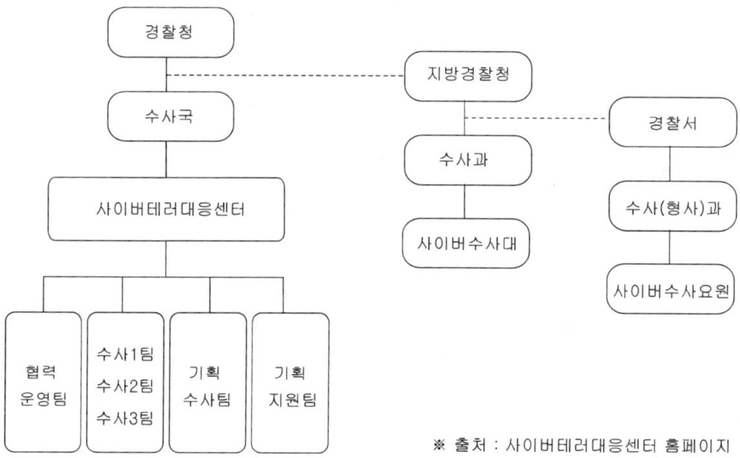

※ 출처 : 사이버테러대응센터 홈페이지

〈그림 12-3〉 사이버수사 조직도

ISAC (정보공유분석센터)

ISAC(Information Sharing & Analysis Center, 정보공유분석센터)는 유사 업무 분야별로 해킹이나 컴퓨터 바이러스 등 사이버테러와 정보 침해에 대해 효과적으로 공동 대응하기 위한 서비스 체계다.

ISAC은 주로 사이버테러 취약점과 침해요인, 대응방안에 관한 정보를 가입기관에 제공하고 침해사고가 나면 실시간 경보와 분석업무를 수행하게 된다. 아울러 분야별 여건을 고려, 침해사고 대응체계 구성-운영, 정보통신기반시설 보호시스템 시험, 정보보호 관련 교육과 훈련 서비스 등을 부가적으로 제공한다. 이를 통해 회원사간 정보보호를 공동대처함으로써 전문 조직의 별도 운영에 따른 업무 및 비용을 경감할 수 있다. 또한 정보수집 및 적용, 기술 확보, 인력 및 조직 운영 등 모든 요소들에 대한 문제를 줄일 수 있다.

ISAC은 미국이 지난 98년 금융부문 ISAC을 비롯 통신・국방・교통 등 8개 분야에 ISAC을 운영하면서 세계적으로 관심을 끌고 있으며, 일본과 일부 유럽 국가도 도입을 검토중이거나 이미 구축해 운영하고 있다. 국내에서는 주요 정보통신 기반시설에 대한 사이버테러를 방지할 목적으로 정부차원에서 '정보통신기반보호법'을 제정, 민간주도의 ISAC설립을 적극 권장하고 있다.

현재 금융감독원 주도하에 금융ISAC, 통신 사업자를 중심으로한 통신ISAC 등이 설립되어 운영중이다.

통신ISAC은 민간의 공동대응체제를 구축하여 각종 전자적 침해행위로부터 통신분야 정보통신 기반시설을 보호함으로써 정보통신역무의 안전성・신뢰성을 제고하기 위하여 2002년 3월에 설립하였다. 초기에는 한국통신사업자연합회(KTOA)에서 운영되었으나 2004년 2월부터 한국정보보호진흥원으로 조직을 이관하게 되었다.[99]

통신 ISAC은 침해요인과 대응방안에 관한 정보제공, 침해사고가 발생하는 경우 실시간 경보・분석체계 운영, 국내・외 ISAC 공동대응체계 확보, 주요정보통신기반시설에 대한 회원사 보호대책 수립지원의 업무를 수행한다.

금융 ISAC은 금융분야 주요 기반시설에 대한 주기적인 취약점 분석・평가, 종합적인 정보통신기반시설 보호체계 구축, 피해정보 실시간 수집・분석 등 공동 대응체계 구축을 위해 2002년 12월에 설립되었다. 금융 ISAC에서는 해킹 및 사이버테러에 대비한 취약점 및 침해요인 분석과 대응방안에 관한 정보제공, 침해사고 발생시 실시간 정보분석 및 대응체계 운영, 증권분야 주요정보통신기반시설에 대한 취약점 분석 및 보호대책 수립지원의 업무를 수행한다.

99) 정보통신부, 한국정보보호진흥원, 민간부문 정보보호 정책 연혁, 정보통신부, 2004. p41

12.2. 정보윤리

12.2.1. 정보윤리의 출현배경

정보통신기술의 비약적 발전과 유비쿼터스-코리아를 향한 정보사회로의 진전은 정보보호에 대한 필요성을 그 어느 때보다도 절실하게 인식하게 하는 계기를 제공하고 있다. 정보화에 따른 바람직한 사회적 변화는 분명 높이 평가할 만한 일이지만, 반면 정보화의 발전과 함께 나타나기 시작한 정보화의 역기능들은 갈수록 증대되어 심각한 사회적 현상으로까지 자리 잡게 되었다.

정보사회의 윤리적 문제인 정보화 역기능의 현상들은 정보의 변조·파괴·유출·오남용·도청, 개인의 프라이버시 침해, 해커 및 바이러스 침해, 불건전 정보의 유통, 정보사기 및 허위사실 유포 심지어는 사이버 테러의 형태로 나타나고 있으며 개인에게 개별적인 피해를 주는 것에서부터 시작하여 민간 및 공공기관, 국가전체에 이르기까지 다양한 유형과 방식으로 피해를 주고 있다. 또한 이러한 피해는 단순히 피해에만 그치는 것이 아니라 앞으로 무한히 발전해 나갈 수 있는 지식정보화 사회의 발전 속도를 지연시키고 퇴보시킬 수 있으며, 또한 무한경쟁 시대에 국가경쟁력을 약화시킨다는 점에 있어서 심각한 문제가 아닐 수 없다.

따라서 이러한 정보화 역기능을 해결하기 위해 학술적인 관점에서 정보사회의 윤리적 문제에 대한 연구가 미국의 컴퓨터 윤리학자들을 중심으로 전개되기 시작하였다. 또한 개인이나 기업의 자율적인 노력에서부터 사회적으로 구체적인 대안을 마련할 수 있는 민간이나 정부적 차원의 해결을 위해 노력하고 있으며 미국을 비롯한 주요 국가들은 관련 법제도 및 규칙 마련에 심혈을 기울이고 있고 원활한 정보의 유통과 활성화를 위한 연구를 계속적으로 해 나가고 있다. 우리나라 역시 이러한 세계적 추세에 발맞추어 정보화 역기능에 따른 정보윤리 문제의 대책 마련에 온 힘을 다하고 있다.

12.2.2. 정보윤리의 개념과 필요성

미래학자들이 예견했던 정보사회의 모습은 이제 단순한 예견이 아닌 현실이 되고 있다. 전 세계를 연결하고 있는 정보 통신 기술의 네트워크는 우리 삶의 방식과 거래 방식을 근본적으로 바꾸어 놓고 있다. 정보 통신 기술의 영향력은 정치·경제·사회·문화·교육 등 사회전반에 걸쳐 심대한 변화를 초래하고 있다. 그리고 지금 한국은 이러한 변화를 주도하는 선도적인 국가의 중심에 서있다고 할 수 있다.

정보사회는 순기능과 역기능을 동시에 가지고 있다는 것을 이미 언급한 바 있다. 정보 통신 기술은 우리의 삶을 편리하고 유익하게 만들어 주고 있으나, 반면 그 기술의 그릇된 사용으로 인한 역기능도 심각한 수준임을 알고 있다. 정보사회에서는 빈부 격차나 인간 소외, 음란물 등과 같은 산업사회의 역기능이 더욱 심각하게 나타날 뿐만 아니라 산업사회에서는 나타나지 않았던 새로운 윤리문제들이 발생하고 있다. 즉, 정보 통신 기술은 산업사회의 윤리문제에서 더욱 복잡한 윤리문제를 낳았다고 할 수 있다. 예를 들면, 현실 공간에서 벌어지는 다양한 범죄 행위와 스토킹, 도박, 사기, 매춘, 자살, 유언비어 유포 등 비윤리적인 행동이 사이버 공간에서도 그대로 이어지고 있으며, 해킹이나 컴퓨터 바이러스 유포 등의 경우에서와 같이 현실 공간에서는 별로 문제되지 않거나 쉽게 알아차릴 수 없는 새로운 현상들이 사이버 공간에서는 심각한 사회적 문제로 대두되고 있다. 그러므로 우리는 정보사회에서 나타나는 새로운 윤리적 문제들에 더욱 깊은 관심을 가질 필요가 있는 것이다.

정보윤리는 정보사회에서 야기되는 윤리적 문제들을 해결하기 위한 규범체계로 단순히 정보통신기술을 다루는 데 있어서 뿐만 아니라 정보사회의 한 구성원으로서 살아가는데 있어서 옳음과 그름, 좋음과 나쁨, 윤리적인 것과 비윤리적인 것을 올바르게 판단하여 행동하는데 필요한 규범적인 기준체계라고 할 수 있다.

정보사회에서 정보윤리의 필요성과 가치는 크게 두 가지로 나누어 볼 수 있다. 정보사회에서 정보윤리는 정보사회의 방향 설정을 위한 토대적 가치와 정보사회의 역기능 예방을 위한 치료적 가치를 지니고 있다. 우리는 정보사회로 향하는 과정에서 발생하는 윤리적 문제들을 해결하는 동시에 정보사회가 인간의 모습을 지닌 바람직한 사회가 될 수 있도록 만들기 위하여 그 어느 때보다도 수준 높은 윤리의식을 필요로 하고 있다. 즉, 정보사회가 인간의 존엄성이 고양되는 사회가 되기 위해서는 '기술의 논리'가 아닌 '정보윤리'에 의해 지배되는 사회가 되어야 한다고 할 수 있겠다.

위에서 말한 정보윤리에 토대를 둔 이상적인 정보사회의 모습은 다음과 같다.

○ 우리가 지향하는 정보사회는 불신·대립·증오에 기초하여 성립되는 분열되고 닫힌 질서에서 벗어나, 상호 신뢰·관용·존중의 정신에 의한 개방적이며 상호 의존적인 사회이다.

- 우리가 지향하는 정보사회는 기술이 아니라 인간을 돌보며, 물질이 아니라 생명을 존중하고, 결과가 아니라 과정을 강조하고, 수단이 아니라 목적을 중시하는 사회이다.
- 시민의 정보 주권이 중시되고, 정보 정책의 입안과 실현 과정에 대한 시민의 주체적 참여가 보장되며, 모든 수준의 정치 과정에서 시민의 표현의 자유와 정보의 욕구가 능동적으로 실현될 수 있는 참여 민주주의 시민 사회이다.[100)]
- 인간의 창의성과 현실에 대한 비판적 사고가 중시되며, 모든 시민이 정보화의 혜택을 고르게 누릴 수 있는 평등 사회이다.

우리나라에서 정보사회의 역기능은 주로 정보 통신 기술의 특성인 익명성과 정보 접근의 용이성에 기초하여 발생하고 있다고 할 수 있다. 그 근본 원인은 물질주의적·수단주의적 가치 체계라고 할 수 있다. 비인간적이고 반생명적인 가치 질서의 만연이 정보화 과정에서 나타난 역기능 현상의 근본 원인이 되고 있는 것이다. 그 결과, 우리 사회에서는 산업사회의 경제적 불평등 문제가 정보 및 사이버 폭력·범죄로 이어지고, 다양한 현실의 사회악이 사이버 공동체에서 재현되고 있는 실정이다. 하지만 이러한 문제들에 대한 기술적·제도적 대책은 쉽게 찾기 어려운 뿐만 아니라 많은 비용과 시간을 필요로 한다. 따라서 우리는 정보사회에 맞는 정보문화의 창달을 통하여 역기능에 맞서 나가야 한다. 그리고 그러한 정보문화의 기저에는 정보윤리가 자리를 잡고 있어야 한다. 왜냐하면, 정보사회를 보다 인간 중심적인 차원으로 전환시키기 위해서는 삶의 질과 생명 가치를 중심으로 하는 정보윤리의 확산이 절실하게 필요하기 때문이다.

인터넷이라는 사이버 공간에서 국민의 표현의 자유와 알 권리를 추구하면서 개인의 프라이버시를 보호해야하는 서로 상반되는 부분을 조화롭게 접목시키는 국민의식의 함양이 요구되는 시점이다.

12.2.3. 정보윤리의 성격

정보사회에서의 윤리적 문제는 전통적인 윤리의 문제와는 다른 어떤 독특한 특색을 지니고 있으나 그것이 전혀 새로운 차원의 문제를 만들어내는 것은 아니다. 따라서 정보사회에서의 윤리적 문제를 다루기 위해서는 기존의 전통적인 관점의 윤리적 개념에 근거하여 주의 깊은 재해석과 재평가를 통해 해결방안을 모색할 수 있을 것이다.

100) 크리스챤 아카데미 시민사회 정보포럼 편, 시민이 열어가는 지식 정보사회, 대화출판사, 1999. p22~p24

그런데 전통적으로 윤리는 앞으로 일어날 일을 예방하는 기능보다는 이미 일어난 일에 대한 도덕적 평가에 초점을 맞추어 왔으며 그 결과 늘 시대 변화를 제대로 따라가지 못하는 심각한 지체현상을 겪어왔고 윤리규범의 절대성과 보편성을 강조하면서도 실제로는 국지적 성격의 윤리로 기능하여 온 현실을 고려하여 볼 때 정보 윤리는 다음과 같은 기능을 수행하여야 한다.

- 정보윤리는 정보 사회에서 우리가 해야 할 것과 해서는 안 되는 것을 선택, 결정할 수 있게끔 도와주는 처방 윤리(prescriptive ethics)의 기능을 수행해야 한다.
- 정보윤리는 향후 정보통신기술의 발전에 따라 정보 사회가 수반하게 될 윤리문제에 대해 사전에 숙고하고 예방하도록 도와주는 예방윤리(preventive ethics)의 역할을 해야 한다.
- 정보윤리는 정보 사회의 무질서와 혼동에 대한 하나의 반응으로서 출현한 것이기에 인간 경험이나 제도정책의 변형 필요성을 강조하는 변형윤리(transformative ethics)이다.
- 정보윤리는 국지적 윤리가 아닌 세계 보편 윤리 (global ethics)가 되어야 한다.

12.2.4. 정보윤리의 동향

국내 동향

정보화 관련 정부정책의 중심은 1990년대 중반까지 정보통신 인프라의 고도화에 집중되어 있었고, 1990년대 중반부터 정보문화 확산정책을 추진하면서, 정보통신이용능력 제고에 역점을 두었다.

그 후 정보화의 진전에 따른 각종 정보화 역기능에 대비하기 위해 1992년 7월 10일 국무총리주재로 열린 '새질서, 새생활 실천 실무대책협의회'에서 정보윤리위원회 구성이 협의되어 전기통신사업법 제53조(불온통신의 단속) 및 동 시행령 제16조(불온통신)에 근거한 민간자율기구로서 1992년 7월 30일 정보윤리위원회가 구성되었으며 동 위원회의 역할 강화의 필요성이 대두됨에 따라 1995년 1월 5일 전기통신사업법을 개정, 제53조의 2(정보통신윤리위원회)를 신설하여 법정기구로서 정보통신윤리위원회가 새로이 출범하였다.

또한 1997년 정보통신정책연구원에서 '고도정보사회의 정보윤리확립을 위한 정책방안' 연구가 있었고, 인터넷 이용자수, 호스트, 도메인의 폭발적 증가로 각종 불법・유해 정보로부터 정보이용자를 보호하고 건강한 정보이용환경을 조성하는 일이 중요한 사회 문제로 제기되면서 본격적으로 정부차원의 정책이 수립・추진되었는데 그 일환으로 정부는 정보보호 및 정보화 역기능 문제에 종합적으로 대처하고 정보보호업무를 전문적으로 추진하기 위해 1999년 10월 22일 국무회의에서 '정보화 역기능 방지를 위한 정보보호 종합대책'을 보고하면서 정보통신부를 포함한 관계부처의 정보보호 전담조직 보강의 필요성을 보고하고 2000년 1월 28일 정보화 기획실 소속으로 국장급 정보보호심의관과 3개의 과를 신설하여 그 정원은 30명으로 하였다.

또한 정보윤리와 관련한 법제는 정보화촉진기본법, 전기통신사업법, 전기통신기본법, 정보통신망이용촉진및정보보보등에관한법률 등에 규정하고 성폭력범죄의처벌및피해자보호등에관한법률, 청소년보호법, 청소년의성보호에 관한법률 등에 부분적으로 규정하였다.

주요한 정보통신윤리 관련 법제[101] 역사와 그 내용은 아래와 같이 정리할 수 있다.

- **정보화촉진기본법** : 정보화촉진기본법은 국가사회 정보화를 촉진하기 위한 기본법으로 정보문화 및 정보통신윤리와 관련하여서는 1995년 제정 당시에 홍보와 교육의 확대 등을 규정하고 1999년 개정시 건전한 정보통신윤리 확립을 위한 조항을 신설하여 불건전한 정보의 유통을 방지하였고, 청소년 보호를 위한 조항을 신설하여 청소년이 정보통신서비스를 건전하게 이용하기 위한 기술적・관리적 조치 등에 관한 기준을 정하여 권고하고 있다.
- **전기통신기본법** : 전기통신기본법은 전기통신정책을 종합적으로 수행할 수 있도록 하기 위해 전기통신 각 분야에 공통적으로 적용되는 법으로 정보통신윤리와 관련하여서는 1996년 개정시 불온통신 단속을 보완하고 음란한 부호・문언・음향 또는 영상에 대한 처벌을 규정하고 있다. 그러나 이런 규정은 관련규정의 종합을 위해 2001년 정보통신망이용촉진및정보보호등에관한법률 전문개정시 동법에 신설되면서 전기통신기본법에서는 삭제되었다.
- **전기통신사업법** : 전기통신사업법은 전기통신의 건전한 발전과 이용을 도모하기 위해 1991년 개정되면서 공공안녕 및 미풍양속을 해치는 통신을 금지하는 조항이 신설되었다. 동법에서는 그동안 추상적이었던 불온통신의 개념을 구체화하여 규정하였다고 할 수 있다. 그 결과 불온통신은 불법정보의 개념으로 음란한 정보, 명예훼손, 스토킹, 해킹, 바이러스유포, 사행심조장 등 9개 항목으로 분류하여 명확히 하였다.

101) 정보통신윤리위원회, 2003 정보통신윤리백서, 2004. p92~p99

○ **정보통신망이용촉진및정보보호등에관한법률** : 1999년 동법의 전신인 전산망보급확장과이용촉진에관한법률이 전문 개정되면서 정보통신망 이용의 활성화, 개인정보보호 등 정보이용질서에 관한 내용을 신설하였고, 2001년 정보통신서비스 이용자의 개인정보 보호제도에 관한 사항이 대폭 규정됨에 따라 법률의 명칭이 현재의 명칭을 갖게 되었다. 이 법에서는 정보통신서비스 이용자의 개인정보를 보호하기 위하여 정보통신서비스 제공자에 대한 규제를 강화함과 동시에 인터넷상의 음란·폭력정보로부터 청소년을 보호하고, 사이버상의 건전한 정보유통을 위해 사이버명예훼손 등에 대한 관련규정이 대거 신설되었다.

그 외의 건전한 정보윤리 확립을 위한 주요 활동으로는 먼저 정보통신윤리위원회를 중심으로 전기통신회선을 통하여 일반에게 공개를 목적으로 유통되는 정보에 대한 심의 및 시정요구 활동, 정보제공자가 객관적 등급기준에 따라 자신이 제공하는 정보에 자율적으로 등급을 표시하면 학부모, 교사 등 정보이용자가 내용선별 S/W를 이용하여 청소년 수준에 맞는 정보를 선택할 수 있는 서비스인 인터넷내용등급서비스의 시행, 정보통신윤리관련 정책 및 법제 연구, 학술연구, 국내외 정책동향 조사, 불건전 정보 유통방지 및 건전한 정보통신윤리 확산을 위한 다양한 조사 연구활동, 청소년에게 건전하고 유익한 정보를 제공하는 국내사이트를 심사, 지정하는 청소년권장사이트제도 시행, 민간단체 협력 및 지원사업, 교육 및 홍보활동 및 국제협력활동이 전개되고 있다.

또한 YMCA, YWCA와 같은 민간단체, 한국인터넷방송협회, 한국무선인터넷기업협회와 같은 정보통신사업자, 세이프 인터넷 21, 사이버그린 21과 같은 언론사 등을 중심으로 한 다양한 자율정화활동이 추진되고 있다.

국외동향

◉ 미국

미국은 기본적으로 1934년에 제정된 통신법을 중심으로 방송·통신 단일 법 체계를 구성하고 있으며 방송·통신의 융합에 대비하여 1996년 텔레커뮤니케이션법으로 대폭 개정되었으나 이법에 규정된 인터넷 서비스의 내용규제에 대한 내용이 인터넷 특유의 정보활동을 방해한다는 이유로 위헌 판결됨으로써 정보서비스에 대한 유해성을 차단하기 위한 새로운 법률 마련에 고심하고 있다.

관련법으로는 아동온라인보호법 (COPA: The Child Online Protection Act), 아동

인터넷보호법(CIPA: Children's Internet Protection Act), 아동온라인프라이버시보호법(COPPA: Children's Online Privacy Protection Act of 2003), 아동포르노그래피방지법(COPPA: Child Obscenity and Pornography Prevention Act of 2003), 아동도메인보충과효력법(Dot Kids Implementation and Efficiency Act of 2002), 아동P2P보호법(Protecting Children from Peer-to-Peer Pornography)가 있으며 규제기구로 연방통신위원회(FCC: Federal Communications Commission)가 있고 민간단체로 CLEO(Cyberlaw Enforcement Organization), CyberAngels, IEF(Internet Education Foundation), WHOA[102](Working to Halt Online Abuse), 사생활보호단체[103](Privacy foundation), SOC-UM[104](Safeguarding Our Children-United Mothers) 등이 있다.

현재 미국은 법무부와 정보기술협회(ITTA)는 사이버윤리와 시민의 책임 의식을 촉진하는 활동을 전개해야 한다는 사실에 공감하여 사이버시민 파트너쉽(The Cybercitizen Prartnership)을 탄생시켰다. 이 단체는 사이버윤리를 '책임감 있는 사이버 공간에서의 사회적 행동'이라고 정의하는 가운데, 부모와 교사 그리고 아동 및 청소년을 위한 교육자료들을 제공하고 있다.[105]

◉ 영국

영국의 방송·통신 관계법은 방송법(Broadcasting Act 1990)과 전기통신법(Telecommunications Act 1984)으로 이루어진 방송·통신 별도법 체계를 구성하고 있으며 이밖에 무선전파를 규율하는 무선전신법이 있다.

영국은 방송법을 기본으로 기존의 법률을 개정하여 인터넷 환경에 적용하는 추세에 있으며 예를 들어 어린이보호법(Protection of Children Act)을 약간 개정하여 인터넷 환경에도 적용하고 있는 형편이다.

영국은 미국의 FCC와 유사한 방송·통신 단일규제기구로 통신청(OFTEL: Office of Telecommunications), BBC 경영위원회, 상업TV방송위원회(ITC), 라디오방송위원회(RA), 방송기준위원회(BSC)등을 통합하여 '통신규제위원회(Communications Regulation Commimission)'를 발족시켰다.

영국은 점차 융합되어가는 방송·통신에 대한 단일 규제기구로서 ITC, RA, BSC,

---

102) http://www.haltabuse.org
103) http://www.privacyfoundation.org
104) http://www.soc-um.org
105) 정보통신윤리위원회, 2003 정보통신윤리백서, 2004. p277

OFTEL 등 5개 기관을 통합하여 OFCOM(Office of Commnunications)을 발족시켜 통신 및 방송의 콘텐츠, 전자통신 규제총괄 및 방송사 허가업무 등을 관장하고 있다.

영국은 유럽에서 가장 활발한 인터넷 자율규제활동을 펼쳐나가고 있으며, 규제기구로는 OFCOM이 있고 민간단체로는 사법기관을 연계한 인터넷 감시재단인 IWF(Internet Watch Foundation)와 활발한 NGO 활동을 보이는 Childnet International 등이 있다.

◉ 독일

독일은 인터넷 관련 산업의 발전을 돕고 인터넷에서의 불법 및 유해정보의 유통을 방지하고자, 1998년부터 정보·통신서비스법을 시행하고 있는데 동법은 직접 자신의 정보를 제공하는 자와 타인의 정보를 매개하는 자를 모두 포함하는 개념으로서의 서비스 제공자에 대한 책임과 의무 즉, 자율규제 원칙에 입각한 미성년자 보호, 소비자 보호, 개인정보보호, 전자서명 및 인증제도, 저작권문제 등 정보통신과 관련한 대부분의 문제들을 포괄적으로 규정하고 있다.

규제기구로는 통신우편규제청, 15개의 주미디어청 등 세계에서 찾아보기 힘들 정도로 많은 방송·통신 규제기구들이 세분화되어 있으며 민간단체로는 자발직자기통제를 위한멀티미디어서비스제공단체, 반어린이포르네트, 어린이성학대구조협회, 통신망상의 어린이보호캠페인 등이 있다.

◉ 일본

일본은 정보통신윤리보다는 '정보윤리'라는 표현을 사용하고 있으며, 정보윤리의 정의를 '정보사회에서 우리가 사회 생활을 하는 가운데 타인의 권리와 충돌하지 않기 위하여 각 개인이 최소한도로 지켜야하는 규칙'이라고 정의하면서 인터넷 시대의 과제로 정보윤리의 계몽과 보급을 들고 있다.

일본의 방송·통신관계법은 방송과 통신, 무선과 유선의 구분에 따라 각기 다른 법률로 규율하는 방송·통신 별도법 체계를 구성하고 관련법으로는 풍속영업등의 규제 및 업무의 적정화 등에 관한 법률, 아동매춘·아동포르노처벌·아동보호등에 관한 법률, 인터넷 이성소개 사업을 이용해 아동을 유인하는 행위의 규제 등에 관한 법률, 정보통신사업에 관한 윤리강령과 자율규제가 있다.

규제기구로는 재단법인인터넷협회가 있어 일본의 인터넷 필터링 소프트웨어 보급 및 교육에 주력하고 있다.

일본의 정보윤리교육이 우리나라의 정보통신윤리교육에 시사점을 주는 것은 일본이 정보윤리를 새로운 시대의 교양교육으로 설정하고 있다는 점이다. 우리나라에서도 정보통신윤리를 정보사회를 살아가는 구성원들이 반드시 갖추어야 할 교양의 일부분으로 간주하는 가운데 교육과 홍보 활동을 전개해 가야 할 것이다.

◉ **싱가포르**

싱가포르에서는 인터넷상의 미풍양속 저해 정보를 규제하는 미디어개발청법(Media Development Authority Act 2002)이 있으며 이 법을 근거로 미디어개발청이 2003년 싱가포르방송청, 영상출판부, 싱가포르영상위원회를 합병하여 설립되었다.

미디어개발청법은 싱가포르를 창조력 있는 경제와 결합된 사회를 만들기 위하여 핵심적인 가치를 보호하고 소비자의 이익을 보호하기 위한 콘텐츠를 관리하며 글로벌 미디어 도시로 발전시키기 위하여 미디어산업의 성장을 촉진하기 위해 설립되었다.

규제기구로는 싱가포르미디어개발청, 국립인터넷자문위원회가 있고 민간단체로 학부모인터넷자문단 등이 있다.

12.2.5. 정보윤리 확립을 위한 대책

개인정보 보호

민간 주도의 대책은 사이버공간을 공유하는 네티즌의 자율규제에 의존하고 이를 커뮤니티 운동으로 발전시키며 민간 기업으로 하여금 기술개발을 통해 기술적으로 대응하는 것이다.

국가 주도의 해결방법은 국가가 정보화 역기능에 대해 법·제도적으로 통제를 강화하고 민간주도의 커뮤니티 운동 또는 민간기업의 정보화 역기능 대응기술 개발시 적극적인 지원을 하는 것이다.

정보통신부는 2005년 9월, '개인정보보호 종합대책'을 마련하여 첫째, 인식제고를 통한 자율적 개인정보보호 촉진, 둘째, 개인정보보호기술 등 기술기반에 의한 개인정보보호 강화, 셋째, 법제도 개선 등 정책기반에 의한 개인정보보호 강화를 3대 정책방향으로 설정하고, 개인정보보호를 위한 세부대책인 10대 과제를 선정하였다.

〈표 12-4〉는 개인정보보호 10대과제를 나타내고 있다.

〈표 12-4〉 정보통신부 개인정보보호 10대 과제

순번	10대 과제명	주요내용
1	지속적인 개인정보 취급 실태 조사 및 계도	ㅇ 개인정보보호 의무고지 준수율을 2008년까지 95%이상 으 로 향상
2	인터넷상주민등록번호 대체 수단 마련·보급	ㅇ 2007년까지 주민번호 대체수단을 이용한 인터넷상의 본인 확인제도 전면 시행
3	개인정보보호 기술지원 센터 설립·운영	ㅇ 한국정보보호진흥원에 '개인정보보호 기술지원 센터' 설치·운영하여 정보보호 기술 개발 및 보급
4	개인정보관리책임자 교육의무화	ㅇ 개인정보관리책임자의 교육 이수 의무를 법제화 추진
5	1천만 이용자 개인정보보호 인식 교육	ㅇ 이용자의 개인정보에 대한 보호 및 권리 의식을 높이기 위한 개인정보보호 교육 추진
6	개인정보 영향평가 도입 촉진	ㅇ 개인정보 영향평가 제도를 도입하고, 교육 프로그램을 개발하여 영향평가 수행 전문 인력 양성
7	개인정보 판매 허가제 도입 검토	ㅇ ISP가 제3자에게 개인정보를 제공할 때에는 정보의 적절성 여부를 사전 심사받도록 하는 방안에 대해 검토
8	'개인정보보호방침' 공개 의무화 및 등록제	ㅇ 기업이 개인정보 취급에 관한 제반 사항을 투명하게 공개하기 위한 법적 근거 마련 방안 검토
9	한국형 P3P 개발·보급	ㅇ P3P S/W를 개발·보급하여 사업자별 개인정보보호방침을 표준화하고 공개 및 고지 기능을 자동화하는 등 이용자의 정보 통제권을 강화한다.
10	IT839 서비스별 프라이버시보호 가이드라인 마련	ㅇ IT839전략의 8대 서비스에 대한 기술적 특성 및 응용 서비스 분석을 통해 개인 정보 침해요인 분석 ㅇ 2008년까지 IT839 서비스별 프라이버시 보호 가이드라인 제정

불건전정보 유통방지

최근에는 통신기술의 비약적인 발달로 무선인터넷, 팝업창, 메신저, 통신게임, P2P 등 불건전정보의 유통경로가 다양화되고 있다. 불건전정보의 유통을 방지하기 위해서는 무엇보다도 정부 차원에서는 불법·유해정보 유통방지활동 강화 및 기술개발에 주력해야 할 것이며 민간 차원에서는 민간자율규제 활성화를 통해 자율적인 인터넷 정화 활동을 펼쳐나가고 기업 및 교육·공공기관에서는 건전한 사이버문화 조성을 위하여 교육·홍보활동을 강화하여야 할 것이다.

그밖에 구체적인 방지대책으로는 불건전정보 심의시스템 및 심의기준을 개선하고 신유형 및 해외 유입 불건전 정보(예: 외국사이트를 이용한 다단계판매 사기, 사이버스토킹, 스팸메일, 사이버 도박, 자살 등 반사회적 사이트, 사이버 돈세탁)를 막기 위해 사이버범죄에 대한 형법적용의 세계적 채택, 외국인의 행위에 대한 범죄결과 발생지를 넓게 해석하자는 태도. 국제간 신용카드 결제의 통제수단 마련. 세계적 기준에 맞는 인터넷내용등급제 실시, 범죄예방을 위한 국제사법 공조체제, 필터링을 통한 규제, 불건전정보 심의기구의 활성화, 정보서비스제공자의 책임 강화, 건전한 정보통신문화 확산을 위한 민간감시단체 지원, 정보통신망을 통한 정보 이용에 관한 새로운 법 제정등이 있다. 또한 민간자율규제시스템을 정립하고 핫라인(Hot-Line)을 통한 자율정화를 활성화하는 방안도 거론되고 있다.

현재 정부에서 실시하고 있는 불건전정보 유통방지 대책으로는 정보통신윤리교육, 인터넷 내용등급 서비스 제공, 유해정보 차단 프로그램 개발 및 보급, 제도 개선 및 자율규제 강화 정책이 있으며, 이외에도 불건전정보의 유통방지를 위해 건전한 정보통신 윤리의식 함양을 위한 자발적인 사이버명예시민운동 전개, 'e-Clean Korea' 전국캠페인, 청소년권장사이트 발굴·보급, 사이버명예훼손·성폭력 상담 서비스, 인터넷중독 상담 및 치료 등의 다양한 활동을 펼치고 있다.

건전한 사이버 문화 확립

건전한 사이버문화 확립을 위해 사이버문화에 대한 논의 확대, 건전한 사이버 공동체의 활성화, 건전한 사이버문화에 대한 홍보 및 캠페인 강화, 정보윤리의 확산, 사이버 중독 대처방안 마련, 사이버공간상의 언어훼손에 대한 대처 방안 모색, 유익한 콘텐츠의 보급 확산 및 정보윤리 교육체계의 구축과 다원화를 추진한다.

정보이용자 권익보호 기반 구축

정보선택 인프라 구축을 위해 인터넷내용등급서비스 실효성 확보 및 체계적 제공, ISP에 의한 정보선택서비스 제공을 지원하고 청소년유해매체물 제도를 개선하며 사이버 인권침해 피해구제를 강화한다.

해킹방지 및 대응인력양성

국가 중앙행정부처의 정보보안 역량 강화를 위해 각급기관 정보화담당관실내에 정보보호 전담인력을 확보하고 정보보안업무 전담을 위한 '정보보안담당관(CSO)' 직제를 신편하며 정보보안업무 활성화를 위해 정보보안 담당자에 대한 인센티브제를 도입한다.

또한 정보보호 인력양성과 교육·홍보를 위한 정부, 학계, 업계의 공동노력이 지속적으로 필요하며 종합적인 인적자원 관리와 부처별 업무분담을 통한 체계적 추진체계의 구축이 요구되고 정보보호의 중요성에 대한 인식 확산, 대학의 관련학과 증설, 정보보호연구센터 지원 등의 지속적인 추진이 필요하다.

단기적으로는 각 기관의 정보화 인력에 대해 정보보호 교육을 통하여 일부 기능 전환 및 겸직화가 필요하며, 전문가를 양성할 수 있는 재교육 프로그램 운영 등 각 부처 정보보안담당관(담당자)들의 체계적이고 지속적인 보수교육이 필요하고 장기적으로는 우수학생 인턴쉽 장학금제도, 우수인력 유치를 위한 정보보호 관련학과 설립대학의 대책마련, 대학 정보보호 인력양성 기반의 확충이 필요하다.

참고문헌

제 1 장

[1] 암호학의 기초, 한국전자통신연구원, 1999.

[2] 정보보호기술 전문용어집, 한국정보보호진흥원, 2002.

제 2 장

[1] 한명묵, 이철수 공저, 정보보호 개론, 정익사, 2005.

[2] 노경호, ARIA 알고리즘용 암호 프로세서의 설계, 한양대학교 2006.

[3] http://www.kisa.or.kr/kisa/seed/jsp/seed.jsp.

[4] ARIA 알고리즘 명세서 V1.0, 2004.

제 3 장

[1] 신현식 외, 이산수학, 교학사, 1995.

[2] TTA저널 80호.

[3] 조완수, 정보시스템 보안, 홍릉 출판사, 2003.

[4] 김승주, 박성준, 이임영, 원동호, "암호 알고리즘과 암호 프로토콜" Telecommunications Review, 제 10권 5호, 2000.

제 4 장

[1] 마크 스탬프 저, 안태남 외 2명 역, "정보보안 이론과 실제", 한빛미디어, 2006.

[2] 텀즈(http://www.terms.co.kr).

제 5 장

[1] Korea Certification-based Digital Signature Algorithm.

[2] 김승주・박성준・이임영・원동호, "암호 알고리즘과 암호 프로토콜", Telecommunications Review, 제10권 5호, 2000. 9~10월.

[3] 아시아PKI포럼 웹사이트 : http://www.asia-pkiforum.org.

[4] EESSI : European Electronic Signature Standardization initiative.

제 6 장

[1] 한명묵, 이철수, "정보보호개론", 2005.

[2] 조유희, 이현식, 이호송, 김이한, "인터넷 서비스 거부공격(Denial of Service) 유형 분석", 2006.

[3] Alefiya Hussain John Heidemann, et al, "A Framework for Classifying Denial of Service Attacks", DARPA Technical Report(ISI-TR-2003-569), Feburary 2003.

[4] 황순일, 김광진, "웹 해킹 패턴과 대응", 사이테미디어, 2005.

[5] Naver 백과사전, "http://www.naver.com".

[6] 해킹・바이러스현황 및 대응보고서, 2006. 2, KISA.

[7] 유해 그레이웨어(Grayware) 위협에 대한 분석 및 대응, 2006. 8, KISA.

[8] 안티스파이웨어연합 : Anti-Spyware Coalition.

[9] 연방무역위원회 : Federal Trade Commission.

[10] 하우리 : http://www.hauri.co.kr.

제 7 장

[1] William Stallings, "Operating Systems : Internals and Design Principles", 2005, Prentice Hall.

[2] 황현욱, 김민수, 노봉남, "해킹과 사이버 보안", 전남대학교 출판부, 2004.

[3] 마크 스탬프 저, 안태남 외 2명 공역, "정보보안 이론과 실제 : 암호, 접근 제어, 소프트웨어", 한빛미디어, 2006. 7.

[4] TTA 용어사전 : http://www.tta.or.kr.

[5] 한명묵, 이철수, "정보보호개론", 정익사, 2005. 6.

제 8 장

[1] 이봉환 외 공역, 네트워크 보안 에센셜, 미래컴, 2004.

[2] 홍승필 외 공역, 정보보호의 이해, 길벗, 2004.

[3] 박종서 외 공역, 네트워크보안, 미래컴, 2004.

[4] 이만영 외, 인터넷 보안기술, 생능출판사, 2002.

[5] http://www.pgpi.org/.

[6] http://www.ietf.org/html.charters/smime-charter.html.

[7] http://en.wikipedia.org/wiki/IPSec.

[8] http://en.wikipedia.org/wiki/Secure_Sockets_Layer.

[9] ZDNet Korea, 웹의 진화 어디까지 왔나?

[10] ZDNer Korea, 웹 2.0 시대에 맞는 보안 의식, 2006. 12. 01.

[11] 매일경제, 웹 2.0 시대, 보안 위협은 늘어난다, 2006. 09. 26.

[12] 디지털 타임스, 웹 2.0과 정보보호, 2006. 12. 20.

제 9 장

[1] 이임영, 전자상거래 보안 입문, 생능출판사, 2005. p76~p77

제 10 장

[1] 남길현, 정보시스템보안론, 국방대학교, 2003

[2] 김세헌, 정보시스템 관리 및 정책 , 생능출판사, 2002.

[3] 황경태, 이용근, 김정덕, 정보시스템 통제·감사, 삼영사, 2005.

[4] 조완수, 정보 시스템 보안, 홍릉과학출판사, 2003.

[5] 이홍섭,박진섭 정보보호 관리, 생능출판사, 2003.
[6] 남길현, 정보보호와 정보보호 감리.ppt , 국방대학교, 2003.
[7] KISA의 ISMS 소개 자료. 2006.
[8] 남길현, 정보시스템 감리방법론, 국방대학교, 2003.

제 11 장

[1] http://www.tta.or.kr.
[2] http://www.kisi.or.kr.
[3] http://pec.etri.re.kr.
[4] 남길현, 평가기준 및 인증체계.ppt, 국방대학교, 2006.
[5] 정보시스템 평가인증가이드 2004, 한국정보보호진흥원, 2004.
[6] 이승호, 전산망 보안성 평가기준에 관한 연구, 한국전산원, 1993.
[7] 정통부, 민간부문 정보보호정책연혁, 정통부, 2004.

제 12 장

[1] 남길현, 국외 국방 사이버테러 대응체계 분석에 관한 연구, 국방대학교, 2001.11.
[2] 안보카즈야, 사이버테러, 진한도서, 2003.
[3] 손승원, "사이버테러 대응기술 발전방향", 사이버테러 심포지움 2001.
[4] http://www.kisa.or.kr/ (한국 정보보호 진흥원).
[5] 국정원, 사이버테러 실태와 종합대책, 이진수, 2000.
[6] 2006 국가정보보호백서, 국가정보원,정보통신부, 2006.
[7] 정보통신부, 한국정보보호진흥원, 민간부문 정보보호 정책 연혁, 정보통신부, 2004.
[8] 2003 정보통신윤리백서, 정보통신윤리위원회, 2004.
[9] 크리스챤 아카데미 시민사회 정보포럼 편, 시민이 열어가는 지식 정보사회, 대화출판사, 1999.

찾아보기

(ㅈ)

(ㅊ)

(ㅋ)

(ㅌ)

(ㅍ)

(ㅎ)

(A)

저자 프로필 〉〉〉

남길현

육군사관학교 (이학사)
서울대학교 공과대학 (공학사)
미 해군대학원 (전산학 석사)
미 위스콘신대학교(메디슨) (전산학 석사)
미 루이지아나대학교(라피엣) (전산학 박사)

국방대학교 전산정보학과 교수 (현 명예교수)
고려대학교 정보통신대학 전문교수
한국정보보학회 회장 (현 명예회장)
한국정보보호진흥원 초빙연구위원
한국과학기술정보연구원 정보보호자문위원회 위원장 (현 전문위원)

원동호

성균관대학교 전자공학과(학사, 석사, 박사)
일본 동경공업대 객원연구원
미국 UCI 방문교수

한국전자통신연구원 연구원
대검찰청 컴퓨터범죄수사 자문위원
감사원 IT 감사 자문위원
국가 정보보화추진위원회 자문위원(국무총리실)
정보통신부 지정 정보보호인증기술연구센터장
한국정보보호진흥원 사외이사
한국정보보학회 회장(현 명예회장)
성균관대학교 전산소장, 교학처장, 연구처장, 전기전 및 컴퓨터공학부 학부장

현) 성균관대학교 정보통신공학부 교수
성균관대학교 BK21 IT 사업단장

도서출판 그린

정보시스템보안론

인 쇄 일 ▶ 2011년 1월 5일
발 행 일 ▶ 2011년 1월 10일
저 자 ▶ 남길현, 원동호
발 행 인 ▶ 윤 덕 우
발 행 처 ▶ 도서출판 **그린**

출판등록 ▶ 제8-161호(1995. 5. 3.)
주 소 ▶ 서울시 서대문구 연희동 219-20 (우)120-828
전 화 ▶ 02)333-2574, 2575
Fax ▶ 02)333-2561
E-mail ▶ greenpress@greenpress.co.kr
Homepage ▶ http://www.greenpress.co.kr

Green Pub.

정가 : 22,000원

ISBN : 978-89-5727-142-1